KB237370

현대의 지성 91

한국 환경 운동의 사회학

—— 정의롭고 지속가능한 사회를 위하여

구도완

문학과지성사

1996

현대의 지성 91
한국 환경 운동의 사회학
──정의롭고 지속가능한 사회를 위하여

초판발행/ 1996년 6월 20일
3쇄발행/ 1999년 7월 8일

지은이/ 구도완
펴낸이/ 김병익
펴낸곳/ ㈜**문학과지성사**
등록번호/ 제10-918호(1993. 12. 16)

서울 마포구 서교동 363-12호 무원빌딩(121-210)
편집: 338)7224~5 · 7266~7 FAX 323)4180
영업: 338)7222~3 · 7245 FAX 338)7221

ⓒ 구도완, 1996, Printed in Seoul, Korea
ISBN 89-320-0811-5

값 13,000원

* 잘못된 책은 바꾸어드립니다.
* 지은이와 협의에 의해 인지는 생략합니다.

* 이 책의 판권은 지은이와 문학과지성사에 있습니다.
  양측의 서면 동의 없는 무단 전재 및 복제를 금합니다.

한국 환경 운동의 사회학
—— 정의롭고 지속가능한 사회를 위하여

책머리에

저자가 처음 환경 운동을 연구하기 시작할 때 종로 5가의 허름한 건물에 있던 공해추방운동연합이 어느샌가 광화문 한복판으로 옮기더니 지금은 누하동의 '저택'을 사고 거기다가 민간 환경 센터를 건립하기 위해 열심히 50억 모금 운동을 벌이고 있다. 그사이에 배달환경연구소와 배달환경연합은 통합을 거듭하다가 1996년에는 녹색연합이라는 이름으로 새롭게 활동하고 있다. 경제정의실천시민연합, 대한YMCA가 의욕적으로 환경 운동을 벌이고 있으며, 심지어 새마을운동중앙협의회도 환경 운동을 위해 나서고 있다. 1982년, 공해문제연구소에서 최열 연구원 등 몇 명의 연구원들이 공해 관련 기사를 스크랩하고 온산을 뛰어다니며 온산병을 알리던 때에 비하면, 우리나라의 환경 운동은 '고속 성장'을 하고 있다는 느낌을 버릴 수 없다. 민주화 운동을 하다가 감옥을 다녀온 후, 반체제 인사로 낙인찍혀 경찰과 정보 기관의 감시를 받던 최열 연구원은 이제 한국의 거대 환경 운동 단체의 사무총장이 되었다. 이러한 개인사에서 우리는 한국의 환경 운동의 역사를 읽을 수 있다. 피해자들의 피해 보상 운동과 저항적이고 반정부·반체제적인 민주화 운동이 어울어져 생겨난 한국의 환경 운동은 이제 대중적인 전문 환경 운동 조직이 자리잡으면서 다양한 형태의 환경 운동으로 발전해가고 있다.

이 책은 이러한 우리나라 환경 운동의 역사를 면밀히 살펴보고 그것을 통해서 오늘의 환경 운동의 특성을 해명하고자 한다. 대개 1970년대부터 시작되어 1990년대 들어 꽃피게 된 환경 운동은 1990년대 들어 구조적인 변화를 경험하게 되었다. 정치적 기회 구조의 변화, 환경 의식의 확산, 현실 사회주의 진영의 붕괴 등 사회 구조적인 변화와 페놀 사태와 같은 환경 재난의 영향을 받아 우리나라 환경 운동은 소수의 저항적이고 급진적인 '반공해 운동'으로부터 현실적이고 대중적이며 전지구적인 연대를 추구하는 '새로운 환경 운동'으로 전환하게 되었다. 전문 환경 운동 조직이 거대 조직으로 발전했을 뿐만 아니라 피해자들을 중심으로 한 풀뿌리 지역 환경 운동도 양과 질 양면에서 크게 발전했다. 1980년대까지만 해도 원자력의 무풍 지대였던 한국에서 정부는 핵폐기물 처분장을 지을 곳을 어디에서도 찾지 못하고 있고, 새로운 원전 건설도 지역 주민과 지방 자치 단체의 반대에 부딪혀 어려움을 겪고 있다. 김포의 쓰레기매립장주민대책위원회는 소각장 건설을 미루는 지방 자치 단체의 쓰레기 반입을 중단시킬 만큼 막강한 권력을 자랑하고 있다. 다른 한편으로 생태적 공동체를 지향하는 담화와 실천도 계속되고 있다. 우리나라 최초의 생태주의 잡지인『녹색평론』은 꾸준히 생명의 사상과 생태학의 소중함을 주장하고 있고, 김지하씨의 생명 운동도 계속 이어지고 있다. 이와 같이 우리나라 환경 운동은 담화와 실천 양면에서 풍요와 다양성을 경험하고 있다.

그러나 환경 운동은 급속한 성장에도 불구하고 풍요 속의 빈곤으로 고통받고 있다. '거대 환경 운동 단체'들은 강원도에 스키장을 만들기 위해 자연 파괴의 면죄부를 발행해주는 '국제경기지원특별법'의 통과를 막지 못했고, 김영삼 정부의 환경 정책 후퇴를 막아내지도 못했다. 지방 자치제 실시와 함께 불어닥친 개발 열풍을 잠재우기에도 환경 운동의 힘은 너무 약하다. '지속가능한 발전'이라는 구호는 요란한데 실제로는 '지속가능한 개발'이라는 이름 아래 '지속적인 파괴와 오염'이 오늘도 계속 되고 있다. '환경적으로 건전하고 지속가능한 발전'이라는 절충적인 이념은 있지만 그것을 누가, 무엇을 위해, 그리고 어떻게 이루어나갈지에 대해 오늘의 환경운동은 잘 알지 못한다.

이러한 상황 속에서, 이 책은 한국 환경 운동의 역사를 분석함으로써 과거와 현재를 점검하고 이것을 바탕으로 미래의 기획을 찾고자 한다. 1980년대가 '해방의 정치'의 시대였다면 1990년대는 '해방과 삶의 정치'의 시대가 될 것이다. 1980년대의 해방의 정치가 미완으로 남겨진 1990년대에 우리는 사회 정의의 문제와 지속가능성의 문제를 함께 성찰해야 할 것이다. 1980년대에는 모든 사회 성원들이 '성장의 한계'를 인식하지 않고 현세대의 사회적 형평을 위해 갈등과 경쟁을 거듭해왔다. 그러나 1990년대에 우리는 비로소 '성장의 한계'에 눈뜨기 시작했고, 한계 안에서의 계급적 평등과 세대간의 평등을 성찰하게 되었다. 이러한 변화는 패러다임의 전환을 암시한다. 경제 성장과 생산력 중심주의, 인간 중심주의 *anthropo-centrism* 에 바탕을 둔 지배적인 사회 패러다임에 대해 환경 중심주의, 생태 중심주의 *eco-centrism* 에 바탕을 둔 새로운 환경 패러다임이 등장하기 시작한 것이다.

환경사회학은 바로 이러한 패러다임 전환의 바탕 위에 서 있다. 이 책은 한국 환경 운동에 대한 환경사회학적 연구의 시작이다. 환경사회학은 젊은 학문이다. 지금까지 전통 사회학은 물리적 환경을 의도적으로 혹은 암묵적으로 분석 대상에서 제외했다. 그러나 이제 물리적 환경에 대한 사회학적 분석 없이는 사회에 대해 이야기할 수 없는 환경 위기의 시대를 맞게 되었다. 이러한 환경 위기의 시대에 이 책은 환경사회학이라는 새로운 집을 짓기 위한 하나의 벽돌이 되고자 한다. 그리고 '정의롭고 지속가능한 사회'라는 새로운 유토피아를 향한 우리의 노력이 성과를 얻는 데 작은 힘이 되고자 한다.

이 책은 저자의 박사학위 논문 「한국 환경 운동의 역사와 특성」을 수정, 보완한 것이다. 새로운 자료들을 첨가하고 미흡한 부분을 고치고 보충하고, 딱딱한 표현을 고치려고 노력했다. 그리고 마지막으로 보론으로 '정의롭고 지속가능한 사회를 위한 환경 정책의 방향'을 제시함으로써 경험적 분석을 넘어서 우리의 미래상에 대해 생각해보았다. 이 책이 환경 운동과 신사회 운동, 그리고 환경사회학에 관심이 있는 많은 분들에게 작은 도움이 되기를 바란다.

이 책은 수많은 분들의 도움으로 이 세상에 태어나게 되었다. 지도교수이신 권태환 선생님께서는 이 책을 쓰는 데 너무도 큰 도움을 주셨다. 전체적인 구성에서부터 엉성한 문장 하나하나까지 세심하게 고쳐주신 권태환 선생님의 은혜에 진심으로 감사드린다. 또한 김일철 선생님, 홍두승 선생님, 장경섭 선생님의 자상한 가르침이 없었다면 이 책은 빛을 보지 못했을 것이다. 카톨릭대학교 이시재 선생님께서는 창조적인 아이디어로 지적인 자극을 끊임없이 주시면서 많은 도움을 주셨다. 그리고 학문의 걸음걸이를 시작할 때부터 길잡이가 되어주신 한완상 선생님의 은혜는 결코 잊을 수가 없다. 언제나 명확하게 문제를 제시해주시고, 격려를 아끼지 않으시는 한완상 선생님께 깊이 감사드린다. 늘 지켜보시면서 도와주신 한상진 선생님께도 감사드린다.

이 책의 자료를 수집하는 데는 많은 분들의 도움을 받았다. 환경운동연합, 녹색연합, 서울YMCA, 경실련 환경개발센터, 한살림모임, 소비자문제를연구하는시민의모임 등 시민·환경 운동 단체의 회원과 실무자들의 도움에 감사드린다. 그리고 온산·울산·대구 등 지역 환경 운동가들의 도움도 잊을 수가 없다. 귀중한 자료를 제공해주신 한겨레 신문의 조홍섭 기자에게도 감사를 드린다.

　이 책을 구상하고 집필하는 데 많은 조언을 아끼지 않은 서울대 사회학과 대학원, 문화와사회연구회, 생태사회연구소의 선후배 동학들에게 고마움을 표시하고 싶다. 특히 박영도 선생님, 정태석·홍성태·박순진·김성언·설동훈의 도움을 잊을 수 없다.

　마지막으로 아들이 하는 모든 일을 지켜봐주시면서 더없는 사랑과 격려를 해주신 부모님께 깊이 감사드리며, 이 책이 작은 선물이 되기를 바란다. 옆에서 늘 도와주신 장인어른과 장모님께도 감사드린다. 그리고 아내 강현진과 두 딸 윤정·윤주에게 고맙다는 말을 전하고 싶다. 끝으로 이 책을 만드는 데 많은 애를 써주신 문학과지성사의 여러분께 깊이 감사드린다.

1996년 6월
구　도　완

한국 환경 운동의 사회학 ● 차례

제 1 장

서 론

1. 환경 위기

오늘날 '환경'이라는 말은 우리나라는 물론 전세계적으로 가장 자주 쓰이는 말 가운데 하나가 되었다. '환경 운동' '환경 정책' '환경 산업' '환경 범죄'와 같은 말들은 불과 10년 전까지만 해도 우리나라에서는 거의 사용되지 않았지만, 이제 일상 생활과 학문 세계에서 중요한 용어로 자리를 잡아가고 있다. 오늘날 환경 문제는 중요한 사회 문제의 하나로 자리를 잡았을 뿐만 아니라 정치적 의제로 채택되기에 이르렀다.

이 책에서 저자는 환경 문제를 단순히 새롭게 등장한 하나의 사회 문제로서 접근하고자 하는 것은 아니다. 왜냐하면 오늘날의 환경 문제는 몇 가지 정부 정책이나 기술 개발로는 해결할 수 없는 커다란 위기와 관련되어 있기 때문이다. 다시 말해서 저자는 오늘날의 환경 문제를 '환경 위기'로 개념화하고자 한다. 이것이 위기인 이유는 환경 오염, 자원 고갈, 인구 증가와 같은 문제들이 일부 지역에 한정되는 문제가 아니라 지구 전체

---

1) 우리나라에서는 '공해(公害) *public nuisance*'라는 말이 일본으로부터 들어와서, '환경' 혹은 '환경 오염'이라는 말보다 먼저 사용되기 시작했다.

와 관련된 문제일 뿐만 아니라 근본적인 해결책이 필요한 긴박한 문제이기 때문이다. 이것은 단순히 보다 쾌적한 삶의 문제로 국한되는 것이 아니라 인류 전체, 혹은 지구 생태계 전체의 균형과 지속이 가능한가 하는 문제와 연결되어 있다. 지구 온난화, 오존층 문제, 생물 종의 다양성 보존 문제와 같은 전지구적인 환경 위기의 징후는 이러한 환경 위기가 실재하는 위기임을 우리들에게 보여주고 있다. 이러한 위기 상황을 울리히 벡 Ulrich Beck 은 "위험 사회 *Risikogesellschaft*"라 표현하였고(울리히 벡, 1991: 339; 1992), 기든스 A. Giddens(1990: 139)는 크리시나의 수레 *juggernaut* 라는 비유를 사용하면서 인간이 통제하기 힘든 현대성의 결과들에 대해 경고하고 있다.[2]

전세계적인 환경 위기는 이미 자본주의 생산 조건과 생산 관계의 원활한 재생산을 제한할 만큼 심각한 지경에 이르렀다. 뿐만 아니라 환경 오염에 의한 인간의 신체적·정신적 피해는 자본주의와 국민국가가 가져온 경제 성장의 장밋빛 미래에 대한 심각한 회의를 불러오고 있다. 이러한 위기가 지속될 때 환경 위기가 국가와 자본의 정당성 위기로 바뀔 가능성도 높아진다.

이제 객관적 환경 위기는 우리나라 국민들에게 점차로 진지하게 인식되기 시작하고 있다. 이와 같이 우리가 '환경 위기'라는 관념을 가지고 현실을 바라보게 되면, 환경 위기의 원인을 정부의 정책 잘못이나, 개인들의 관심과 양심의 결핍 문제로만 돌릴 수는 없을 것이다. 전세계로 점차 확산되고 있는 자연 파괴적인 기술, 인구 증가, 인간 중심주의적인 문화 체계, 자연 파괴적인 사회 체계, 풍요로운 생활 양식 등과 같은 구조적인 원인들이 이러한 환경 위기의 근본 원인들로 떠오른다.

이렇게 볼 때 환경 위기의 원인과 이에 대한 적절한 사회적 대응을 탐구하는 것은 사회학의 핵심적인 과제라고 말할 수 있

---

2) 크리시나의 수레는 막대한 힘을 가진 폭주 차량이다.

다. 환경 위기에 대한 사회적 대응은 크게 국가의 환경 정책, 기업의 환경 산업, 그리고 시민사회의 환경 운동으로 나누어서 살펴볼 수 있다. 이 가운데에서 시민사회의 자발적인 환경 운동은 환경 정책과 환경 산업을 자극하고, 감시하는 중요한 역할을 맡는다. 이러한 맥락에서 이 책은 **우리나라의 환경 운동**이 왜 **발생**하게 되었고 어떤 **특성을** 갖고 있는지를 분석하는 것을 목표로 하고 있다.

우리나라의 환경 운동에 대한 연구는 이론적인 분석과 경험적인 연구가 유기적으로 통합되지 못하고 있다. 한편에는 환경 위기의 원인과 그에 대한 해결 방안을 높은 추상 수준에서 탐구하는 연구(최병두, 1992; 1993a; 황태연, 1992; 문순홍, 1992)들이 있고, 다른 한편에는 구체적인 환경 운동 조직이나, '주민 환경 운동'에 대한 경험적인 사례 연구(이득연, 1992; 박현옥, 1986)들이 있다. 전자는 지나치게 추상적인 개념틀에 바탕을 두고 있기 때문에 현실의 환경 운동에 대한 경험적인 분석이 결여되어 있고, 후자는 기존의 사회 운동 이론틀에 깊이 의존하여 환경 운동의 새롭고, 특별한 성격을 제대로 부각시키지 못하고 있다.

이 책은 이 두 가지 문제를 연결시키는 데 역점을 두고 있다. 이를 위해 저자는 새로운 분석틀을 마련하고, 그 틀을 바탕으로 한국 환경 운동의 역사와 특성을 분석하고자 한다.

2. 연구 주제 : 한국의 환경 운동

이 책의 핵심적인 연구 주제는 '우리나라의 환경 운동이 과연 기존의 사회 운동과 다른 새로운 특성을 갖고 있는가' 하는 것이다. 그리고 "만약 새로운 특성이 있다면 그 변화의 원인은 무엇인지 밝혀보는 것"이다.[3] 이 문제를 풀기 위해 저자는 다음

---

3) 이 새로운 특성을 가진 환경 운동이 '정의롭고, 지속 가능한 사회'를 위한 바

과 같은 두 가지 연구 문제를 설정했다.

1) 우리나라 환경 운동은 왜 일어나게 되었는가?
2) 우리나라 환경 운동은 어떤 특성을 갖는가?

첫번째 문제는 사회 운동 이론이 오랫동안 탐구해온 주제이다. 초기의 집합 행동 이론가들이 사회심리학적인 분노의 폭발을 사회 운동의 근본 원인이라고 규정한 반면, 자원 동원 이론가들은 이것을 비판하면서 사회 운동 조직의 자원 동원 능력의 중요성을 강조했다. 반면에 정치 과정론자들은 정치적 기회 구조의 중요성을 언급했다. 다른 한편으로 마르크스주의는 사회 구조적 모순의 중요성을 강조해왔다. 그리고 신사회 운동론자들은 새로운 문화적 가치, 혹은 사회 구조의 변화를 신사회 운동의 원인이라고 주장했다. 저자는 우리나라 환경 운동이 발생·발전하게 된 사회적 조건들을 분석함으로써 다음과 같은 이론적 명제들을 검토해보고자 한다.

1) 자본주의 생산 양식은 객관적 환경 위기를 낳고 이것은 환경 운동을 발생시킨다.
2) 운동 조직의 자원 동원 능력이 운동의 성장/쇠퇴에 중요한 영향을 미친다.
3) 정치적 기회 구조의 특성이 운동의 성장/쇠퇴에 중요한 영향을 미친다.
4) 가치관 변화가 환경 운동 발전의 중요한 원인이다.

첫번째 명제는 생태 마르크스주의의 핵심적인 테제이다. 생태 마르크스주의자들은 환경 운동의 발생 원인을 자본주의 사회 체계로부터 찾는다. 다시 말해서 환경 운동은 자본주의의 필연

____

람직한 대안이 될 수 있는지를 검토해보는 것도 이 논문의 목표 가운데 하나이다.

적인 결과로 간주된다. 두번째 명제는 사회 운동 조직이 자원을 동원하는 합리적인 과정으로 사회 운동을 파악하는 자원 동원 이론의 핵심적인 명제이다. 세번째 명제는 사회 운동 조직의 자원 동원 능력에 선행하는 정치적 기회 구조의 결정적인 중요성을 강조하는 정치 과정 모델의 주요 명제이다. 마지막으로 네번째 명제는 신사회 운동론을 지지하는 잉글하트Inglehart의 명제와 관련이 있다. 잉글하트는 전후의 풍요를 경험하면서 탈물질주의적 가치를 갖게 된 세대들이 환경 운동을 포함한 새로운 사회 운동의 핵심적인 지지자라는 가설을 제시했다. 이러한 네 가지 명제들의 분석을 통해 우리는 환경 운동의 새로운 특성을 검증해볼 수 있을 뿐만 아니라 기존의 사회 운동 이론의 현실적 합성을 검토해볼 수도 있을 것이다.

두번째 문제는 '한국의 환경 운동이 전통적 사회 운동(학생 운동, 노동 운동, 민족 민주 운동 등)과 다른 새로운 사회 운동인가'라는 문제이다. 환경 운동의 특성을 설명하는 입장들은 크게 두 가지로 나누어볼 수 있다. 하나는 환경 운동을 신사회 운동의 하나로 규정하는 입장이고 다른 하나는 이러한 개념을 받아들이지 않는 입장이다. 후자는 다시 환경 운동을 민족 민주 운동, 반자본주의 운동, 혹은 변혁 운동으로 규정하는 입장[4]과 중간 계급 운동, 개량주의 운동으로 규정하는 입장[5]으로 나누어진다. 이러한 서로 다른 입장들을 검토하기 위해서는 다음과 같은 쟁점들을 경험적으로 분석하는 것이 필요하다.

1) 환경 운동의 주체는 누구인가?
2) 환경 운동은 누구를 그리고 무엇을 위한 것인가?

---

4) 김용창(1991)과 최병두(1993b), 박상철(1991)을 참조.
5) 우리나라에서 이러한 입장을 명백하게 개진한 학자는 발견하기 어렵다. 반면 미국에서는 환경 운동을 엘리트주의 운동으로 규정하는 경우가 많았다. 이에 대한 비판으로는 Morrison and Dunlap(1986)을 참조.

3) 환경 운동의 이데올로기는 어떠한가?
4) 환경 운동 조직은 어떻게 자원을 동원하는가?

이러한 연구 문제를 분석함으로써 우리는 1990년대 사회 운동 가운데 가장 활발하게 활동하고 있는 환경 운동의 새로운 특성을 살펴볼 수 있을 것이다. 이러한 분석은 국가와 자본, 그리고 시민사회의 동태적인 관계를 새롭게 바라볼 수 있는 길을 열어줄 것이다. 1980년대 후반에 들어서면서 '민주화' '인권' '민중'이라는 상징이 지배하던 정치적 지형이 쇠퇴한 이후, 새롭게 등장한 '시민' '환경'이라는 기호가 확산되고 있는 현실을 분석함으로써 시민사회가 새롭게 형성되어가고 있는 한국 사회 구조의 변화 과정을 살펴볼 수 있을 것이다.

3. 연구 방법과 자료

환경 운동은 동태적인 과정이다. 환경 운동은 사회 구조의 영향을 받으면서 동시에 사회 구조를 변화시키는 적극적인 행위이기도 하다. 이러한 복합적인 과정을 분석하기 위해 저자는 구조와 행위의 두 측면을 함께 분석하고자 한다.[6] 객관적 환경 위기와 정치적 기회 구조가 환경 운동의 발생과 발전에 미친 영향과 함께, 환경 의식 혹은 새로운 가치관의 등장과 환경 운동 조직의 전략, 자원 동원 능력이 어떻게 사회 구조를 변화시키는지를 분석한다. 따라서 이 책은 '구조 혹은 행위'가 아니라 '구조와 행위'를 함께 분석함으로써 환경 운동의 역동적 과정을 밝혀 보고자 한다.

우리나라 환경 운동은 1980년대초에 싹트기 시작했으나 1988년을 전후하여 본격적으로 발전하기 시작했다. 이 책에서

---

6) 이 글에서 구조는 고정된 것이 아니라 사회적 행위의 결과로 간주된다.

는 세계 체제, 정치적 기회 구조, 객관적 환경 오염 상황, 환경 재난, (매스) 커뮤니케이션, 환경 의식과 같은 요인들 가운데 어떤 것들이 1980년대말의 환경 운동 발전에 중요한 영향을 미쳤는지를 비교 분석한다.

이 글은 한국 환경 운동의 역사와 특성을 종합적으로 분석하기 위해서 양적 연구 방법과 질적 연구 방법을 함께 사용한다. 가치관의 변화를 추적하기 위한 환경 의식 분석에서는 양적인 조사 연구 자료를 이용한다. 또한 가치관의 변화를 보다 면밀히 분석하기 위해서 주요 사회 세력들의 담화를 질적으로 분석한다. 저자는 우리나라의 국가, 자본, 시민사회가 생산한 환경 문제를 둘러싼 담화를 시기별·주체별로 비교 분석하고자 한다.

그러나 담화의 내용 분석은 실제 발화자의 숨은 의도를 완전히 분석할 수 없는 한계를 갖는다. 예를 들면 국가는 담화 속에서 자연 보호가 개발에 우선하여야 한다고 주장하지만, 실제로는 자연 보호보다 개발을 우선시키는 행위를 할 수 있다. 이러한 담화와 행위의 불일치를 밝혀내기 위해서는 행위에 대한 경험적인 연구가 필요하다. 저자는 사례 연구를 통해 이러한 담화 분석의 한계를 극복하고자 한다. 사례 연구를 통해 한국 환경 운동의 역동적인 과정과 이데올로기를 동태적으로 분석할 수 있을 것이다.

자료는 주제에 따라 다양하게 이용된다. 먼저 환경 운동의 역사와 성장 요인을 분석하기 위해서는 정부 보고서, 환경 운동 단체의 회지·성명서·자료집, 그리고 신문 자료 등이 주자료로 이용된다. 우리나라 국민들의 환경 의식을 분석하기 위해서는 전국 수준의 의식 조사 자료가 이용된다. 한국 환경 운동의 이데올로기 지형을 분석하기 위해서는 정부의 선언문, 보고서, 환경 운동 단체의 발기 선언문, 회지, 그리고 신문 사설이 자료로 사용된다. 신문은 동아일보와 조선일보를 분석 대상으로 삼는다. 사례 연구에서는 각 세력들의 성명서·담화문·진정서, 그리고 신문 자료 등이 자료로 사용된다. 이외에 각 사례의 지도자·참여자 그리고 신문 기자 등에 대한 심층 면접 자료가 이용된다. 심층 면접은 1994년 1월부터 2월 사이에 실시된 것이다.

연구 대상의 시기는 1960년대 이후로부터 1993년까지이다. 1960년대에는 환경 운동이 거의 없었으므로 1970년대 이후 시기가 주요 분석 대상이다. 그 가운데에서도 전문 환경 운동 조직이 생겨나기 시작한 1980년대 이후의 환경 운동을 집중적으로 분석한다.

4. 책의 구성

제2장에서는 먼저 환경사회학과 환경 운동의 이론을 검토해 본다. 먼저, 환경사회학이라는 이름을 최초로 사용하고, 분석틀을 탐구한 던랩 Dunlap과 캐튼 Catton의 논의를 중심으로 환경 사회학의 연구 대상과 관심을 살펴본다. 다음으로 환경 위기의 원인에 대한 이론적인 고찰들을 검토한다. 환경 위기의 원인을 어떻게 진단하는가의 문제는 실천 전략을 규정하는 중요한 문제가 된다. 이 책은 단일 원인론이 아니라 복합적인 원인론의 관점에서 분석한다. 다양한 원인 진단과 처방을 살펴본 후, 환경 위기에 대한 여러 입장들을 생태주의, 좌파 환경주의, 환경 관리주의와 같은 세 가지 유형으로 분류한다. 다음으로 우리의 연구 대상인 환경 운동을 분석하기 위해 환경 운동의 분석에 유용한 사회 운동 이론들을 검토해본다. 그리고 마지막으로 이러한 이론적 고찰을 바탕으로 이 책의 분석틀을 제시한다.

제3장에서는 우리나라 환경 운동이 성장하게 된 사회적 배경을 살펴본다. 객관적 환경 오염, 환경 재난, 세계 체제, 정치적 기회 구조, 커뮤니케이션과 같은 요인들을 검토해본다.

제 4 장에서는 환경 운동의 중요한 사회적 배경이 되는 국민
들의 환경 의식을 분석해본다. 전체 국민들의 환경 의식의 변화
경향을 추적하고, 동시에 사회경제적 특성에 따라 환경 의식이
어떠한 차이를 보이는지를 검토해보겠다. 제 3 장과 제 4 장을 통
해 우리나라 환경 운동이 확산되게 된 요인을 찾아볼 수 있을
것이다.

제 5 장과 제 6 장에서는 우리나라 환경 운동의 이데올로기적
특성과 활동의 동학을 검토함으로써 한국 환경 운동의 쟁점, 이
데올로기, 주체, 자원 동원 방식의 새로운 특성을 확인해본다.
먼저 제 5 장에서는 시기별로 환경 운동의 특성을 살펴보고 이
어서 우리나라 환경 운동을 둘러싸고 벌어지는 이데올로기적
갈등을 검토해본다. 1960년대 이후 30여 년 동안 환경에 대한
관념들이 어떻게 변화되어왔는지를 통시적으로 분석하고 동시
에 각 시기별로 국가, 환경 운동 단체, 언론 사이의 이데올로기
적 갈등이 어떻게 나타나는지를 분석한다.

제 6 장에서는 환경 운동의 유형을 운동의 주체와 대상에 따
라 분류하고, 우리나라 환경 운동 역사상 매우 중요한 세 사례
를 연구한다. 첫째 사례는 온산 주민 운동으로서, 1980년대 중
반에 커다란 사회 문제로 부각된 피해 배상 운동 사례이다. 두
번째 사례로 우리나라 역사상 가장 큰 정치사회적 문제로 부각
된 환경 오염 사고인 낙동강 페놀 오염 사건을 분석한다. 세번
째 사례로 직접적인 피해자 없이 시민사회의 압력만으로 목표
를 달성한 팔당 골재 채취 반대 운동을 분석한다.

이 세 가지 사례 연구에서 연구의 초점은 환경 운동이 과거의
사회 운동과 다른 새로운 특성을 갖고 있는지, 만약 갖고 있다
면 그 의미는 무엇인지를 분석하는 데 있다. 이를 위해 운동이
발생하게 된 사회적 배경, 이데올로기, 목표, 자원 동원 과정
등을 살펴보도록 하겠다.

제 7 장에서는 본론에서 분석한 내용을 요약하고, 새로운 경험

적인 발견을 정리한 후, 이 연구의 이론적인 함의를 고찰해보
고, 마지막으로 "정의롭고 지속가능한"[7] 사회의 가능성에 대해
논의해보도록 하겠다.

---

7) 저자는 'sustainable'의 번역어로 '지탱가능한'이 '지속가능한'보다 저 적확하
   다고 본다. 그러나 '지속가능한'이라는 용어가 주된 용어법으로 자리잡아가고
   있기 때문에 이를 따르도록 하겠다. 문제는 소리 *signifier* 가 아니라 의미 *sig-nified* 이다.

제 2 장

환경사회학과 환경 운동의 이론

1. 환경사회학

사회학은 자연 환경을 포함한 물리적 환경이 인간과 사회에 미치는 영향을 의도적으로 혹은 암묵적으로 경시해왔다.[1] 대신에 문화적이고 사회적인 환경의 중요성을 강조해왔다고 볼 수 있다. 뒤르켐이 '사회적 사실을 사물로 취급하라'고 주장하면서 사회적 사실의 원인을 생물학·지리학·심리학적 원인과 같은 다른 것으로 환원하여 설명하는 것을 반대한 것이 대표적인 예이다. 이러한 경향은 과학 혁명과 산업 혁명 이후 자연에 대한 인간의 가공 능력이 놀랄 만큼 증대해온 데에도 큰 원인이 있다. 사람들은 대부분 자연 자원과 에너지, 맑은 공기, 물은 무한하고 이러한 바탕 위에서 경제 성장은 영원하며 인류의 진보 또한 영원할 것이라고 생각해왔다.

---

1) 환경이라는 개념은 크게 물리적 환경과 사회적·문화적 환경으로 나누어진다. 던랩과 캐튼은 물리적 환경을 다시 자연 환경(황무지·대양 등)과 건설된 환경 *built environment*(집·지하철·고속도로), 그리고 이 두 가지가 결합된 수정 환경 *modified environment*(오염된 공기와 물, 인공 호수)으로 나누었다(Dunlap and Catton, 1979b: 74~77). 이 글에서 사용하는 환경 개념은 물리적 환경을 말한다.

그러나 1960년대말과 1970년대초를 거치면서 인류가 사는 지구의 지속가능성에 대한 심각한 회의와 우려가 제기되고 (Carson, 1962; Meadows et al., 1972) 1973년에서 1974년 사이에 에너지 위기가 닥치자 서구에서는 에너지와 자원의 부족으로 인해 자본주의적 경제 성장이 한계에 이를 수 있다는 인식이 제기되기 시작했다. 이제 더 이상 자연은 무한한 자원의 보고가 아닌 것으로 인식되게 되었다. 이러한 시대적 맥락에서, 서구에서는 환경 문제에 대한 연구가 다양한 주제에 걸쳐 이루어졌다. 이러한 연구 성과들을 바탕으로 캐튼과 던랩은 환경사회학이라는 새로운 영역을 구성했다(Catton and Dunlap, 1978, 1980).

환경사회학은 환경이 사회 변화에 중요한 영향을 미치는 독립 변수라는 명제를 중시하면서 환경과 인간 혹은 사회의 상호작용을 주요 연구 대상으로 삼는다. 이전의 사회학이 자연 환경이 인간에게 미치는 규정력을 의도적으로 과소 평가한 채 인간의 행위를 제약하고 동시에 촉발하는 요인을 단지 사회 구조로 파악하는 것과는 달리, 환경사회학은 환경이 인간의 행위를 구속하고, 촉발하는 과정을 연구한다.

이들은 기존 사회학이 지배적인 서구의 세계관에 깊이 빠져 있다고 본다. 근대의 과학과 기술이 혁명적으로 발전한 이후로, 인간(특히 서구인)들은 '세계는 광대하고, 인간에게는 무한한 기회가 열려 있으며, 진보는 영원할 것'이라는 지배적인 세계관을 갖게 되었다는 것이다(Catton and Dunlap, 1980: 18). 그러나 1970년대 이후, 이러한 지배적 세계관에 대한 의문이 확산되기 시작했다. '성장의 자연적 한계'가 있다는 논술이 대두되고, 기술낙관론이 비판받고, 환경 오염 문제가 심각하게 논의되는 등, 새로운 세계관의 요소들이 점차로 형성되기 시작했다 (Meadows et al., 1972). 이들은 기존의 사회학이 전제하는 지배적인 서구의 세계관과 구별되는 새로운 패러다임이 등장하고 있다고 판단하고 환경사회학은 이러한 새로운 패러다임에 속하는 새로운 사회학의 영역이라고 주장한다.

캐튼과 던랩은 이러한 대립되는 두 세계관을 인간 면제주의 패러다임 *human exemptionalism paradigm*(HEP)과 새로운 생태학적 패러다임 *new ecological paradigm*(NEP)의 대립으로 설명한다(Catton and Dunlap, 1978; 1980).[2] 이 두 패러다임의 특징은 다음의 〈표 2-1〉과 같다.

현대의 지배적인 패러다임이 인간의 특별한 능력에 대한 깊은 신뢰를 바탕으로 기술의 개발을 통한 인류의 끊임없는 진보를 낙관하는 반면, 새로운 생태학적 패러다임은 유한한 생물물리학적 환경을 인식하고, 성장의 한계를 인정하며, 미래 세대의 복지를 보장할 수 있는 지속가능한 사회를 지향한다.

캐튼과 던랩은 환경 문제를 연구하는 모든 사회학자들이 새로운 생태학적 패러다임을 공유하는지에 대해서는 명백한 대답을 회피하지만 대개 이 패러다임에 속한다고 보는 듯하다. 그러나 환경 문제를 진지하게 연구하는 학자들 사이에는 중요한 쟁점을 둘러싸고 동의보다는 차이가 보다 크게 부각되고 있다. 버틀(Buttel, 1976; 1978)은 캐튼과 던랩이 환경사회학을 새로운 패러다임으로 규정하는 데 반대하면서, 기존 사회학의 좌우 대립이 보다 중요하고, 환경 문제를 둘러싼 논의에서도 기존의 균열선이 보다 중요하다고 주장한다. 그러나 버틀의 주장은 환경사회학내에서의 진보적 접근과 보수적 접근의 차별성을 보여줄 수는 있지만, 환경 문제가 갖는 인류 역사상 완전히 새로운 특성들을 경시하는 한계를 갖는다.

밀브래스 Milbrath(1984)는 캐튼과 던랩의 새로운 생태학적 패러다임 범주를 보다 정교화하여 '새로운 환경 패러다임'으로 특정화시켰다. 그는 환경주의자들의 세계관이 갖는 현저한 특징

---

2) 처음에는 각각 인간 예외주의 *human exceptionalism paradigm* 와 새로운 환경 패러다임 *new environmental paradigm* 으로 이름붙였었다.

<표 2-1> 　　　　사회학의 인간 면제주의 패러다임과
새로운 생태학적 패러다임의 주요 가정의 비교

	인간 면제주의 패러다임	새로운 생태학적 패러다임
인간 존재의 본질에 대한 가정	인류는 그들의 생득적 유전과 함께 (그리고 이것과 구별되는) 문화적 유산을 갖는다. 그러므로 모든 다른 동물들과는 현저히 다르다.	인류는 예외적인 특징들 (문화·기술 등)을 갖고 있지만, 그들은 지구 생태계 안에서 상호 의존하면서 살아가는 많은 종들 가운데 하나이다.
사회적 인과 관계에 대한 가정	(기술을 포함한) 사회적이고 문화적인 요소들이 인간사를 결정하는 중요한 요인이다.	인간사는 사회적이고 문화적인 요소들 뿐만 아니라 자연의 그물 속의 원인·결과, 그리고 피드백의 복잡한 연결에 의해서 영향을 받는다. 그래서 의도적인 인간 행위는 많은 의도치 않은 결과들을 낳는다.
인간 사회의 맥락에 대한 가정	사회적이고 문화적인 환경이 인간사의 중요한 맥락을 이루고 생물물리학적 환경은 대개 이에 무관하다.	인간사에 중요한 물리적이고 생물학적인 구속을 가하는 유한한 생물물리학적 환경 안에서 인간은 살고 거기에 의존한다.
인간 사회에 미치는 강제에 대한 가정	문화는 누적적이므로, 기술적이고 사회적인 진보는 무한히 계속될 수 있고, 모든 사회 문제는 궁극적으로 해결 가능하다.	비록 인류의 독창성과 그로부터 나온 힘이 당분간은 수용력 *carrying capacity* 을 확장하는 것처럼 보이지만, 생태학적 법칙은 철회될 수 없다.

＊출처: Catton and Dunlap(1980: 34).

들을 "자연에 대한 높은 평가, 다른 종, 다른 사람들, 다른 세
대에 대한 동정 *compassion*, 인간과 자연에 대한 위험을 피하기
위한 조심스런 계획과 행동에 대한 열망, 인류가 적응하지 않을
수 없는 성장의 한계가 있다는 사실에 대한 인정, 그리고 우리
의 경제적이고 정치적인 사안들을 처리하는 새로운 길을 택하
는 새로운 사회에 대한 열망"으로 규정했다. 그의 새로운 환경
패러다임의 특징은 다음의 〈표 2-2〉와 같다.
　이러한 기존 연구들을 종합하여 환경사회학이 공유하는 기본
적 특성을 다음과 같이 정리할 수 있다.

　　환경사회학은 첫째로 물리적 환경을 인간의 행위를 제약하고 촉
발시키는 중요한 독립 변수로 취급한다.
　　둘째로 성장의 자연적 한계에 대한 논의를 포함한다.
　　셋째로 "지속가능한 사회" "지속가능한 발전"[3]을 주요 의제로
다룬다.

　첫째 명제에 대해서는 큰 논쟁이 벌어지지 않는다. 그리고 두
번째 명제에 관해서는 『성장의 한계』가 발간된 이후의 많은 논
쟁을 통해 성장의 (사회적 한계와 다른) 자연적 한계가 있다는
사실에 대해서 광범한 동의가 형성되었다. 그러나 세번째의 '지
속가능한 사회' 개념에 대해서는 그 사회의 모습, 거기에 이르
는 길 등 많은 문제가 뜨거운 논쟁 거리가 되고 있다. 좌파들이
지속가능한 사회에 이르기 위해서 계급간의 평등을 강조하는
반면, 우파들은 기술의 개발과 인구의 통제를 중요한 방법으로
제시한다. 또 한편으로 새로운 생태주의자들은 무정부주의적 공

---

3) 저자는 'sustainable development'를 '지속가능한 발전'으로 번역한다. 이 용
　어는 흔히 지속가능한 개발로 번역되지만 '자연을 개척하여 인간에게 유용하
　도록 만든다'는 의미의 '개발'이라는 용어보다는 '사물이 보다 낫고 더 좋은
　상태로 나가는 것'을 의미하는 '발전'이라는 용어가 '지속가능한'이라는 형용
　사와 더 잘 어울리는 명사로 보인다.

〈표 2-2〉　　　　　　　　밀브래스의 두 패러다임

	새로운 환경 패러다임	지배적인 사회적 패러다임
자연에 대한 평가	자연을 높이 평가	자연을 낮게 평가
다른 종, 다른 사람들, 다른 세대에 대한 평가	다른 종 다른 사람들 다른 세대에 대한 동정	인간 욕구를 위한 다른 종의 착취 　－다른 사람들에 대한 　　무관심 　－현세대에만 국한된 　　관심
위험에 대한 태도	위험을 피하기 위한 조 심스런 계획과 행동	부를 극대화하기 위해 위험을 감수
성장의 한계에 대한 평가	성장의 한계를 인정	성장의 한계는 없다
바람직한 사회상	완전히 새로운 사회를 지향 　－인간은 자연과 자신 　　들을 심각하게 해 　　친다. 　－개방성과 참여 　－공공재를 강조 　－협동 　－탈물질주의 　－단순한 생활 양식 　－직업에 대한 노동자 　　의 만족을 강조	현재 사회가 좋다 　－인간은 자연을 심각 　　하게 해치지 않는다. 　－위계와 효율성 　－시장을 강조 　－경쟁 　－물질주의 　－복잡하고 빠른 생활 　　양식 　－경제적 욕구를 위한 　　직업을 강조
정치에 대한 견해	새로운 정치 　－협의적이고 참여적 　－인간과 자연의 관계 　　에 대한 당파적 투쟁 　－기꺼이 직접 행동을 　　사용함 　－예견과 계획을 강조	낡은 정치 　－전문가에 의한 결정 　－경제의 관리에 대한 　　당파적 투쟁 　－직접 행동에 반대 　－시장 통제를 강조

＊출처: Milbrath(1984: 22).

동체주의의 이상향을 제시한다. 이러한 다양한 입장, 다양한 쟁점들에 대한 토론들이 이루어지는 장이 바로 환경사회학이다.[4]

환경사회학의 주요 연구 경향으로는 환경 의식에 대한 조사 연구, 환경 운동 조직에 대한 사례 연구, 환경 정책의 성격에 대한 연구, 환경주의 가치관에 대한 연구 등이 있다. 이러한 연구들은 1970년대부터 구미 지역에서 활발히 이루어졌고, 우리나라에서는 1990년대에 들어 활발히 이루어지고 있다(Catton and Dunlap, 1978, 1980; Buttel, 1976, 1978; Milbrath, 1984; Schnaiberg, 1980; 박현욱, 1986; 이시재, 1992a, 1992b; 이득연, 1992; 양종회, 1992).

환경사회학은 여러 사회 문제의 하나인 환경 문제를 분석하기 위한 분과 학문의 틀을 넘어선다. 왜냐하면 오늘날 환경 위기는 우리 전체 인류의 삶과 죽음, 건강과 행복을 결정하는 핵심적인 요인이기 때문이다. 우리가 오늘날 살아가는 자본주의 속에서의 생활은 자연, 즉 생산 조건을 끊임없이 착취하지 않고서는 하루도 계속될 수 없다. 그런데 문제는 지금과 같은 방식으로 생산이 지속되는 한 생산 조건이 재생산되는 것이 거의 불가능하다는 데 있다. 이와 같이 환경 위기는 우리의 존재 자체를 규정하는 문제이기 때문에 환경 위기에 대한 총체적인 인식은 패러다임의 전환을 요구한다.

현대 사회학은 사회 구조와 행위라는 두 개의 범주를 둘러싸고 많은 논쟁을 벌여왔고 이 이분법을 극복하기 위한 노력도 계속하고 있다. 구조주의는 사회 구조가 행위에 미치는 결정력을 강조하는 반면, 행위 중심의 사회학은 구조를 만드는 인간들의 사회적 행위의 중요성을 강조해왔다. 이러한 논쟁 속에서 캐튼과 던랩은 전혀 새로운 문제틀을 제시했다. 환경 문제를 분석에서 제외하는 기존의 지배적인 서구 세계관을 지배적인 사회적 패러다임이라고 규정하고, 새로운 생태학적 패러다임을 제시한

---

4) 이 장의 제 3 절에서 이러한 입장들 사이의 논쟁을 검토하겠다.

것이다. 사회학의 분석에서 상수로 간주되던 환경이라는 변수가 이제 중요한 분석 대상의 자리를 차지하게 되었다. 이제는 사회 구조가 인간의 행위에 미치는 영향만이 중요한 것이 아니라 물리적 환경이 우리에게 가하는 제약과 한계를 사회학이 적극적으로 고려하게 된 것이다. 이런 점에서 캐튼과 던랩의 업적은 매우 중요한 획을 긋는 시도였다.

그러나 캐튼과 던랩은 몇 가지 한계를 갖고 있다. 첫째로 이들은 이러한 자연적 제한 속에서 인류가 새롭게 위기를 헤쳐가는 적극적인 행위를 이론화하는 데는 그렇게 성공하지 못했다. 이러한 행위를 분석하는 데는 투렌 Touraine의 행위의 사회학이 풍부한 암시를 제공한다. 투렌은 진보의 사회철학을 비판하면서 인간의 행위가 만들어내는 동적인 과정의 중요성을 의미 있게 성찰하고 있다.

둘째로, 캐튼과 던랩은 환경이라는 변수를 지나치게 강조함으로써, 인간 대 환경이라는 지나치게 단순한 범주 구분에 빠지게 되었다. 인간 사회에 사는 모든 구성원들이 똑같은 운명을 갖고 '우주선 지구호'를 타고 있는 것은 아니다. 우주선 지구호 안에는 수많은 국민국가들이 나누어져 있고, 국민국가내에서도 수많은 갈등 집단들이 현존하고 있다. 이러한 인간 사회의 갈등과 불평등을 성찰하지 않고는 인간과 자연 사이의 갈등과 긴장을 이성적으로 해결할 수 없다. 환경 위기를 둘러싼 사회적 협동과 갈등을 분석하는 것이 바로 환경사회학의 과제인 것이다.

2. 환경 위기의 원인과 사회적 대응

우리의 분석 대상인 환경 운동은 객관적 환경 위기가 심화되고 이것을 사람들이 인식하면서부터 싹트기 시작한다. 위기가 가시적으로 나타날 때 사람들은 그 위기의 원인을 진단하고 그

진단을 바탕으로 처방을 제시하고 실행하게 된다. 그러면 과연 환경 위기의 원인은 무엇인가?

환경 문제가 심각해지기 전에는 자연 환경이 무한한 자원이 자 개발 대상으로만 취급되었다. 그러나 환경 문제가 심각해지고 인류의 생존 자체를 위협하게 되자 환경 문제의 원인에 대한 논의가 왕성하게 이루어지기 시작했다. 던랩과 캐튼(Dunlap and Catton, 1979b: 68~71)은 환경 위기의 원인을 하나의 단일한 원인으로 설명하려는 경향을 비판하면서 환경 위기의 원인을 인구, 기술, 문화 체계, 사회 체계, 그리고 퍼스낼리티 체계로 나누어서 설명했다. 이러한 원인들 가운데 가장 중요한 원인을 찾아 그것만을 해결한다고 해서 전지구적인 환경 위기가 해소될 수는 없다. 오늘날의 환경 위기는 지구 전체적인 위기이므로 위의 요소들을 복합적으로 분석하는 것이 필요하다.

환경 위기를 인식하기 시작한 인류는 성장의 자연적 한계, 즉 자원과 에너지가 제한된 지구의 유한성을 고민하게 되었다. 이러한 인식을 바탕으로 환경 위기에 대한 사회적 대응이 다양한 형태로 출현하게 되었다. 그런데 사회는 단일 차원으로 구성되어 있지 않고, 여러 차원에 걸쳐 다양한 집단과 세력들이 서로 협동하고 갈등하며 살아가는 장이다. 따라서 환경 위기에 대한 대응도 다양한 형태로 나타난다. 저자는 국가, 자본, 그리고 시민사회라는 세 범주를 구분하고, 이 범주들의 환경 위기에 대한 대응을 각각 환경 정책, 환경 산업(혹은 환경 착취), 환경 운동으로 설정하였다.[5] 이러한 세 가지 유형의 사회적 대응은 다시 환경 위기의 원인에 영향을 미친다. 이리하여 환경과 사회 사이의 상호 작용은 지구에 인류가 존재하는 한, 끊임없이 계속된다. 〈그림 2-1〉은 지금까지의 논의를 그림으로 표현한

---

5) 저자는 현대 사회를 구성하는 중요한 주체를 국가와 자본, 그리고 시민사회로 범주화하고자 한다. 국가와 시민사회의 이분법은 오늘날과 같은 고도화된 자본주의 사회에서 막강한 영향력을 행사하는 자본이라는 주체를 행위자로 설정하기 힘든 범주 구분이기 때문이다.

것이다.[6]

이러한 틀이 갖는 장점은 다음과 같다. 첫째로 단일 인과 관계를 설정하지 않음으로써 전체적인 위기 구조의 성격을 밝힐 수 있다. 전지구적인 거대한 환경 위기는 한두 가지 문제들을 해결함으로써 극복할 수 있는 것이 결코 아니다. 예를 들어 인구를 줄이고 깨끗한 기술 *clean technology*을 개발하는 것만으로는 총체적 환경 위기를 극복할 수 없다. 환경을 개발의 대상으로만 생각하는 극단적인 인간 중심주의적 문화 체계의 변형은 물론, 대량 생산, 대량 소비를 끊임없이 추동하는 사회 체계의 변형이 함께 필요한 것이다.

〈그림 2-1〉　　　환경 위기의 원인과 사회적 대응

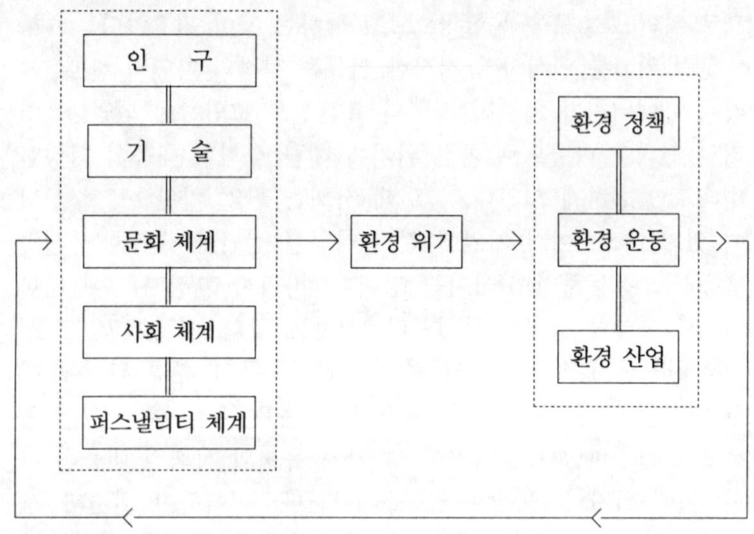

＊＝선은 상호 작용을 의미한다.

둘째로 이 틀은 피드백 구조를 가짐으로써 구조와 행위의 이

---

6) 이 분석틀은 Dunlap and Catton(1979b)의 분석틀에서 아이디어를 얻어 저자가 새롭게 구성한 것이다.

분법을 극복할 수 있다. 구조적 위기로서의 환경 위기에 대한 사회적 반응인 인간 행위가 다시 환경 위기의 원인에 대해서 영향을 미치는 틀을 설정함으로써 구조결정론과 주의주의 *voluntarism*를 모두 극복할 수 있게 된다. 또한 환경 위기를 극복하기 위한 인간의 이성적 행위의 가능성을 열어놓음으로써 비관주의를 극복할 수 있다.

셋째로 지금까지의 사회 운동 연구들이 인간 집단들 사이의 갈등만을 문제삼았을 뿐, 환경이 인간 사회에 미치는 제약과 영향에 대해 깊이 있게 분석하지 못한 것과 달리 위의 틀은 우리 인류 전체의 현재와 미래를 규정하는 환경의 결정적인 영향을 분석 대상에 포함시킴으로써 이전의 사회 운동 연구의 제한성을 넘어설 수 있다.

그러면 앞의 〈그림 2-1〉에 제시된 환경 위기의 원인들에 대해 자세히 살펴보도록 하자. 환경 위기의 원인을 무엇으로 보는가는 그에 대한 대응 전략을 찾는 데 결정적인 역할을 한다. 실제의 환경 위기는 매우 복합적인 원인에 의해서 발생된 것이지만 국가 정책이나 환경 운동의 전략을 세우는 데는 보다 중요한 원인, 보다 손쉬운(혹은 근본적인) 해결책을 찾을 수밖에 없다. 따라서 우리는 오늘날까지 논의된 중요한 원인들을 검토해볼 필요가 있다.

I. 인구

전지구적 환경 위기에 대한 최초의 논의는 맬서스 Malthus로 거슬러올라갈 수 있다. 맬서스는 인구는 기하 급수적으로 성장하는데 식량 생산은 산술 급수적으로 증가된다는 가정을 가지고 자신의 이론을 전개했다. 그는 '가난과 악덕'이 인구 억제 방법이라고 본다. 가난은 질병에 의한 사망을, 악덕은 범죄와 전쟁을 의미한다. 맬서스는 『인구론』 2판에서 '도덕적 억제'를 추가하여 결혼의 연기와 금욕을 인구 억제 방법으로 제시했다.

그러나 맬서스는 주로 '가난과 악덕'이라는 인간에 의한 인간의 제거가 인구 조절의 주된 방법이라는 신념을 바꾸지 않았다(권태환·김두섭, 1990).

1960년대에 들어, 신맬서스주의자 *Neo-Malthusian*인 폴 얼릭 Paul Ehrlich은 인구 증가가 환경 위기의 중요한 원인이라고 주장했다. 그는 강제적인 산아 제한 정책이나 반(反)인구 성장법까지도 동원해서 인구 증가를 억제해야 한다고 주장했다. 역시 신맬서스주의자인 개릿 하딘 Garett Hardin은 「공유지의 비극 The Tragedy of the Commons」이라는 우화를 통해 인구 증가가 지구의 생태계 위기의 주범이라고 주장했다. 그는 한 발 더 나아가, 지구라는 승선 인원이 한정된 구명선에서 이 배에 탄 사람들이 살아남기 위해서는 배에 타지 못한 다른 사람들(3세계 국민들)을 포기해야 하고 이 일은 선진국에서 맡아야 한다고 주장했다.[7] 높은 출생률과 낮은 사망률의 단계를 지나 낮은 출생률과 낮은 사망률의 단계에 진입하여 인구 안정 상태에 있는 선진국의 신맬서스주의자들은 지구의 지속, 그리고 무엇보다 구명선에 탄 선진국 국민의 번영을 위해서 억압적 인구 정책을 주창한다.

이러한 주장은 진보주의자들의 많은 반대를 불러일으켰다. 좌파 지식인들은 인구 성장의 원인은 빈곤이므로 빈곤 문제 해결이 선행되면 인구 폭발은 점차 해결될 것이라고 주장한다(카머너, 1980). 아울러 강제적 산아 제한 정책이 갖는 비인도성에 대해 맹렬히 비판한다. 그리고 중요한 것은 인구수 자체보다는 한 개인이 소비하는 자원의 양이라는 사실을 강조하면서 미국의 어린이 한 명이 아프리카 어린이 수백 명이 사용할 수 있는 자원을 소비한다는 사실을 강조한다. 결국 제3세계의 인구 통제를 주장하는 신맬서스주의자들의 숨겨진 의도는 제3세계의 인구가 증가하여 자신들의 자원을 자신들이 소비하게 될 경우,

---

7) 이것이 '구명선 윤리'이다(페퍼, 1989: 43~47, 344~51).

제 1 세계가 제 3 세계로부터 얻을 수 있는 자원의 고갈을 피하려는 것이라고 본다.

신맬서스주의에 대한 이러한 비판은 정당하다. 그러나 제 3 세계 국가들이 지속가능한 사회를 만들어가기 위해서도 비억압적인 인구 성장 억제 정책은 불가피하다.[8] 환경에 영향을 미치는 다른 요소들, 즉 기술·소비·생산 구조와 같은 요소들을 통제한다 하더라도 인구 폭발은 지속가능한 사회를 위해서는 해결해야 할 문제이다.[9]

II. 기술

배리 카머너 Barry Commoner 는 인구 성장 자체보다는 개인당 소비하는 자원의 양이 환경에 보다 중요한 영향을 미친다고 주장하면서 인구와 풍요 *affluence* 를 분리하여 분석했다. 그는 환경에 대한 영향 *impact* (I)을 인구 *population*(P)와 풍요 *affluence*(A), 그리고 기술 *technology* (T)의 함수로 보았다.[10] 그는 경험적 연구를 통해 2차 대전 이후 급격히 악화된 환경 오염의 대부분이 인구와 풍요의 증가라기보다는 생산 기술의 변화에 기인한다고 보았다. 이전에는 자연 친화적인 기술이 지배적이었으나 2차 대전 이후로 환경을 오염시키는 거대 기술이 등장하여 환경 오염을 가중시켰다는 것이다(카머너, 1980: 176~77).

카머너는 환경 문제를 인구 문제로 환원하는 신맬서스주의자들에 대해 적절한 비판을 가했다고 볼 수 있다. 그러나 그는 기술 이외에도 사회 체제의 문제에 대해 풍부한 논의를 전개했음

---

8) 카머너는 개방 도상국의 인구 균형을 위해 생활 수준의 향상, 사회 보장 제도, 자발적 피임 등이 필요하다고 본다(카머너, 1980: 242).
9) 한국에서의 인구 성장은 이제 낮은 출산율과 낮은 사망률의 안정 단계로 접어들었다. 그러나 인구 밀도는 매우 높다. 우리나라에서는 도시로의 인구 집중 문제가 중요한 문제로 제기된다. 이러한 관점에서 보면 도시화가 환경 위기의 중요한 원인으로 등장한다.
10) $I = f(P \cdot A \cdot T)$.

에도 불구하고 기술을 환경 위기의 중요한 원인으로 강조하였기 때문에, 그러한 기술의 발전을 자극하고 지지하는 사회 구조의 문제를 보다 철저하게 분석하지 못했다.

기술을 중요한 원인으로 파악했을 때는 두 가지 정반대의 대응이 나올 수 있다. 하나는 카머너, 슈마허 Schumacher 등의 '적정 기술 appropriate technology' 모델이다. 이것은 환경을 덜 파괴하고, 생태적으로 건전한 기술, 그리고 이와 함께 중앙에서 통제하는 거대 기술이 아니라 작은 공동체에서 통제할 수 있는 '작은 기술'을 지향하는 모델이다. 이러한 전략은 공동체주의, 무정부주의의 유토피아와 직접 연결된다.

다른 하나의 전략은 과학 기술을 보다 적극적으로 발전시켜야만 환경 위기를 극복할 수 있다는 전략이다. 독점 자본과 국가에 의해 추진되는 환경 산업이 대표적인 예가 된다. 이러한 입장에서 보면, 극단적으로는 인구 문제, 과잉 소비의 문제, 자원 부족의 문제도 모두 기술 발전으로 해결할 수 있게 된다. 결국 현존하는 사회 구조를 변형하지 않기를 기대하는 사회 세력들은 이러한 기술론적 해결을 가장 선호한다. 그러나 사회 구조의 변형 없이 기술에만 의존해서는 현대의 환경 위기를 해결할 수 없다는 의견이 지배적이다.

Ⅲ. 퍼스낼리티 체계

환경 위기의 중요한 원인으로 개인들의 욕구와 가치관, 그리고 이에 따른 풍요한 소비 행위를 강조하는 논의들이 있다. 국가 관료를 비롯한 보수주의자들은 생산보다는 소비가, 그리고 대량 생산, 대량 소비를 낳는 포드주의적인 자본주의 체제보다는 개인 행위가 환경 위기의 주요 원인이라고 주장하는 경향이 있다. 이들은 자본주의의 생산 확대는 개인들의 욕구를 충족시켜주기 위한 것이므로 불가피한 것으로 본다. 따라서 개인들의 생활 양식의 변화, 리사이클링 운동 등을 통해서 환경 위기를

해결하고자 한다.[11]

슈나이버그 Schnaiberg는 이러한 소비원인론을 격렬히 비판한다. 그는 욕구의 끊임없는 확대는 자본주의적 생산과 광고의 필연적인 결과라고 본다. 대량 소비를 부추기는 대량 생산을 문제시하지 않고 대중의 소비 양식을 비판하는 것은 '개가 꼬리를 흔드는 것이 아니라 꼬리가 개를 흔든다고 보는 것'과 마찬가지라는 것이다. 그는 생산의 쳇바퀴 *treadmill of production*가 환경 위기의 주요 원인이라고 파악한다.[12] 슈나이버그의 논의는 환경 위기의 원인을 개인들의 소비 행위에서 찾는 것보다 한발 앞서 있다. 그는 대량 소비를 낳은 것은 인간의 욕망이 아니라 대량 생산 체제 즉 생산의 쳇바퀴라고 본다.

오늘날의 환경 위기는 부도덕한 몇몇 자본가나 게으른 시민들 혹은 직무 유기를 일삼는 관료들의 부주의의 결과라고 보기는 어렵다. 환경 위기를 개인들의 행위나 가치관의 문제, 즉 퍼스낼리티 체계의 문제로 환원시키는 것은 보다 근본적인 구조의 문제를 간과할 가능성이 많다. 따라서 우리는 개인들의 퍼스낼리티 체계에 내면화된 문화 체계와 사회 체계의 특성을 분석해야 할 것이다.

Ⅳ. 문화 체계

얼릭과 카머너가 인구와 기술을 둘러싸고 어떤 것이 환경 위기의 근본적인 원인인가에 대해 논쟁을 벌인 데 반해서, 화이트 2세 Lynn White Jr.는 이러한 실체적인 원인을 넘어서서 서구의 지배적인 가치관을 환경 위기의 근본적인 원인이라고 보았다. 그는 환경 위기의 원인을 멀리 기독교적 세계관에서 찾는다. 그는 기독교가 세계에서 가장 인간 중심적인 *anthropocen-*

---

11) 환경처의 홍보, 기업의 공익 광고 등에 이러한 입장이 잘 나타나 있다.
12) 그러나 그는 자본주의가 문제인지 아니면 보다 넓은 의미의 산업주의가 원인인지에 대해서는 명확한 대답을 회피한다.

tric 종교라고 보면서, 기독교는 인간과 자연의 이원론을 확립시켰을 뿐만 아니라 인간이 신의 목적에 따라 자연을 착취하는 것이 신의 뜻이라고 주장하는 종교라고 규정한다. 그는 현대인들이 자신을 기독교인으로 생각하든 안 하든 간에 이러한 기독교의 정신이 현대를 지배하고 있다고 본다. 그는 현재의 과학과 기술이 정통 기독교의 자연에 대한 오만함에 너무나 물들어 있어서, 과학 기술만으로 생태 위기를 해결할 수는 없다고 단언한다. 그는 이러한 진단을 바탕으로 자연과의 공존을 시도하는 대안적인 기독교의 확립을 기대한다(White, 1967).

다른 한편으로 카프라Capra는 데카르트와 뉴턴의 기계론적 자연관에서 환경 위기의 원인을 찾는다. 그는 16세기 이전까지 지배적이던 유기적인 세계관이 기계적인 세계관으로 변하면서 오늘날과 같은 서구의 지배적인 패러다임이 생기게 되었다고 본다. 그는 데카르트가 정신과 물질을 분리하고, 물질 세계를 하나의 기계로 간주했다고 보았다. 이러한 자연의 기계론적 영상이 데카르트 이후의 지배적 과학 모형이 되었다는 것이다. 카프라에 의하면 뉴턴은 우주를 정확한 수학 법칙에 따라 작용하고 있는 하나의 거대한 기계적 조직으로 묘사함으로써 데카르트의 세계관을 확인하였다(카프라, 1985: 56~60). 카프라는 이러한 패러다임의 근본적인 전환이 필요하다고 본다. 그는 전통적 우파와 좌파는 모두 쇠퇴할 수밖에 없고, 새로운 문화가 지도적 역할을 담당하는 전환점이 임박했다고 주장한다(카프라, 1985: 96~97).[13]

V. 사회 체계

인구·기술·개인들의 소비 행위 등은 그 자체로 환경에 중요한 영향을 미치지만, 구조화된 사회적 관계로서 사회 체계는 환

---

13) 김지하는 이러한 논의에 크게 영향을 받은 것으로 보인다. 그는 산업 문명이 환경 위기의 근본 원인이라고 본다. 자세한 논의는 제 5 장 제 2 절 참조.

경에 지속적이고 구조적인 영향을 미친다. 저자는 사회 체계에 자본주의·제국주의·산업주의·국가주의와 같은 거시 구조적인 요인과 환경 정책을 포함한 여러 가지 사회 제도적인 요인들을 포함시켜 논의해보고자 한다.

환경 위기를 낳는 사회 체계와 관련해서 자본주의와 산업주의를 둘러싼 논쟁이 이루어져왔다. 전통적 좌파들은 대개 환경 위기를 자본주의 사회 구조의 문제로 파악한다. 자본의 유기적 구성의 증대에 따른 이윤율의 경향적 저하를 막기 위해 독점 자본이 대량 생산과 대량 소비의 체제를 낳고, 이 결과 환경 위기가 발생했다는 것이다.

이에 대해 생태 사회주의자들이나 심층 생태주의자들은 현실 사회주의 국가의 환경 오염 정도가 선진 산업 국가 못지않다는 사실을 반증으로 제시하면서 생산력 중심, 산업 생산 중심의 모든 사회 구조는 환경 위기를 낳을 수밖에 없다고 주장한다(문순홍, 1992). 따라서 자본주의보다 더 포괄적인 산업주의가 환경 위기의 근본 원인이 되는 것이다. 좌파들은 이러한 주장이 다니엘 벨 이후의 포스트 산업사회론과 수렴 이론을 연상시키므로 매우 곤혹스러워했다. 그러나 현실 사회주의 국가들이 마르크스가 자본주의 이후의 사회로 설정한 사회주의와는 전혀 다른 '사회주의' 혹은 '국가 자본주의'였다는 사실이 명백해진 이상, 좌파가 현실 사회주의를 논리적으로 방어하는 것은 매우 어려운 일이다.

저자는 사회 구조를 자본주의 혹은 산업주의라는 단일한 구조로 설명하는 것보다는 기든스와 마찬가지로 두 논리가 함께 영향을 미치는 것으로 파악하는 것이 현실을 더 적절히 설명할 수 있다고 본다(Giddens, 1990). 생산력의 끊임없는 확산을 지향하는 산업주의가 환경 위기를 낳는 근본 원인임은 명백한 사실이다. 이와 동시에 자본주의는 이윤을 위한 생산을 무정부적으로 확대하기 때문에 자원과 에너지의 부족, 그리고 환경 오염을 낳을 수밖에 없다. 과학과 기술에 기반을 둔 물질적 풍요를 지향하는 산업주의와 이윤을 매개로 조직되는 자본주의가 결합하여 환경 위기는 브레이크가 없는 폭주 기관차처럼 가속화되는 것이다.

환경 위기의 원인으로 주로 논의되는 산업주의·자본주의 쌍외에 저자는 우리 사회의 환경 위기를 낳는 구조적 요인으로 제국주의, 그리고 억압적 국가주의에 대해 논술하겠다. 서구의 환경사회학자들은 제3세계의 환경 위기에 대해 깊이 있는 분석을 하지 못하는 경향이 있다. 제3세계의 환경 위기는 자본주의·산업주의뿐만 아니라 이것들과 밀접히 결합된 제국주의의 강력한 규정을 받는다.[14] 뿐만 아니라 억압적 국가도 환경 위기에 중요한 영향을 미친다. 억압적 국가는 분배의 평등을 요구하는 노동 운동은 물론, 건강과 생존을 요구하는 환경 운동에 대해서도 억압적으로 대응한다. 이러한 대응은 환경 위기를 심화시키는 결정적인 요인이다.[15]

이 네 가지 사회 구조적 조건 가운데 어느 하나로 환원하여 환경 위기의 원인을 설명하는 것은 현실에 맞지 않다.[16] 각각은 서로 밀접히 연결되어 있지만 독자성을 가지고 환경에 영향을 미치고 있다.

앞에서 살펴본 거시 구조적인 요인들은 추상성이 높기 때문에 현실 사회의 다양한 변이를 설명하기에는 너무 큰 그물이라고 할 수 있다. 같은 자본주의 국가들간에는 물론 선진 자본주의 국가들 사이에도 환경 위기의 심각성은 큰 차이를 보인다. 즉 비슷한 문화적 가치 체계와 사회 구조를 가진 나라들 사이에

---

14) 한국은 제3세계이면서 동시에 반주변부 국가로서 다른 제3세계 국가의 자원과 노동력을 이용하고 있다.

15) 1988년 이전까지 환경 운동이 극도로 억압된 채 발전하지 못한 것은 이러한 억압적 국가주의의 영향이 매우 중요하게 작용하였기 때문이다.

16) 최병두(1992)는 자본주의를, 황태연(1992)은 제국주의와 포드주의를, 김지하(1992)는 산업주의를 각각 환경 위기의 주요 원인으로 본다.

도 환경 위기의 성격이 다르게 나타난다. 이러한 차이를 설명하기 위해서는 보다 구체적인 제도 수준의 특성에 대한 고찰이 필요하다.

환경 관련 제도의 확립 정도가 환경 위기의 심각성 정도에 미치는 영향은 크다.[17] 마이클 라이히 Michael R. Reich(1984)는 일본과 이탈리아의 환경 정책을 비교 연구했다. 그에 의하면, 1950년대와 60년대에 걸쳐서 두 나라 모두 비슷한 수준의 경제 수준과 환경 오염 수준을 유지했고, 환경 정책 역시 부적절했고 비효율적이었다. 그러나 일본의 경우, 1960년대말에서 1970년대초에 이르러 환경 문제가 정치적 의제로 등장하여 새로운 법률과 제도가 마련되었고 그 결과 상대적으로 환경의 질이 개선되었다. 이러한 제도 변화가 가능했던 것은 일본의 경우 피해자 중심의 환경 운동이 사회 운동의 중심이 되었기 때문이다. 반면 이탈리아의 경우, 문화재나 자연 생태계 파괴 문제가 환경 운동의 중요한 쟁점이었고, 이러한 쟁점조차도 노동 운동에 밀려서, 사회 운동의 중심으로 등장하지 못했다. 이와 같이 환경 운동의 발전과 이에 따른 환경 관련 제도의 개선은 실제적인 환경 위기의 특성을 결정하는 매우 중요한 변수가 된다.[18]

저자는 위에서 살펴본 다섯 가지 차원의 요소들이 모두 환경 위기의 원인이라고 본다. 그러나 현실적으로는 이들 가운데 어떤 것을 중요한 원인으로 보는가에 따라 환경 위기에 대한 사회적 대응은 전혀 다른 방향으로 나타난다. 인구 성장을 중요한

---

17) 행정 국가의 환경 관리 능력을 회의적으로 보는 견해도 있다. 펠케와 토저슨(Paehlke and Torgerson, 1990)은 관료제 혹은 행정 자체가 합리화·산업화를 위한 조직 수단이라고 주장한다.

18) 이외에 환경 위기의 특성을 결정짓는 또 다른 중요한 요인은 산업 구조이다. 일반적으로 중공업, 석유 화학 공업, 염색 공업, 제지 공업 등의 산업은 에너지를 많이 소비하면서, 환경 오염을 심화시키는 산업으로 알려져 있다. 공해 유발형 산업 구조가 환경 위기의 근본 원인이라고 진단하게 된다면, 환경 위기를 해결하는 방안은 환경적으로 건전한 산업 구조를 만드는 것이 될 것이다.

원인으로 보면 제3세계의 인구 성장을 억제하기 위한 강제적 산아 제한을 포함한 모든 조치를 정책의 최우선으로 할 것이다. 환경을 파괴하는 기술을 중요한 원인으로 본다면 깨끗한 기술을 위해서 막대한 투자를 할 것을 요구할 수도 있다.[19] 그리고 풍요한 개인의 소비 양식이 주요 원인이라면 쓰레기 줄이기 운동, 쓰레기 분리 수거, 세제 덜 쓰기, 자원 재활용과 같은 녹색 소비자 운동이 대안적인 운동으로 등장할 것이다. 서구의 지배적 문화 체계를 중요한 원인으로 본다면 우리의 가치관을 바꾸기 위한 문화 운동, 가치관 전환 운동이 중요한 대안으로 선택될 것이다. 환경 영향이 큰 산업 구조를 환경 위기의 주요 원인이라고 파악되면 이것을 환경적으로 건전한 방향으로 바꾸는 대안이 선택될 것이다. 그러나 만약 사회 구조 혹은 세계 체제가 근본적으로 환경 위기를 낳는다고 생각한다면 위의 대안들은 부족하거나 잘못된 선택이 될 것이다. 이런 입장 위에서는 한 나라의 사회 체계의 변형은 물론 세계 체제의 변형이 필요한 것으로 파악된다. 말하자면 끊임없이 대량 소비를 부추기는 대량 생산 체제의 변형, 그리고 제3세계의 자연 자원을 파괴하는 제1세계의 생산 체제, 무역 구조와 같은 문제의 해결이 필요하게 된다.

3. 환경 담화의 세 유형

앞에서 우리는 환경 위기의 원인으로 거론되는 중요한 요인들을 살펴보았다. 이 요인들은 모두 환경 위기와 깊은 관련을 갖지만 현실적으로는 정치적·철학적 입장에 따라 주요 원인들에 대한 선택과 배제가 이루어진다. 이러한 선택과 배제의 논리

---

19) 기술론적 해결책은 일반적으로 환경 산업에 대한 막대한 투자를 요구하는 거대 기술 지향으로 나아간다.

는 환경 위기에 대한 사회적 대응의 방향을 결정짓는 데 매우 중요한 영향을 미친다. 저자는 환경 위기의 원인 및 대응 방안에 대한 입장을 크게 세 가지 유형으로 나누어 살펴보도록 하겠다. 이 세 유형을 저자는 환경 관리주의, 생태주의, 그리고 좌파 환경주의로 명명하겠다. 이 세 유형은 환경 위기의 원인 진단, 그에 대한 해결책, 구체적인 실천 활동 등에서 차이를 보인다.

환경 문제가 처음 나타나기 시작했을 때 사람들은 이것을 총체적인 위기로 인식하지 못했다. 환경 문제는 경제 성장의 부산물이고 경제 성장을 충분히 이루고 난 뒤에 해결해도 늦지 않다는 생각을 대부분의 사람들이 갖고 있었다. 이와 같이 경제 성장과 기술 개발을 통해 환경 문제를 해결할 수 있다고 보는 낙관적인 입장을 환경 관리주의라고 부른다.

환경 관리주의는 환경 위기의 원인을 풍요한 소비 생활, 도시화·산업화, 그리고 환경 파괴적 산업 구조에서 찾는다. 자본주의·제국주의·국가주의와 같은 구조적인 요인이나 서구적 문화 체계가 환경 위기의 근본적 원인으로 논의되기보다는 정부의 규제 소홀, 기업의 부도덕한 윤리, 시민 의식의 부재가 원인으로 거론된다. 환경 관리주의는 환경 위기를 사회 구조의 총체적 변형 없이 부분적 개혁을 통해 극복할 수 있다고 파악한다. 현재의 생산 양식, 소비 양식 그리고 가치관을 근본적으로 변화시키지 않고도 환경 위기는 해결될 수 있다고 본다. 즉 자본주의의 생산 양식을 유지하면서 환경적으로 건전하고 지속가능한 발전(Environmentally Sound and Sustainable Development: ESSD)을 추구하는 것, 즉 다시 말해서 지속가능한 자본주의를 만들어나가는 것이 환경 관리주의의 전략이다. 이러한 성장 전략에 과학 기술은 필수적인 중요성을 갖게 된다. 과학 기술로 인해 일어난 환경 위기는 다시 더욱더 발전된 과학 기술을 통해서만 해결 가능하다는 것이다. 이러한 과학 기술의 발전을 위해서는 경제 성장이 필요하게 된다. 경제 성장이 이루어져야 환경 오염과 환경 위기를 관리할 수 있는 경제적 잉여를 확보할 수 있게 된다. 환경 관리주의는 로마클럽보고서가 일찍이 1972년부터 경고한 '성장의 자연적 한계'를 인정하지 않는다. 오늘날에도 환경 관리주의는 전세계적으로 가장 큰 영향력을 갖는 조류임에 틀림없다.

그러나 이러한 환경 관리주의를 바탕으로 국가와 자본이 환경 문제에 대처해왔으나 환경 문제는 더욱 심각해지기만 하였다. 이렇게 되자 환경 관리주의를 비판하는 새로운 이념이 등장하기 시작했다. 그것이 바로 1970년대 초반부터 본격적으로 등장한 생태주의 *ecology ; ecologism* 이다.[20] 생태주의는 기존의 좌우 대립을 넘어서서, 새로운 대안을 지향한다. 이들은 전통적인 소비에트 이데올로기 중심의 사회주의는 물론, 보수적인 자유주의와도 명백히 구분된다. 생태주의는 마르크스주의적 사회주의와 단절하면서 초기 사회주의, 유토피아적 사회주의의 이상을 이어 받아 공동체주의, 무정부주의적 경향을 강하게 갖고 있다.

생태주의는 기존의 이데올로기 투쟁이 전통적 좌파와 전통적 우파 사이에서 이루어지면서 당연시된 공통의 전제들에 대해 근본적인 의문을 제기한다. 그 의문들 가운데 가장 중요한 것은 '경제 성장, 생산력 발전은 과연 인류에게 행복을 가져다주는가'라는 문제이다. 이러한 질문은 곧 바로 '과학 기술은 언제나 선한 것인가'라는 질문으로 연결된다. 이러한 질문들에 대해 생태주의는 '아니다'라고 대답하면서 인구 증가 문제, 풍요로운 소비의 문제 등이 오늘날 환경 위기의 중요한 원인이라고 보게 된다. 이러한 논의는 궁극적으로 서구의 근대를 낳은 가치관의 문제에까지 거슬러올라가게 되고, 결국 데카르트와 베이컨, 그리고 나아가 기독교의 우주관이 문제의 근원으로 거론되기에 이른다. 문화 체계, 인구 증가, 기술 발달, 풍요가 모두 환경 위

---

20) 저자는 여기서 생태주의를 좁은 의미의 환경주의와 구분해서 설명하겠다. 그러나 넓은 의미의 환경주의에는 생태주의도 포함된다.

기의 주요 원인이 되는 것이다.

이러한 현실 진단 위에서 생태주의는 반(反)성장주의 혹은 제로 성장주의 모델을 채택한다. 경제 성장은 필연적으로 환경 파괴를 낳을 수밖에 없으므로 성장을 멈추어야 한다고 생태주의는 주장한다. 이러한 반(反)성장주의를 위해서는 전세계의 사람들이 새로운 금욕주의와 같은 가치관 변화 운동, 문화 운동을 전개해야 한다. 그리고 더 이상 규모의 경제에 얽매이는 것이 아니라 지방주의 *localism*, 그리고 나아가서 공동체주의를 실현해야 한다는 것이다. 끊임없이 소비적 욕구를 생산하는 사회 구조를 바꾸기 위해서는 생활 양식의 총체적 변형이 필요한 것이다. 이들은 환경 위기의 시대를 맞이하여 초기 사회주의의 이상과 유사한 새로운 유토피아를 제시하고 있다.

마르크스주의자들은 이러한 생태주의에 대해 비판적인 입장을 취했다. 즉 생태주의는 자본주의의 구조적인 문제를 중시하지 않기 때문에 그들이 의도하든 안 하든 간에 자본주의 체제 유지에 기여한다고 보았다. 마르크스주의자들은 '성장의 한계'를 주장하는 사람들을 신맬서스주의자로 규정하고 이들을 비판했다 (페퍼, 1989). 이러한 입장을 우리는 좌파 환경주의라고 부를 수 있다.

좌파 환경주의는 환경 위기의 원인이, 사회적 불평등을 낳는 자본주의·제국주의·국가주의와 같은 사회 구조라고 본다. 산업화·도시화, 풍요와 같은 요소들도 거론될 수 있지만 이러한 요인들은 사회 구조적인 문제로부터 직접 도출되는 것으로 파악된다. 좌파 환경주의는 사회적 불평등의 문제를 환경 위기의 차별적 피해와 직접 연결시켜 파악한다. 좌파 환경주의는 전지구적인 환경 위기가 총체적 위험 사회를 낳는다는 명제[21]보다는 환경 오염의 피해의 계급간·국가간 차별성 명제를 보다 강

---

21) 울리히 벡(Beck, 1992)은 계급 사회로부터 위험 사회 *risk society* 로 전환하고 있다고 본다.

조한다.[22]

환경 위기의 원인을 위와 같이 파악하기 때문에 좌파 환경주의는 사회 구조적인 문제의 해결을 통해서만 환경 위기의 극복이 가능하다고 본다. 즉 자본주의의 변형, 제국주의의 극복, 국가주의의 억압에 대한 저항 등을 통해서 환경 위기는 극복할 수 있다는 것이다. 이러한 관점 위에서 좌파 환경주의는 환경 문제에서도 억압받고 피해를 받는 피지배 계급, 혹은 민중의 생존권 확보를 위한 지원을 중요한 실천 활동으로 부각시킨다.

지금까지 서구의 선진 자본주의 국가들은 지속적인 경제 성장을 통해 신조합주의적 복지 국가를 확립함으로써 계급 갈등을 제도화시키는 데 성공했다. 즉 파이의 크기를 크게 늘리는 전략에 좌파와 우파는 모두 동의하면서 계급 타협을 이루어온 것이다. 환경 관리주의는 이러한 파이의 양을 늘리는 전략에 깊이 얽매여 있다. 그리고 생태주의는 이 전략이 지구의 자연적 한계 때문에 더 이상 가능하지 않다는 현실 인식에 기초해 있다. 좌파 환경주의는 이 두 입장 사이에서 동요하지만 환경적으로 건전하고 지속가능한 발전이라는 포괄적인 개념에 의존함으로써 이 문제를 해결하고자 한다. 그러나 좌파 환경주의는 그 개념 속에서 보다 평등한 부와 삶의 질의 분배를 강조한다. '파이 크기의 증대' 전략이 낳은 부의 불평등이 환경의 질의 불평등으로 지속되고 있다는 사실을 강조하면서 좌파 환경주의는 환경의 질의 계급적 평등을 중요한 목표로 설정한다.

우리는 지금까지 생태주의, 좌파 환경주의, 그리고 환경 관리주의가 각각 환경 위기의 원인과 해결책을 어떻게 파악하는지

---

22) 황태연은 '환경 제국주의'를 논의하면서 "개도국은 기후 변동으로 더 많이 피해를 입기 때문에 상대적으로 불리해지고 산업 국가는 더 적게 피해를 입기 때문에 상대적으로 유리해진다. 〔……〕 온대 지방 이상의 위도에 위치하는 산업 국가들이 지구 온난화 덕택에 농업 및 거주지의 북한계선의 상향 이동으로 절대적 이익을 얻게 되는 것도 배제할 수 없다"(황태연, 1992: 29)고 주장한다. 그러나 이러한 주장은 생태학적 수용 능력을 넘어선 지구 환경 위기의 긴박하고 총체적인 성격을 경시하는 것이다.

<표 2-3>　　　　　　　　　환경 담화의 세 유형

	생 태 주 의	좌파 환경주의	환경 관리주의
환경 위기의 원인	**산업 문명**(산업 주의). **인간 중심주의 문화 체계**. 과학 기술 만능주의. 인구 폭발. 풍요한 소비.	**사회 구조**(자본주의, 제국주의, 국가주의). 계급간·국가간 불평등.	과학 기술의 미발달. **환경 파괴적 산업 구조**. 풍요한 소비. 산업화·도시화. 인구 증가.
대응 방안	문명 전환 운동(새로운 금욕주의 가치관). 제로 성장 혹은 반(反)성장. 공동체주의.	자본주의의 변형. 제국주의에 대한 저항. 민주주의. 계급간·국가간 불평등 해소.	기술 개발. 산업 구조 조정. 비적대적 녹색 소비자주의. 국가와 기업에 대한 감시.

* 고딕 글씨는 각 유형이 가장 중시하는 환경 위기의 원인들이다.

를 살펴보았다. 위의 <표 2-3>은 세 유형이 파악하는 환경 위기의 원인과 대응 방안을 정리한 것이다. 이러한 세 유형의 입장은 이념형으로서 현실의 다양한 담화·이데올로기·행위 등과 반드시 일치하는 것은 아니다.

　그러면 여기서 생태주의와 환경주의를 구분하는 기준을 요약해보자.[23] 첫째로 환경주의가 인간 중심주의 *anthropocentrism*에 기반을 둔 것과 대조적으로 생태주의는 생태 중심주의 *ecocentrism ; biocentrism*)에 근거를 두고 있다. 둘째로 생태주의가 성장의 한계를 강조하는 반면, 환경주의는 성장의 한계를 부인하거나 성장의 잠재력에 대해 낙관적인 전망을 갖고 있다.

23) 돕슨의 정의에 따르면, 환경주의 *environmentalism*에 "환경 문제에 대한 '관리적' 접근을 주장하면서, 현재의 가치 혹은 생산과 소비 패턴의 근본적인 변화 없이도 환경 문제를 해결할 수 있다고 확신"하는 입장이다. 반면 생태주의는 "환경 보호 *care for the environment* 는 환경에 대한 우리의 관계를 근본적으로 변화시키고, 그리하여 우리의 사회적·정치적 생활 방식을 근본적으로 바꾸는 것을 전제"(Dobson, 1990: 13)로 하는 입장이다. 돕슨의 환경주의 개념은 저자의 환경 관리주의 개념에 가깝다.

이 두 가지 기준으로 우리는 환경주의와 생태주의를 구분할 수 있다.

환경주의가 현실주의라면 생태주의는 강한 이상주의를 바탕으로 하고 있다. 생태주의가 산업 문명과 과학 기술, 그리고 근대성에 대해 총체적인 비판을 가하는 것과 달리 환경주의는 이러한 것들에 대해 선택적으로 비판할 뿐이다. 환경에 해를 미치지 않는 과학 기술의 개발에 대해 환경주의는 적극 동의한다. 환경주의의 현실주의는 환경적으로 건전하고 지속가능한 발전(ESSD) 개념에서 명백히 나타난다.[24]

환경주의는 생태주의와 달리 현실주의적이라는 점에서 공통점이 있지만 그 안에도 커다란 경향적 차이가 있다. 필자는 전통적 좌파와 생태주의가 접합하는 논리를 좌파 환경주의로, 그리고 전통 우파와 생태주의가 접합하는 논리를 환경 관리주의로 규정하였다.

저자는 위의 세 유형이 의미하는 사회적 연대와 이념적 특성을 분석하기 위해 오페와 밀브래스의 논의를 수정, 종합하여 다음의 〈그림 2-2〉를 구성했다(Offe, 1985; Milbrath, 1984; 구도완, 1993). 그림의 가로축은 전통적인 좌우 대립을 표현한다. 맨 왼쪽은 완전한 평등을 맨 오른쪽은 완전한 자유를 지향하는 입장을 표현한다. 세로축은 성장 지상주의와 환경 보호 지상주의가 양극을 이룬다. 맨 가운데는 성장과 환경의 조화를 지향하는 입장으로 'ESSD'를 지향하는 입장이 위치지어진다.

생태주의는 전통적인 좌우파와 가장 멀리 떨어져 있기 때문에 삼각형의 꼭지점에 위치시켰다. 반면 두 유형의 환경주의는 경제 성장과 환경 보호를 동시에 추구한다는 특징을 공유하기 때문에 세로축에서는 동일한 위치를 갖는다. 그러나 좌파 환경주의

---

24) 이 개념은 생태주의와 양립할 수 없는 것은 아니지만 대개 경제 성장의 불가피성을 전제하기 때문에 생태주의와는 긴장 관계에 있는 개념이다. 말하자면 이 개념은 '환경 보호와 경제 성장의 조화' 명제의 명확한 표현이다.

와 환경 관리주의는 자본주의적 사회 구조를 유지/개혁하는 데
대립되는 입장을 취하므로 가로축의 양쪽에 위치한다.

　이러한 구분은 순전히 논리적인 것이다. 우리는 환경 위기의
원인과 그 극복 방향에 대한 기존의 논의들을 이러한 기준을 바
탕으로 새롭게 재구성할 수 있다.

　먼저 심층생태론 *deep ecology* 은 생태주의의 전형적인 특징
을 갖고 있다. 드볼 Devall 과 세션 Session 은 환경 위기의 원인
이 인간 중심주의, 그리고 인간과 자연을 분리시키는 이원적 자
연관이라고 진단하고, 모든 생명체들 사이의 평등을 주장했다.
이들은 인간 생활과 문화의 풍요는 인간 이외의 생명체들이 풍
부해야만 가능하며, 이것은 인구 감소를 통해서만 가능하다고
보았다. 이들은 직접 행동을 조직하고, 생태학적 공동체를 건설
함으로써 생태학적 유토피아를 만들어나가야 한다고 주장했다
(문순홍, 1992: 59~61). 이러한 주장은 기존의 좌우 구분을 넘

〈그림 2-2〉　　　　　환경 담화의 이데올로기 지형

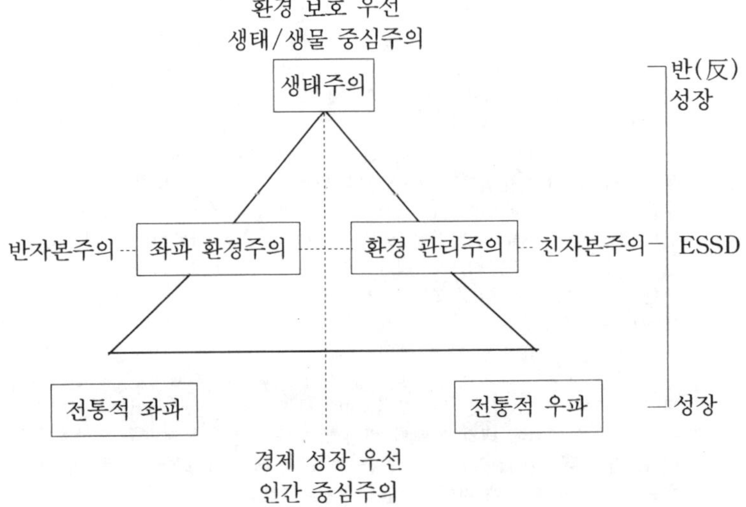

어서서 근본적인 생물 중심주의를 주장하고 성장의 한계를 극단적으로 강조한다는 점에서 전형적인 생태주의 이념이라고 볼 수 있다.[25]

성장의 물리적인 한계 개념을 비판하면서 인간 중심주의의 관점을 강하게 지지하는 좌파 환경주의의 전형은 황태연의 담화에서 발견할 수 있다. 황태연은 자본에게는 외적인 절대적 한계가 존재하지 않고, 생태학적 위기의 근본 원인은 외연적 확대재생산 양식의 특유한 경향이라고 주장한다. 그에 의하면 오늘날 환경 위기의 근본 원인은 생산 과정에서의 산업 폐기물이며 소비 쓰레기는 큰 문제가 되지 않는다. 이러한 전제 아래 그는 생산 과정의 오염을 획기적으로 줄이는 내포적 재산업화를 통해서 환경 위기를 해결하면서 동시에 대중의 복지를 향상시킬 수 있다고 주장한다. 그는 생산 과정에서 자원과 폐기물을 획기적으로 줄일 수 있는 내포적 산업화의 전제적 요청은 노동자들이 노동자적 소유 관계를 창출하는 것이라고 주장함으로써 사회주의적인 해결책을 도입하고 있다(황태연, 1992).

황태연은 오늘날의 전지구적인 환경 위기는 생태학적 상한선

---

25) 심층생태론은 그것의 근본적인 성격 때문에 많은 비판을 받아왔다. 첫째로 심층생태론의 생물 중심주의는 인간 중심주의를 비판하는 새로운 담화를 제시했으나 그것의 극단적인 성격 때문에 많은 비판을 불러일으켰다. 세균과 바이러스의 권리를 존중하면서 인간을 지구의 암세포에 비유하고 인구의 감소를 주장하는 심층생태론자들은 인간의 직접적인 이해 관심을 동원하는 데 큰 어려움을 겪을 수밖에 없었다. 우리는 인간을 생태계 법칙으로부터 자유로운 전능한 종으로 인식하는 '강한 인간 중심주의'를 극복하면서 동시에 인간의 존엄성을 무시하는 '강한 생물 중심주의' 또한 극복해야 한다. 저자는 생태계의 보전이 장기적으로 그리고 전지구적으로 인류의 생존의 필수불가결한 조건이라는 점을 강조하는 '약한 인간 중심주의'를 지지한다(Dobson, 1990).

둘째로 심층생태론은 기존 사회의 국가간·계급간의 불평등을 인간과 자연의 대립 구도로 대치함으로써 환경 위기의 피해가 경제적·정치적 약자들에게 집중된다는 사실을 무시했다. 따라서 이들은 환경 위기를 낳는 사회 구조와 세계 체제에 대한 총체적 변형에 대한 실천적인 전략을 제시하지 못했다. 결국 이들은 산업주의와 인간 중심주의에 대해 근본적으로 비판했음에도 불구하고 인간과 자연 사이의 형평, 그리고 인간들 사이의 형평을 종합적으로 성찰할 수 있는 이론을 개발하지 못했다.

을 초과한 것이라고 한편에서는 주장하면서도(황태연, 1992:
77) 다른 한편에서는 자본은 자기 운동적 생명체로 규정하면서
새로운 금욕주의를 주장하는 생태학적 마르크스주의(알트파터)
를 비판한다. 이러한 그의 주장은 생산 과정의 오염만 줄이면
생활 양식과 가치관의 총체적 변혁 없이도 인류의 욕구와 복지
를 충족시킬 수 있을 만큼 생태계의 수용력이 여유가 있다는 전
제에 근거해 있다. 즉 그는 소비재의 대량 생산과 대량 소비를
지속시키면서 그것을 생태학적 합리성과 조화시킬 수 있다고
보고 그 해결책이 바로 포스트포드주의적인 생산 방식에 있다
고 주장한다.[26] 이러한 황태연의 주장은 좌파 환경주의의 특징
을 잘 보여주고 있다.

좌파 환경주의의 경향을 우리는 슈나이버그의 논의에서도 읽
을 수 있다. 그는 일찍이 1970년대 중반부터 환경 위기와 평등
문제를 함께 해결하기 위한 연구에 몰두했다. 그는 생산의 확장
이 환경의 악화를 낳고 이것이 생산의 확장에 잠재적인 제한을
가한다는 사실을 인정한다. 그러나 그는 제한된 생물권의 자원
범위 안에서 사회 복지를 최대로 늘리는 정책을 펴나가야 한다

---

26) 황태연의 담화가 갖는 문제점은 다음과 같이 요약할 수 있다(정태석, 1994:
164~66; 구도완, 1994: 319~21). 첫째 생태계의 수용력을 너무 높게 평가
하고 있다. 그는 오늘날의 환경 위기의 전지구적인 성격을 무시하고 생산
과정의 폐기물 문제 정도로 문제를 축소시키고 있다. 이것은 그가 성장의
확대와 소비 쓰레기의 증대를 문제로 삼지 않는 데에서도 잘 나타난다. 둘
째 자본주의 사회에서 이윤 획득을 위해 자본이 만들어내는 욕망의 재생산
구조를 당연시하고 있다. 셋째로 내포적 재산업화의 예로 제시되는 포스트
포드주의적 생산 방식이 지구의 총생산 과정에서의 자원 낭비와 오염을 획
기적으로 줄여서 생태계의 균형을 유지해줄 수 있다는 어떠한 증거도 없다.
넷째로 황태연은 내포적 재산업화가 진행될 수 없는 사회에서 환경과 사회
복지를 균형 있게 발전시킬 수 있는 대안을 제시할 수 없다. 다섯째 내포적
산업화가 생산 과정에서의 오염과 자원의 획기적인 절약 체제로 정의되는
한, 그것은 자본의 환경 위기와 경제 위기에 대한 적응일 뿐 그 자체가 사회
적 정의(노동자의 자율성)와 생태학적 합리성을 보증해준다는 증거는 없다.
결론적으로 황태연은 환경 위기를 낳은 여러 복합적인 원인들을 무시하
고, 생산 방식의 문제로 환원함으로써 기술결정론의 함정에 빠지고 말았다.
그는 소유권 문제를 제기함으로써 사회주의와 환경주의를 결합하려 하지만,
내포적 재산업화는 지속 가능한 자본주의를 위한 찬송가일 뿐이다.

고 주장한다. 즉 환경 보호와 평등한 복지를 위한 정치적 행동
이 필수적이라고 주장한다. 그는 경제 성장을 반대하고 제로 성
장주의를 강력히 주장하는 것이 노동 계급의 동의를 획득하지
못할 것을 우려한다. 슈나이버그는 현실주의적 전략을 바탕으로
환경 보호를 위한 정부의 시장에 대한 개입을 촉구하고, 노동
계급의 환경 문제에 대한 관심을 불러일으킴으로써 노동 계급
의 복지와 환경 보호를 조화시키고자 노력한다(Schnaiberg,
1980: 423～32).

황태연과 슈나이버그는 환경 위기의 원인과 대응 방안에서
차이를 보인다. 그러나 경제 성장의 불가피성을 주장하면서, 노
동 계급과 대중의 복지를 중시한다는 점에서는 일치하고 있다.
여기서 핵심적인 쟁점은 성장의 한계 혹은 산업주의의 미래에
대해 우리가 어떻게 평가할 것인가 하는 문제이다. 이제 우리가
보게 될 오코너와 알트파터는 이 점에 대해 위 두 사람에 비해
근본적인 성찰을 하고 있다.

오코너 O'Connor(1991)는 자본주의가 지속적으로 팽창하면서
생산력과 생산 관계의 모순뿐만 아니라 생산 조건의 재생산의
위기에 처하게 된다고 본다. 토지, 대기, 맑은 물 등은 심하게
오염될 경우 재생산될 수 없음에도 불구하고 자본은 그것이 마
치 재생산될 수 있는 것처럼 남용하고, 그 결과 생태학적 위기
에 이르게 된다. 이 생태학적 위기는 다시 경제적 위기를 악화
시키는 효과를 낳는다. 이러한 위기는 결국 노동 계급, 여성 등
경제적·사회적 약자들의 고통으로 귀결되게 된다. 따라서 오코
너는 자본주의 그 자체가 생태학과 사회주의의 결혼에 중매쟁
이 노릇을 한다고 본다. 자본주의를 극복하기 위해 그는 무정부
주의와 자유주의적 국가의 개혁, 양자를 모두 거부하면서, '국
가의 민주화'라는 전략을 제시한다. 그러나 이 전략은 실천적 활
동과 주체를 아직 갖고 있지 못하기 때문에 모호하고 신비스러
운 형태로 남아 있다(O'Connor, 1988; 1991).

알트파터 Altvater는 오코너보다 훨씬 생태학적 한계를 깊이 성찰한다. 그는 엔트로피의 법칙을 적극적으로 받아들이면서 열역학 법칙이 관철되는 생태학과 경제적 합리성이 관철되는 경제학을 대립 개념으로 사용한다. 그는 경제적 과정을 한편으로는 가치의 전이 과정으로서, 그리고 다른 한편으로 물질과 에너지의 전이 과정으로 해석한다. 즉 사회적 관계뿐만 아니라 자연과 인간 사이의 물리적 상호 작용에 대한 이해를 사회과학에 적용시키는 것이다. 그는 마르크스주의에 기초를 둔 생태학적 경제학은 가치 이론과 열역학 이론의 결합, 중복의 형태로 발전해야 한다고 주장한다. 이러한 관점에서 볼 때 그에게 있어서 진보의 새로운 기준은 엔트로피의 증가를 최소화시킬 수 있는 사회를 만들어나가는 것이다(알트파터, 1991).

오코너와 알트파터는 성장의 한계, 혹은 생태계의 한계에 대해 황태연과 슈나이버그보다 훨씬 깊은 성찰을 하고 있다. 이들은 좌파환경주의를 넘어서서 생태주의를 보다 적극적으로 받아들이고 있으며 이것을 사회주의와 결합시키려는 이론적 시초들을 보여주고 있다.[27]

4. 사회 운동 이론과 환경 운동

하늘이 온통 스모그로 뒤덮이고, 강물에 물고기가 흰 배를 드러낸 채 떠오른다고 해서 반드시 환경 운동이 일어나는 것은 아

---

27) 만약 인류가 모두 미국의 중산층 정도의 소비를 누리면서 지구 생태계를 존속 가능하도록 유지시키는 것이 가능하다면 좌파 환경주의의 전략은 매력적인 것임에 틀림없다. 그러나 만약 그것이 불가능할 뿐만 아니라 그러한 자본주의적 풍요가 바람직하지도 않다면 좌파 환경주의는 우리의 대안이 될 수 없을 것이다. 그렇다면 우리의 미래의 유토피아는 산업주의와 자본주의를 모두 넘어서는 새로운 유토피아가 되어야 할 것이다. 따라서 우리는 사회주의에 환경을 끼워넣는 좌파 환경주의가 아니라 생태학(생태주의)과 사회주의를 적극적으로 결합하는 데 힘을 기울여야 할 것이다.

니다. 객관적 환경 위기는 환경 운동 발생의 필요조건이지만 충분 조건은 아니다. 이 절에서는 환경 운동이 발생하게 되는 원인과 과정 그리고 그것의 특성에 대한 이론적 접근들을 검토해보겠다.

환경 운동을 사회 운동의 하나로서 접근하는 이론 가운데에서 마르크스주의적 접근과 신사회 운동 이론, 그리고 자원 동원 이론과 정치 과정 모델을 검토해보겠다. 앞의 두 이론은 환경 운동이 발전하게 되는 사회 구조적인 원인에 초점을 맞춘 반면, 뒤의 두 이론은 사회 운동 일반이 발생하고 발전하게 되는 사회적 요인에 대한 이론적 접근이다.

먼저 마르크스주의적 접근은 환경 위기를 낳은 경제 구조에 분석의 초점을 맞추고, 환경 운동을 계급 투쟁의 변형된 형태로 설명한다. 이에 반해 신사회운동론은 1970년대 이후 새롭게 나타난 다양한 형태의 사회 운동을 '새로운 사회 운동'이라고 규정하고 이것이 '왜' 등장하게 되었는지를 가치관 변화나 사회 구조의 변화를 통해 설명하고자 하는 이론적 접근이다.

반면에 자원 동원 이론과 정치 과정 모델은 사회 운동 조직의 자원 동원 과정 혹은 정치적 기회 구조에 초점을 맞추고 사회 운동이 어떤 조건 속에서 발전하게 되고 '어떻게' 진행되는지를 분석한다.

I. 생태 마르크스주의

마르크스주의자들은 환경 위기의 가장 중요한 원인은 무엇보다도 자본주의 경제 구조라고 본다. 자본주의는 이윤을 확대하기 위해 자원을 낭비하면서 대량 생산, 대량 소비의 경제 구조를 생산, 재생산하고, 그 결과 환경 오염을 확대시켜, 환경 위기를 낳게 된다는 것이다. 전통적 마르크스주의자들은 산업주의와 자본주의를 별개로 보고 자본주의는 악하지만 산업주의는 그렇지 않다고 본다. 민중들의 풍요를 위한 생산력 증대는 당연

시되었고, 이러한 경향은 현실사회주의의 생산력 중심주의로 나타나게 되었다.[28]

우리나라에서 마르크스주의적 관점에서 환경 위기와 환경 운동에 접근하는 학자로는 최병두를 들 수 있다. 그는 "자본주의 사회에서의 환경 문제의 발생은 가치 증식 과정과 이에 의해 초래되는 사용가치 생산 과정과 교환가치 생산 과정간의 대립 관계에 기원을 둔다"고 본다(최병두, 1992: 03). 다시 말해서 생산의 무정부성과 대량 생산, 대량 소비를 낳는 자본주의 사회 체계가 환경 문제의 근본적인 원인이라고 보는 것이다. 그는 이러한 근본적인 원인이 있기 때문에 환경 운동은 자연스럽게 일어나는 것으로 본다. 즉 환경 위기로부터 환경 운동이 일어나게 되는 과정을 모순의 자발적인 표현으로 설명하고 있다.

노동 착취가 특정 시기와 장소에서 그 스스로 자본에 대항하여 노동 운동을 야기하듯이, 자연의 착취 역시 자본에 대한 반란으로서 환경 운동을 야기시킨다.[29] (최병두, 1992: 319)

그러나 저자가 볼 때, 환경 운동은 환경 위기로부터 바로 생성되지 않는다. 복잡한 매개 변수들의 도입이 매우 중요하다. 최병두는 이러한 과정을 설명할 수 있는 이론적 자원들을 갖고 있지 않다. 사람들이 어떻게 해서 객관적 환경 위기를 인식하고 어떻게 행동을 하는지, 커뮤니케이션, 농원 과성, 조직 구성 등의 메커니즘을 설명할 수 없다. 그는 환경 운동을 자본주의의 필연적인 결과로 보면서 환경 운동을 반자본 운동으로 규정하고 또 그렇게 되어야 한다고 주장한다(최병두, 1992: 319~22).

---

28) 오늘날 환경 위기를 인식하게 된 생태 마르크스주의자들은 산업주의에 대해 보다 신중한 입장을 취한다. 오코너는 자본주의뿐만 아니라 산업주의도 동시에 넘어서는 '생태 사회주의'를 지향한다. 그러나 그는 환경 위기의 근본 원인으로서 자본주의를 강조한다. 오코너의 정치적 기획은 아직 모호한 상태로 남아 있다.

29) 이것은 오코너의 주장과 정확히 일치한다(O'Connor, 1988: 31).

새로운 사회 운동은 사회-공간적으로 상이한 집단들에게 모두 적용되는 비계급적 이슈 또는 이들을 관통하는 다계급적 내지 통계급적 이슈들을 전제로 하고 있다. 그러나 이러한 이유에서 운동의 계급성이 무시되어서는 결코 안 될 것이다. 왜냐하면 이러한 이슈들은 모두 자기 증식 과정을 위한 자본의 지배에 의한 결과로서 발생했으며, 따라서 운동의 주체들은 현상적으로 다양한 모습들을 가진다고 할지라도 궁극적으로 자본에 의한 지배로부터 벗어나고자 투쟁하는 집단들이기 때문이다. 〔강조는 저자〕

여기서는 하나의 원리 즉 자본의 논리가 모든 지배와 저항을 결정하는 지배 원리로 묘사되고 있다. 따라서 '현상적으로' 여러 계급들의 비계급적인 사회 운동도 '궁극적으로는' 반(反)자본주의 운동이라고 규정될 수 있게 된다. 최병두의 논리를 따르면 행위자가 스스로 반자본주의 운동을 하려는 의사를 갖든 안 갖든 간에 모든 운동은 '궁극적으로' 자본의 지배를 받는 사람들의 운동이기 때문에 그 운동은 계급성을 갖게 된다.[30]

이러한 주장은 계급과 계급 운동의 개념을 너무나도 포괄적으로 설정하기 때문에 분석적인 의미를 찾기가 매우 어렵다. 저자는 이 책에서 환경 운동의 '계급성'의 의미를 분석적으로 구분하고, 경험적으로 검토해보도록 하겠다. 즉 환경 운동 주체의 계급적 특성, 환경 운동 주체의 이해 관심, 환경 운동의 이데올로기 등을 경험적으로 분석함으로써 생태 마르크스주의의 명제들의 경험적 타당성을 검토해보겠다.

---

30) 아래 인용문을 보면 최병두가 환경 운동을 계급 운동으로 환원하고 있다는 사실을 명백히 알 수 있다. "환경 운동의 경우, 환경 문제는 궁극적으로 자본주의 축적 체제와 이를 뒷받침하는 국가의 정책에 의해 초래되고, 이러한 문제는 사회 공간적으로(즉 계급적으로 그리고 이를 반영하는 지역성에 따라) 차별화·불균등화되어 전가되고 있으며, 따라서 이러한 문제를 해결하고자 하는 환경 운동은 분명 계급성을 담지하고 있을 뿐만 아니라 계급적 이해 관계를 실현하고자 한다"(강조는 저자; 최병두, 1993: 253).

미국에서의 사회 운동 연구는 전반적으로 자원의 동원에 깊은 관심을 갖고 있으므로 넓은 의미의 자원 동원 이론에는 뒤에서 보게 될 정치 과정 모델이 포함된다. 그러나 이 글에서는 자원 동원 이론의 이론적 핵심을 잘 보여주는 맥카시 McCarthy와 잘드 Zald의 모델만을 자원 동원 이론으로 분류하겠다. 이렇게 다른 이름을 사용하는 이유는 두 접근이 큰 차이를 보이고 있기 때문이다. 맥카시와 잘드는 자신들의 모델을 부분 이론으로 제한하고, "중요한 변수들(당국, 사회 운동 조직들, 그리고 방관하는 군중들 사이의 상호 작용, 미디어 개입의 동학, 사회 운동 조직 노동자와 당국 사이의 관계, 산업 구조의 영향, 전술의 딜레마 등)을 상수로 간주"(McCarthy and Zald, 1977: 1237~38)한다. 반면에 정치 과정 모델은 이러한 변수들을 함께 고려함으로써 보다 종합적인 이론을 지향한다(Jenkins, 1987).

자원 동원 이론은 전통적인 사회운동론들이 미시적인 개인의 심리적 과정에서 집합 행동의 원인을 찾았던 데 대해서 명백히 비판한다. 운동이 일어나게 되는 것은 갑작스런 불만 때문이라기보다는 오히려 자원을 동원할 수 있는 능력에 달려 있다는 것이다. 보다 극단적으로 말하면 사람들의 불만은 언제나 널리 퍼져 있기 때문에 그것이 운동의 원인이 될 수는 없다는 것이다. 오히려 중요한 것은 개인들의 합리적 선택을 통한 참여와 자원의 동원이다. 이러한 관점에 서서 자원 동원 이론자들은 사회 운동 조직이 어떻게 외부 지원 집단(예를 들면 언론이나 전문 사회 운동 조직)을 동원하고, 자금을 마련하고, 동조자를 동원하는지를 주로 분석한다(McCarthy and Zald, 1977; 박현옥, 1986). 이들은 운동의 성공을 결정하는 중요한 변수는 토착 사회 운동 조직이나 대중들의 직접적 행동이라기보다는, 공식적이고 관료적인 형식을 가진 중간 계급과 상류 계급 중심의 전문 사회 운동 조직(professional SMOs)의 개입 여부라고 본다.

이러한 이론적 접근은 미국의 실용주의적이고 체제 안의 사회 운동을 분석하는 데 유용한 이론적 자원이 되었다. 그러나 자원 동원 이론에 대해서는 많은 비판이 제기되었다. 첫째로 월시(Walsh, 1981)는 스리마일 섬의 사례를 분석하면서 불만이 이 지역의 조직적 저항 운동의 발전에 매우 중요한 요인이었다는 점을 강조했다.[31] 우발적 사고에 따른 대중의 불만은 운동 발생의 중요한 요인임은 우리나라의 페놀 사태를 통해서도 잘 알 수 있다.

둘째로 자원 동원 이론은 운동 조직의 자원 동원 과정에만 관심을 집중함으로써 운동의 이데올로기에 대한 포괄적 이해를 제공할 수 없다. 말하자면 주어진 목표를 달성하기 위해 어떤 행위들을 조직함으로써 성공을 추구하는지를 분석할 뿐이다. 그러므로 이러한 접근은 환경 운동과 같은 새로운 가치, 세계관, 패러다임을 지향하는 사회 운동의 의미를 분석하는 데는 한계가 많다.

셋째로 국가의 성격, 국제 관계에서의 위치와 같은 요인들을 고려하지 않고 운동 조직의 자발적 행위만을 강조하기 때문에 행위에 외재하는 구조적인 맥락의 영향력을 분석할 수 없다. 사회 운동의 발생·전개·결과에는 그 나라의 정치적 기회 구조가 매우 중요한 영향을 미친다. 정치적 기회 구조가 개방적인 국가의 경우와 폐쇄적인 국가의 경우, 운동 조직의 활동 폭은 크게 달라진다. 이러한 정치적 배경을 분석 대상에서 제외하기 때문에 자원 동원 이론은 국가간 비교 연구에 있어서도 한계를 가진다.

이러한 비판은 자원 동원 이론 자체에 대한 내재적 비판이라기보다는 자원 동원 이론의 부분 이론으로서의 한계에 대한 비판이라고 할 수 있다. 자원 동원 이론이 상수로 간주한 변수들,

---

31) 불만을 상수로 취급하는 극단적인 자원 동원론자들은 많지 않지만, 전반적으로 불만을 경시하는 경향이 있는 것은 명백하다.

즉 정치적 기회 구조나 불만의 폭발과 같은 변수들이 사회 운동의 성장과 쇠퇴에 결정적인 영향을 미친다면 부분 이론으로서 자원 동원 이론은 제한적인 의미만을 가질 것이다. 따라서 우리는 정치적 기회 구조, 가치관의 변화 등을 검토할 수 있는 보다 포괄적인 사회 운동 이론들을 검토해볼 필요가 있다.

Ⅲ. 정치 과정 모델

1960년대 이후 심리학적 집합행동론이 퇴조하면서, 넓은 의미의 자원 동원 이론적 접근이 미국에서 크게 발전했다. 그것의 전형적인 모델이 앞에서 살펴본 맥카시와 잘드의 자원 동원 이론이다. 그러나 맥카시와 잘드의 모델은 '사회 운동 산업'과 같은 개념을 설정하고, 운동에 미치는 정치 구조의 영향력을 분석 대상에서 제외함으로써 운동의 정치적 성격을 무시했다는 비판을 면할 수 없었다. 이러한 비판을 토대로 자원 동원 이론의 부분적 성격을 극복하고 보다 종합적인 이론을 추구하려는 사회 운동론 연구가들이 정치 과정 모델을 제시했다(McAdam, McCarthy and Zald, 1988; Jenkins, 1987; Kitschelt, 1986, 1990). 이 모델은 국가가 운동의 출현·전략·동학을 조건짓는다는 사실과 '정치적 기회 구조'에 대해 관심을 집중시킨다.

정치적 기회 구조에 대한 선구적인 연구를 수행한 에이징어(Eisinger, 1973)는 정치적 저항 행동이 일어나는 것은 정치적 기회 구조의 특성과 관련이 있다고 보고, '정치적 환경'의 중요성을 경험적으로 분석했다.[32] 서구 네 나라의 반핵 운동을 비교 연구한 키첼트(Kitschelt, 1986)는 정치적 기회 구조의 차이가 반핵 운동의 전략과 효과를 결정하는 변수라고 주장했다. 그는 이 연구에서 정치적 기회 구조는 특정한 자원의 윤곽, 제도적

---

32) 그는 정치적 기회 구조의 요소로서 고위 행정 책임자의 특성, 시의회 선거 방법, 사회적 기술과 지위의 분배, 사회적 분열의 정도, 그리고 그외, 정부의 대응성 *responsiveness*, 공동체 자원의 수준 등을 들었다(Eisinger, 1973: 58).

장치, 사회적 동원의 선례로 구성된다고 보았다. 그는 정체 *political regimes*의 개방/폐쇄, 그리고 정책 수행 능력의 강/약의 정도를 구분하고 이 차이가 사회 운동의 전략과 효과의 차이를 설명해준다고 보았다.[33]

태로우는 정치적 기회 구조와 관련하여 고려되는 변수들은 정체 *polity*의 개방성/폐쇄성, 정치적 제휴 *alignment*의 안정성/불안정성, 동맹과 지원 집단의 존재/부재, 엘리트내의 분리 혹은 그들의 저항에 대한 관대함/편협함 등이라고 정리했다(Tarrow, 1989: 32~34).

젠킨스는 이 모델[34]의 공헌은, "소외 집단들을 중요한 저항자로 규정한 점과 증대하는 집합 행위 능력과 정치적 기회의 중요성을 지적한 점"(Jenkins, 1987: 278)이라고 본다. 그는 미국에서, 1960년대의 사회 운동이 크게 성장한 반면 1970년대에는 크게 쇠퇴한 이유를 정치적 환경의 변화에서 찾는다. 1960년대의 폭발적인 사회 운동의 등장은 새로운 정치적 기회가 생겼기 때문이지 잠재적 분노나 보다 나은 사회에 대한 통일된 전망 때문이 아니었다는 것이다(*ibid.*: 295). 그러면 이러한 정치적 환경은 어떻게 해서 생기는가? 젠킨스는 엘리트 가운데 불만에 찬 내부 성원으로부터 시작된 정치적 동요가 정치적 재편성을 불러일으키고, 이것이 다시 새로운 저항의 기회를 증대시킨다고 본다. 이러한 소요가 극에 다달았을 때 내부 성원들은 그들의 이익이 점점 위협받는다는 사실을 깨닫고, 결정적으로 저항에 반대하는 방향으로 선회하고 혼란은 막을 내리게 된다는 것이다(*ibid.*: 298).

---

33) 키첼트는 정치 체제의 개방성을 결정하는 요소로 i) 선거 정치에서 서로 다른 요구를 효과적으로 표현하는 정당·분파·집단의 수, ii) 입법부가 행정부와 독립적으로 정책을 개발하고 통제할 수 있는 능력, iii) 이익 집단과 행정부의 개입 형태, iv) 새로운 요구를 정책 협상과 동의를 형성하는 방향으로 이끌 수 있는 기제를 들었다(Kitschelt, 1986: 63).

34) 젠킨스는 이것을 RM1으로, 맥카시와 잘드의 모델을 RM2로 명명한다.

이러한 정치 과정 모델은 자원 동원 이론이 상수로 간주했던 정치적 기회 구조, 소외 집단의 사회 운동 조직 등을 분석 대상에 포함시킴으로써 보다 포괄적인 이론으로 발전했다. 특히 우리나라와 같이 국가의 억압적 성격이 강하고, 그것이 미치는 영향이 큰 사회에서는 정치적 기회 구조와 사회 운동의 상호 작용에 대한 면밀한 검토가 필수적이다.

그러나 이 접근의 단점은 첫째로 '정치적 기회 구조'라는 용어에서 나타나듯이 정치 체제의 개방성과 폐쇄성, 안정성과 불안정성과 같은 측면에만 초점을 맞춤으로써 한 국가의 정치 구조와 상호 작용하는 경제 구조와 세계 체제의 문제를 고려할 수 없다는 것이다. 환경 문제의 발생에는 억압적 국가 기구가 중요한 요인이 되지만, 그 나라 경제의 산업 구조도 중요한 변수로 작용한다. 우리나라의 경우, 1960년대의 경제 개발 이후, 환경 오염이 본격적으로 시작되었지만, 1980년대의 중화학 공업화 이후로 오염의 정도가 훨씬 심각해진 것으로 밝혀지고 있다. 한국의 정치 구조는 수출 위주의 경제 성장 지상주의에 지배되는 경제 구조에 깊히 얽혀 있으며, 세계 체제의 규정을 강하게 받고 있다. 따라서 보다 포괄적인 분석을 위해서는 정치 구조와 상호 작용하는 경제 구조 및 세계 체제의 문제를 고려해야 할 것이다.

둘째로 정치 과정 모델은 환경 운동이 갖는 새로운 세계사적 의미를 고찰할 수 없다. 환경 운동은 현세대의 집합적 이해 관심과 관련되는 경우도 많지만, 그외에도 다음 세대의 건강과 안전이라는 이해 관심, 즉 '지속가능한 사회'라는 목표와 깊이 관련되어 있다. 기존의 정치 과정 모델은 합리적 선택 이론에 기반을 두기 때문에 이러한 새로운 이데올로기의 특성을 분석하는 데 한계가 있다.

IV. 신사회운동론

1960년대말과 1970년대부터 서구에서는 기존의 노동 운동을 중심으로 한 사회 운동과는 구별되는 새로운 쟁점, 가치를 추구하는 새로운 주체들의 운동이 등장하기 시작했다. 환경 운동, 여성 운동, 평화 운동, 동성 연애자 운동 등이 바로 그러한 운동들이었다. 이러한 운동들의 등장에 대해 연구자들은 다양한 의미로 '신사회 운동'이라는 이름을 붙이기 시작했다. 이 글에서는 잉글하트와 이시재 그리고 오페의 논의를 검토해보도록 하겠다.

1) 가치, 문화 이론

환경 운동을 포함한 새로운 사회 운동들이 서구와 북미에서 발전한 사실을 전후의 풍요로운 생활 때문에 생겨난 '탈물질주의적 가치 *postmaterialistic value*' 때문으로 설명하는 이론이 환경 운동 연구에 큰 영향을 미쳤다. 이 이론의 주창자인 잉글하트 Inglehart(1977)는 여러 조사 연구 자료를 근거로 전후의 풍요로운 생활을 청소년기에 경험한 세대들이 그렇지 않은 세대들보다 더 탈물질주의적 가치를 많이 갖고 이들이 신사회 운동에 더욱 많이 참여한다고 주장했다.[35]

이러한 접근은 주로 물질적 이해를 둘러싸고 진행된 이전의 사회적 갈등과는 구분되는 새로운 갈등의 문화적 배경을 설명하는 데 유용한 근거를 제공한다. 그러나 잉글하트의 설명은 구조적 변수들을 무시하지는 않지만 사회 변화의 원인을 주로 심리학적 원인으로 환원하여 설명하는 경향이 강하다. 오페는 이것을 심리학화 접근 *psychologizing approach* 이라고 규정하고 두 가지 논점으로 잉글하트를 비판한다(Offe, 1987: 82~85). 첫째, 물질적 욕구를 충족시킨 집단들이 반드시 새로운 사회 운동의 주체가 될 개연성은 없으며, 오히려 개인주의적인 생활 양식

---

35) 여기서 탈물질주의적 가치는 언론 자유와 정치 참여를 강조하는 태도로 판명되고, 물질주의적 가치는 질서와 경제적 안정성을 강조하는 태도로 판명된다(Inglehart, 1977: 28~29).

이나 소비 패턴을 즐기는 방향으로 갈 수도 있다는 것이다. 둘째로 잉글하트는 새로운 정치가 청소년기의 풍요를 경험하지 못한 계층에까지 확산되는 현상을 설명할 수 없을 뿐만 아니라, 새로운 운동을 시작한 세대가 활동을 그만둔 이후로도 그런 운동들이 안정화되는 현상을 설명할 수 없다는 것이다. 오페는 새로운 사회 운동이 새로운 패러다임을 구성한다고 판단하기 때문에 이러한 구조적 현상을 개인들의 동기와 같은 심리적 원인으로 설명하는 데 반대한다.

탈물질주의적 가치는 환경 운동의 자원 동원에 미치는 배경 변수일 뿐 환경 운동의 발생을 밝히기 위해서는 많은 사회 운동 조직이나 불만과 같은 매개 변수들에 대한 분석이 필요하다. 젠킨스(Jenkins, 1987: 276)가 지적했듯이 가치, 문화 이론은 "탈물질주의적 가치가 정치화되는 과정"에 대한 분석이 결여되어 있다.

우리나라의 환경 운동을 패러다임 전환의 문제로 접근한 선구적인 연구로서 우리는 이시재(1992b)의 연구를 들 수 있다. 이시재는 "여성 문제, 환경 문제, 도시 문제, 교육 문제 등을 계급 분석의 외연 확장을 통해 설명하려는 접근"을 단호히 비판하면서 새롭고 다른 논리로 이러한 문제들에 접근해야 한다고 본다. 그는 한국의 환경 운동을 포함한 여성 운동, 교육 운동 등을 '새로운 사회 운동'으로 개념화한다. 이전의 사회 운동은 '시장내의 운동'으로 규정되고 새로운 사회 운동은 '시장 밖의 운동'으로 규정된다. 시장내 운동의 중요한 모티프는 이윤이고, 시장 밖의 운동의 가치 지향은 '생활 방위, 새로운 가치 지향, 생태학적인 보존'이다.

이시재는 1990년대의 새로운 사회 운동은 '생활'을 모든 사회 운동의 중심에 둔다고 보고, '생활'이 바로 '세계 인식의 틀'이 될 수도 있다고 주장한다. 그는 경제 개발과 환경 보전의 조화론으로부터 '환경/생활 우선주의'로 나아가야 한다고 보면서.

이를 위해서는 "초물질주의 가치, 생명 윤리, 신내핍주의와 같은 새로운 가치 지향을 정식화하고 실천 가능한 형태로 제시"하는 것이 필요하다고 주장한다.

이러한 이시재의 주장은 한편으로 환경 운동을 단순히 피지배 계급의 저항 운동 혹은 반자본 운동으로 설명하는 기계론적 마르크스주의자들의 접근과 다른 한편으로 환경 운동을 이익 집단의 이익 방어를 위한 집합 행동으로 축소시키는 자원 동원 이론적 접근을 모두 넘어서고 있다. 환경 운동은 단순한 피지배 계급의 저항 운동도, 이익 집단의 합리적 선택도 아니다. 그것은 분명히 정의로우면서도 지속가능한 사회를 지향하는 역사성을 함축하고 있다.

2) 복지 국가/신조합주의 위기론

가치 문화 이론과 자원 동원 이론이 행위자의 가치와 행위에 초점을 맞춘 접근이라면 복지 국가 위기론은 보다 구조적인 문제에 초점을 맞춘 접근이다. 이것은 서구의 신사회 운동을 분석하는 대표적인 이론 가운데 하나이다[36] 오페는 국가와 시민사회라는 개념틀을 가지고 신사회 운동을 분석한다. 2차 대전 이후, 서구의 국가는 꾸준히 확장되어 시민사회의 사적 영역에 대한 개입을 증대시켜왔다. 이 결과 국가는 권위의 약화와 정당성의 위기를 맞게 되었다. 이에 대한 사회적 반응은 두 가지로 나타났다. 먼저 신보수주의는 "보다 제한적인 따라서 보다 견고한 국가 권위의 영역을 보호하고, 더 이상 정치적 제도에 '지나친 부담을 주지' 않기 위해서 비정치적이고, 본질적이며, 논쟁의 여지가 없는 시민사회의 기초(사유 재산, 시장, 노동 윤리, 가족 그리고 과학적 진리)를 회복시키려고" 한다. 반면에 "신사회 운동의 정치는 대의제적-관료적 정치 제도라는 통로에 의해 구

---

36) 하버마스(Habermas, 1981)와 오페의 신사회 운동론을 여기에 포함시킬 수 있다.

속되지 않는 시민사회의 제도들을 정치화하려고 하고, 그럼으로써 국가의 심한 규제·통제·개입을 벗어나는 방식으로 시민사회를 재구성하려고 한다"(Offe, 1985: 820).

오페는 신사회 운동의 새로운 정치가 2차 대전 이후로 서구를 지배하던 낡은 패러다임과 대립하는 새로운 패러다임의 정치라고 규정한다. 낡은 패러다임은 경제 성장과 분배, 국가 안보와 사회 보장 등의 쟁점을 둘러싸고 포괄적인 성장-안정 *growth-security* 동맹의 패러다임이다(*ibid.*: 824) 반면 새로운 패러다임은 평화·환경·인권·소외되지 않는 노동 형태 등의 이슈를 중심으로 개인적 자율성과 정체성의 가치를 지향한다.

오페의 테제를 한마디로 요약하면 신사회 운동을 국가의 위기에 대한 저항으로 파악하는 것이다. 그리고 이러한 새로운 저항의 주체는 전통적 노동 계급이 아니라 신중간 계급, 주부, 학생, 구중간 계급 등이라고 본다.

이러한 분석은 서구의 복지 국가의 위기와 이에 대한 저항으로 등장한 신사회 운동의 분석에 많은 빛을 던져준다. 그러나 배제적인 권위주의 국가가 성장-안보 지상주의 이데올로기와 억압적 권력을 바탕으로 시민사회의 자발적인 사회 운동을 억압해온 우리나라의 맥락에 이 이론을 곧바로 적용하는 것은 적합하지 않다.

그럼에도 불구하고 앞의 이론들이 (새로운) 사회 운동이 일어나게 되는 구조적 원인에 대해 성찰하지 못하는 반면, 오페의 분석틀은 국가/자본과 시민사회의 관계 속에서 환경 운동을 고찰할 수 있는 자원을 제공해준다. 한국의 환경 운동은 '국가/자본의 확장에 대한 시민사회의 방어'라는 특성을 갖는다. 국가와 자본의 '경제 성장 지상주의' 앞에서 생존의 위협을 받아야 했던 주민들이 벌인 저항 운동은 이러한 특성을 잘 보여준다. 우리나라의 환경 운동은 신중간 계급의 삶의 질에 대한 추구로부터 출발한 것이 아니라 '생존의 방어'를 위한 피해자 운동으로부터 출발했다. 피해자들은 자신들의 생활 세계를 침해하는 국가/자본에 대해 스스로의 생활 세계를 방어하는 운동을 전개했다. 우리나라에서 국가/자본은 신조합주의가 지배적인 서구와는 다른 형태로 시민사회를 압박하고, 그것의 성장을 막아왔다.

5. 분석틀

우리는 지금까지 환경 위기의 원인과 기존의 사회 운동 이론들을 살펴보았다. 이 접근들은 부분적으로 타당한 분석틀과 진리를 내포하고 있다. 그러나 환경 위기의 원인에 대한 기존 논의에서는 원인에 대한 진단과 처방만 있을 뿐 사회적 대응이 이루어지는 메커니즘에 대한 분석이 결여되어 있고, 다른 한편으로 사회 운동 이론에는 환경 위기에 대한 총체적 시각이 결여되어 있다는 사실을 발견할 수 있었다. 따라서 저자는 보다 종합적인 분석틀을 구성할 필요가 있다고 본다. 그러면 먼저 환경 운동의 개념을 규정한 후, 환경 운동의 발생 기제를 핵심적인 개념들을 중심으로 살펴보고 마지막으로 이 책의 분석틀을 제시하도록 하겠다.

I. 환경 운동의 개념

사회 운동은 연구자에 따라 다르게 정의될 수 있다. 스멜저를 비롯한 초기의 집합행동론자들은 사회 운동이라는 개념보다는 집합 행동 *collective behavior*이라는 개념을 즐겨 사용했다. 이들은 목적 의식적이고 합리적인 대중들의 집합적 행위를 개념화하기보다는 비합리적이고, 충동적인 군중들의 행동 양태에 관심을 집중시켰다. 이러한 관점에서 집합적 행위를 보면 오직 사건과 이를 둘러싼 대중의 행위만이 중요할 뿐, 이들의 이념과 목표의 성격은 비합리적인 것이거나 충동적인 것으로 간주된다.

반면에 투렌의 행위의 사회학은 매우 특이한 사회 운동 개념을 제시한다. 투렌은 집합 행동을 세 차원으로 분리하여 분석했다. 조직, 제도, 역사성이 그것들이다. 조직 차원의 집합 행동은 집합적 이익을 확보하기 위해 조직의 자원을 동원하는 것을 말한다. 임금 인상을 위하여 주어진 제도적 틀내에서 협상과 거래를 하는 노조원들의 집합 행동이 좋은 예가 된다. 제도 차원의 집합 행동은 게임의 규칙을 변화시키기를 요구하는 집합 행동을 말한다. 노동법 개정을 요구하는 노동자들의 집합 행동, 환경 영향 평가 제도 개선을 요구하는 환경 운동 조직의 활동이 그 예가 된다. 역사성 차원의 사회 운동은 사회 구조와 문화 체계를 총체적으로 변형하고자 하는 집합 행동을 의미한다. 사회주의를 지향하는 노동자와 지식인의 운동, 생태주의를 지향하는 생태주의자들의 운동이 그 예가 될 수 있다. 투렌은 역사성 차원의 집합 행동만을 사회 운동으로 규정했다(Touraine, 1977: Ch. 6).

투렌의 사회 운동 개념과 행위의 사회학은 구조와 행위의 개념을 새롭게 정의하면서 행위의 중요성을 매우 설득력 있게 강조한 점에서 의미있는 작업으로 평가된다. 그러나 그의 사회 운동 개념은 사회학에서 일상적으로 사용하는 개념과는 다른 매우 독특한 것이다. 사회 제도 안과 밖의 집합 행동은 매우 밀접히 중첩되어 나타나고 있으므로 역사성과 관련된 집합 행동만을 사회 운동으로 규정하는 것은 분석적으로 매우 어렵고, 바람직스럽지도 못하다.

따라서 저자는 제도 안과 밖의 모든 집합 행동을 사회 운동으로 규정하고자 한다. 즉, 사회 운동을 '자연 발생적인 군중 행동과 구별되는 지속적인 집합 행위와, 공통의 목표와 이념 그리고 전략을 공유하는 대중적인 활동'으로 규정하겠다. 여기에는 기존의 사회 구조가 허용하는 가치와 규범을 넘어서는 활동은 물론 이것에 동조하면서 수단적인 목표를 추구하는 활동도 모두 포함된다. 즉 저자는 환경 운동을 "환경 위기를 극복하기 위해 시민사회에서 자발적으로, 지속적으로, 집합적으로 조직되는 제도 안과 밖의 모든 집합 행동"이라고 정의하고자 한다. 여기에는 피해자 운동(피해 배상 운동, 피해 예방 운동), 환경 정책 압력 운동, 녹색 소비자 운동(불매 운동, 유기 농산물 직거래 운동, 생활 환경 운동), 생명(문화) 운동 등 여러 가지 활동들이 포함된다.

II. 환경 운동의 발생 기제

환경 위기는 대개 눈에 보이지 않게 심화된다. 증대되는 구조적 위험 속에서 인류는 별의식 없이 일상을 행복하게, 혹은 다른 문제로 고통받으며 살아갈 수 있다. 이러한 구조적이고 비가시적인 위기(예를 들면, 오존층 파괴, 이산화탄소 증가, 지구 온난화, 산성비)가 우발적 사고를 통해서 대중들에게 직접적으로 인식된다. 우리나라의 페놀 사태, 미국의 스리마일 섬의 방사능 누출 사고, 체르노빌 사고, 인도의 보팔 참사 등이 대표적인 예가 된다. 이러한 **환경 재난**으로 직간접적 피해를 경험한 사람들은 불만을 갖게 되고 이러한 불만은 **커뮤니케이션**을 통해 확산된다. 선도적 엘리트들은 높아진 **환경 의식**과 대중의 불만, 그리고 다른 자원들(자금, 매스 미디어 등)을 동원하여 **환경 운동 조직**을 구성하고 본격적인 **환경 운동**을 전개하게 된다. 환경 운동은 환경 정책에 직접적인 영향을 미치고, 기업의 환경 파괴 행위를 감시할 뿐만 아니라 환경 산업의 발전에도 기여를 하게 된다.

이러한 과정에는 **국가·자본·시민사회**라는 세 주체가 개입하게 된다. 자본은 자본주의적 산업 생산을 통해 환경 위기를 낳은 중요한 주체이면서 환경 운동의 운동 대상이며 환경 산업의 주체이기도 하다. 국가는 오늘날 '자본가 계급의 국가'로 한정할 수 없을 만큼 여러 가지 역할과 요구를 수행하고 있다. 국가는 자본주의의 재생산을 위해 자본의 이익을 방어하는 것과 동시에 계급 갈등의 제도화와 같은 사회 통합의 기능을 수행함으로써 사회 체계의 유지와 재생산 활동을 맡게 된다. 구미와 일본의 경우, 1960년대부터 환경 문제를 제도 안에서 해결하는 것이 국가의 중요한 역할로 등장하게 되었다. 자본주의와 산업주의의 발전은 이제 노자간의 갈등뿐만 아니라 환경 오염으로 인한 시민사회와 자본의 갈등을 낳기 시작한 것이다. 이러한 새로운 사회 문제에 대해 국가는 자본의 대변자가 아니라 일반 이익의 대변자의 역할을 요구받는다. 그러나 이 두 역할 사이에는 구조적인 긴장이 내재해 있다. 국가는 시민사회의 환경 저항을 한편으로는 경제 성장 지상주의 이데올로기를 바탕으로 억압하고 다른 한편으로는 환경 관리주의 담화를 통해 회유하면서 자본주의적·산업주의적 생산 체제를 유지시키고자 한다. 국가와 자본은 시민사회에 대립하여 환경 운동의 발전을 억압하거나 제도 안으로 흡수하면서 통제하는 역할을 수행한다.

시민사회는 이러한 국가와 자본의 통제에 대응하여 노동과 생활 세계를 추구하고 지키는 영역이다. 시민사회는 사적이면서 동시에 공적인 영역이다. 국가는 일반 이익 즉 공적 이익의 담지자로 스스로를 규정하면서도 자본의 이익에 깊이 얽매여 있다. 시민사회는 국가가 일반 이익의 이름으로 사적 이익과 생활 세계를 침해하는 데 대해 저항한다. 또한 시민사회는 국가가 공적 이익의 이름으로 자본의 이익이나 사적 이익을 실현시키고자 할 때 스스로 공적 이익의 담지자 역할을 수행하고자 한다. 이러한 시민사회의 특성은 환경 위기에 대한 대응에서 잘 나타난다. 시민사회는 환경 위기가 환경 재난으로 현실화될 때, 커뮤니케이션과 그외 여러 자원들을 동원하여 환경 운동을 수행한다.

이러한 과정에서 **정치적 기회 구조**의 특성은 **커뮤니케이션과 자원 동원**의 양과 질에 중대한 영향을 미친다. 일반적으로 국가와 자본은 개방적이고 허용적인 정치 구조에서는 커뮤니케이션과 자원 동원을 넓게 허용하지만, 폐쇄적이고 억압적인 정치 구조에서는 커뮤니케이션과 자원 동원을 억압하고 위축시킨다. 그러나 시민사회는 이러한 정치 구조의 영향을 받을 뿐만 아니라 커뮤니케이션과 여타 자원을 동원하여 정치 구조의 성격을 변화시킬 수도 있다. 전체적으로 볼 때 국가와 자본, 그리고 시민사회는 환경 운동·환경 정책·환경 산업을 둘러싸고 상호 작용을 하고 이러한 상호 작용의 결과는 환경 위기의 원인에 다시 영향을 미치게 된다. 이러한 복잡한 과정을 거쳐 인류의 환경 위기는 심화되거나 완화된다.

오늘날과 같이 시간과 공간의 의미가 달라진 시대에 **세계 체제**의 영향력은 한 나라의 국가나 자본의 그것을 훨씬 넘어서는 엄청난 것이다. 이러한 국제 정치, 경제적인 문제는 현대 이전에도 중요한 요소로 작용했지만, 오늘날 환경 위기와 관련된 세계 체제의 문제는 새로운 요소를 포함한다. 그것은 전지구적 환경 위기라는 인류 역사상 경험하지 못한 새로운 위기이다. 리우에서 열린 지구 정상 회담은 이러한 위기에 대한 전지구적인 대응을 논의하기 위한 것이었다. 이러한 세계 체제의 변화는 국가와 자본, 시민사회 모두에 영향을 미친다. 리우환경회의 이후, 비로소 한국의 국가와 자본은 그린 라운드에 관심을 갖기 시작했고, 시민사회에서도 전지구적 환경 위기로 관심을 확대시키면서 전세계의 민간 단체들과 연대를 모색하기 시작했다. 환경 위기를 계기로 전지구적 시민사회 *global civil society* 가 싹틀 수 있는 가능성도 나타나고 있다.

Ⅲ. 분석틀

저자는 위에서 살펴본 개념들을 바탕으로 다음과 같은 분석틀을 마련하여 이 책의 연구 문제를 해명해보도록 하겠다.

첫째로 우리나라 환경 운동은 왜 일어나게 되었는가 하는 문제를 해명하기 위해 여러 요인들을 살펴보겠다. 환경 운동이 발생하고 발전하게 된 사회적 배경을 보기 위해 1) 환경 오염 상태, 2) 환경 재난, 3) 세계 체제, 4) 정치적 기회 구조, 5) (매스) 커뮤니케이션, 6) 환경 의식과 같은 요인들을 검토해보겠다. 이러한 요인들 가운데 환경 운동의 배경적인 요인과 보다 직접적인 원인을 구별해서 검토해보도록 하겠다. 우리나라 환경 운동이 급속히 발전하기 시작한 1980년대말을 전후하여 어떤 요인들의 변화가 환경 운동의 발전에 영향을 미쳤는지 살펴봄으로써 이 문제를 해결할 수 있을 것이다.

둘째로 우리나라 환경 운동은 어떤 특성을 갖는지 살펴보기 위해 환경 운동의 이데올로기, 주체, 이해 관심, 자원 동원 방식 등을 살펴본다.

환경 운동의 이데올로기는 전문 환경 운동 조직의 담화를 분석함으로써 그 특성을 살펴볼 수 있다. 이와 함께 국민들의 환경 의식을 분석함으로써 사회 전체적인 가치관 변화를 추적해본다. 가치관의 변화는 그 자체가 사회 운동의 원인이면서 결과이기도 하다. 이러한 분석을 통해 우리는 환경 운동의 이데올로기가 새로운 것인지 확인해볼 수 있을 것이다.

운동의 주체, 이해 관심, 자원 동원 방식 등을 분석하기 위해서는 우리나라 환경 운동의 대표적인 세 가지 사례를 분석한다. 사례 연구를 통해 우리는 누가, 무엇을 위해, 어떤 방법으로, 어떤 이념을 지향하며 환경 운동을 벌여나가는지를 구체적이고 동태적인 과정 속에서 살펴볼 수 있을 것이다.

이러한 분석의 과정을 밟음으로써 우리는 한국 환경 운동이 어떤 역사적 과정을 밟아왔으며 오늘날의 환경 운동은 어떤 특징을 갖고 있는지, 그리고 이러한 특징은 우리나라의 사회 구조의 변화와 어떤 관계를 갖는지, 자세히 밝혀볼 수 있을 것이다.

한국 환경 운동의 사회적 배경

한국의 환경 운동이 1980년대부터 일어나기 시작하여 1990년대에 접어들어 급격히 확산되게 된 이유는 무엇일까? 민주화를 지향하는 학생 운동, 재야 운동과 노동 운동이 1989년 이후 침체된 데 반해서 환경 운동이 지속적으로 성장하고 있는 원인은 무엇인가? 이러한 문제를 해결하기 위해 한국 환경 운동의 사회적 배경을 살펴보도록 하겠다.

먼저 제 3 장에서는 환경 오염 상황, 환경 재난, 세계 체제, 정치적 기회 구조, (매스) 커뮤니케이션과 같은 요인들을, 제 4 장에서는 국민들의 환경 의식을 검토해보도록 하겠다.

1. 환경 오염의 심화와 확산

우리는 환경 운동의 발생과 발전의 원인으로 객관적 환경 오염의 심화를 고려해볼 수 있다. 객관적인 환경 오염이 심화될수록 여기에 대한 사람들의 불만이 증대할 것이고 따라서 환경 운동도 발전할 것이라는 추측이 가능하다. 그러나 이러한 과정이 직접적으로 연결될지는 알 수 없다. 객관적 환경 위기가 곧바로

환경 운동을 낳을 수 있는지, 먼저 오염도의 변화를 통해 살펴
보도록 하자.

첫째로 대기 오염도의 일반적인 지표로 사용되는 아황산 가
스의 연도별 오염도 변화 추이를 살펴보자(〈그림 3-1〉). 서울과
부산의 경우 완만하게 오염도가 하락하는 경향을 보이고 대구
의 경우 1988년에 최고 수준으로 올라갔다가 점차 하락했고,
울산은 전반적으로 서울과 부산보다는 낮은 수준에서 감소와
증가를 반복했으며, 광주는 전반적으로 0.024ppm 이하를 유지
했다(환경처 1994: 30). 아황산 가스의 현행 허용 기준치는 연
간 평균치가 0.03ppm이고, 24시간 평균치는 0.14ppm 이하이
고 연간 3회 이상 초과해서는 안 되는 것으로 규정되어 있다
(환경처, 1994: 30~31).[1] 서울·부산·울산의 경우에는 1980년

〈그림 3-1〉 주요 도시의 연도별 아황산 가스 오염도(ppm)

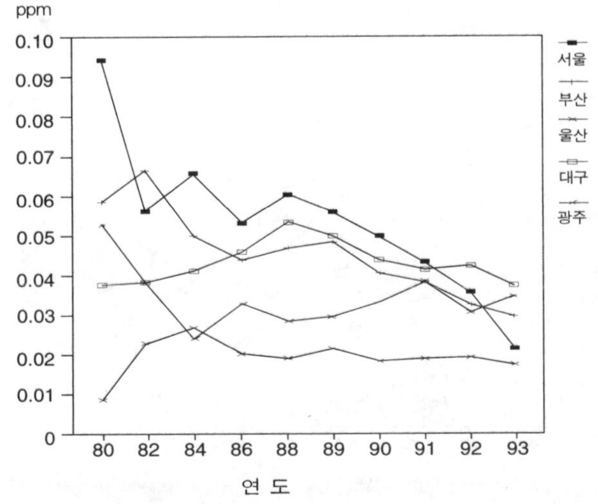

＊출처: 환경처(1994: 30).

---

1) 1993년 12월 31일 이전까지는 연간 평균 허용 기준치가 0.05ppm이고 24시
   간 평균치는 0.15ppm이었다(환경처, 1993: 60).

에 아황산 가스 농도가 연평균 허용 기준치를 넘어설 정도로 높았으나, 1991년 이래로 연평균 허용 기준치 이하로 떨어지기 시작했다. 그러나 서울의 경우, 겨울에는 오염도가 24시간 평균 허용 기준치를 넘어서는 날이 종종 생기고 있다

주요 도시별 먼지(TSP) 오염도의 변화 추이를 보면 서울과 대전은 전반적으로 계속 하락하고 있고, 부산과 울산은 1988년에 최고를 기록한 이후로 점차 하락하고 있으며, 대구와 광주는 상승과 하락을 반복하고 있다(〈그림 3-2〉). 그러나 전반적으로 먼지 오염도는 낮아지고 있는 것으로 보고되고 있다. 먼지의 현행 허용 기준치는 연간 평균치가 150μg/m^3 이하이고, 24시간 평균치는 300μg/m^3 이하로서 연간 3회 이상 초과하여서는 안 되는 것으로 규정되어 있다. 서울·부산·울산의 먼지 오염도는

〈그림 3-2〉 주요 도시별 TSP 오염도 변화 추이(μg/m^3)

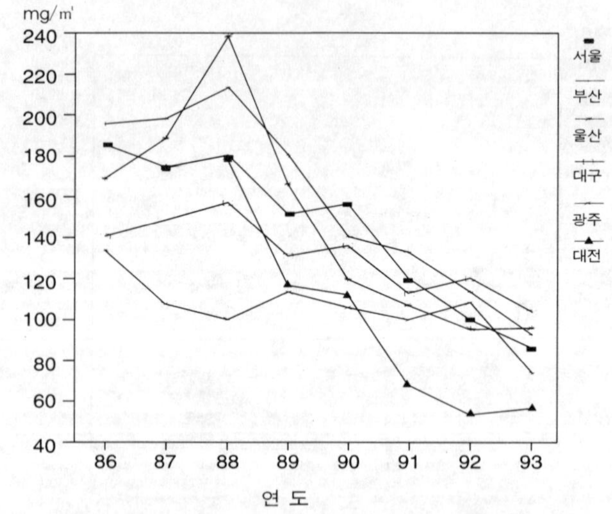

＊출처: 환경처(1994: 93).

1986년 이래로 연간 허용 기준치를 넘어서다가 1990년에 들어
서야 모두 연간 허용 기준치 아래로 떨어지기 시작했다.

　대기 오염도의 변화 추이와 달리, 대기 오염 물질의 배출량은
증대하고 있는 것으로 나타나고 있다. 1986년의 대기 오염 물질
총배출량은 3,915,032톤/년으로 집계되었으나 1991년에는 4,
866,959톤/년으로 집계되었다(환경청, 1986: 190; 환경처, 1993:
65). 대기 오염의 주요 원인인 자동차의 수도 크게 증가하고 있
다. 1965년에는 전국의 자동차가 4만여 대에 불과했으나, 1993
년에는 6백만 대를 넘어섰다(〈표 3-1〉).

〈표 3-1〉　　　　　　　전국의 자동차 현황

연　　도	총　대　수
1965	41,511
1970	126,506
1975	193,927
1980	527,729
1985	1,113,430
1990	3,394,803
1991	4,247,816
1992	5,230,894
1993	6,274,008

＊출처: 환경처(1994: 51).

　그러면 하천의 수질 오염의 변화 추이를 살펴보자. 생화학적 산

---

2) 한강의 70년대 오염도는 다음과 같다(중앙일보, 1978. 6. 21).

	1973	1974	1975	1976	1977	1978
한강(노량진)	5.9	3.6	6.3	5.6	5.2	8.3

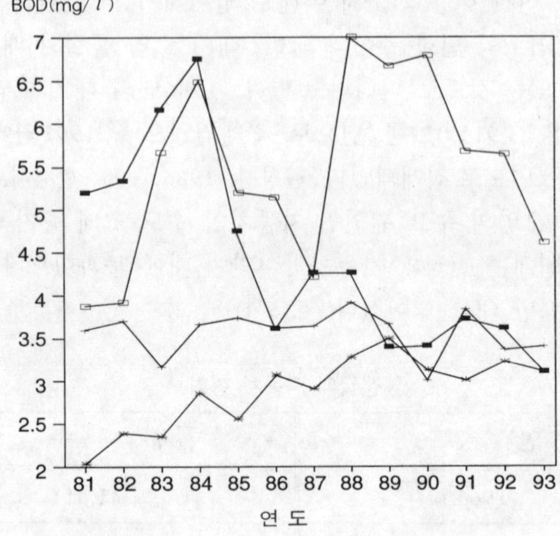

＊출처: 환경처(1994: 93).

소 요구량(Biochemical Oxygen Demand: BOD)을 살펴보면, 한강이 1984년에 6.7을 기록한 이후 전반적으로 낮아지고 있고,[2] 낙동강은 큰 변화가 없고, 금강은 1989년까지 전반적으로 상승하다가 약간 하락하는 경향을 보인다. 영산강은 상승과 하락을 반복하면서 1992년 현재 다른 강보다 단연 높은 오염도를 보이고 있다(〈그림 3-3〉).

하천의 수질 환경 기준을 보면, BOD가 1 이하이면 상수원수 1급이고 3 이하이면 상수원수 2급, 그리고 6 이하이면 상수원수 3급에 해당된다. 1992년 4대 강의 오염도는 상수원수 3급에 머물고 있고 이것은 고도의 정수 처리 후에만 상수원으로 사용할 수 있다는 것을 의미한다(환경처, 1993: 124).

하수 처리율은 1989년에 29%에 머물렀으나 1992년에는 37%로 높아졌다. 그러나 이러한 하수 처리율은 영국의 1982년(95%), 프랑스의 1983년(64%), 미국의 1986년(73%) 수준에 전혀 미

〈표 3-2〉　　연도별 일반 폐기물 발생 현황(톤/일)

	1986	1987	1988	1989	1990	1991
발생량	57,518	67,031	72,897	78,021	83,962	92,246

＊출처: 환경청(1986: 386); 환경처(1993: 178).

치지 못하는 낮은 비율이며(환경처, 1993: 162) 일반 폐기물의 발생량은 지속적으로 증가하고 있는 것으로 보고되고 있다(〈표 3-2〉).

유독물 유통량도 매년 증가하고 있다. 1988년에는 유독물 유통량이 651만 9천 톤이었으나 1992년에는 두 배로 증가한 1,293만 8천 톤에 이르렀다(환경처, 1993: 217). 이러한 증가는 우리 사회의 위험이 증가하고 있다는 것을 의미한다. 토양의 중금속 오염을 가속화시키는 농약 사용도 전반적으로 크게 증가하고 있다. 1990년대에는 1975년 사용량의 3배에 이르는 많은 양의 농약을 사용한 것으로 집계되고 있다(〈표 3-3〉).

〈표 3-3〉　　연도별 농약 사용량(성분량: 톤)

	1975	1980	1985	1990	1991
총사용 성분량	8,619	16,132	18,247	25,082	27,476

＊출처: 환경청(1986: 358); 환경처(1993: 210).

1980년대 이후의 오염도 변화 추이를 종합적으로 검토해볼 때, 적어도 공식 자료상으로는 객관적 오염도가 지속적으로 높아졌다는 증거를 발견하기는 매우 어렵다. 그러나 여전히 오염도가 전반적으로 매우 높다는 사실은 명백하다. 또한 총오염 물질 배출량은 갈수록 높아지고 있으며 하수 처리율도 아직 매우 낮은 수준이다. 따라서 객관적인 환경 오염의 정도가 부분적으로 개선되고 있지만, 여전히 매우 위험한 수준이며, 오염의 확산이 이루어지고 있다고 볼 수 있다.

이러한 환경 오염의 심각성은 환경처도 스스로 인정하고 있다. 환경처는 1992년 환경백서에서 자동차 수의 급격한 증가에 따라 광화학 스모그 발생이 우려되고, 대도시 대부분의 지역의 소음이 환경 기준을 초과하고 있으며, 전국 대부분의 매립지가 비위생적으로 관리되고 있다고 보고하고 있다(환경처, 1993: 5~10).

그러면 객관적 오염도의 변화가 환경 운동과 직접적인 연관을 맺는지 살펴보자. 전문 환경 운동과 주민 운동이 본격적으로 발전하기 시작한 1980년대 후반을 전후하여 전반적인 환경 오염도가 보다 심해진 증거를 찾기는 어렵다. 오히려 부분적으로 이 시기에 대기 오염도와 수질 오염도가 낮아지고 있다. 따라서 객관적인 환경 오염도의 상승이 환경 운동의 직접적인 원인으로 작용한다고 보기는 어렵다.[3] 객관적인 환경 오염의 심화는 환경 운동의 발생과 발전을 낳는 중요한 원인이지만 그것이 환경 운동으로 발전하는 데에는 다른 매개 변수들이 많이 개입해야 한다는 사실을 확인할 수 있다.[4]

2. 환경 재난의 발생

우리가 환경 오염을 직접 느끼는 것은 ppm으로 표시되는 아황산 가스 농도나 BOD로 표시되는 수질 오염도가 아니라 가시적인 환경 오염 상태이다. 이러한 가시적인 환경 오염은 환경

---

3) 통계적이고 평균적인 오염도보다는 특정 시기, 특정 공간에서 발생한 오염의 정도가 보다 중요한 영향을 미칠 수 있다. 이러한 요인들을 검토하기 위해 저자는 환경 재난과 환경 운동 사이의 관계를 다음 절에서 검토해보겠다.

4) 환경 운동이 발전하는 데에는 실질적 위험 *real risk* 보다 인지적 위험 *Perceived risk* 이 보다 더 중요하다. 이러한 인지적 위험은 환경 의식에 대한 조사 연구를 통해 분석할 수 있다. 환경 의식은 다음 장에서 보다 자세히 살펴보도록 하겠다.

재난을 통해 우리에게 직접적으로 인식된다. 실질적 위험이 매우 크더라도 그것이 많은 사람들의 눈에 직접 보이지 않는 한 그것은 사회 문제로 구성되지 않을 가능성이 높다.[5]

런던 스모그로 수많은 사람들이 죽고, 미나마타병, 이따이이따이병으로 중금속 오염의 무서움이 알려지기 시작하면서 공해와 환경 위기의 중요성이 사람들에게 인식되기 시작했다. 우리나라에도 크고 작은 환경 오염 사고가 계속 일어나고 있다. 환경 오염 문제가 사회 문제로 구성되기 시작한 것은 1965년 5월, 부산감천화력발전소의 매연 배출에 대해 지역 주민 25만여 명이 검찰에 매연 분출 가처분 명령을 신청한 사건부터라고 볼 수 있다(유인호, 1973: 892; 동아일보: 1966. 5. 28).

1978년에는 전남 담양에 살던 고은석씨 가족이 농약에 의한 수은 중독의 증세를 보이는 사건이 발생했다. 이 사건은 사회 문제가 되었고, 그해 4월 13일에는 대통령이 정부와 학계의 합동 조사를 지시했다. 당시의 제 1 야당이었던 신민당은 이 문제에 개입하여 신민당·국회·보사부·학계 전문가로 합동 조사반을 구성하자고 제의했으나 그 의견을 관철시키지는 못했다. 보사부는 고씨 일가의 병이 수은 중독이 아니라고 공식 발표했다. 고씨 가족 중 농약 중금속에 중독되었다는 가정 아래 치료를 받은 고씨 부부와 남매는 병세가 호전되었으나, 경증이라는 이유로 입원 치료를 받지 않은 형제는 병세가 악화되었다(한국기독교사회문제연구원〔기사연〕, 1981: 154~58).

1980년대 들어서는 환경 오염 사건과 사고가 더욱 빈발하게 되었다. 1983년 7, 8월에는 인천 앞바다의 물고기와 조개가 떼죽음을 당했고, 여기서 카드뮴과 납이 검출되었다고 보도되었다(한국공해문제연구소〔공문연〕, 1983: 65~72). 1984년 6월에는

---

5) 토양 오염이 이러한 경우에 속한다. 농업 용수의 오염, 농약과 화학 비료의 남용으로 토양의 중금속 오염은 매우 심각하고, 장기적으로 음식물에 축적되어 커다란 피해를 줄 수 있지만 수질 오염에 비해 이 문제는 사회적 관심을 끌지 못하고 있다.

한강의 물고기들이 떼죽음을 당하는 사건이 생겼고, 같은 해 12월에는 인도 보팔 지방에서 유독 가스 폭발 사고로 3,500명 이상의 주민들이 사망하는 참상이 벌어졌다. 1985년 1월에는 온산병이 큰 사회 문제로 대두되었다. 1986년 4월에는 인류 역 사상 최악의 원자력발전소 사고인 체르노빌 사건이 터졌다. 이 사건은 전세계적으로 핵발전소의 증설을 억제시킬 만큼 커다란 영향을 미쳤으나 우리나라에는 큰 영향을 주지 못했다.

1988년 5월에는 상봉동 연탄공장 주변에 사는 주민 5명이 진폐증에 걸리는 사건이 일어났고, 7월에는 체온계 제조 공장 에서 일하던 문송면 소년이 수은 중독으로 사망하는 사고가 발 생했다. 그해 8월에는 원진레이온 직원 8명이 산업 재해로 사 망한 사건을 계기로 원진레이온 문제가 사회 문제로 등장하기 시작했다. 12월에는 고리원자력발전소에서 일하던 박신우가 피 폭으로 사망한 사건이 보도됨으로써 원자력발전소의 위험성에 대한 사회적 관심이 커지게 되었다.

위에서 말한 사건·사고 들이 주로 남의 나라의 일이거나, 특 정 노동자 혹은 특정 지역의 피해자와 관련된 것들인 반면 1989년부터 발생하기 시작한 수돗물 오염 파동은 전국의 모든 국민의 건강과 직결된 문제였다. 1989년 8월에는 수돗물이 중 금속과 암모니아성 질소로 오염되어 있다는 사실이 보사부와 환경청의 조사로 밝혀지게 되었다(동아일보, 1989. 8. 9). 이러한 사실은 최초로 정부 당국이 수돗물의 오염 사실을 인정했다는 점에서 중요한 의미를 갖는다. 1990년 7월에는 수돗물에 발암 물질인 트리할로메탄이 검출되었다는 충격적인 사실이 보도되 었다(중앙일보, 1990. 7. 2). 두 번의 수돗물 오염 파동으로 국민 들의 수질 오염에 대한 관심이 높아진 가운데 1991년 3월에는 우리나라 최대의 오염 사고 가운데 하나인 페놀 사태가 터지게 되었다. 이러한 연이은 수질 오염 사건·사고는 모두 크게 언론 에 보도되었고, 특히 페놀 사태는 거의 열흘 가까이 전국 주요 신문들의 머릿기사를 차지할 정도로 커다란 사회적 관심을 불러일으켰다. 그러나 이러한 사회적 관심에도 불구하고, 1994년 1월에 다시 낙동강 오염 사건이 터지게 되었다.

이러한 환경 오염 사건이나 환경 재난과 같은 사고들은 실재하지만 눈에 보이지 않는 잠재적인 환경 위기를 사람들에게 직접 인식하게 하는 계기를 제공한다는 점에서 중요한 의미를 갖는다. 우리나라의 환경 오염 사고는 1960년대 경제 개발 이후 끊이지 않고 발생해왔지만 갈수록 그 수가 많아지고, 심각해지며, 대규모 피해로 확산되고 있는 경향을 발견할 수 있다. 1960년대와 1970년대의 사건·사고 들이 공단 지역을 중심으로 특정 지역에 국한되었던 데 반해서, 1980년대 특히 1980년대 후반에 이르러서는 환경 오염을 국민 모두와 관련된 삶의 문제로 인식하게 만드는 사건·사고 들이 터졌다.

환경 사건·사고 들의 사회적 영향력을 볼 때, 농작물이나 어업 피해는 전국적인 관심을 불러일으키지 못하고, 하나의 '생존권 투쟁'으로 머무는 경우가 많다. 울산 삼산평야의 농작물 피해 보상 운동, 그리고 온산병 문제에 대한 사회적 관심이 사라진 이후의 온산 주민 운동 등이 그 예가 된다.

반면, 인체 피해와 직접 관련된 사건은 그렇지 않은 사건보다 훨씬 큰 사회 문제로 구성되는 경우가 많다. 1978년 담양 고씨 일가 수은 중독 사건, 온산병 사건, 페놀 사태를 포함한 수돗물 오염 파동 등이 대표적인 예가 된다. 그리고 피해자의 수가 많을수록 대중 매체의 관심을 집중시키고, 그 결과 사회적 영향력이 커지게 된다. 상봉동 주민의 진폐증 사건, 문송면 군의 수은 중독 사망 사건과 같은 것들은 커다란 사회 문제가 되었지만, 페놀 사태나 1994년 1월의 낙동강 오염 사건만큼 커다란 사회적 관심을 불러일으키지는 못했다. 이렇게 볼 때, 인체에 **직접적인 피해를 주는 사건이 발생했을 때, 그리고 피해자의 수가 다수일 때에는 그렇지 않을 때보다 더 큰 사회 문제로 구성될 가능성이**

많다고 볼 수 있다.

환경 관련 사건이나 환경 재난의 발생은 집중적인 언론 보도에 힘입어 국민들의 환경 의식을 발전시키는 데 크게 기여했다.[6] 이러한 환경 의식의 발전은 환경 운동의 중요한 자원이 되었다.

그러나 환경 재난이 반드시 환경 운동을 발생시키는 것은 아니다. 담양 고씨 일가의 수은 중독 사건은 농약 오염 문제의 심각성을 환기시켰지만 환경 운동을 촉발시키지는 못했다. 이 사건으로 일어난 것은 환경 운동이 아니라 부유층들의 무공해 농산물 계약 거래였다.[7] 또한 1979년 5월에 울산공단과 사상공단 주변 주민들 사이에서 집단 피부병이 발생했지만 이 사건을 중심으로 환경 운동이 조직되지는 않았다. 환경 재난은 환경 의식과 환경 운동을 낳는 중요한 배경이지만 그 자체가 환경 운동을 직접 유발하는 것은 아니다. 환경 운동이 발생·발전하기 위해서는 다른 매개 변수들이 필요한 것이다.

3. 세계 체제: 리우환경회의와 '그린라운드'

오늘날 현대 자본주의 사회에서 자본은 국민국가의 경계를 넘어서서 확대되고 있다. 과학 기술의 발달, 무역의 확대 등에 따라 세계화 *globalization* 는 돌이킬 수 없는 시대 조류가 되고 있다. 이러한 국가간의 상호 의존이 증대되는 시대에 지구 전체의 환경 위기는 세계 체제의 문제와 긴밀히 연결되어 있다.

1972년, 스톡홀름에서는 인류 역사상 최초로 환경 문제의 해

---

6) 1987년 조사에서부터 환경 의식이 성장하기 시작하여 1990년 조사에서는 매우 높은 환경 의식이 나타났다. 이 논문의 제4장 참조.

7) 이 사건으로 건강을 염려한 부유층들은 무공해 벼 계약 재배를 추진했다(동아일보, 1979. 2. 5). 한국일보(1979. 2. 7)는 사설에서 계층간의 위화감 조성이 염려된다는 이유로 무공해 벼 계약 재배에 반대하는 입장을 표명했고, 농수산부는 金肥와 농약을 안 쓰면 減産과 병해가 우려된다는 이유로 '무공해 쌀' 계약 재배를 엄단하겠다고 밝혔다(조선일보, 1979. 2. 28).

결을 위한 유엔인간환경회의가 열렸다. 우리나라에서도 대표단을 파견한 이 회의는 상징적 성과 외에 실질적인 성과는 크게 얻지 못했다. 그러나 꼭 20년 후에 브라질의 리우에서 열린 유엔환경개발회의는 커다란 국제적인 영향을 미쳤다. 이 회의에서는 리우선언과 의제 21이 채택되었으며 여러 개의 국제협약이 맺어졌다. 리우환경회의와 동시에 열린 글로벌 포럼에는 수십 명의 우리나라 환경 운동가들이 참여했고, 이를 계기로 세계적인 환경 운동 단체들과의 연대와 정보 교류가 활발히 이루어지기 시작했다. 보다 중요한 것은 리우환경회의를 계기로 환경 기준을 통한 무역 장벽이 중요한 사회적 의제로 등장하게 되었다는 것이다. 그린라운드라는 담화는 어떤 환경 운동 단체의 담화와 활동보다도, 국가와 자본에 커다란 영향을 미치기 시작했다. 오늘날의 환경 위기가 국민국가의 경계 안의 문제가 아니라 전 지구적 위기인 이상, 이러한 세계 체제의 변화는 환경 운동의 성장/쇠퇴에 중요한 요인으로 작용한다.

　1980년대 후반에 들어 환경 운동에 영향을 미친 또 다른 세계적인 사건은 현실 사회주의 체제의 붕괴이다. 현실 사회주의 체제의 붕괴는 반(反)자본주의적인 입장을 기본으로 하는 민족·민주 운동의 약화를 낳았다. 동시에 환경 운동 영역에서 좌파 환경주의가 약화되고 제도 안의 시민 환경 운동이 급격히 발전하는 계기가 되었다.

4. 정치적 기회 구조의 개방

　앞장에서 우리는 정치적 기회 구조가 사회 운동의 성장과 쇠퇴에 중요한 영향을 미치는 변수라는 점을 강조하는 정치 과정 모델을 검토해보았다. 이 절에서는 **정치적 기회 구조가 정치 체제의 개방성/폐쇄성 그리고 정치적 세력 관계의 특성과 같은**

요소로 구성된다고 보고 정치적 기회 구조의 차이에 따른 환경 운동의 성장과 쇠퇴를 검토해보도록 하겠다.

첫째 **정치 체제의 개방성과 폐쇄성**은 그 나라의 정치 제도적 장치가 국민들의 (새로운) 요구에 대해 얼마나 잘 반응할 수 있는가 하는 문제와 관련된다. 이것은 1) 정당이 사회 집단의 요구를 잘 대변할 수 있을 만큼 발전되어 있는가, 2) 의회가 행정부와 독립적으로 투표인들의 의사를 대변할 능력을 갖고 있는가, 3) 이익 집단의 의견이 국가의 정책에 반영될 가능성이 높은가, 4) 국민의 의견을 수렴할 수 있는 제도적 장치가 확립되어 있는가, 5) 집합 행동에 대해 국가가 억압적으로 개입하는가 등의 문제를 검토해봄으로써 확인할 수 있다.[8]

둘째 **정치적 세력 관계의 특성**은, 1) 사회 운동 조직의 동맹 집단이나 지지 집단이 존재하는가, 2) 정치적 제휴가 안정적인가 불안정한가, 3) 사회 운동 조직에 대한 지배 집단 내부로부터의 지원이 있는가 등의 문제와 관련된다.

환경 운동 조직이 전략을 세우고 자원을 동원하는 적극적인 행위는 위의 두 가지 요소들의 특성에 크게 제약을 받을 수밖에 없다. 정치 체제가 개방적이고 지배 집단과 사회 운동 조직의 협조가 잘 이루어질 수 있는 정치적 기회 구조 아래에서 사회 운동 조직은 온건한 전략을 선택할 것이고 사회 운동은 제도화된 형태로 활발하게 전개될 것이다. 그러나 정치 체제가 폐쇄적이고, 지배 집단이 사회 운동 집단에 대해 배제적인 전략을 고수한다면, 사회 운동 조직은 저항적이고 급진적인 전략을 선택하고, 사회 운동은 격렬하게 전개될 가능성이 많다.

우리나라 정치적 기회 구조의 특성은 1960년대 이후 폐쇄적이고 억압적인 성격을 유지해왔다. 1980년 '서울의 봄' 시기에 일시적으로 정치적 기회 구조가 변화했으나 군부의 폭력에 의해 다시 폐쇄적이고 억압적인 정치 구조가 유지되었다. 1960년

---

8) 이러한 요소들은 키첼트(Kitschelt, 1986: 63)의 것을 변형한 것이다.

대부터 5공화국 시기에 이르는 동안 **정치 체제의 폐쇄성**은 거의 변화되지 않은 채 계속 유지되었다. 정당 정치는 찾아볼 수 없었고, 국회는 행정부의 들러리 역할만을 수행했고, 일반 국민의 이익 집단 정치는 거의 이루어지지 못했으며, 국민의 의견을 효과적으로 수렴하여 정책에 반영할 수 있는 제도적 장치도 마련되어 있지 않았다. 생존권을 요구하는 비정치적인 집합 행동도 철저히 억압되었다.

그러나 **정치적 세력 관계**는 시기에 따라 변화해왔다. 1980년 '서울의 봄' 시기에는 학생들과 재야 지식인만이 민주화 운동의 주체로 활동했으나 1980년대 중반 이후로는 학생 운동이 활발하게 전개되었을 뿐만 아니라 노동 운동, 도시 빈민 운동이 싹트기 시작했고, 제도권 정치 세력인 신민당이 민족·민주 운동 세력과 선택적인 연대를 맺기 시작했다. 학생 운동을 주축으로 한 민족 민주 운동 세력은 국민들의 널리 퍼져 있는 정치적 불만을 결집하여 많은 잠재적 지지자들을 얻는 데 성공했다. 1980년대 중반의 정치적 세력 관계의 특성을 요약하면, 첫째로 민족 민주 운동이 부분적으로 야당 정치 세력과 연대하면서 광범한 국민의 지지를 받았고, 둘째 1987년에 이르러 직선제 개헌, 민주화라는 목표에 대한 광범하고 안정된 정치적 제휴가 이루어졌으며, 셋째 민족 민주 운동과 지배 집단 사이에는 극한 대립의 상황이 지속되었다. 이러한 정치적 기회 구조의 특성 때문에 민족 민주 운동 세력들은 급진적인 변혁 지향 전략을 택했다.

1987년 6월 항쟁의 결과, 우리나라의 정치적 기회 구조는 크게 변하게 되었다. 집권 여당의 노태우 후보가 대통령에 당선되었기 때문에 변화의 폭은 매우 제한적이었지만 이전에 비해 개방적인 형태로 정치 체제가 변화되었다. 정당의 역할과 국회의 입법 기능이 이전에 비해 활성화되었고, 노동조합과 같은 이익집단의 활동이 급속히 활발해졌으며 국민 의견에 대한 수용 태도도 적극적으로 바뀌었다. 한마디로 점진적인 민주화의 과정에 진입했다고 볼 수 있다.

정치적 세력 관계도 크게 변했다. 1987년 6월 항쟁에 이르기까지는 '민주화'라는 상징적인 목표를 향해 사회 운동과 정치권, 그리고 일반 국민들의 광범한 연대가 형성될 수 있었다. 그러나 6월 항쟁 이후 정치권의 분열에 따라 민족 민주 운동 세력도 분열하게 되었고, 이러한 분열로 인해 더 이상 이전과 같은 광범한 연대는 이루어지지 않았다. 야당 정치 세력은 제도 안의 활동에 머물게 되었고, 학생 운동은 1988년 이후 통일 운동을 실천하면서 점차 친북한 노선을 걷게 되었다. 학생 운동을 비롯한 민족 민주 운동은 잠재적인 지지자들을 점차 잃게 되었다. 그리고 1990년 1월 민주자유당이 창당되면서 정치 체제는 보다 폐쇄적인 방향으로 후퇴하게 되었다.

결국 1987년 6월 항쟁으로 폐쇄적인 정치 체제가 개방되는 성과가 이루어졌지만 다른 한편으로 광범한 정치적 연대가 와해되는 결과가 생기게 되었다고 요약할 수 있다.[9] 정치 체제가 상대적으로 개방되자 급진적 사회 운동에 대한 잠재적 지지자들이 줄어들기 시작했고, 이와 동시에 온건한 개혁 전략을 지향하는 시민 운동 세력이 등장한 것이다. 한국에서 시민 운동의 등장은 경제정의실천시민연합(이하 경실련)과 떼어서 생각하기 어렵다. 경실련은 1989년 7월 8일, '기존 운동권의 과격한 저항 방식'에 반대하면서 '합법적인 방법으로 경제 정의를 실현하기 위해' 창립되었다. 이후 경실련은 짧은 기간에 한편으로 언론의 각광을 받으며, 그리고 다른 한편으로 재야 민족 민주 운동 세력의 질시를 받으면서, 대안 제시 세력으로 자신의 위치를 확립하여갔다. 즉 이 조직은 정치 체제의 상대적 개방성을 적절히 이용하면서 민족 민주 운동 세력과 연대하는 대신 중간층을 잠재적 지지자로 포섭하면서 지배 집단에 대한 압력을 통해 사

---

9) 연대가 무너지고 민족 민주 운동이 쇠퇴한 데에는 현실 사회주의 진영의 몰락도 큰 영향을 미쳤다.

회 제도를 변화시키는 전략을 택했다.

환경 운동은 이러한 정치적 기회의 변화에 영향을 받으면서 성장해왔다. 극도로 폐쇄적이고 억압적인 정치적 기회 구조가 지속된 1970년대에는 사회 운동으로서의 환경 운동은 일어나지 않았다. 1980년대에 들어서 생겨난 환경 운동 조직들은 민족 민주 운동을 주요 동맹 세력으로 삼고, 이들과 함께 급진적인 변혁 전략을 택했다. 정치 체제의 폐쇄성과 온건한 동맹 세력의 결여 때문에 환경 운동은 잠재적인 지지자들을 넓게 확보하는 온건한 전략을 택할 수 없었다.

그러나 1980년대말에 이르러 정치 체제가 상대적으로 개방되고 정치적 세력 관계가 변화하게 되자 환경 운동 조직은 점차로 급진적 전략으로부터 멀어지기 시작했다. 정치 체제가 개방되면서, 급진적 민족 민주 운동이 점차 쇠퇴한 반면, 온건한 개혁을 지향하는 시민 운동이 성장하게 되자, 환경 운동 조직들은 더 이상 급진적 전략을 고수할 수 없게 되었다. 이러한 정치적 배경 속에서 기존의 환경 운동 조직은 점차 제도 개혁을 지향하는 활동을 벌여나갔고, 새로 조직되는 환경 운동 조직들도 유사한 전략을 택하게 되었다. 이러한 전략의 변화는 환경 운동을 대중적인 운동으로 확산시키는 데 기여하였다. 적대성보다는 일반 이익을 강조하는 환경 운동이 주류를 이루게 되었다. 결국 우리는 개방된 정치적 기회 구조가 환경 운동의 성장과 확산에 중요한 영향을 미친 변수라는 사실을 확인할 수 있다.

5. 커뮤니케이션의 확산

사회 운동이 발생하고 성공하기 위해서는 사람들의 동원이 필요하다. 이러한 동원은 커뮤니케이션을 통해 비로소 가능해진다. 소규모 집단들 사이의 커뮤니케이션으로부터 매스 미디어를 통한 커뮤니케이션에 이르기까지 환경 운동의 성장에 커뮤니케이션이 미치는 영향은 중요하다. 이 가운데에서도 매스 미디어가 미치는 영향력은 매우 크다.

그러면 매스 미디어의 환경 보도는 어떻게 변해왔는지 살펴보자. 환경 보도의 양은 매년 크게 증가하고 있다.[10] 이것은 중앙지의 환경 기사의 수를 보아도 잘 알 수 있다. 중앙지의 환경 관련 기사 수는 1987년에 전년도에 비해 2배 정도로 기사가 늘어난 이후 매년 기사량이 크게 증가하고 있다(〈그림 3-4〉).[11]

〈그림 3-4〉　　연도별 환경 관련 보도 현황(중앙지)

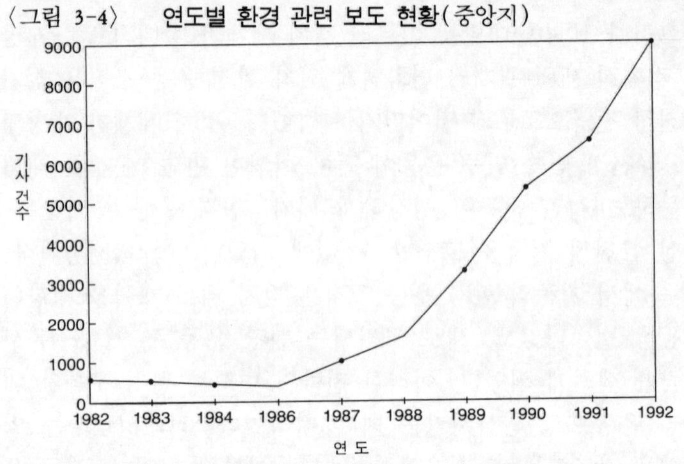

중앙 6개 일간지(경향신문·동아일보·서울신문·조선일보·중앙일보·한국일보)의 연도별 환경 사설 게재 회수도 1988년부터 급격히 늘어나고 있다. 1982년부터 1986년 사이의 환경 관련

---

10) 1966년부터 1971년 사이에도 환경 관련 기사 수는 일관되게 늘어났다(오원선, 1975: 68).

연　　도	1966	1967	1968	1969	1970	1971
기사 건수	37	68	157	173	196	253

11) 1980년대말에 이루어진 신문의 증면과 창간 때문에 환경 관련 기사 수가 늘어난 것으로 집계되었을 수도 있다. 그러나 독자들에게 미치는 영향 면에서 본다면, 환경 관련 기사의 상대적인 비중보다 절대적인 양이 보다 중요하다고 추론할 수 있으므로 기사량의 증대 자체가 의미있는 변화라고 볼 수 있다.

90

<표 3-4> 중앙 6개 일간지의 연도별 환경 사설 게재 건수

	1987	1988	1989	1990	1991
사설 게재 건수	42	58	91	81	101

＊출처: 김창엽(1991: 185).

<표 3-5>　　　환경 문제에 대한 내용을 얻는 매체(%)

	텔레비전	신 문	라디오	표어·포스터	반상회보	기 타
1982	63.0	20.4	6.9	2.4	3.7	3.6
1987	59.8	30.6＊	1.8	1.0	1.5	5.4

＊잡지·서적 포함.
＊＊출처: 환경청(1982a: 68; 1987: 135).

사설의 평균 게재 회수는 40건이었던 반면 1988년부터는 전반적으로 회수가 늘어나고 있다(<표 3-4>).

　그러면 우리나라 국민들이 환경 문제에 대한 정보를 어떤 매체를 통해서 많이 얻는지를 환경청의 국민 의식 조사 결과를 통해 검토해보자. "일상 생활에서 환경 보전이나 환경 문제에 관한 내용을 다음 중 어느 것으로부터 가장 많이 보거나 들었습니까?"라는 질문에 대해 1982년과 1987년 모두 90%에 이르는 응답자들이 대중 매체를 선택했다(<표 3-5>).

　또한 우리나라 국민들은 환경 보전에 대한 계몽 및 교육을 위한 가장 효과적인 방법으로 대중 매체를 통한 방법을 선호하는 것으로 나타났다. 1982년 조사에서는 45.2%의 응답자들이 신문·TV·라디오 등을 통한 계몽 교육을 중시했고, 32.2%가 학교에서의 환경 교육에 응답했다. 1987년 조사에서는 약 70%의 응답자들이 대중 매체(TV: 64%; 신문: 5.8%; 라디오: 1%)가 효과적이라고 응답했고, 15.8%가 학교 교육을 중시했다(환경청, 1982a: 73; 1987: 141).

<표 3-6>　　　대중 매체의 환경 보도에 대한 평가(%)

	사실은 더 심각	사실 그대로 보도	사실은 덜 심각	모르겠다
1982	44.1 *	44.9 **	2.7 ***	8.3
1987	65.1	26.1	5.4	3.2

   * '형식적 보도'(35.4)와 '잘 다루고 있지 않다'(8.7)의 합.
   ** '적절하다.'
   *** '지나치게 과대하게 다루고 있다.'
   **** 출처: 환경청(1982a: 78; 1987: 147).

이와 같이 우리나라 국민들은 환경 문제에 관한 정보를 주로 언론을 통해 얻고, 또 언론 특히 텔레비전을 통한 국민 계몽을 유용한 환경 교육 방법이라고 생각하고 있다. 그런데 1980년대 후반에 들어서는, 대중 매체의 보도보다 실제 환경 문제가 더 심각하다고 인식하고 있는 것으로 나타났다. "당신은 TV·신문·라디오 등에서 환경 문제를 어떻게 다루고 있다고 생각하십니까?"라는 질문에 대해, 1982년 조사에서는 응답자의 45%가 적절히 다루고 있다고 보고, 44.1%가 적절히 다루지 않고 있다고 본 반면, 1987년 조사에서는 26.1%만이 사실 그대로 보도하고 있다고 보고, 65.3%는 '사실은 보도보다 더 심각하다'고 보았다(<표 3-6>).

그러나 환경 보도의 양이 증대한다고 해서 그것이 반드시 환경 운동의 발전에 기여한다고 추측할 수는 없다. 오히려 보도가 일상화되면서 사람들의 불만을 제도 안으로 포섭하려는 국가나 자본의 의도에 기여할 수도 있다. 그리고 국가나 자본의 특수 이익을 방어하는 데 언론이 이용될 가능성도 배제할 수 없다. 예를 들어 대부분의 언론은 쓰레기 매립장, 쓰레기 소각장, 핵 폐기물 처리장 반대 운동 등의 주민 운동을 '지역 이기주의'로 낙인찍는다. 다른 한편으로 경제 중심주의와 환경주의가 대립할 때 경제 중심주의를 지지함으로써 환경 운동을 약화시키기도

한다.[12] 매스 미디어는 자신들의 가치 기준에 적합한 사건만을 보도하거나 그들의 이데올로기 안에서 사건을 해석함으로써 저항적이고, 혁신적인 환경 운동을 배제하거나, 이들의 급진성을 약화시킬 가능성도 많다.

그러나 적어도 지금까지 매스 미디어의 환경 보도는 대체로 환경 의식과 환경 운동의 성장에 긍정적인 효과를 미친 것으로 보인다. 전문 환경 운동 단체들은 매스 미디어를 적절히 이용함으로써 환경 의식을 높이고 환경 운동에 대한 참여를 확대시키는 전략을 사용하고 있다.

6. 소 결

지금까지 살펴본 환경 운동의 성장에 영향을 미친 사회적 배경을 정리하면 다음과 같다.

1) 객관적인 환경 오염의 확산은 환경 운동의 중요한 배경이 되지만 두 변수 사이에 반드시 직접적인 상관 관계가 나타나는 것은 아니다.

2) 가시적인 환경 재난은 매스 커뮤니케이션을 통해 직접적으로 국민들에게 인식되기 때문에 환경 운동을 촉발시키는 중요한 요인이 된다. 재산 피해보다는 인체 피해와 관련된 사건이, 그리고 불특정 다수의 건강과 관련된 환경 재난이 보다 낳은 사회적 관심을 불러일으켰다. 그러나 환경 재난이 반드시 환경 운동을 일으키는 것은 아니다.

3) 우리나라와 같이 무역 의존도가 높은 나라에서 세계 체제

---

12) 1991년 4월, 페놀 사태로 1개월 조업 정지 처분을 받은 두산전자에 대해, 중앙경제신문은 수출 차질을 이유로 조업 정지 처분을 중지할 것을 촉구하는 기사와 사설을 실었다(중앙경제신문: 1991. 4. 4; 4. 5). 환경 보도의 질에 대해서는 이 논문의 제 5 장의 환경 관련 사설 분석과 제 7 장 사례 연구를 참조하라.

의 변화는 국내의 정치적 조건 못지않게 중요한 영향을 미친다. 리우환경회의와 이를 계기로 중요한 의제로 등장한 그린라운드 문제는 환경 운동의 발전에 긍정적인 효과를 미치고 있다. 다른 한편으로 1980년대말의 현실 사회주의 체제의 붕괴는 현실주의적인 환경 운동의 확산에 중요한 영향을 미쳤다.

4) 정치적 기회 구조의 상대적인 개방은 환경 운동의 발생과 발전에 중요한 영향을 미친다. 1987년 6월 항쟁 이후로 정치 체제가 개방되고 정치적 세력 관계가 변화하면서 시민 운동이 점차 발전하게 되었고, 환경 운동도 이와 함께 확산되었다.

5) 환경 운동의 발생·발전에 매스 커뮤니케이션은 매우 중요한 역할을 한다. 매스 미디어의 환경 보도는 1987년을 전후로 크게 증가하고 있다. 환경 보도가 증가한 것은 환경 운동이 발전하는 데 중요한 영향을 미쳤다.

이상에서 우리는 환경 오염의 심화와 확산, 환경 재난의 빈발, 세계 체제의 변화, 정치적 기회 구조의 개방, (매스) 커뮤니케이션의 확산과 같은 다양한 요인들이 환경 운동이 발전하게 된 사회적 배경이 되었다는 사실을 알 수 있었다. 그러면 이 요인들 가운데에서 환경 운동의 성장에 보다 직접적인 영향을 미치는 것은 무엇일까? 세계 체제의 변화, 환경 오염의 심화와 확산, 그리고 환경 재난[13]과 같은 요인들은 환경 운동의 발생과 발전의 중요한 조건이지만 그 자체로서 환경 운동을 낳는 것은 아니라고 볼 수 있다.

환경 운동이 발생하고 발전하는 데 직접적인 영향을 미친 변수는 정치적 기회 구조와 커뮤니케이션이라고 할 수 있다. 정치적 기회 구조의 상대적 개방에 따라 환경 운동 조직의 자원 동원 능력이 커졌고, 이러한 능력의 확대는 환경 운동의 발전으로

---

13) 환경 재난은 환경 운동의 배경이면서 동시에 환경 운동의 촉발 요인이 되기도 한다.

이어질 수 있었다. (매스) 커뮤니케이션의 확산은 국민들의 환경 의식의 발전에 영향을 미쳤고 이러한 토양 위에서 환경 운동은 잘 자라날 수 있었다.

그러면 이제 이 책의 주요 연구 주제인 환경 운동의 발생 원인과 관련된 이론적 명제들을 검토해보도록 하자. 먼저 자본주의의 자연에 대한 착취가 자본에 대한 반란으로서 환경 운동을 낳는다는 생태 마르크스주의의 명제를 검토해보자.[14]

1960년대 이후의 자본주의적인 산업화 과정은 환경 오염을 극도로 심화시켰고, 이러한 객관적 오염의 심화가 환경 운동을 낳은 사회적 배경이 된 것은 명백하다. 그러나 우리가 제3절에서 보았듯이 객관적 환경 오염의 심화가 곧바로 환경 운동을 낳은 것은 아니다. 1970년대나 1980년대 전반의 환경 오염은 1980년대 후반에 못지않게 심했지만 국가의 억압과 시민사회의 불충분한 형성 때문에 환경 운동은 거의 일어나지 않았다. 객관적인 오염도가 1980년대 후반에 비해 전반에 더 높았음에도 불구하고 환경 운동이 1980년대 후반에 들어서야 발전하게 된 것을 볼 때, 환경 운동의 발전에는 다른 사회적인 매개 변수들의 개입이 중요하다는 사실을 확인할 수 있다. 따라서 객관적 환경 위기는 환경 운동의 필수적인 조건이지만, 환경 운동이 일어나기 위해서는 다른 매개 변수들이 필요하다고 정리할 수 있다.

둘째 사회 운동의 발생과 발전에 정치적 기회 구조의 특성이 중요한 영향을 미친다는 정치 과정 모델의 명제를 검토해보자. 정치적 기회 구조가 극도로 폐쇄적이었던 유신 정권 아래에서는 전문 환경 운동 조직이 거의 조직되지 못한 채 자생적인 피해 보상 운동만이 이루어졌을 뿐이다. 제5공화국 역시 억압적인 정치 구조를 유지시켰고, 이러한 조건 속에서 최초의 저항적

---

14) 마르크스 자신이 환경 오염의 심화가 곧바로 환경 운동을 낳는다고 본 것은 아니다. 그리고 환경 문제는 마르크스의 주요 연구 주제가 아니었다. 그러나 전통적 마르크스주의가 객관적 모순과 그에 대한 사회적 대응 사이의 매개 변수들(커뮤니케이션, 자원 동원 등)을 밝히는 데 소홀했음은 명백하다.

인 전문 환경 운동 조직이라 할 수 있는 공문연은 상대적으로 자유로운 활동을 할 수 있었던 종교 조직의 후원 아래, 겨우 조직될 수 있었다. 정치적 기회 구조의 폐쇄성 때문에 한국공해문제연구소(공문연) 등의 전문 환경 운동 조직은 급진적인 전략을 택했다. 그러나 이러한 정치적 기회 구조의 폐쇄성과 이에 따른 운동 조직의 급진적 전략 때문에 환경 운동은 크게 확산되지 못했다.

1987년 6월 항쟁을 통한 정치적 기회 구조의 상대적인 개방은 환경 운동의 자원 동원 능력을 크게 향상시켰다. 정치 체제는 사회 운동에 대해 상대적으로 덜 억압적인 태도를 취하게 되었고, 급진적 전략 지향의 민족 민주 운동이 점차 쇠퇴하고 현실주의적이고 온건한 시민 운동이 성장하게 되었다. 환경 운동은 이러한 변화된 정치 지형 속에서 꾸준히 발전해왔다. 1989년에 들어서면서 정치적 기회 구조가 다시 억압적으로 변하고, 국민들의 민족 민주 운동에 대한 지지가 약화되는 상황 속에서 환경 운동은 민족 민주 운동보다는 시민 운동과 점차로 결합을 확대하면서 발전해나갔다.

이렇게 볼 때, 억압적인 권위주의 국가의 특성을 갖고 있었던 우리나라에서 환경 운동의 발생과 발전에 미친 정치적 기회 구조의 영향은 매우 크고도 중요하다는 사실을 확인할 수 있다. 객관적 환경 오염의 정도보다는 정치적 기회 구조의 특성이 환경 운동의 변화를 결정하는 데 더욱 직접적인 영향을 미친다.[15]

셋째로 사회 운동 조직의 자원 동원 능력을 중시하는 자원 동원론을 검토해보자. 이 이론은 정치적 기회 구조나 다른 여러 조건들을 상수로 간주하고 자원 동원 능력의 변화가 사회 운동의 성공과 실패에 미치는 효과를 밝히는 데 초점을 맞춘다. 그

---

15) 저자가 정치적 기회 구조를 독립 변수로 그리고 커뮤니케이션을 비롯한 자원 동원 행위를 종속 변수로 간주하는 것은 결코 아니다. 정치 구조의 변화는 보이지 않는 구조의 결과라기보다는 이것 역시 사회적 행위의 결과라고 보는 것이 타당하다.

러나 위에서 보았듯이 우리나라에서는 정치적 기회 구조의 변화가 사회 운동의 발전에 큰 영향을 미치고 있다. 다시 말해서 사회 운동 조직의 자원 동원 능력 자체가 정치적 기회 구조와 긴밀한 상관 관계를 맺고 있다. 시민 운동과 환경 운동은 열려진 정치적 기회 구조 아래에서 민족 민주 운동에 비해 상대적으로 부드러운 쟁점, 행동 방식과 전략을 선택함으로써 잠재적인 지지자들을 획득하는 데 성공했다. 이렇게 볼 때 사회 운동 조직의 자원 동원 능력은 사회 운동의 발생·발전에 중요한 영향을 미치지만 그것은 정치적 기회 구조의 특성과 밀접하게 상호 작용한다고 볼 수 있다.

이외에 환경 운동의 발생·발전에 중요한 영향을 미치는 변수는 국민들의 환경 의식이다. 이 문제는 제 4 장에서 자세히 살펴보도록 하겠다.

제 4 장

환경 의식의 변화

앞장에서 우리는 환경 운동의 여러 가지 사회적 배경 요인들을 살펴보았다. 그 요인들도 물론 중요하지만 환경 의식은 환경 운동과 직접적인 관련을 갖는다. 환경 의식이 발전되고 확산될수록 환경 운동에 대한 지지자와 참여자가 늘어나게 되고 이러한 변화는 정부와 기업의 변화를 유도할 수 있다.

우리나라 국민들의 환경 의식에 대한 기존 연구는 배규한(1991)과 양종회(1992)에 의해 이루어졌다. 배규한은 1982년, 1987년, 1990년, 1991년의 환경 의식 조사 연구를 비교 연구한 결과, 환경 오염에 대한 인식과 관심, 그리고 정부나 산업체에 대한 불만은 높아졌지만 일상 생활에서의 태도 및 구체적 행위는 근본적으로 크게 변하지 않았고, 환경 보전에 관한 본질적 가치관도 크게 변하지 않았고, 확고하지 못하며 피상적이라고 결론지었다(배규한, 1991: 105~06).

양종회는 위의 네 개의 조사 연구 외에 한국사회과학연구협의회의 1992년 조사 자료를 함께 비교하여 배규한과 다른 결론을 제시했다. 그는 배규한과 달리 환경 문제에 대한 관심이 환경주의적 가치로 발전하는 경향이 있다고 보았다. 그리고 계층적 지위에 따른 환경 의식의 차이가 상당한 정도 존재하고 있지만, 그 차이는 점점 약해지는 추세를 보인다고 결론지었다(양종회, 1992: 114~16).

환경 의식의 변화 과정에 대한 미국의 연구로는 다운스(Downs, 1972)의 것을 들 수 있다. 다운스는 환경 문제가 다른 사회 문제와 마찬가지로 갑자기 언론을 통해 왁자지껄하게 논의될 때는 환경 의식도 높아지지만, 언론의 쟁점에서 사라지고 나면 환경 의식도 점차 약화된다고 주장하였다. 우리나라의 환경 의식은 과연 어떤 단계에 와 있으며 다운스의 가설은 타당한지 검토해볼 필요가 있다. 이러한 기존 연구들을 바탕으로 한국인의 환경 의식과 관련하여 다음과 같은 세 가지 문제를 검토해보도록 하겠다.

1) 환경 중심의 가치관으로 가치관 변동이 일어나고 있는가?
2) 환경 문제는 중간층의 주된 관심인가?[1]
3) 환경 의식은 쟁점-관심 주기에 따라 시간이 흐르면 점차 약화되는가?

이 세 가지 문제 외에 저자는 이 책의 주요 연구 문제인 한국 환경 운동의 성장 요인과 환경 의식 사이의 상관 관계를 살펴보도록 하겠다. 한국의 환경 운동은 1980년대 초반에 싹트기 시작하여 1980년대 후반에 들어서 활발해지기 시작했다. 이러한 변화 과정과 환경 의식 사이의 상관 관계를 밝혀봄으로써 환경 운동의 발전에 미치는 환경 의식의 영향을 살펴볼 수 있을 것이다.

환경 의식을 분석하는 데 있어서 이 글에서는 가용한 자료로서 전국 규모의 조사 연구 자료들을 종단적으로 검토해보겠다. 환경 문제와 관련한 전국 규모의 체계적 조사 연구로는 1982년과 1987년 그리고 1990년에 환경처(환경청) 주관으로 행해진

---

1) 이 글에서 중간층이라는 개념은 엄밀한 계급 구분에 의한 개념이 아니라 중상층을 포함하는 하나의 층 *stratum* 이라는 의미로 사용하겠다.

조사 자료와, 1991년 미디어리서치와 공해추방운동연합(공추
련)의 공동 조사 연구와 서울대 인구및발전문제연구소의 조사
연구,[2] 그리고 1992년의 형사정책연구원의 조사 연구 및 한국
사회과학연구협의회의 조사 연구가 있다. 조사 기관, 주관 부
서, 표본 수 등 자세한 내용은 아래의 〈표 4-1〉과 같다.

  이 자료들은 1982년과 1987년의 조사를 제외하고는 각기 다
른 연구 기관들이 다른 목적으로 조사 연구를 설계한 것이고 표
본도 각기 다르기 때문에 엄밀한 비교 연구를 하기에는 부적합
한 자료들이다.[3] 그러나 위의 일곱 개의 조사 연구들은 한국 사
회과학연구협의회의 조사를 제외하고는 대개 1,000명 이상을
대상으로 한 전국 표본 면접 조사라는 점에서 비교적 대표성이
높다고 볼 수 있다. 일관된 조사 연구 자료가 축적되어 있지 않

〈표 4-1〉　　　　분석에 사용된 국민 의식 조사 개요

조사 연도	조사 기관	주관 부서	표본 수	조사 기간
1982	환경교육회	환경청	2,000	8.25～9. 8
1987	환경교육회	환경청	1,800	9. 9～9.24
1990	대륙연구소	환경처	2,000	10.25～11. 1
1991	미디어리서치, 공추련	좌　동	1,500	5.20～5.27
1991B	서울대 인구및발전문제연구소	과기처	1,500	7. 4～7.12
1992A	한국형사정책연구원	좌　동	1,200	4월
1992B	한국사회과학연구협의회	원자력 환경관리센터	529	4월

---

2) 아래에서 미디어 리서치와 공추련의 조사 연구는 1991년 조사로, 인구및발전
　　문제연구소의 조사는 1991B로 표기하겠다.
3) 환경교육회가 조사한 1982년과 1987년의 조사도 질문 내용이 크게 다른 것
　　이 많다.

은 상황에서, 환경 의식의 역사적 변화 추이를 살펴보기 위해서는 기존의 결과들을 비교하는 것이 불가피하다. 저자는 각 조사 연구들의 문항을 엄격히 비교하여 가능한 한 같은 의미 영역을 갖는 문항들을 중심으로 환경 의식을 분석하도록 하겠다.

이 연구에서 종속 변수는 환경 의식이다. 환경 의식은 환경에 대한 불만, 환경 오염의 심각성 평가도, 정부 정책에 대한 불만, 환경 중심의 가치관, 환경 운동에 대한 지지도 등을 포함한 환경과 관련된 태도와 가치관을 가리킨다. 우리나라 국민들의 환경 의식의 변화를 분석하기 위해서 저자는 연구 자료들을 환경 오염의 심각성 평가도, 정부 정책에 대한 평가도, 환경 가치관, 행동주의(환경 운동 참여 의사)로 나누어서 살펴보도록 하겠다.

제 1 절에서는 먼저 국민 전체의 환경 의식이 변화해온 추이를, 제 2 절에서는 사회경제적 배경에 따른 환경 의식의 차이를 검토해보고, 제 3 절에서는 1990년대의 환경 의식을 분석하도록 하겠다.

1. 전체 표본의 종단적 고찰

I. 심각성 평가도

우리나라 환경 오염의 전반적인 상태에 대한 심각성 평가도의 변화를 살펴보면 〈표 4-2〉와 같다.[4]

1982년 조사에서는 우리나라 전체의 환경 오염이 매우 심각하다고 응답한 사람이 17.2%에 불과했으나 1986년 이후로는 50% 전후에 이르고 있다. 심각하다고 응답한 사람들을 합하면 그 비율이 90%에 이른다. 주변 지역의 수질 오염의 심각성

---

4) 1986년과 1988년의 자료는 서울대 사회과학연구소가 사회 문제 전반에 관해 실시한 국민 의식 조사 연구로부터 인용했다. 두 조사의 표본은 각각 1,200명과 1,500명이고, 전국 조사였으며 조사 시기는 모두 12월 초순이었다. 1986년 자료는 1988년 자료에 맞게 수정된 *weighted* 것이다(Kwon, Tai-Hwan, 1989: 13).

<table 4-2> 우리나라 환경 오염의 전반적 상태에 대한 인식(%)

	매우 심각	심각하다	견딜 만하다 그저 그렇다	문제가 없다 심각하지 않다	모르겠다
1982	17.2	54.2	22.4	3.2	3.0
1986	51.6	42.4	–	5.9	–
1988	47.3	39.1	–	13.6	–
1991	51.1	38.5	9.8	0.4	–

평가도를 살펴봐도 심각성 평가도가 높아지고 있다는 것이 확인된다(<표 4-3>).

<표 4-3> 주변 지역 하천 오염의 심각성 평가도(%)

	아주 심각	심 각	보 통	심각하지 않음
1982	11.6	22.7	41.4	23.6*
1992A	19.9	29.0	36.4	℃4.8

* '느끼지 못한다'(17.4%)와 '없다'(6.2%)의 합.

주변 지역의 쓰레기 오염의 심각성 평가도도 높아진 것을 확인할 수 있다(<표 4-4>).

<표 4-4> 주변 지역 쓰레기 오염의 심각성 평가도(%)

	아주 심각	심 각	그저 그렇다	심각하지 않다
1982	6.7	30.3	49.3	13.2*
1992A	14.5	36.9	42.4	6.2

* '느끼지 못한다'(9.7%)와 '없다'(3.5%)의 합.

주변 지역의 환경 오염에 대한 심각성 평가도는 하천 오염의

<table>
<tr><td>〈표 4-5〉</td><td colspan="5" align="center">환경 피해 경험(%)</td></tr>
<tr><td>연도</td><td>피해 시기</td><td>있 다</td><td>없 다</td><td>신경쓰지 않음</td><td>모르겠다</td></tr>
<tr><td>1982</td><td>작년 1년 동안</td><td>18.2</td><td>73.9</td><td>-</td><td>7.9</td></tr>
<tr><td>1987</td><td>현 재</td><td>69.1</td><td>10.9</td><td>12.4</td><td>7.6</td></tr>
<tr><td>1990</td><td>현 재</td><td>64.4</td><td>17.9</td><td>17.8*</td><td>-</td></tr>
</table>

* '그저 그렇다'는 항목의 응답 비율.

경우 심각하다는 비율이 34.3%에서 1992년에 48.9%로 높아졌고, 쓰레기 오염의 경우, 1982년에 37.0%에서 1992년에는 51.4%로 높아졌다. 우리나라 전체 환경 오염의 심각성 평가도에 비하면 상대적으로 낮지만 그 정도가 높아진 것은 마찬가지다. 그러면 환경 오염에 의한 피해가 있다는 사람의 비율이 얼마나 변했는지를 살펴보자(〈표 4-5〉).

주변의 환경 오염으로 피해를 입었느냐는 질문에 대해 1982년에는 18.2%만이 긍정적인 응답을 한 데 반해서 1987년과 1990년에는 60% 이상이 그렇다고 대답하고 있다.

이렇게 볼 때 전국적인 환경 오염은 물론 거주 지역의 환경 오염에 대해서도 심각하다고 생각하는 비율이 높아지고 있으며 이것은 환경 오염에 대한 국민들의 불만이 날이 갈수록 커지고 있다는 것을 의미한다.

그러면 다른 사회 문제와 비교할 때 환경 문제의 상내적 중요성이 얼마나 높게 평가되고 있는지를 시기별로 살펴보자(〈표 4-6〉).[5] 1982년 조사에서는 "다음의 정부 시책 중 당신이 가장 중요하다고 생각하는 것 3가지만 골라주십시오"라는 질문을 제기했다. 응답 비율은 '국민 교육'이 17.0%로 1위를 차지하고

---

5) 각각의 조사 마다 응답 범주의 내용과 수가 크게 달라서 비교 자체가 어려운 것이 사실이다. 그러나 조사 당시의 중요한 사회적인 문제들 사이에서 환경 문제가 차지하는 상대적 중요성을 평가하기 위해서는 가용한 자료들을 가지고 비교하는 것이 불가피하다.

<표 4-6> 　　　　환경 문제의 상대적 중요성(%)

	1위	2위	3위	4위	5위	6위	7위	비고
1982	국민 교육 (17.0)	국방 (13.5)	식량 증산 (11.7)	인플레 억제 (10.6)	실업자 구제 (9.5)	소비자 보호 (7.2)	공해 방지 (5.7)	3중 응답
1987	소득 격차 문제 (25.8)	사회 복지 문제 (22.1)	환경 문제 (17.1)	교육 문제 (13.9)	교통 문제 (6.8)	주택 문제 (5.9)	고용 문제 (5.6)	
1990	범죄 문제 (23.7)	환경 오염 방지 (20.8)	도시 문제 해결 (20.6)	저소득 층 지원 (14.6)	경제 성장 (10.3)	입시 문제 해결 (9.7)	-	2중 응답
1992A	물가 안정 (48.6)	법질서 수호 (15.3)	교통 주택 문제 (14.4)	경제 성장 (10.3)	환경 오 염 방지 (10.2)	문화 시 설 확대 (1.3)	-	

‘국방 및 군사력 강화’가 2위(13.5%), 식량 증산이 3위(11.7
%)를 차지한 반면, ‘자연 생태계 보전 및 공해 방지’는 5.7%
로 7위를 차지했다.

1987년 조사에서는 “다음의 정부 시책 중 앞으로 가장 중요하
게 다루어야 할 것은 어느 것이라고 생각하십니까?”라는 질문
을 던졌다.[6] 응답 비율은 ‘소득 격차 문제’가 1위(25.8%), ‘사
회 복지 문제’가 2위(22.1%)를 차지했고 ‘환경 문제’는 17.1%
로 3위를 차지했다.

1990년 조사에서는 “국민의 일상 생활과 직접 관련된 다음

---

6) 국방 문제 등 1982년 조사에 포함된 응답 범주가 빠졌고 1가지만 응답하도록
　질문이 주어졌다.

여러 문제 중 가장 시급히 대책을 준비하거나 다루어져야 할 과제는 무엇이라고 생각하십니까? 순서대로 두 가지만 골라주십시오"라는 질문이 던져졌다. 이 조사에서는 '국민을 범죄로부터 보호하는 것'이 23.7%로 1위를 차지하고, '환경 오염을 방지하여 쾌적한 삶을 누리게 하는 것'이 20.8%로 2위를 차지했다. '교통, 주택 문제 등 도시 문제를 해결하는 것'도 20.6%로 매우 중시되었다. '경제 성장을 이루어 더 잘살게 하는 것'은 10.3%로 5위에 머물렀다.

1992년의 형사정책연구원 조사에서는 "다음 사항들 중에서 우리 사회의 가장 시급한 과제는 무엇이라고 생각하십니까?"라는 질문을 던졌다. '물가 안정'이 48.6%로 단연 1위를 차지하고 '환경 오염 방지'는 10.2%로 5위에 머물렀다.[7]

종단적으로 검토해볼 때 환경 문제의 상대적 중요성은 당시의 사회 전체의 긴급한 문제의 성격에 따라 달라진다는 사실을 알 수 있다. 던랩은 문제의 현저성 *salience*을 확인할 수 있는 중요한 지표로서 '가장 중요한 사회 문제'를 선택하게 하는 문항들을 들었다.[8] 그는 언론의 머릿기사를 장식하는 중요한 쟁점들이 범죄, 경기 침체, 인플레이션 같은 문제들이기 때문에 현저성에 있어서는 대개 환경 문제의 그것이 다른 문제들에 비해 떨어지는 것이 일반적이라고 보았다. 그는 미국에서 80년대에 환경 문제에 대한 대중들의 상대적 관심이 줄어든 것을 이렇게 설명하면서, 그럼에도 불구하고 다른 지표들을 통해 환경 문제 자체에 대한 관심이 결코 줄어든 것이 아니라고 주장했다

---

7) 이 비율은 Dunlap, Gallup and Gallup의 1992년 4월의 조사 결과(9%)와 유사하다.

8) 일반적으로 '다음 중 가장 중요한 사회 문제는 무엇이라고 생각하십니까?'라는 질문에 대해 1개 내지 3개 정도의 응답 범주에 응답하도록 하는 방법으로 현저성을 측정할 수 있다고 본다. 미국의 경우, 경제 문제와 외교 안보 문제의 현저성이 높게 나타나는 경우가 많다(Dunlap, 1992: 94). 반면 강도(強度)는 '환경 문제가 얼마나 중요하다고 생각하십니까?' 혹은 '얼마나 관심을 갖고 계십니까?'라는 문항으로 측정한다(Mitchell, 1990: 83~84).

〈표 4-7〉　　　　　환경에 대한 정부의 노력(%)

살기 좋은 환경을 위해 정부가 얼마나 노력한다고 보십니까?

	아주 열심히	대체로 열심히	그저 그렇다	열심히 하지 않는다	잘못하고 있다	모르겠다
1982	8.6	59.7	-	18.6	5.7	7.4
1987	15.5*	41.7	-	21.8	10.3	10.6
1990	2.4	22.0	30.7	35.6**	9.3***	-

* 열심히한다.
** 대체로 형식적이다.
*** 아주 형식적이다.

(Dunlap, 1989; 1992).

이러한 던랩의 주장은 우리나라에서도 설득력이 있다. 1982년에는 전반적으로 환경 의식이 낮았으므로 환경 문제의 상대적 중요성이 낮게 인식된 것을 충분히 이해할 수 있다. 1987년과 1990년 조사에서 환경 문제는 세번째와 두번째 중요한 문제로 인식되었다. 이러한 상대적 중요성의 급격한 증대는 생활 환경과 국토 전체의 환경에 대한 불만의 급속한 확대에 기인한다고 볼 수 있다. 특히 1990년 7월에 일어난 수돗물 오염 파동은 그해 10월에 이루어진 조사 연구 결과에 영향을 미쳤을 것으로 추측할 수 있다. 그러나 1992년 조사에서는 다시 상대적 중요성이 떨어졌다.

그렇지만 앞에서 보았듯이 환경 오염의 심각성에 대한 절대적 관심은 1982년에는 상대적으로 낮은 반면, 1986년 이후로는 일관되게 높게 나타나고 있다. 이러한 조사 결과는 던랩이 적절히 지적했듯이 가장 중요하고 시급한 사회 문제를 묻는 질문 자체가 그 당시의 언론의 핵심적인 이슈의 성격과 깊은 관련을 맺는다는 가설을 지지하는 것으로 보인다. 따라서 환경 문제에 대한 상대적 관심의 등락에도 불구하고 환경 문제의 심각성에 대

<표 4-8>   정부의 환경 관련 투자에 대한 만족도(%)

	아주 불만 매우 미흡	불만 미흡	그저 그렇다	만족 잘한다	아주 만족 매우 잘한다	모르겠다
1987	6.8	25.9	46.1	10.7	1.2	9.3
1992A	30.7	61.0	–	2.2	1.0	5.7

한 인식은 높아지고 있다고 볼 수 있다. 이러한 결과는 배규한
의 연구 결과와 일치한다.

Ⅱ. 정부 정책 평가도

환경 오염에 대한 심각성 평가도가 높아지고 불만이 커질수
록 정부에 대한 불만도 동시에 커질 것이라고 예상할 수 있다.
그러면 지난 10여 년 간 정부의 환경 정책에 대한 평가가 어떻
게 변화했는지를 살펴보자(<표 4-7>).[9]

환경에 대한 정부의 노력에 대해 1982년에는 26.3%가 부정
적으로 평가한데 비해서, 1987년에는 35.9%, 그리고 1990년에
는 무려 64.8%가 부정적으로 평가하고 있다. 이러한 경향은 정
부의 환경 관련 투자나 공해 단속에 대한 평가에도 똑같이 나타
나고 있다(<표 4-8>).[10]

정부의 환경 관련 투자에 대해 불만인 사람들은 1987년에

---

9) 다음 표는 <표 4-7>에서 '그저 그렇다'와 '모르겠다'의 비율을 빼고 계산한
   것이다. 부정적인 평가가 많아지고 있다는 것을 역시 확인할 수 있다.

	아주 열심히한다	대체로 열심히한다	열심히 하지 않는다	잘못하고 있다
1982	9.3	64.5	20.1	6.2
1987	17.3	46.6	24.4	11.5
1990	3.5	31.7	51.4	13.4

10) 1987년 조사에서 '그저 그렇다'의 응답 범주를 제외하고 다른 응답 범주들의
   백분율을 계산하면 '아주 불만' 12.6%, '불만' 48.1%, '만족' 19.9%, '아주
   만족' 2.2%로 나타난다.

<표 4-9>　　　정부의 공해 단속에 대한 평가(%)

	지나치다	매우 잘한다	적절하다	부족하다	모르겠다
1982	2.2	-	35.1	45.5	17.2
1987	1.9	-	19.3	67.7	11.3
1992A	-	0.6	5.9	87.2*	6.3

* '못한다'(61.3%)와 '매우 못한다'(25.9%)의 합.

32.7%에 불과했으나 1992년에는 90%를 넘고 있다. 정부의 공해 단속에 대한 평가도 급격히 나빠졌다. 1982년에는 정부의 공해 단속이 부족하다고 본 사람이 45% 정도였지만 1992년에는 약 80%에 이르러 거의 대부분의 응답자들이 단속이 부족하다고 생각하고 있음을 알 수 있다(<표 4-9>).

결국 정부의 환경 정책 전반에 대한 불만이 매우 증대되어왔음을 확인할 수 있다.

Ⅲ. 환경 가치관

위에서 살펴본 심각성 평가도와 정부 활동 평가도의 변화는 단순한 환경 문제에 대한 불만의 증가라는 현상을 넘어서서 국민들의 가치관의 변화와 깊은 관련을 맺고 있을 것으로 추측할 수 있다. 그러면 여기서 경제 성장과 환경 보전이라는 양립하기 어려운 두 목표와 관련한 우리나라 국민들의 가치관 변화를 살펴보도록 하자.

각 조사마다 질문의 내용과 강도가 차이가 있기 때문에 질문과 응답 범주의 내용을 제시해보겠다(<표 4-10>). 먼저 1982년에는 "경제 성장이나 환경 보전은 모두 우리가 잘 살아보자는데 그 뜻이 있습니다. 그런데 경제 성장을 하려면 환경이 파괴되어야 하고 환경을 보전하려면 경제 성장이 지장을 받습니다.

	환경 보전 우선	조 화	경제 성장 우선	모르겠다
1982	6.6	69.9	14.3	9.1
1987	2.8	88.7	6.0	2.5
1992B	35.1	25.0 *	39.9 **	-

＊조화론에 대한 지지 비율이 아니라 경제성장억제론에 대한 중립 의견 비율.
＊＊경제성장우선론에 대한 지지 비율이 아니라 경제성장억제론에 대한 반대 의견 비율.

경제 성장과 환경 보전에 관한 다음의 의견 중 당신은 어느 편입니까?"라는 질문을 던졌다. 이에 대해 "환경 보전을 위해서 경제 성장은 억제되어야 한다"에 응답한 사람은 6.6%, "환경이 파괴되지 않는 범위내에서 경제 성장을 해야 한다"에 응답한 사람은 69.9%, "환경이 다소 파괴되더라도 경제 성장을 해야 한다"에 응답한 사람은 14.3%, "잘 모르겠다"고 대답한 사람은 9.1%로 나타났다.

　1987년 조사에서는 "경제 성장과 환경 보전의 관계를 어떻게 생각하십니까?"라는 질문을 던졌다. 이 질문에 대해 "환경 보전을 위해 경제 성장은 억제되어야 한다"고 응답한 사람은 2.8%, "환경 보전과 경제 성장은 조화롭게 이루어져야 한다"고 응답한 사람은 88.7%, "경제 성장을 위해서 환경 보전은 유보되어야 한다"고 응답한 사람은 6.0%, "모르겠다"는 사람은 2.5%로 나타났다.[11]

　1992년의 한국사회과학연구협의회의 조사에서는 "공해나 환경 문제를 근본적으로 해결하기 위해서는 경제 성장이 중단되는 것도 감수해야 한다"라는 질문에 대해 "찬성" "그저 그렇다" "반대"로 답하게 하였다. "찬성"에 응답한 사람은 35.1%, "그

---

11) 1990년 조사에서도 유사한 질문을 제기했지만 응답자의 가치관을 판별하기 어려운 질문이므로 비교 대상에서 제외했다(대륙연구소, 1990a: 29).

<표 4-11>　　환경 보호와 경제 성장의 선호도: 1992A(%)

	환경 우선 매우찬성 (상)	환경 우선 (중)	환경 우선 (하)	중립	성장 우선 (하)	성장 우선 (중)	성장 우선 매우 찬성 (상)
1992A	33.8	11.9	5.8	29.0	2.5	7.7	9.3

저 그렇다"에 응답한 사람은 25.0%, "반대"에 응답한 사람은 39.9%로 나타났다.

1982년 조사에서는 "환경이 파괴되지 않는 범위내에서의 경제 성장"이라는 조화론을 약 70%의 응답자가 지지하는 것으로 나타났다. 1987년 조사에서는 "환경 보전과 경제 성장의 조화"라는 보다 중립적인 응답 범주를 제시하였고, 그 결과 1982년에 비해 19% 가까이 많은 사람들이 이에 동의하는 것으로 나타났다. 1992년의 조사에서는 중간 응답 범주를 제시하지 않고, 환경보호우선론에 대해 찬반을 물었기 때문에 환경 가치관이 명확하게 드러나는 결과를 보여준 것으로 해석할 수 있다.

이러한 질문의 언어 구성과 척도 구성상의 문제에도 불구하고 '경제 성장을 중단하더라도 환경을 보호해야 한다'는 응답이 1987년의 3%에서 1992년에 35%로 증가했다는 것은 이 5년 사이에 환경 위기 의식이 크게 높아졌음을 보여주는 것으로 해석할 수 있다. 즉 우리나라에도 환경 중심의 가치관을 갖고 있는 사람들이 급격히 늘어나고 있다고 볼 수 있다. 그러나 1992년 조사에서 극단적인 환경 보호 의견에 대해 반대 의견을 표시한 사람이 40%에 이른다는 사실은 아직도 경제성장우선론이 강하게 남아 있음을 보여주고 있다. 물론 이 조사 결과를 40%의 국민이 환경 보전보다 경제 성장을 더 선호한다고 해석하면 그것은 잘못된 것이다. 왜냐하면 극단적인 환경우선론에 대한 반대 의견을 갖고 있는 사람들 가운데에 많은 사람들은 조화론을 지지하고 있다고 보는 것이 보다 적절하기 때문이다. 우리는 이런한 주장을 1992년에 실시된 형사정책연구원의 조사 결과를 통해 확인할 수 있다.

1992년 형사정책연구원의 조사에서는 "우리 사회가 환경 보호와 경제 성장간에 선택을 해야 한다면" "경제 성장보다 환경 보호를 더 강조해야 한다"와 "환경 보호보다 경제 성장을 더 강조해야 한다" 중에 어떤 의견에 더 찬성하는지를 7점 척도로 물어보았다(〈표 4-11〉).

형사정책연구원의 조사에서는 "경제 성장 중단"과 같은 극단적이고 직접적인 질문을 던지지 않았기 때문에 환경우선론에 대한 지지도가 더욱 높게 나타났다. 환경우선론은 51.5%에 이르고 성장우선론은 19.5%에 불과한 것으로 나타났다.[12]

이런 결과들을 통해서 우리는 환경에 대한 한국 국민의 가치관이 급격히 변하고 있다는 사실을 확인할 수 있다. 환경을 우

〈표 4-12〉　　　　공해 업종에 대한 반응(%)

	절대로 안 된다	방지 시설 하면 들어와도 좋다	지역 발전을 위해 감수하겠다	모르겠다	준거 지역
1982	31.4	49.1	11.5*	8.0	우리나라
1987	22.5	70.1	5.4	1.9	지역 사회
1990	47.4	38.6	9.6	4.5	거주 지역
1991	52.3	38.6	6.6	2.5	거주 지역 사회

＊'경제 성장을 위해서는 불가피하다'에 대한 응답 비율.

12) 환경우선론을 '매우 찬성'하는 사람의 비율은 33.8%로 나타나서 한국사회과학연구협의회의 35.1%와 유사한 비율을 보인다. 반면 한국사회과학연구협의회 조사에서 환경보전우선론에 대해 반대 의견을 표시한 40%의 비율은 형사정책연구원의 경제성장우선론을 지지한 19.5%와 큰 차이를 보인다. 따라서 이 40%의 비율은 경제성장우선론의 지지 비율이라고 해석할 수 없다.

선하는 가치가 90년대에 들어서 새롭게 등장하고 있으며 성장 우선론을 압도하고 있다는 사실이 명백히 나타나고 있다.

그러면 이러한 일반적인 가치관 변화가 구체적인 문제에 대한 태도에도 나타나는지 살펴보자. "공해 업종이 당신의 지역 사회(혹은 우리나라)에 들어오는 것에 대해 당신은 어떻게 생각하십니까?"라는 질문에 대한 응답을 검토해보면, "절대로 안 된다"고 응답한 사람들의 비율이 전반적으로 늘어나고 있다 (〈표 4-12〉).

1982년과 1987년에는 절대로 들어와서는 안 된다는 응답 비율이 전체의 3분의 1에도 미치지 못했으나 1990년과 1991년의 조사에서는 전체의 반에 가까운 응답자들이 절대로 안 된다고 응답했다. "방지 시설을 하면 들어와도 좋다"고 응답한 사람의 비율이 "절대로 안 된다"고 응답한 사람보다 1982년과 1987년에는 훨씬 많아서 1위를 차지했으나 1990년과 1991년에는 오히려 "절대로 안 된다"는 사람의 비율이 "방지 시설을 하면 들어와도 좋다"는 사람의 비율보다 더 많아졌다는 사실도 중요한 변화이다. 이러한 조사 결과는 위에서 살펴본 환경 보전을 중시하는 응답자들이 1990년대에 이르러 크게 늘어난 것과 같은 결과를 보여주고 있다.

형사정책연구원이 실시한 1992년의 조사 연구에서는 환경 가치관을 측정하는 다른 문항들이 포함되어 있다. "직업 보호와 환경 규제간에 선택을 해야 한다면 어떤 의견에 더 찬성하십니까?"라는 질문에 대해 "직업을 보호하는 것이 더욱 중요하다"고 응답한 사람이 전체의 25.3%, 중립이 27.9%, "환경을 규제하는 것이 더욱 중요하다"고 응답한 사람이 46.4%에 이르렀다.

같은 조사 연구에서 "이윤을 보장한다면 어느 정도의 환경 오염을 감수하더라도 조업 활동을 계속하는 편이 낫다"와 "아무리 이윤이 보장된다고 하더라도 환경 오염을 유발하는 조업 활동은 중단되어야 한다"는 두 의견에 대한 응답자의 응답을

비교해보자. "조업 활동 계속"을 주장한 사람은 전체의 12.2%
인 반면 조업 중단을 주장한 사람은 87.8%에 이르렀다. 그리고
"적법하게 허가를 받은 경우라면 주민들의 반발을 이유로 공장
건립을 중단할 필요는 없다"는 진술과 "당국으로부터 허가를
받았다고 해도 주민들이 반발하는 경우라면 그 공장 건립은 재
고되어야 한다"는 진술에 대한 응답 비율을 비교해보면, 공장
건립의 중단이 불필요하다고 응답한 사람은 전체의 16.4%인
반면, 공장 건립을 재고해야 한다고 응답한 사람은 83.6%에 이
르렀다.

이렇게 볼 때 1990년대에 이르러 환경을 중시하는 사람들의
비율이 다수를 차지하게 되었음을 확인할 수 있다. 그러면 환경
가치관을 보다 자세히 분석하기 위해 우리나라 국민들의 미래
에 대한 예측과 환경 문제에 대한 상대적 관심을 살펴보자. 먼
저 미래 위기의 원인에 대한 응답자들의 예측은 〈표 4-13〉과
같이 나타났다.

1982년 조사에서는 "앞으로 인류가 멸망한다면 그 주된 원인
은 무엇이라고 생각하십니까?"라는 질문을 던졌다. 응답 비율은
'핵전쟁'이 32.8%로 1위, '인구 폭발 및 자원 고갈'이 28.8%로
2위, 그리고 뒤이어서 환경 오염이 14.4%로 3위를 차지했다.

1987년 조사에서는 "앞으로 인류의 생존에 위기가 온다면 그
주된 원인은 무엇이라고 생각하십니까?"라는 질문을 던졌다.
응답자들은 '인구 문제'(36.9%)를 가장 중요한 원인으로 예측

〈표 4-13〉　　　미래 위기의 원인에 대한 예측(%)

	환경 오염	인구 팽창	자원 고갈	(핵)전쟁 위협	천재지변
1982	14.4	28.8		32.8	9.8
1987	31.1	36.9	15.7	14.4	–
1990	63.7	17.9	11.2	5.2	–

하였고, '환경 오염'(31.1%)을 두번째로 많이 지적하였다. 그 다음은 '자원 고갈'(15.7%)과 '전쟁'(14.4%)의 순으로 응답하였다.

1990년 조사에서는 "앞으로 2000년대 우리나라에 닥칠 가장 심각한 문제는 무엇이라고 생각하십니까?"라는 질문을 던졌다. 이 질문에 대해 63.7%의 응답자들이 환경 오염 문제를 꼽았고, 다음으로 인구 팽창 문제(17.9%), 자원 고갈 문제(11.2%), 전쟁 위협(5.2%) 등을 들었다.

1987년 이후, 전쟁 위협을 미래 위기의 중요한 원인으로 본 사람들의 비율이 급격히 줄어들고 환경 오염, 인구 팽창, 자원 고갈과 같은 넓은 의미의 환경 위기를 인류 위기의 중요한 원인으로 보는 사람들이 대부분을 차지하게 되었다. 이 세 가지 원인 가운데에서도 환경 오염을 인류 위기의 중요한 원인으로 보는 사람들의 비율은 1982년에는 14%에 불과했으나 1990년에는 무려 64%에 이르게 되었다. 이러한 변화는 우리나라에도 환경 중심의 가치관이 급속히 확산되고 있다는 또 하나의 증거가 된다.

이렇게 볼 때 우리는 환경 중심의 가치관이 널리 확산되고 있다고 결론지을 수 있다. 이러한 결과는 환경 문제에 대한 관심이 환경주의적 가치로 발전하는 경향이 있다고 본 양종회의 결론과 일치하고, 환경 보전에 관한 본질적 가치관이 크게 변하지 않았다는 배규한의 결론과는 반대된다.[13]

IV. 행동주의: 환경 운동 참여 의사

환경 문제에 대한 불만이 갈수록 커져왔음을 우리는 앞의 조사 결과들을 통해서 확인할 수 있었다. 이러한 불만이 곧바로

---

13) 배규한의 연구가 1991년에 이루어져서 가치관 변화를 보여주는 1992년의 두 조사 연구를 검토할 수 없었기 때문에 이러한 차이가 나타나는 것으로 보인다.

집합 행동이나 사회 운동으로 조직되는 것은 아니다. 그러나 불
만의 증대는 집합 행동의 의지를 확산시킬 수 있는 자원이 될
수 있다. 그러면 이번에는 이러한 변화가 실제 행동 의지의 변
화를 가져오는지를 검토해보자.

먼저 거주 지역에서 심각한 환경 오염이 발생했을 때 어떻게
할 것인지에 대한 질문이 1987년, 1990년, 1991년 조사에 포
함되어 있다. 그 결과를 보면 〈표 4-14〉와 같다.

1987년에 적극 대처를 주장한 사람은 전체 표본의 31.5% 정
도였으나 1990년의 조사에서는 표본 집단의 41%가 주민들을
조직할 의사를 표명했고, 39%는 진정 건의와 같은 행동을 하
겠다는 의사를 밝혔다. 이사를 하거나 그냥 살겠다는 사람들은
급격히 줄어들었다. 이러한 급격한 변화는 우리나라 국민들이
환경에 대해서 잠재적인 불만만을 갖고 있는 것이 아니라 그 불
만들을 조직하여 집합적인 행동을 수행할 의지가 커졌음을 의
미한다. 이것은 1987년 6월 이후의 정치적 기회 구조의 상대적
개방이라는 조건 속에서 대중들이 자신들의 자원 동원을 통해
사회 문제를 해결할 수 있다는 자신감을 갖게 되었다는 것을 의
미한다고 볼 수 있다.

지금까지 우리는 환경 오염의 심각성 평가도, 정부의 환경 정

〈표 4-14〉　　　거주 지역 오염시 대응 의사(%)

	떠난다	그냥 견디겠다	진정·건의 하겠다	적극 대처 하겠다
1987	18.5	49.9**	–	31.5***
1990	6.7	12.6	39.4	41.4****

　*'떠난다'(12.0%)와 '이전비가 보조되면 떠난다'(6.5%)의 합.

　**'그대로 산다'(3.2%)와 '오염원이 제거되면 그냥 산다'(46.7%)의 합.

　***떠나지 않고 오염원을 적극적으로 제거.

　****주민들의 모임 등을 구성하여 적극 대처.

책 평가도, 환경 가치관, 그리고 환경 운동 참여 의사(행동주의)와 같은 네 가지 쟁점을 중심으로 1982년 이후 국민들의 태도가 어떻게 변해왔는지를 살펴보았다. 환경 오염에 대해서는 해가 갈수록 심각하게 인식하고 있고, 정부의 환경 정책에 대한 불만도 커지고 있는 것으로 나타났다. 그리고 환경 중심의 가치관도 급격히 확산되고 있으며, 환경 운동에 대한 참여 의사도 커지고 있음을 확인할 수 있었다.

2. 사회경제적 배경별 환경 의식의 차별성

그러면 앞에서 살펴본 환경 의식의 전반적인 변화가 사회경제적 배경별로 유의미한 차이를 보이는지 검토해보도록 하겠다. 기존의 구미 연구에서는 젊고 학력이 높은 신중간 계급이 환경 운동의 주요 지지 세력이라는 연구들이 많이 제시되었다.[14] 우리나라의 환경 의식을 연구한 배규한(1991: 106)은 교육 수준이 높을수록, 나이가 젊을수록, 학생 또는 전문 경영직에서, 월 가계 소득 100만 원 이상인 중류층에서, 지역적으로는 공단 및 도시 지역 거주자들이 환경 문제를 보다 심각하게 인식하는 경향이 일관되게 나타나고 있다는 연구 결과를 제시했다. 양종회는 환경 문제에 대한 관심도와 밀접한 관계가 있는 배경 변인으로 거주지·교육·소득·직업이 중요하다고 밝히고, 우리나라에선 아직도 계층적 지위에 따른 환경 의식의 차이가 상당한 정도로 존재하며, 환경 의식이 주로 중상층의 관심의 반영이라고 결론지었다(양종회, 1992: 111~14).

그런데 위의 두 연구자는 사회경제적 배경별 환경 의식을 분

---

14) 환경 운동의 직접적인 참여자들과 이에 대한 잠정적인 지지 대중은 구분해서 분석해야 한다. 그러나 지지 대중의 확산과 지지 여론의 확산은 환경 운동의 발전에 지대한 영향을 주므로 양자는 긴밀히 연결되어 있다.

석하면서 환경 의식이라는 종속 변수를 지나치게 단순화시킨 것으로 보인다.[15] 사회경제적 배경에 따른 환경 의식의 차이를 보다 분석적으로 보기 위해서는 1) 환경 문제에 대한 심각성 평가, 2) 정부 정책 평가, 3) 환경 가치관의 3가지 범주로 구분하여 분석할 필요가 있다. 이렇게 종속 변수를 보다 세분함으로써 사회경제적 배경별 환경 의식의 차이를 보다 분명하게 확인할 수 있을 것이다. 이 절에서는 연령과 거주지, 그리고 학력·소득·직업에 따른 환경 의식의 차이를 분석해보도록 하겠다.

I. 심각성 평가도

그러면 먼저 심각성 평가도의 연령별 차이를 검토해보자(〈부표 4-1〉). 1982년 조사에서는 젊을수록 환경 오염을 심각하게 생각하는 것으로 나타났다. 그러나 1990년과 1991년의 조사에서는 연령에 따라 큰 차이가 나타나지 않았다. 환경 오염의 심각성에 관한 한, 세대간의 의견 차이는 거의 없어진 것으로 보인다.

지역별 차이를 살펴보면, 공단이나 대도시에 사는 사람들일수록 환경 오염을 더 심각하게 평가하고, 농촌에 사는 사람일수록 덜 심각하게 평가하는 경향이 일관되게 지속되는 것으로 나타났다.[16]

학력별 심각성 평가도의 차이는 시기별로 달라지고 있다(〈부표 4-2〉). 1982년 조사에서는 학력이 높을수록 심각성 평가도

---

15) 양종회는 환경 문제의 심각성 척도를 구성하여 그것을 종속 변수로 놓고 분석하였다.

16) 1982년 조사에서는 공단(82.7%)과 대도시(79.7%)에 거주하는 사람들의 심각성 평가도가 높고, 농촌(57.2%)과 어촌 거주자들(64.4%)의 심각성 평가도가 상대적으로 낮게 나타났다. 1990년 조사에서는 대도시 공단 지역(85%)과 어촌 지역(84%), 그리고 대도시 일반 지역(81%)이 매우 높게 나타나고, 중소 도시 공단 지역(75.8%), 중소 도시 일반 지역(73%), 농촌 지역(68.3%)의 순으로 심각성 평가도가 나타났다.

가 높게 나타났다. 그러나 1990년과 1991년 조사에서는 학력별 차이가 나타났지만 학력에 따른 차이는 1982년 조사에 비해 크게 줄어들었다. 이러한 결과는 환경 문제가 학력에 큰 관계 없이 모든 국민들이 심각하게 평가하게 되었다는 사실을 말해주고 있다. 소득 수준에 따른 심각성 평가도의 일관된 차이를 발견하기는 어렵다.[17] 직업별로 심각성 평가도를 살펴보면 전문 관리직이 일관되게 높은 인지도를 보이고 있었고 농민들이 일관되게 낮은 인지도를 보이고 있었다.

그러면 1992년 형사정책연구원의 조사 자료를 이용하여 사회적 배경에 따른 심각성 평가도의 차이를 보다 자세히 살펴보도록 하자. 환경 문제의 심각성 평가에 미치는 사회경제적 배경 변수들의 상대적 중요성을 분석하기 위해 중분류 분석을 실시한 결과는 〈표 4-15〉와 같다.

여기서 종속 변수는 심각성 평가도 점수이다. 심각성 평가도 점수는 우리나라의 공기 오염, 마시는 물의 오염, 토양 오염, 시끄러운 소리/진동, 나쁜 냄새로 인한 피해, 쓰레기/폐기물로 인한 피해, 자연 경관의 훼손, 과 인구, 하천 오염, 핵폐기물에 의한 오염, 자연 자원의 고갈 등에 대한 심각성 평가 점수(10점 척도)를 모두 합하여 하나의 척도로 만든 것이다. 환경 오염을 가장 심각하지 않게 생각하면 -10, 가장 심각하게 평가하면 10, 보통으로 생각하면 0이 되도록 점수를 매겼다.

---

17) 1982년 조사에서는 '아주 심각하다'와 '심각하다'에 응답한 비율이 40만 원~60만 원대가 79.9%로 가장 높고, 20만 원 미만의 저소득층이 60.4%로 가장 낮았고 다른 층은 72~73%로 유사한 분포를 보였다(환경청, 1982a: 97). 1990년 조사에서는 '심각한 편이다'와 '매우 심각하다'에 응답한 비율을 보면 150만 원 이상의 고소득층이 88.2%로 가장 높고 29만 원 이하의 저소득층이 69.9%로 가장 낮으며, 다른 층들은 74%~79% 정도로 유사한 분포를 보였다(대륙연구소, 1990b: 49). 1991년 조사에서는 '매우 심각하다'와 '어느 정도 심각하다'고 응답한 비율이 소득별로 88%에서 93% 정도로 나타나 별로 큰 차이가 나지 않았다.

〈표 4-15〉 전국적 환경 오염의 심각성 평가에 대한 중분류 분석(MCA)

독립 변수	총평균으로부터의 편차 총평균 = 2.519		
	사례 수	통제 전(Eta)	통제 후(Beta)
성			
― 남	580	-.20	-.26
― 여	526	.22	.28
		(.06)*	(.08)
나이			
― 29세 이하	397	.10	-.01
― 30~39세	382	.24	.14
― 40~49세	175	-.28	-.07
― 50~59세	96	-.63	-.38
― 60세 이상	56	-.36	-.01
		(0.9)	(.04)
현거주지			
― 대도시	728	.39	.31
― 중소 도시	336	-.69	-.62
― 농어촌	42	-1.28	-.50
		(.17)**	(.13)
현재의 집 위치			
― 대도시	906	.01	-.09
― 중소 도시	72	-1.26	-.14
― 농어촌	45	1.49	1.38
― 대졸 이상	83	.17	.40
		(.14)*	(.10)
교육 수준			
― 국졸 이하	88	-1.04	-.69
― 중졸	144	-.75	-.44
― 고졸	615	-.03	.00
― 대졸 이상	259	.84	.49
		(.18)*	(.11)

월 평균 소득			
−60만 이하	250	−.49	−.06
−61~90	235	−.33	−.31
−91~120만	276	.34	.24
−121만 이상	345	.30	.07
		(.11)	(.06)
직업			
−전문 관리직	160	.75	.44
−사무직	144	.70	.62
−판매 서비스직	227	−.43	−.40
−생산직	124	−.56	−.12
−농어민	27	−3.08	−1.97
−학생	81	−.26	−.27
−주부	279	.06	−.09
−무직 및 기타	64	.55	.73
		(.21)**	(.15)
Multiple R Squared			.095

*P<.05.
**P<.01.

이 척도를 종속 변수로 하고 성, 나이, 거주 지역, 교육 수준, 소득, 직업을 독립 변수로 하여 중분류 분석을 실시한 결과, 직업과 거주 지역별 차이가 유의도 0.01 이하의 수준에서 그리고 학력과 성에 따른 차이가 유의도 0.05 이하의 수준에서 통계적으로 의미있는 것으로 나타났다. 이 변수들 가운데 직업에 따른 차이가 가장 큰 것으로 나타났다. 직업별로는 전문 관리직과 사무직이 가장 환경 오염을 심각하게 생각하고, 농어민이 가장 덜 심각하게 생각하고 있다. 소득별 차이는 통계적으로 의미가 없는 것으로 나타났다.

그러면 두번째로 사회경제적 배경별로 정부의 공해 단속에 대한 평가의 차이를 검토해보자. 먼저 연령별 차이를 보면, 1987년에는 젊을수록 불만이 큰 것으로 나타났으나 1990년과 1992년 조사에서는 각각 50대 이상과 60대 이상이 상대적으로 불만이 적고 다른 세대간의 차이는 거의 없어진 것으로 나타났다(《부표 4-3》).

지역별로는 대도시와 공단 지역에서 불만이 높고, 농촌 지역에서 불만이 상대적으로 낮은 경향이 대체로 지속되고 있다.[18]

학력별로는 학력이 높을수록 정부의 환경 오염 단속 활동을 낮게 평가하는 경향이 일관되게 지속되고 있다(《부표 4-4》). 그러나 1982년도에는 학력별 차이가 무려 50% 정도에 이르렀으나 1992년에는 약 15% 정도에 머무르고 있다. 정부의 단속 활동에 대한 불만은 학력이 높을수록 크지만, 학력별 차이의 정도는 최근에 오면서 점점 줄어들고 있다고 말할 수 있다.

소득별로는 소득이 높을수록 불만도 일관되게 높아지는 것으로 나타났다. 1982년의 경우 100만 원 이상의 고소득자 가운데에는 63.6%가 공해 단속이 부족하다고 응답한 반면 20만 원 미만의 저소득자들의 36.3%만이 불만을 표시했다(《부표 4-5》). 1992년 조사에서도 소득이 높을수록 정부의 지도 감독에 대한 불만이 컸으나 소득 수준별 차이는 10% 정도에 머물러 1982년의 33%에 비해 크게 줄어든 것으로 나타났다(《부표 4-6》).

---

18) 1982년의 경우, 공단 지역(59.3%)에서 불만이 가장 높고, 대도시(49.4%), 어촌(43.4%), 중소 도시(42.5%), 농촌(37.2%)의 순으로 나타났다(환경청, 1982: 216). 1987년 조사에서는 공단 지역(74.3%)에서 가장 불만이 높았고, 다음으로 대도시(73.1%), 중소 도시(67.6%), 농촌(60.3%), 어촌(54.4%)의 순으로 나타났다. 1990년 조사에서는 대도시 일반 지역(55.3%)과 중소도시 공단 지역(55.0%)이 가장 높게 나타났고, 다음으로 대도시 공단 지역(51.7%), 중소 도시 일반 지역(51.0%), 어촌 지역(46.5%), 농촌 지역(35.8%)의 순으로 나타났다. 1992년의 형사정책연구원 조사에서는 불만이 전반적으로 높아져서 지역별 차이가 통계적으로 의미없는 것으로 나타났다.

이것은 저소득층에서도 정부의 환경 정책에 대한 불만이 급격히 확산되고 있다는 것을 보여준다.

직업별로 정부의 단속 부족에 대한 불만 비율을 보면, 전문직과 사무직의 불만이 상대적으로 높고 농민의 불만이 상대적으로 낮은 경향이 지속되는 것으로 나타난다. 그러나 최근에 올수록 농민이나 어민의 절대적인 불만이 커졌기 때문에 직업별 차이도 줄어들고 있다.[19]

그러면 1992년 형사정책연구원의 조사 자료를 이용하여 사회적 배경에 따른 정부의 환경 오염 단속 평가도의 차이를 보다 자세히 살펴보도록 하자. 정부의 단속에 대한 평가에 미치는 사회경제적 배경 변수들의 상대적 중요성을 분석하기 위해 중분류 분석을 실시한 결과는 〈표 4-16〉과 같다. 이 표의 점수는 정부의 환경 보호를 위한 지도 및 감독에 대해 매우 못하는 편이다를 10, 못하는 편이다를 5, 잘하는 편이다를 -5, 매우 잘하는 편이다를 -10으로 하고, 모르겠다를 0으로 한 것이다. 중분류 분석 결과, 통계적으로 유의미한 변수는 연령뿐인 것으로 나타났다. 정부의 지도 단속에 대해 30대가 가장 부정적으로 평가하고 다음으로 20대가 부정적인 평가를 한 반면, 40대 이상은 나이가 들수록 긍정적인 평가를 했다.

Ⅲ. 환경 가치관

세번째로 가치관의 변화를 살펴보도록 하자. 먼저 연령별로 보면, 1982년 조사에서는 젊을수록 환경과 경제 성장의 조화를

---

19) 1982년 조사에서는, 사무직(65.0%), 전문 관리직(59.1%), 학생(57.4%)이 높고, 농민(27.3%)과 주부들(35.6%)이 낮았다. 1990년 조사에서는 정부의 단속이 부족하다는 응답 범주에 경영 전문직(71.1%), 기능·생산직(57.6%), 대학생(57.0%)의 순으로 많이 응답했고, 농·임·어업 종사자들(42.9%)과 주부들(43.1%)이 상대적으로 적게 응답했다. 1992년 형사정책연구원의 조사에서는 사무직(92.1%)과 전문직(90.8%) 등 대부분의 직업 종사자들이 비슷한 비율로 정부의 지도 단속 활동을 부정적으로 평가했고, 농어민도 응답자의 75%가 부정적으로 평가했다.

122

〈표 4-16〉　정부 지도 단속 평가에 대한 중분류 분석(MCA)

변 수	총평균으로부터의 편차 총평균＝5.329		
	사례 수	조정 전(Eta)	조정 후(Beta)
성			
－ 남	612	.20	.27
－ 여	559	-.22	-.29
		(.05)	(.07)
나이			
－ 29세 이하	418	.16	.14
－ 30～39세	397	.41	.41
－ 40～49세	188	-.28	-.24
－ 50～59세	108	-.61	-.65
－ 60세 이상	60	-1.91	-1.81
		(.14)**	(.14)
현거주지			
－ 대도시	776	-.02	-.11
－ 중소도시	352	.04	.14
－ 농어촌	42	.03	.77
		(.01)	(.05)
현재의 집 위치			
－ 주택가	957	.01	.00
－ 촌락	72	-.61	-.51
－ 공단 지대	50	1.07	1.12
－ 상가 등	92	-.22	-.16
		(.07)	(.07)
교육 수준			
－ 국졸 이하	94	-1.07	-.25
－ 중졸	164	-.36	-.04
－ 고졸	642	-.04	-.13
－ 대졸 이상	271	.69	.43
		(.12)	(.06)

월 평균 소득			
− 60만 이하	266	−.59	−.34
− 61~90만	256	−.33	−.32
− 91~120만	292	.18	.08
− 121만 이상	357	.53	.42
		(.11)	(.08)
직업			
− 전문 관리직	164	.43	.02
− 사무직	150	.37	.07
− 판매 서비스직	243	.10	.12
− 생산직	133	−.25	−.37
− 농어민	28	−1.04	−.33
− 학생	86	.43	.20
− 주부	300	−.30	.00
− 무직 및 기타	67	−.55	−.02
		(.09)	(.04)
Multiple R Squared			.045

**p< .01.

중시하는 것으로 나타났다(《부표 4-7》).[20] 그러나 1987년 조사에서는 60대 이상을 제외하고는 모든 세대의 85% 이상이 조화론을 지지하여 연령별 차이가 거의 나타나지 않았다. 1992년 형사정책연구원의 조사에서는 전체적으로 환경보전우선론(51.5%)이 조화론(29.0%)과 경제성장우선론(19.5%)을 능가하게 되었다. 환경보전우선론을 지지하는 비율은 젊을수록 높게 나타났다.

지역별 환경 중심 가치관은 1982년의 경우, 공단 지역(85.1%)이 가장 높았고, 중소 도시(76.8%), 대도시(65.8%), 어촌(65.4%), 농촌(65.0%)의 순으로 나타났다(환경청, 1982: 201). 그러나 1992년 형사정책연구원의 조사에서는 지역 특성별로 통계적으

---

20) 질문과 응답 범주의 자세한 내용은 〈표 4-10〉과 〈표 4-11〉에 대한 설명을 참조하라.

로 의미있는 차이가 발견되지 않았다.

학력별 환경 가치관의 차이를 분석해보면, 1987년 조사에서는 학력이 높아질수록 경제 성장과 환경 보호의 조화를 더욱 지지하는 것으로 나타났다(〈부표 4-8〉). 1992년 조사에서는 양자 사이의 중립을 지지하는 입장은 학력별로 별 차이가 없는 반면, 학력이 높을수록 환경 보호를 보다 중시하는 경향이 나타났다.

소득별 차이를 보면, 1982년 조사에서는 100만 원 이상의 소득층이 조화론을 압도적으로 지지하는 것으로 나타났다(〈부표 4-9〉). 1992년 조사에서는 150만 원 이상의 고소득자들이 환경 보호를 보다 강조하고, 그외에는 유사한 것으로 나타났다(〈부표 4-10〉).

직업별 차이를 보면, 전문 관리직과 사무직이 환경주의적 가치관을 적극적으로 지지하고 농민과 어민이 상대적으로 덜 지지하는 것으로 나타났다. 그러나 이러한 경향도 최근에 오면서 점차 약화되고 있다.[21]

그러면 각각의 변수들의 상대적 중요성이 어떻게 나타나는지 1992년 형사정책연구원의 조사 자료에 대한 중분류 분석을 통해 살펴보도록 하자(〈표 4-17〉). 이 표에서 종속 변수는 환경 보호와 경제 성장의 선호 정도로 하였다(〈표 4-11 참조〉). 여기서 점수 10은 환경 보호를 가장 중시하는 것을, -10은 경제 성장을 가장 중시하는 것을, 0은 중립을 의미한다. 중분류 분석 결과, 연령이 가장 중요한 변수로 나타났다. 연령별로 30대가

---

21) 1982년 조사에서 전문 관리직(78.1%), 사무직(77.3%), 학생(77.1%), 그리고 생산직(73.5%)이 '환경 보전 범위내에서의 경제 성장'을 많이 지지했고 농업 종사자들이 가장 적게(55.6%) 지지했다(환경청, 1982a: 197). 1987년 조사에서는 기업 경영직(96.7%), 전문 관리직(94.1%), 사무직(91.9%)이 경제 성장과 환경 보호의 조화를 압도적으로 지지했고, 농민(81.7%)과 어민(82.8%)이 상대적으로 적게 지지했다. 1992년의 형사정책연구원의 조사에서 경제 성장보다 환경 보호를 보다 중시하는 사람들의 비율은 직업별로, 전문직(59.2%), 사무직(58.2%), 학생(54.7%), 생산직(54.1%)이 상대적으로 높았고, 농어민(28.6%)이 상대적으로 낮게 나타났다.

〈표 4-17〉　　정부 지도단속 평가에 대한 중분류 분석(MCA)

변　수	총평균으로부터의 편차 총평균＝2.870		
	사례수	조정전(Eta)	조정후(Beta)
성			
－남	617	-02	-.05
－여	563	-03	.05
		(.00)	(.01)
나이			
－29세 이하	421	.49	-.28
－30～39세	398	.75	.74
－40～49세	191	-.86	-.58
－50～59세	110	-1.42	-1.27
－60세 이상	60	-3.04	-2.73
		(.15)**	(.13)
현거주지			
－대도시	782	.02	-03
－중소도시	356	.03	.01
－농어촌	42	-.65	.56
		(.02)	(.02)
현재의 집 위치			
－주택가	967	-.03	-.10
－촌락	72	-1.25	-.23
－공단지대	47	-.60	-.74
－상가 등	94	1.60	1.56
		(.08)*	(.07)
교육 수준			
－국졸 이하	94	-1.77	-.55
－중졸	165	-1.11	-.62
－고졸	649	.27	.11
－대졸 이상	272	.65	.29
		(.11)	(.05)

월평균 소득			
－60만 이하	270	-.71	-.28
－61～90	255	-.20	-.26
－91～120만	295	.38	-.51
－121만 이상	360	.99	.81
		(.10)	(.08)
직업			
－전문 관리직	166	.46	.23
－사무직	152	.49	.18
－판매 서비스직	246	.25	.35
－생산직	132	.16	.15
－농어민	28	-4.06	-2.74
－학생	86	.39	-.03
－주부	303	-.44	-.45
－무직 및 기타	67	-.28	.65
		.11	.08
Multiple R Squared			.046

* p< .01.

가장 환경 중심적인 가치관을 갖고 있고, 그 다음이 20대인 것으로 나타났다.[22] 그리고 40대 이상에서는 나이가 많을수록 경제 성장을 보다 중시하는 것으로 나타났다. 이러한 결과를 통해 우리는 환경 중심의 가치관이 학력이나 소득·직업·거주 지역에 크게 상관없이 확산되고 있다고 추론할 수 있다.

Ⅳ. 사회경제적 배경별 차이의 종합적 검토

그러면 이제부터 지금까지 살펴본 특성별 차이를 종합적으로 검토해보도록 하자. 먼저 우리나라 전체적인 환경 오염의 심각

22) 경제 성장에 따른 경제적 풍요를 경험한 젊은 세대일수록 환경주의 가치관을 지지한다는 사실은 잉글하트의 사회화 가설을 지지하는 하나의 증거가 될 수 있다. 잉글하트는 청소년기에 풍요한 생활을 경험한 사람들은 그렇지 않은 사람보다 탈물질주의 가치를 더 지지한다고 보았다(Inglehart, 1981).

성에 대한 평가를 보면, 1980년대에는 연령·지역·학력·직업에 따라 크게 차이가 나타났다. 그러나 1990년대에 들어서면서 직업별 차이와 거주 지역별 차이는 유지되었지만, 연령과 소득에 따른 심각성 평가도의 차이는 사라졌다. 학력에 따른 심각성 평가도의 차이는 여전히 남아 있지만 차이의 폭은 많이 줄어들었다.

정부의 환경 정책에 대한 평가도를 보면, 1980년대에는 나이가 젊을수록, 공단이나 대도시에 살수록, 학력이 높을수록, 소득이 높을수록, 그리고 전문직이나 관리직일수록 부정적으로 평가하는 경향이 뚜렷이 나타났다. 그러나 1990년대에 들어서는 정부의 환경 오염 단속에 대한 불만이 널리 퍼져서 사회경제적 배경에 따른 차이가 거의 나타나지 않았다. 환경 중심의 가치관에 있어서, 1980년대에는 나이가 젊을수록, 학력이 높을수록, 소득이 높은 층일수록, 전문 관리직일수록 조화론을 선호하는 경향이 나타났다. 1990년대에 들어서는 연령이 환경 가치관을 결정하는 중요한 변수로 나타났다.

결국, 1980년대 초반에는 젊고 학력이 높은 중간층이 높은 환경 의식을 갖고 있다는 가설이 참이었음을 확인할 수 있다. 그러나 1980년대 후반을 거쳐 1990년대에 접어들어서 이런 사회경제적 배경에 따른 환경 의식의 차이는 전반적으로 약화되고 있다는 사실을 알 수 있다. 심각성 평가도의 경우, 연령과 소득에 따른 유의미한 차이가 없고, 정부 정책 평가도에 있어서는 사회 계층별·연령별·지역별 차이가 거의 없어졌다. 그러나 환경 가치관에 있어서는 연령에 따른 의미있는 차이가 발견되고 있다.

그러면 지금까지의 분석 결과를 배규한의 연구 결과와 비교해보자. 배규한은 교육·연령·직업·소득·지역에 따른 환경 의식의 차이가 일관되게 나타난다고 보고했다(배규한, 1991 : 106). 그러나 저자의 분석 결과, 사회경제적 배경에 따른 환경 의식의 차이는 전반적으로 크게 줄어들거나 사라지고 있다는 사실이 확인된다.

한편 양종회는 계층에 따른 환경 의식의 차이는 약해지고 있지만, 환경 의식은 여전히 중상층의 관심의 반영이라고 결론지었다(양종회, 1992: 111~14). 그러나 지금까지의 분석에 의하면, 환경 의식을 중상층의 관심이라고 결론짓기가 어렵다는 사실을 알 수 있다. 환경 오염의 심각성 평가에서는 소득 수준별 차이가 나타나지 않았고, 환경 중심의 가치관과 정부 정책에 대한 평가에서는 사회 계층적 변수에 따른 차이가 나타나지 않았다.

그러면 이러한 결과를 어떻게 해석할 것인가? 이러한 조사 결과는 우리나라 국민들의 환경 의식이 변화하고 있을 뿐만 아니라 꾸준히 발전하고 있다는 사실을 보여주고 있다. 심각성 평가도와 정부 정책에 대한 불만이 전체적으로 높아질 뿐만 아니라 사회경제적 배경별 차이가 사라지거나 줄어들고 있다는 사실은 환경 문제에 대한 불만이 모든 사회 계층에서 커지고 있다는 것을 의미한다. 환경 가치관에 있어서도 연령별 차이는 계속 유지되지만 전반적으로 환경 중심의 가치관이 확산된 것은 명백하다. 환경에 대한 불만과 관심이 '일반화된 신념'처럼 우리나라 국민들에게 퍼져 있다고 해석할 수 있다.

이러한 의식의 변화는 환경 엘리트주의와 관련된 미국의 논쟁과 관련하여 많은 시사점을 제공한다(Humphrey and Buttel, 1982; Morrison and Dunlap, 1986). 1970년대 새로운 환경주의가 미국에 등장했을 때 많은 사람들은 그것이 '배부른 중간층의 운동'이라는 비난과 함께 그것의 엘리트주의적 성격을 비판했다. 그러나 미국의 경우에는 환경 위기가 갈수록 심각해지면서 환경 의식이 확산되는 경향을 보여주었다. 한국의 1990년대의 환경주의 혹은 생태주의 역시 엘리트주의로 규정하기는 매우 어려운 것으로 보인다.

객관적 환경 위기의 심화, 언론의 환경 보도의 확대, 환경 운동의 발전과 같은 상호 작용을 미치는 요인들의 영향을 받아 우리나라의 환경 의식은 세대간·계층간 차이를 넘어서서 확산되고 있다. 1988년 이후의 환경 운동의 성장은 이러한 전체 국민의 환경 의식의 성장을 밑거름으로 해서 가능해졌다고 볼 수 있다. 국민의 환경 의식의 확산과 환경 운동의 성장은 상호 작용하면서 상승 작용을 일으키는 것으로 볼 수 있다.

3. 1990년대의 환경 의식

그러면 이번에는 1990년대에 들어서서 국민들의 환경 의식의 특성이 어떻게 나타나고 있는지 보다 자세히 살펴보도록 하겠다. 여기서는 환경 가치관과 행동주의를 중심으로 오늘날 국민들의 환경 의식이 환경 운동의 성장과 어떤 상관 관계를 갖는지 추론해보고자 한다.

Ⅰ. 환경 가치관

앞에서 보았듯이 1992년 조사에서 경제 성장과 환경 보호 사이의 선택을 묻는 질문에서 많은 응답자들이 환경 보호를 선택했다는 사실은 우리나라에서도 가치관의 총체적인 변화가 일어나고 있다는 추론을 지지해주고 있다. 1989년 이후의 계속되는 경기 침체에도 불구하고[23] 1992년의 형사정책연구원의 조사에서는, 46%에 이르는 응답자들이 직업 보호보다 환경 규제를 보다 중시하는 것으로 나타났다(《표 4-18》).[24] 이러한 사실은 경기 침체와 상관 없이 환경 중심의 가치관이 점차 자리잡고 있

---

[23] 한국 경제는 1986년 국제 수지 흑자를 기록한 이후 3년 동안 호황을 누렸으나 1989년에 이르러 극심한 경기 침체를 겪었다.

[24] 사회 집단별로는 2원 분석에서, 직업·교육·소득에 따른 유의미한 차이가 나타났고 중다회귀분석에서는 직업(유의도 0.05 이하)과 교육 수준(유의도 0.01 이하)별 차이만이 의미있는 것으로 나타났다.

〈표 4-18〉　　직업 보호와 환경 규제 사이의 선호도: **1992A**(%)

**직업 보호와 환경 규제간에 선택을 해야 한다면
어떤 의견에 더 찬성하십니까?**

직업 보호 매우 찬성3	직업 보호 2	직업 보호 1	중 립 0	환경 규제 1	환경 규제 2	환경 규제 매우 찬성3
12.0	7.2	6.1	27.9	8.3	13.3	24.8
25.3				46.4		

다는 가설을 지지하고 있다.

　그러면 인생의 가치관, 자원 남용 문제, 과학 기술 문제 등을 통해서 환경 가치관을 보다 깊이 분석해보도록 하겠다(〈표 4-19〉). 1992년 조사에서 "선생님께서는 다음 사항들 중에서 어떤 것을 가장 소중하게 생각하십니까?"라는 질문을 던졌다. 이에 대해 '경제적 성공'에 응답한 사람들이 가장 많았지만 '자아 실현'과 '여가 생활'에 응답한 사람들을 합하면 모두 51%에 이른다. 나이가 많을수록, 학력이 낮을수록, 소득이 낮을 수록 경제적 성공을 추구한 반면, 젊을수록 자아 실현을, 그리고 학력이 높고 소득이 높을수록 여가 생활과 자아 실현을 더 추구하는 것으로 나타났다.

　환경 위기는 환경 오염뿐만 아니라 자원 부족 문제와도 깊이 관련되어 있다. 우리나라 국민들은 대부분 자원 부족과 자원 남용 문제에 대해 심각하게 생각하고 있는 것으로 나타났다(〈표 4-20〉). "현재 상태가 계속된다면 자연 자원은 상당한 정도로

〈표 4-19〉　　　인생에서 가장 소중한 것(%)

	경제적 성공	자아 실현*	여가 생활	권력 · 명예
1992A	45.2	35.3	16.3	3.1

* 직업 이외의 분야에서의 자아 실현.

<표 4-20>　　자원 부족과 환경 남용에 대한 의견(%)

	조사 연도	전적 반대	반대하는 편	찬성하는 편	전적 찬성
자연 자원 부족 예상	1992A	3.1	10.1	54.2	32.6
환경 남용	1992A	2.9	6.8	49.9	40.4

부족하게 될 것이다” “인류는 심각하게 환경을 남용하고 있다”는 두 진술에 대해 각각 80% 이상의 응답자들이 찬성했다. 학력이 높을수록 찬성하는 비율이 높게 나타났다.

우리가 2장에서 살펴보았듯이, 환경 위기를 해결하기 위한 방법으로 좌파 환경주의자들은 사회 구조, 특히 자본주의 사회 구조의 변형을 주장하고, 생태주의자들은 가치관과 생활 양식의 총체적인 변형을 강조하고 있으며, 환경 관리주의자들은 기술 낙관주의에 근거하여 기술론적 해결을 지향한다. 그러면 과학 기술에 대한 우리나라 국민들의 인식은 어떠한지 살펴보자(<표 4-21>). 형사정책연구원의 조사에서는 “과학과 기술은 우리의 미래를 위한 최선의 희망이다”라는 진술에 대해 무려 88.4%의 응답자들이 찬성 의견을 표명했다. 반대 의견은 전체의 약 10%에 불과했다. 이러한 응답 결과는 우리나라 국민의 대부분이 과학과 기술의 부정적인 측면보다는 긍정적인 측면만을 보고 있

<표 4-21>　　　　과학 기술에 대한 의견(%)

	조사 연도	전적 반대	반대 하는 편	그저 그렇다	찬성 하는 편	전적 찬성
과학 기술은 최선의 희망	1992A	1.4	10.2	–	48.7	39.7
과학 기술로 해결 가능	1992B	2.3	23.4	26.6	42.2	5.5

<〈표 4-22〉 환경 문제 해결을 위해 필요한 것: 1992A(%)
우리의 환경 문제를 해결하기 위해서 가장 필요한 것

	과학 기술의 발전. 매우 찬성 (상)	과학 기술 (중)	과학 기술 (하)	중립	생활 양식 (하)	생활 양식 (중)	생활 양식의 변화. 매우 찬성 (상)
시민 조사	18.2	6.4	3.2	19.0	4.9	14.8	33.5
기업인 조사	4.8	3.2	1.6	9.5	6.3	28.6	46.0

＊기업인 조사에서는 사고 방식과 생활 양식의 변화를 포함한 사회 기본 원리의 변동.

다고 해석할 수 있다. 그러나 1992년의 사회과학연구협의회의 조사에서는 "환경 문제가 과학 기술의 발전에 의해 해결될 수 있다"는 주장에 대해서 약 48%의 응답자들이 찬성했고 약 25%가 반대했다. 그러니까 대다수의 사람들이 과학 기술에 대한 희망을 갖고 있지만 환경 문제를 해결하는 데 있어서 과학 기술에 의존하는 비율은 과학 기술에 대한 일반적인 낙관론의 비율보다 낮다고 볼 수 있다.

이러한 사실은 형사정책연구원의 조사에서도 증명된다. 형사정책연구원의 조사에서, "우리의 환경 문제를 해결하기 위해서 가장 필요한 것"이 무엇인가라는 질문에 대해 53.2%의 응답자들이 생활 양식의 변화를 선택했고, 27.8%만이 과학 기술의 발전을 선택했다(〈표 4-22〉).[25] 형사정책연구원의 1992년 조사에서는 기업의 대표나 환경 관리 담당자도 함께 조사했는데 기업인들은, 과학 기술 발전(9.6%)보다 사회 기본 원리의 변동(80.9%)을 시민들보다 훨씬 많이 선택했다. 기업인들은 현재의 과학 기술이 덜 발전한 것이 문제가 아니라 오히려 그것을 합리적

---

25) 이 문항에 대한 특성별 차이는 통계적으로 의미가 없게 나타났다.

으로 잘 사용할 수 있는 사회적 제도, 가치관과 같은 사회의 기본적인 원리가 정착되지 못한 것이 더 큰 문제라고 보고 있다. 정도는 약하지만 일반 시민들도 과학 기술 발전보다는 생활 양식의 변화를 보다 중요하게 생각하고 있다. 이러한 결과는 우리나라 국민 대부분이 과학기술낙관론을 강하게 지지하면서도 동시에 환경 문제를 근본적으로 해결하기 위해서는 자연과 공존할 수 있는 생활 양식으로 전환하는 것이 보다 중요하다고 인식하고 있다는 사실을 보여준다.

지금까지의 분석 결과, 우리나라에도 잉글하트의 '탈물질주의적 가치' 개념을 적용할 수 있을 만큼 경제 중심주의가 약화되고 있다는 사실을 확인할 수 있다. 그러나 과학 기술에 대한 낙관론이 국민들의 의식을 지배하고 있는 가운데 환경 문제의 해결책으로서는 생활 양식의 변화를 과학 기술의 발전보다 더 중시하고 있는 것으로 나타났다. 그러나 '생활 양식의 변화'라는 말은 매우 포괄적이고 모호하기 때문에 응답자들이 어떤 행동 의지를 갖고 있는지 알기 어렵다. 따라서 이 조사 결과만을 가지고 우리나라 국민들이 환경 친화적인 혹은 생태주의적인 생활 양식을 적극적으로 추구하고 있다고 추론하기는 어렵다.

Ⅱ. 행동주의

환경 운동은 광범한 대중의 참여와 지지가 있어야만 발전할 수 있다. 그러면 우리나라의 환경 운동에 대중들이 얼마나 참여하고 지지하고 있는지를 조사 결과를 통해 추론해보도록 하자. 먼저 환경 문제와 관련한 집합 행동이나 환경 단체에 가입한 경험을 검토해보고, 다음으로 미래의 참여와 지지 의사를 검토해보도록 하겠다.

1991년 조사에서 환경 오염 문제로 행정 기관이나 기업 및 책임 단체에게 직접 항의하거나 의견을 제시한 경험을 조사한

<표 4-23>　　　　안면도 사태에 대한 평가(%)

	좀더 강력했어야	당연한 반응	너무 과격	모르겠다
1991B	6.5	73.5	16.7	3.3

결과, 응답자의 3.1%만이 경험이 있다고 응답했다. 1992년 형사정책연구원의 조사에서도 환경 오염을 야기한 기업에 직접 항의를 한 사람은 표본 집단의 5.1%에 불과했다. 같은 조사에서 환경 문제로 관계 당국에 고발을 하거나 소송을 제기한 사람은 2.5%였다. 반면에 환경 오염을 야기한 기업의 상품에 대한 불매 운동에 참여한 사람은 45%에 이르렀다. 공추련과 같은 민간 환경 운동 단체에 가입한 사람들은 표본 집단의 1% 정도로 나타났다. 예상대로 불매 운동을 제외하고는 환경 문제와 관련된 집합 행동에 참여한 경험이 있는 사람들은 매우 적은 것으로 나타났다.

그러면 환경 관련 집합 행동에 대한 국민들의 태도를 살펴보도록 하자. 서울대 인구및발전문제연구소의 1991년 조사 결과에 의하면, 응답자의 80%가 안면도 사태에 대한 지지를 표시

<표 4-24>　　　　환경 관련 시위에 대한 태도(%)

	적극 찬성	찬 성	찬성도 반대도 아니다	반 대	적극 반대
1992A*	14,2	41.2	27.6	15.7	.9
1992B**	8.0	49.9	–	34.0	8.0

*1992A: 선생님께서는 공항 부지, 핵발전소 실시 등을 반대하기 위한 행진이나 시위 등을 어떻게 생각하십니까?

**1992B: 방사성 폐기물 처분장 건설에 관한 정부의 결정에 대해 영향력을 행사하기 위해서 해당 주민들이 시위·농성 등 직접적인 행동을 취하는 것에 대해 어떻게 생각하십니까?

⟨표 4-25⟩　　　환경 운동 단체에 대한 지지도(%)

	적극 동조	동 조	중 립	반 대	적극 반대	주장을 모름
1992B	11.0	21.4	44.6	4.0	1.1	17.8

했다(⟨표 4-23⟩).[26]

1992년의 두 조사 연구에서도 50%가 넘는 응답자들이 공항 부지나 핵발전소, 혹은 핵폐기물 처분장의 시위를 지지하는 것으로 나타났다(⟨표 4-24⟩). 형사정책연구원의 조사에서는 나이가 젊을수록, 학력이 높을수록 시위에 대한 지지도가 높았고,

⟨표 4-26⟩　　　환경 운동 단체 참여 의사(%)

	질문 내용	전적 참여	가능한 한 참여	별로 관심없다	전혀 관심없다	그때 가봐야 알겠다
1990	환경 보전을 위한 단체 활동 참여	–	58.3	12.1	–	29.7
1991	환경 보전 활동 및 운동 단체 가입 의사	14.8	48.0	3.1	–	16.5
1991	민간환경 연구소 건립 모금 참여 의사	17.5	50.1	13.2	2.3	16.9
1992A	환경 운동 단체 가입 의사	–	84.3	14.5	–	–

---

26) 젊을수록 지지를 많이 보낸 것으로 나타났다.

〈표 4-27〉　　　환경 오염 기업에 대한 행동 의사: **1992A**(%)

	안 하겠다	경우에 따라 하겠다	반드시 하겠다
불매 운동	5.2	58.7	36.1
직접 항의	12.0	72.3	15.8
고발·소송	18.3	65.3	16.4

사회과학연구협의회 조사에서는 젊을수록 지지도가 높게 나타났다.

환경 운동 단체에 대한 지지도도 비교적 높게 나타나고 있다. 1992년의 사회과학연구협의회의 조사에서 "귀하는 반핵 단체나 반공해 단체들의 주장에 대해 어떻게 생각하십니까?"라는 질문에 대해 약 3분의 1의 응답자들이 동조한다고 응답했고, 반대하는 응답자들은 5%에 불과했다(〈표 4-25〉).[27]

1992년의 형사정책연구원의 조사에서, 여러 집단들이 환경 문제에 얼마나 기여한다고 생각하는지를 물어본 결과, 자연보호협회(76.9%), 환경 단체(66.1%), 과학자(55.0%), 시민(44.2%), 정부(30.8%), 정당(15.0%), 기업(13.0%)의 순으로 나타났다. 환경 단체에 대한 긍정적인 평가는 정부에 비해 두 배나 높게 나타났다. 이러한 환경 운동 단체에 대한 지지는 환경 운동 단체에 참여하고 싶은 의사 표시에도 잘 나타나고 있다. 세 번에 걸친 조사에서 대다수의 응답자들이 환경 운동 활동이나 환경 운동 단체에 참여 의사를 표명했다(〈표 4-26〉).[28]

그러면 직접 행동에 참여할 의사는 얼마나 큰지 살펴보도록 하자(〈표 4-27〉). 1992년의 형사정책연구원의 조사에서 환경 오염 기업에 대해, 불매 운동, 직접 항의, 고발/소송을 하겠는가를 물었을 때 참여 의사를 표명한 비율이 모두 80%를 넘었

---

27) 연령과 학력에 따른 차이는 나타나지 않았다.
28) 학력이 높을수록 참여 의사가 높은 것으로 나타났다.

다. 그 가운데에서도 불매 운동에 반드시 참여하겠다는 사람들
은 전체의 3분의 1을 넘었다. 이러한 결과는 불매 운동을 중요
한 전술로 사용하는 녹색 소비자주의에 대중이 참여할 가능성
이 매우 높다는 사실을 확인해주고 있다.[29]

　국민들의 환경 행동주의에 대한 의식을 요약하면, 실제 환경
행동주의를 실천에 옮긴 사람들은 적지만 환경 관련 집합 행동
의 의지와 지지도가 매우 높다고 할 수 있다. 그리고 환경 운동
단체에 참여할 의지도 매우 큰 것으로 나타났다. 이러한 변화는
환경 운동이 성장해온 밑거름이면서 동시에 환경 운동 성장의
결과이기도 하다. 환경 운동 단체들에 대한 지지가 높다는 사실
이 이것을 뒷받침해준다. 그러나 환경 운동에의 참여 의사가 곧
바로 참여로 연결되는 것은 아니다. 1991년 조사에서는 환경
보전 활동 및 운동 단체에 전적으로 참여하겠다고 응답한 사람
이 15%에 이르렀으나 실제 환경 운동의 참여 인원은 아직 매
우 적은 편이다. 수십만의 회원을 가진 거대 환경 조직이 여러
개 조직되어 있는 구미 국가와 비교할 때 우리나라의 환경 운동
은 회원 동원 능력이 매우 약한 편이다. 이것은 우리나라 환경
운동의 역사가 짧고, 동시에 공공을 위한 시민 운동의 역사 자
체도 매우 짧기 때문이라고 볼 수 있다. 결국 시민사회의 뒤늦
은 형성과 깊은 관련을 갖는다고 말할 수 있다.

4. 소　결

　지금까지 우리는 환경 운동과 깊은 상관 관계를 갖는 국민들
의 환경 의식을 조사 연구 자료들을 통해 분석해보았다. 1982
년부터 1992년에 이르는 조사 연구들을 종단적으로 검토해본
결과, 심각성 평가도, 정부 정책 평가도, 환경 중심주의 가치관,

---

29) 나이가 젊을수록 학력이 높을수록 불매 운동 참여 의사가 큰 것으로 나타났다.

환경 행동주의와 같은 모든 부분에서 환경 의식이 급격히 심화·
확산되어왔다는 사실을 발견하게 되었다. 첫째로 환경 문제에
대한 관심과 심각성 평가도는 1982년 조사에서부터 일관되게
매우 높게 나타났다. 둘째로 정부의 환경 정책에 대한 불만은
급속하게 증대되고 있다. 셋째로 1980년대에는 환경과 경제 성
장의 조화론이 지배적인 가치관이었으나 1990년대에 들어 점차
환경 중심주의로 환경 가치관이 전화하고 있다. 넷째 환경 행동
주의에 대한 지지도가 매우 높게 나타나고 있다. 따라서 우리는
'새로운 환경 중심의 가치관으로 가치관 변동이 일어나고 있다'
는 첫번째 가설이 지지된다는 사실을 확인할 수 있다.

사회경제적 배경별로 환경 의식의 차이를 검토해본 결과,
1980년대 초반에는 젊고, 학력이 높은 중간층이 높은 환경 의
식을 갖고 있는 것으로 나타났으나 1990년대에 들어서는 사회
경제적 배경에 따른 환경 의식의 차이가 약화되거나 사라졌다.
이러한 현상은 환경 문제가 초기에는 엘리트들의 관심이었으나,
환경 위기가 갈수록 심각해지고, 그 결과 생활 환경이 악화될
뿐만 아니라 환경 재난이 빈발하면서 언론의 환경 보도가 급증
하였기 때문에 환경 의식이 모든 계층으로 확산되고 있는 것으
로 해석할 수 있다.

그러면 지금까지의 종단적 고찰을 다운스 Anthony Downs의
쟁점-관심 주기 이론과 관련해서 검토해보도록 하겠다. 다운즈
는 대부분의 핵심적인 사회 문제들이 갑자기 왁자지껄하게 논의
되다가, 그 문제가 거의 해결되지 않았음에도 불구하고 얼마 후
에는 대중의 관심으로부터 점점 사라지게 되는 현상을 '쟁점-
관심 주기의 동학 *issue-attention cycle dynamics*'으로 설명했
다. 그는 이 주기를 첫째로 문제 이전 단계, 둘째 경고 인지와
행복한 열광 *alarmed discovery and euphoric enthusiasm* 의
단계, 셋째 중요한 진보를 위한 비용의 인식 단계, 넷째 공중의
강한 관심이 점진적으로 쇠퇴하는 단계, 그리고 마지막으로 문

제 이후의 단계로 나누었다. 그는 많은 미국인들에게 뉴스가 대개 오락의 형태로 '소비'되기 때문에 어떤 문제가 공중의 관심을 유지하려면, 극적이고 자극적이어야 한다고 주장했다. 거의 모든 미국의 매체들은 이윤을 위해 경쟁해야 하기 때문에 어떤 문제가 지겨워지기 전에 새로운 문제로 초점을 옮겨야 한다는 것이다(Downs: 39~42). 그는 1972년의 논문에서 미국 사회에서의 환경에 대한 관심은 처음 두 단계를 지나서 세번째 단계에 들어와 있고, 사실은 이미 네번째 단계를 향해가기 시작했다고 분석했다. 그러나 이러한 분석과 동시에 그는 환경 문제의 특수성 때문에 환경에 대한 관심이 당장 문제 이후의 단계로 진행되지는 않을 것이라고 보았다. 왜냐하면 많은 환경 오염이 대부분의 다른 사회 문제보다 훨씬 더 가시적이고, 훨씬 더 위협적일 뿐만 아니라, 환경 오염이 거의 모든 사람을 위협하기 때문에 정치적 분리를 낳지 않은 채 정치가들이 해결을 위해 노력할 수 있는 특징을 갖고 있기 때문이라고 다운스는 보았다 (Downs: 46~47).

던랩은 이러한 다운스의 주장을 이후의 경험적인 자료들을 근거로 비판했다. 그는 1970년대 초반에 환경 문제의 현저성 *salience*이 약화되고 1970년대 후반에는 현저성과 강도 *strength*가 모두 약화되기는 했지만 이것을 다운스의 단계 구분에 따라 제5단계인 문제 이후의 단계로 진입했다고 설명하기는 어렵다고 주장했다. 그는 카터 정부가 환경 문제에 관심을 기울인 것이 대중들의 관심 하락에 기여했지만 그러나 대중의 관심이 사라진 것은 아니라고 보았다(Dunlap, 1992: 97~102). 1980년대 레이건 정부가 노골적으로 환경 정책을 후퇴시키기 시작하자, 이러한 후퇴는 오히려 환경 의식을 다시 확산시키는 결과를 낳았다. 이뿐만 아니라 제도화된 환경 운동, 동정적인 매스 미디어, 그리고 환경 위기의 심화와 같은 여러 변수들이 환경 문제에 대한 엄청난 사회적 관심을 불러일으키는 데 함께 영향을 미첬다고 던랩은 주장했다(Dunlap, 1992: 107). 결국 다운스는 환경 문제가 얼마나 심각해질지 예상하지 못했을 뿐만 아니라, 매스 미디어의 영향력만을 너무 강조한 결과, 객관적 환경 위기와 결합된 환경 운동의 발전, 그리고 정부의 환경 정책의 후퇴와 같은 다른 변수들을 고려하지 못했다고 볼 수 있다(Dunlap, 1989: 119).

쟁점-관심 주기 이론은 사회 운동의 자연사(自然史) 모델을 사회 문제에 그대로 적용시킨 것으로 볼 수 있다. 이러한 모델은 구조적 위기와 행위자의 적극적인 활동을 통해 사회 운동이 역동적으로 변화·발전하는 모습을 지나치게 단순화하는 약점을 안고 있다. 다운스는 미디어의 영향력을 너무나 과대 평가한 나머지 미디어에서 쟁점이 사라지면 대중들의 관심도 사라진다는 전제만을 강조할 뿐 객관적 환경 위기의 심화, 국가와 자본의 반동, 시민사회에 기반한 환경 운동의 자발적인 자원 동원 능력과 같은 중요한 변수들을 과소 평가했다. 미디어가 대중의 의식을 변화시키고 사회 문제를 구성하는 핵심적인 제도임에는 틀림없지만 미디어는 또한 객관적 위기와 국가·자본·시민사회의 변화의 영향을 받을 수밖에 없는 것이다.

이러한 한계에도 불구하고 환경 의식의 변화 과정을 기술하는 데 다운스의 모델이 하나의 도구로 사용될 수는 있을 것이다. 우리나라의 환경 문제의 변화 과정을 쟁점-관심 주기 이론으로 설명한다면, 1988년 이전을 문제 이전의 단계로, 1988년부터 현재까지를 행복한 열광의 단계라고 규정할 수 있을 것이다. 환경 재난의 지속적인 발생, 그린라운드의 도래, 언론의 단속적이지만 계속되는 환경 보도 등과 같은 요인들에 힘입어 환경 의식의 강도가 지속적으로 증대되어왔고, 현저성도 1987년 이후에 이르러, 1980년대 초반에 비해 높아졌다. 미국의 경우에는 카터 행정부의 적극적인 환경 정책 때문에 국민들의 환경에 대한 관심이 현저성과 강도 모든 부분에서 감소하는 결과를 보였다. 그러나 우리나라에서는 노태우 정부의 거듭되는 공약에도 불구하고 객관적 환경 문제의 개선이 이루어지지 않았을 뿐만 아니라 페놀 사태와 같은 환경 재난이 끊임없이 발생되어왔기 때문에 환경 의식은 갈수록 높아지고 있다.

만약 극단적인 경제 위기가 닥쳐서 하층과 상층이 연합하여 환경 운동에 대한 반(反)운동 *counter movement*이 확산되게 된다면, 지금과 같은 환경 문제에 대한 광범한 동의가 깨어질 수도 있을 것이다. 그러나 1980년대 중반 이후의 꾸준한 환경 의식의 성장은 바로 1989년 이후의 극심한 경기 침체라는 조건 속에서 이루어졌다는 사실이 매우 중요하다. 환경 오염에 대한 불만은 너무나 증가하고 있기 때문에 극단적인 경기 침체의 효과를 물리치고, 경제 성장보다 환경 보전을 중시하는 환경 가치관을 확산시키는 결과를 낳게 되었다. 1990년대 이후 사회경제적 배경별 환경 의식의 차이는 상당히 줄어들고 있으며, 대다수의 국민들이 환경을 파괴하는 경제 성장보다는 '환경을 중시하는 경제 성장' '환경적으로 건전하고 지속가능한 성장'을 지지하고 있기 때문에 환경 문제를 둘러싼 시민사회 내부의 갈등이 크게 일어날 가능성은 적어 보인다.

만약 정부의 환경 정책이 가시적인 성과를 보이게 되고 환경 운동이 제도 안의 운동으로 확고히 자리를 잡게 된다면, 환경 의식의 강도나 현저성이 완화될 가능성은 높다. 그러나 국가와 자본이 환경 위기의 심각성을 경시하고 적극적인 환경 정책과 환경 산업을 육성하지 않는 한, 환경 의식의 강도와 현저성은 상당한 시간 동안 지속적으로 높게 나타날 것이다. 왜냐하면 환경 위기는 단순한 하나의 사회 문제가 아니라 전지구적인 위기이며, 인류 전체의 생존 위기이기 때문이다.

우리의 세번째 문제 즉 '환경 의식은 쟁점-관심 주기에 따라 시간이 흐르면 점차 약화되는가' 하는 문제는 현재로서는 경험적으로 검증하기 어렵다고 볼 수 있다. 앞에서 보았듯이 환경 위기가 쉽게 해결될 수 없으며, 환경 운동의 자원 동원 능력이 유지되는 한 쟁점-관심 주기 이론의 예측처럼 쉽게 환경 의식이 쇠퇴하지는 않을 것이라고 추측할 수 있다.

마지막으로 환경 의식과 환경 운동 사이의 상관 관계를 살펴보도록 하자. 위에서 우리는 국민들의 환경 의식이 1982년 조사에서는 상대적으로 낮았으나 1987년 조사에서는 상당히 발전했고, 1990년대에 들어서는 모든 계층으로 환경에 대한 관심이 퍼져나갔다는 사실을 알 수 있었다. 이러한 과정은 환경 운동 조직과 환경 관련 단체의 수가 늘어나는 과정과 일치하고 있다. 1960년대의 10년 동안 환경 운동 관련 단체는 2개가 생겨났고, 1970년부터 1980년 사이에는 10개, 그리고 1981년부터 1986년까지는 한 해 평균 2개 정도의 단체가 새로 생겨났다. 그러던 것이 1987년과 1988년에는 각각 7개와 8개가 생겨나고 1989년 이후로는 한 해에 15개 이상의 단체가 새로 생겨나게 되었다.[30] 이러한 사실을 통해서 우리는 환경 의식이 환경 운동의 발전에 직접적인 영향을 미치는 요인이라는 것을 확인할 수 있다.

---

30) 제 5 장 제 1 절 참조.

환경 운동의 성장과
이데올로기 지형의 변화

1. 환경 운동의 성장

우리나라의 환경 운동은 피해자들의 집합 행동으로부터 출발했다. 지속성과 조직이 없는 피해자들의 집합 행동을 사회 운동이라고 정의하기는 어렵지만 환경 운동의 맹아는 바로 이러한 피해자들의 집합 행동으로부터 싹텄다. 이러한 맹아가 1982년 한국공해문제연구소의 설립으로 조직적인 노력과 결합되기 시작했고, 1988년 이후로는 중간층 중심의 시민 환경 운동으로 점차 확산되게 되었다. 그러면 우리나라 환경 운동의 역사를 이념과 특성의 변화를 중심으로 시기 구분을 해보도록 하겠다.

I. 시기별 특성

우리나라 환경 운동은 크게 네 시기로 나누어볼 수 있다. 먼저 제 1 기는 1960년대로부터 1970년대에 이르는 시기로서 환경 운동의 전사(前史)의 시기라고 할 수 있다. 이 시기에는 산발적이고 국지적인 공해 피해 주민들의 항의·진정·시위 등을 통한 피해 보상 투쟁이 주류를 이루었던 시기이다. 이 시기에는 지식인을 비롯한 중간 계급 중심의 전문 환경 운동 조직이 거의 없었다. 오히려 정부 주도의 자연 보호 운동이 1977년부터 진행되던 시기이다.

제 2 기는 1980년부터 1987년까지의 시기로서, 반공해 운동의 시기라고 할 수 있다. 이 시기에는 지식인들을 중심으로 전문 환경 운동 조직이 생겨나기 시작하고, 지역 주민들의 자생적 저항 운동과 전문 환경 운동 조직 사이의 접합이 이루어지기 시작한 단계이다.

제 3 기는 1988년부터 1991년에 이르는 시기로서 환경 운동의 모색기라 할 수 있다. 이 시기에는 1987년 6월 항쟁 이후의 상대적으로 열려진 정치 공간과 환경에 대한 관심을 바탕으로 다양한 전문 환경 운동 조직이 생기고, 주민 운동의 사회적 파급력도 매우 높아진 시기이다.

제 4 기는 1992년 리우환경회의 이후의 시기로서 환경 운동의 확산기라 할 수 있다. 이 단계에서는 리우회의를 계기로 이전까지 진지하게 제기되지 않던 전지구적 환경 문제에 대한 관심이 제기되었다. 이와 함께 환경 운동의 적대적 성격이 완화되고 시민 운동 중심의 환경 운동이 지배적인 경향으로 확립되고 있는 시기이다. 기존 전문 환경 운동 조직이 전국 규모의 조직으로 확대된 것도 이 시기의 중요한 특징이다.

그러면 각 시기별로 환경 관련 사건 및 사고, 주요 집합 행동, 주요 환경 운동 조직 등의 특성을 살펴보도록 하겠다.

1) 환경 운동의 전사(前史)의 시기: **1960년대~1979년**

박정희 정권의 경제 개발 전략은 '선성장·후분배' 그리고 '선개발 후환경 보전'으로 요약할 수 있다. 1962년 2월 3일, 국가재건최고회의 박정희 의장은 울산 공업 단지 기공식에서 다음과 같이 연설했다(공문연, 1986: 52).

4천 년 빈곤의 역사를 씻고 민족 숙원인 부귀를 마련하기 위하

여 우리는 이곳 울산을 찾아 여기에 신생 공업 도시를 건설하기로
하였습니다. 루르의 기적을 초월하고 신라의 영성을 재현하려는
이 민족적 욕구를 울산에 실현하려는 것이니, 이것은 민족 재흥의
터전을 닦는 것이며 국가 백년대계의 보고를 마련하는 것이고 자
손만대의 번영을 약속하는 민족적 궐기인 것입니다.

〈표 5-1〉　　　　**1970년대 주요 환경 오염 사고**

1973. 8. 1	전남 순천 와룡동 제 2 수원지가 농약 살충제에 오염, 물고기 떼죽음.
1974. 3. 12	충북 진천읍 진천 저수지내 10만여 마리 물고기 떼죽음.
1975. 9. 5	속천항 앞바다 독수대 현상으로 어패류 떼죽음. 주민들은 진해 화학공장 때문이라고 주장.
1976. 8. 16	제 2 한강교 하류에서 척추뼈가 S자로 굽은 잉어가 잡힘. 연세대 환경공해연구소, 카드뮴 중독 밝혀냄.
1977. 4. 7	인천시 송림동 일광화학공업의 아황산 유출로 200여 가구 천여 명 대피.
1978. 3.	전남 담양 고씨 일가, 농약에 의한 수은 중독 증세 나타남.
1978. 5. 22	여천공단 주변 10개 마을 60여 어린이 피부병·중이염 발생.
1978. 7. 23	부산시 북구 1동 김영수씨 농약 중독 사망.
1978. 7. 23	부산시 명장 정수장에서 알킬수은·카드뮴·납·아연 등 중금속 검출.
1979. 4~5	울산시 여천동 야음동, 어린이 피부병('가려워 가려워 병') 집단 발생.
1979. 5. 10	울산공단에 6가크롬 오염 식수 공급.

울산의 공업탑에는 "공업 생산의 검은 연기가 대기 속에 뻗어나가는 그날엔 국가 민족의 희망과 발전이 눈앞에 도래하였음을 알 수 있는 것입니다"라는 말이 씌어지게 되었다. 공장 굴뚝에서 나는 검은 연기는 국력 신장의 상징으로 연결되었고, 극도로 억압적인 정치 구조 아래에서 공해에 대한 문제 제기는 경제 성장에 대한 도전이자 반체제 활동으로 간주되었다.

1960년대부터 시작된 경제 개발에 의한 환경 오염의 피해는 1970년대에 들어서 가시적인 환경 오염 사고로 나타나기 시작했다. 1970년대 내내 수질·대기·농약·해양 오염 사고가 끊이지 않았다(〈표 5-1〉). 이 시기에는 전문 환경 운동 조직이 결성되지 않았고,[1] 재산 피해를 보상받기 위해 공단 주변의 농어민들이 집합 행동을 조직하는 일만이 간간이 일어났다. 그러면 이 시기에 나타난 주민들의 대표적인 집합 행동으로 울산 삼산평야 농민들과 여천 낙포리 농민들의 집합 행동을 살펴보도록 하자.

우리나라 최초의 환경 오염 관련 집합 행동은 1965년 5월, 부산 감천 화력발전소 주변 주민 25만여 명이 검찰에 매연 분출 가처분 명령 신청을 제출한 것으로 알려져 있다(동아일보, 1966. 5. 28). 그러나 보다 지속적인 집합 행동은 울산공단 주변의 삼산평야 농민들의 피해 보상 운동으로부터 시작되었다(〈표 5-2〉).

1967년부터 1969년 사이에 몇몇 공장들이 준공되면서 울산에 대기 오염 피해가 나타나기 시작했다. 1969년에는 한국알미늄 공장이 본격 가동하기 시작하면서 삼산평야의 벼들이 말라 죽기 시작했다. 농민들은 한국알미늄에 몰려가 항의를 했으

---

1) 이 시기에 직접 피해자가 아닌 시민들의 환경 운동이 없었던 것은 아니다. 1978년 5월 20일, 부산 경남 지역의 교수·언론인·문화계 인사들이 중심이 되어 낙동강 보존회를 결성하였다. 이 단체는 낙동강 하구둑 개발에 반대하는 운동을 전개했으나 활발한 활동을 지속적으로 조직하지 못했다. 그리고 서울의 이공계 대학생들이 중심이 되어 1979년에 공해연구회라는 서클을 조직하기도 했다.

<표 5-2>　　　울산 삼산평야 농민들의 주요 집합 행동

1962. 2. 3	울산 공업 센터 기공.
1967.	농작물 피해 보상 시작.
1969.	한국알미늄 공장 가동 이후, 삼산평야의 벼가 말라죽기 시작. 농민들이 집단 항의했으나, 공장은 보상을 거부.
1970.	울산 경찰서장들 기관장들과 함께 농민들이 한국알미늄에 정식으로 보상을 청구하였으나 수확량에 못 미치는 보상만 받음.
1971.	삼산평야 농민들 공해대책위원회 결성
1979. 1.	피해 농민들 울산 시청에서 현실적인 보상을 요구하며 밤샘 농성.

나 보상을 받지 못했다. 1970년에도 농작물 피해가 발생하여 피해 보상을 요구했으나, 3백여 가구의 수확량에 전혀 미치지 못하는 9백 98만 원밖에 보상을 받지 못했다. 이와 같이 가해 공장과 피해 농민들 사이의 직접 보상을 둘러싼 갈등은 연례 행사처럼 계속되었다. 1979년 1월에는 농민 1백 50여 명이 울산 시청 회의실에서 밤샘 농성을 하면서 현실적인 보상을 요구했다(공문연, 1986: 52~64).

1969년 호남정유가 가동되면서 여천·광양 지역도 우리나라의 심각한 공해 공단으로 떠오르기 시작했다. 1970년 5월에는 호남정유의 유조선이 침몰하여 광양만이 기름투성이로 변했고, 1972년에는 호남정유에서 흘러나온 폐유로 양식중이던 15억 원 상당의 백합이 폐사했다. 어업 피해는 계속 이어졌고, 1977년 8월에도 10억여 원의 피해가 발생했다.

1977년 7월부터 여천공단의 남해화학이 가동되기 시작하면서, 이 지역에는 대기 오염 피해도 나타나기 시작했다. 이 공장

<표 5-3>　　　　여천군 낙포리 농민 집단 이주 진행 과정

1977. 7	남해화학 가동 시작. 농작물 피해 발생.
1978. 2	영농 지원 자금 명목으로 농작물 피해 보상받음.
1978.	한 해 동안 눈병·피부병 환자가 7백 8명 발생.
1978. 6	피해 보상과 이주 대책 요구 진정.
1978. 12	낙포리공해대책위원회 구성.
1980. 5	정부, 낙포리 주민 이주 결정.
1981. 4～10	이주 완료.

에서 불과 10미터밖에 떨어지지 않은 여천군 삼일면 낙포리 마을에서 1978년 한 해 동안 눈병·피부병 환자가 7백 8명이나 발생했다. 1979년에는 여천공단 주변 10여 마을의 어린이 60여 명이 원인 모를 피부병과 중이염에 걸렸다. 주민들은 1978년 6월부터 농작물 보상과 이주 대책을 세워주도록 경제기획원·상공부·보사부·농수산부 등에 진정서를 보냈다. 1978년 12월에는 낙포리공해대책위원회를 조직하여 보다 활발하게 활동하기 시작했다. 그 결과 1980년 5월 정부는 환경보전법을 적용하여, 정부가 15억 원을, 남해화학이 13억 원의 자금을 부담하여, 낙포 1, 2리의 농민들을 이주시키기로 결정하였다(공문연, 1986: 170～82).

　삼산평야 농민들과 여천 낙포리 주민들의 집합 행동에서 볼 수 있듯이 공해 피해 주민들의 피해 보상 투쟁은 자생적으로 이루어졌다. 집합 행위의 양상은 지역의 유지를 중심으로 공장측에 피해 보상을 요구하거나, 보다 적극적으로 진정, 보상 협상, 소송, 시위 등의 방법을 동원하는 것이었다. 지역의 주민 운동을 지원할 수 있는 전문 사회 운동 조직이나 언론과 같은 외부 지원 집단이 거의 없는 상황에서 이들이 동원할 수 있는 자원은 참여자의 직접 행동 외에는 없었다. 따라서 이들 주민들은 기업이 선심조로 주는 턱없이 적은 보상금을 받는 데 만족해야 했다.

이 시기에 환경 문제를 공론화시키고, 피해 주민들의 목소리를 대변할 수 있었던 유일한 세력은 언론밖에 없었다. 언론은 1960년대부터 '공해 문제'의 중요성을 강조함으로써 정부와 기업의 일방적인 경제 성장 정책을 비판하는 역할을 맡아왔다. 언론은 형식적인 공해방지법에 대해 비판했고(동아일보, 1966. 5. 28), 법원의 공해 배상 판결을 자세히 다루고 피해자의 승소 판결을 지지함으로써 환경 오염 피해자들의 인권과 환경 보전의 중요성을 강조하는 여론을 형성했다(조선일보, 1973. 5. 24; 동아일보, 1973. 5. 24). 또한 6가크롬을 배출하는 일본의 일본화학공업사와 합자회사인 울산무기화학이 울산에 '공해 공장'을 짓는 데 대해 반대 의견을 표시한 것도 언론이었다(동아일보, 1975. 8. 31 사설, 「공해 산업 도입에 신중을」). 1978년 3월의 담양 고씨 일가 수은 중독 사건, 1979년 5월의 울산공단 주변 피부병 집단 발병 사건, 그리고 같은 시기의 울산공단 6가크롬 식수 오염 사건 등을 언론은 크게 보도함으로써, 환경 오염의 심각성을 알리고 정부와 기업으로 하여금 대책을 마련하는 데 중요한 영향을 미쳤다. 특히 언론은 1979년 5월의 두 사건을 크게 보도함으로써 그해 5월 17일 박정희 대통령이 환경청을 설치하라고 지시하는 데 큰 영향을 미쳤다(김정수, 1980).

그러면 객관적인 환경 오염 정도가 심각할 뿐만 아니라 환경 오염 사고도 빈발했음에도 불구하고, 전문 환경 운동 조직이 결성되지 않았음은 물론 피해자들의 집합 행동도 미약하게 진행될 수밖에 없었던 원인은 무엇일까?

우리는 그 원인을 정치적 기회 구조의 폐쇄적 성격에서 찾을 수 있다. 박정희 정부는 급속한 경제 성장을 국정의 제1 목표로 설정했기 때문에 공해 문제를 거론하는 것 자체를 반정부적이고, 반체제적인 활동으로 간주했다. 1973년 부산수산대학의 교

수가 발표한 해양 오염 자료를 정부가 문제삼아 그 대학 학장을
파면시킨 사건이 일어나기도 하였다. 정부가 환경 오염 자료를
조사해놓고도 그것을 공개하지 않은 경우도 많았다. 부산시 보
건연구소가 1970년부터 1980년까지 10년 동안 축적한 10만 건
의 방대한 자료를 사장시켜놓은 것은 그 예이다(공문연, 1986:
24). 이러한 정치적 기회 구조의 폐쇄적인 성격 때문에 시민사
회 자체가 형성되기 어려웠고, 환경 문제를 해결하기 위한 전문
환경 운동 조직이 결성될 수도 없었다. 이러한 정치적 기회 구
조 아래에서 언론은 환경 오염 문제를 공론화시키고, 환경 정책
을 촉구함으로써 환경 운동 조직의 역할을 부분적으로 맡게 되
었다.

2) 반공해 운동의 시기: **1980년~1987년**

1979년 10·26 사태로 유신 정권은 무너졌지만 1980년 '서
울의 봄'이 좌절되자, 억압적인 정치적 기회 구조는 조금도 변
하지 않은 채 온존하게 되었다. 그러나 광주 항쟁을 경험한 사
회 운동 세력은 민주화 운동을 점차로 발전시켜나가기 시작했
고, 이것은 거대한 물결을 이루어 1987년 6월 항쟁을 통해 커
다란 사회적 변화를 낳는 데 성공했다.

저자가 반공해 운동의 시기라고 명명한 1980년부터 1987년
에 이르는 시기는 이전 시기와 달리 지식인 중심의 전문 환경
운동 조직이 구성되어 활동을 시작한 시기이다. 1978년에 결성
된 낙동강보존회가 이 시기에 낙동강 하구둑 건설 반대 운동을
부산을 중심으로 벌여나갔고, 1979년에 이공계 대학생들을 중
심으로 서클 형태로 조직된 공해연구회가 연구와 조사를 진행
시키면서 1981년부터 연구 업적을 발표하기 시작했다(기사연,
1981; 1982).[2] 1982년 5월에는 명실상부한 전문 환경 운동 조
직인 한국공해문제연구소가 설립되어 환경 운동의 이념을 모색

---

2) 이 조직의 구성원들이 중심이 되어 이후에 환경과공해연구회를 결성했다.

〈표 5-4〉　반공해 운동 시기의 주요 사건·사고 및 활동

1982. 5	공문연 창립.
1982. 11	甲川 청둥오리, 황새 독극물 피해로 떼죽음.
1983. 3. 27	수원 西湖에서 PCB 검출, 물고기 떼죽음 원인 밝혀짐.
1983. 7~8	인천 앞바다 물고기, 조개 떼죽음——카드뮴과 납 검출.
1983.	영산강보존회 창립, 진로주정공장 설립 저지.
1984. 4. 18	5대 강서 수은 검출.
1984. 8	삼산평야 30만 평 공장 매연 때문에 타들어감.
1984. 12	인도 보팔 유독 가스 참사.
1984. 12	반공해운동협의회 결성. 공해문제연구소 부산 지부 창립.
1985. 1~10	온산병 발병 사회 문제화.
1985~1986	공문연, 공해연구회, 반공해운동협의회 온산 주민 운동 지원.
1985.	현대 간척 사업으로 인해 아산만 김 양식 피해 발생, 어민들 피해 보상 운동 벌임.
1986. 4	체르노빌 원자력발전소 화재 사고.
1986. 7	광양제철 건설로 김 양식을 망친 하동 어민들, 고속도로 농성 등 집합 행동.
1986. 9	공민협 결성.
1986. 12. 17	여천 럭키 메탄올공장 가스 탱크 폭발——경비원 사망, 56명 부상.
1987. 6. 3	경기도 시흥군 소래읍 우물물 비소 오염, 집단 피부병 발생.
1987. 8. 14	서울 강서구 금동 화공 약품 창고 폭발, 10여 명 사망 실종, 40여 명 부상.
1987.	공청협 결성.
1987. 8.	공문연, 공민협, YWCA, 소비자시민의모임, 합성 세제 추방 운동.

하고, 주민 운동을 지원하는 역할을 시작했다. 한국공해문제연구소는 1970년대를 지나면서 심화된 환경 위기에 대해서 종교인·지식인 들이 실천적으로 활동할 필요를 느끼고 만든 단체로서, 1985년 '온산병' 사건을 사회 문제화하는 데 크게 기여하였다.

1984년 12월에는 대학생과 청년들을 중심으로 반공해운동협의회라는 서클이 활동하기 시작했다. 이 단체는 1985년 여름, 공해문제연구소와 함께 온산 현지 조사를 실시하면서 온산 주민 운동을 적극적으로 지원했다. 그리고 1986년에는 공해반대시민운동협의회(아래에서 공민협)가 결성되었다. 이 모임은 크리스찬아카데미의 간사 서진옥이 공해문제연구소 최열의 공해 강의를 듣고 주부 중심의 반공해 운동을 위해 조직한 단체이다. 그리고 1987년 10월에는 반공해운동협의회가 공해추방운동청년협의회(아래에서 공청협)라는 이름으로 공식적으로 창립되었다.

이 시기에는 '환경 운동'이라는 용어보다는 '반공해 운동' '공해 추방 운동'이 보다 일반적으로 사용되었다. "가해자와 피해자의 구분을 모호하게 하는 '환경 문제'라는 개념보다 가해자와 피해자를 엄격히 구분할 수 있는 '공해 문제'라는 개념이 보다 적절하다"고 본 활동가들이 많았다. 이 시기의 전문 환경 운동 조직의 담화는 대개 '민중 담화' 중심으로 구성되어 있었다. 즉 공해의 주범을 군사 독재 정권과 독점 재벌, 그리고 다국적 기업으로 규정하고 반공해 운동의 주체는 민중이라고 규정하는 이념적 전략이 반공해 운동의 주류를 이루었다. 한국공해문제연구소의 핵심 구성원인 최열의 경우에서 볼 수 있듯이, 반공해 운동을 민주화 운동의 한 부문 운동으로 인식하고 여기에 뛰어든 청년, 학생 들이 전문 환경 운동 조직의 주류를 이루었다.

이 시기의 중요한 주민 운동으로는 온산병으로 인한 온산 주민의 집단 이주 요구 운동(1985~1986년), 목포의 진로주정공장 설치 반대 운동(1983년), 아산만 주민의 피해 보상 운동(1985년), 하동 어민들의 피해 보상 운동(1985년) 등을 들 수 있다.

이 시기의 주민 운동은 이전 단계보다는 더 조직적이었다. 특히 온산의 주민 운동은 전문 환경 운동 조직의 지원과 언론을 통한 여론화에 성공함으로써 집단 이주라는 조직 차원의 목표를 달성하는 데 부분적으로 성공할 수 있었다.[3]

그러면 반공해 운동의 시기에 환경 운동에 영향을 미치는 여러 변수들의 특성이 어떠했는지를 분석해보자. 환경 오염 사고는 1970년대보다 더욱 자주 일어났고, 언론에 크게 보도되었다. 그러나 환경 운동의 발전에는 정치적 기회 구조가 미치는 영향이 크게 작용하였다. 이 단계의 초기에는 정치적 기회 구조가 매우 억압적인 형태로 유지될 수 있었다. 그러나 1983년말의 '학원 자율화 조치' 이후 학생 운동의 저항이 격렬해지기 시작했고, 1984년에는 청계피복노조의 시위, 대우 어패럴 노동자 민한당사 농성 사건 등이 일어났다. 그리고 1985년 2월 12일의 총선에서 신한민주당이 돌풍을 일으키면서 1987년 6월 항쟁에 이르기까지, 제도권의 안과 밖을 통틀어 민주화 운동 세력과 억압적 국가 사이의 밀고 밀리는 투쟁이 계속되었다. 이러한 사회 전반에 걸친 정치적·사회적 불안이 주민 운동과 전문 환경 운동 조직의 싹이 트는 데 간접적으로 기여한 것으로 볼 수 있을 것이다.[4]

그럼에도 불구하고 환경 문제를 중심으로 한 커뮤니케이션은 정치적 기회 구조의 전반적인 폐쇄성 때문에 광범하게 확산되지 못했다. 이 시기에는 제1기와 마찬가지로 한국 사회 전체의 정치적 민주화라는 커다란 목표(큰 이야기 *grand narrative*)가 지배하던 시기였으므로 환경 문제는 사회 운동 조직들의 부차

---

3) 그러나 이러한 목표의 달성을 운동의 '성공'이라고 판단하는 문제는 논란의 여지가 있다. 집단 이주를 했지만, 운동 조직은 흩어지게 되고, 이주 후에 생계를 잇지 못한 일부 주민들은 다시 중금속에 오염된 고기를 잡기 위해 온산으로 돌아온 경우도 있다. 제6장 제2절 참조.

4) 공민협은 신민당이 '1천만 개헌 서명 운동'을 시작하고 곧 이어 전두환이 개헌 논의를 허용한 1986년에 창립되었다.

적 관심사로 남아 있었다. 이 시기의 환경 운동은 이전 시기와
마찬가지로 여전히 보상과 이주 요구에 머물러 있었다. 다시 말
해서 전문 환경 운동 조직의 담화가 급진적인 민중 담화로 구성
되어 있었던 반면에 주민 운동 조직의 활동은 제도 수준의 저항
에도 이르지 못하고 집단·조직의 이익 방어에만 머무를 수밖에
없었던 것이다.[5]

3) 환경 운동의 모색기: **1988년~1991년**

1987년 6월 항쟁 이후로 정치적 기회 구조가 상대적으로 개
방되자 환경 운동은 급속히 발전하기 시작했다. 많은 전문 환경
운동 조직이 새로 조직되었을 뿐만 아니라, 피해자 운동이 양적
으로 확산되었고, 질적으로도 피해 보상 운동뿐만 아니라 피해
예방 운동이라는 새로운 특징이 나타나기 시작했다. 이 시기의
가장 중요한 특징으로는 환경 운동이 공단 지역의 국지적인 피
해에 대한 그 지역 주민의 관심과 자원 동원에 국한되었던 것을
넘어서서, 전국민의 생활과 건강에 대한 직접적 관심의 영역으
로 변화했다는 사실이다. 이러한 변화에는 상대적으로 개방된
정치적 기회 구조 속에서 매스 미디어가 환경 관련 사건에 대한
커뮤니케이션의 확산에 기여한 것이 중요한 영향을 미쳤다.

이전 단계에서 환경 위기는 대중들에게 잠재적으로 인식되었
을 뿐, 직접적인 자기 문제로 인식되지 않았다. 그러나 이 시기
에는 환경 문제가 직접적인 위험으로 인식되기 시작했다. 1989
년의 수돗물 중금속 오염 파동(1차 수돗물 파동), 1990년의 수
돗물 발암 물질 THM(트리할로메탄) 파동(2차 수돗물 파동), 그
리고 1991년 3월의 두산전자 페놀 원액 유출 사건(3차 수돗물
파동) 등을 통해 대중들은 환경 오염 문제가 남의 일이 아니라

---

5) 그러나 이것을 주민 조직의 경제적 이해 관심에 근거한 집합 행동으로 축소
하는 것은 부적절하다. 왜냐하면 국가/자본이 시민들의 생활 세계에서의 생
존을 침해할 때 이들의 제한된 자원으로 생활을 방어할 수 있는 방법은 경제
적 배상을 요구하는 것 외에는 거의 없었기 때문이다.

〈표 5-5〉 환경 운동의 모색기의 주요 사건·사고 및 활동

1988. 1	상봉동 연탄공장 주변 주민 박길래씨 진폐증 발병. 강원산업 상대로 손해배상 청구 소송 제기.
1988. 5	상봉동 연탄공장 부근 진폐증 환자 5명 추가 발견.
1988. 7. 2	온도계 공장에서 근무한 문송면군 수은 중독 사망.
1988. 8	원진레이온 노동자 이황화탄소 중독으로 13년간 8명 사망.
1988. 12	고리 원전 박신우씨 피폭 사망.
1988. 12	고리 핵폐기물 불법 매립 현장 발견.
1988. 12	영광·고리·월성 원전 주변 주민들, 원전 반대 시위.
1989. 4	전국핵발전소추방운동본부 결성.
1989. 7	영광 원전 근무자 무뇌아 유산.
1989. 8	수돗물 중금속 오염 파동(1차 수돗물 파동).
1989. 9	영광 원전 3, 4호기 건설 반대 백만인 서명 운동.
1990. 4	영광 원전 근무자, 대두아(大頭兒) 출산.
1990. 5	팔당호 골재 채취 시작.
1990. 7	수돗물 발암 물질 THM 파동(2차 수돗물 파동).
1990. 7	해운대구 반송동 쓰레기 매립장 반대 시위.
1990. 11	안면도 핵폐기물 처리장 반대 시위 (안면도 사태).
1990	전국적으로 골프장 반대 운동 진행됨. 군산 TDI공장 건설 반대 운동.
1991. 3. 14	두산전자, 낙동강에 페놀 유출.
1991. 4	대구 비산 염색공단 폐수 불법 방류 사실이 노조 대표에 의해 폭로됨.
1991. 5	화성 산업 폐기물 처리장 주변 주민들 산업 폐기물 반입 저지.
1991. 8	금강 제2 휴게소 건설 반대 운동.
1991. 9	동양화학 TDI공장 가스 유출 사고.

자신의 문제라고 인식하기 시작했다. 특히 수돗물 페놀 오염 사건은 수돗물의 심한 악취 때문에 대구 시민 전체를 분노하게 만들었고, 언론을 통한 커뮤니케이션의 광범한 확산 때문에 환경 위기에 대한 인식의 촉매 역할을 했다. 이 시기의 중요한 환경 오염 관련 사건·사고와 주요 활동은 앞의 〈표 5-5〉와 같다.

이 시기에는 대규모 환경 사고가 빈발했을 뿐만 아니라 다양한 형태의 피해자 주민 운동도 활발히 전개되었다. 주민 운동 조직은 제 2 기보다 더 체계적이고 조직적인 활동을 통해 외부 지원 집단과 같은 자원을 효과적으로 동원하는 양상을 보였다. 중요한 활동으로는 피해 예방 운동으로 울산의 듀퐁이산화티타늄공장 건설 반대 운동(1989년~1995년 현재), 부산 반송동 쓰레기 매립장 반대 운동(1990년), 골프장 건설 반대 운동, 군산 TDI공장 건설 반대 운동, 안면도 핵폐기물 처리장 건설 반대 운동(1990년~1994년) 등이 있었다. 피해 보상 운동으로는, 김포공항 주민들의 항공기 소음 피해 보상 요구 운동, 페놀 사태에 대한 대구 시민들의 피해 보상 운동 등을 들 수 있다. 이 시기에 비로소 혐오 시설이나, 위험 시설에 대한 지역내 건설 반대 운동이 본격적으로 시작되었고, 반핵 운동이 싹트기 시작했다. 상대적으로 열린 정치적 기회 구조 속에서 주민들은 자신들의 생활의 권리를 행사하기 시작했다.

이 시기에 환경 운동 조직은 비약적으로 성장했다. 전국에 크고 작은 환경 운동 조직이 새로 생겨났다. 전문 환경 운동 조직의 경우, 공민협과 공청협이 통합하여 1988년 9월에 공해추방운동연합이 결성되었고, 1989년에는 1979년에 만들어진 공해연구회 회원들을 중심으로 환경과 공해연구회가 창립되었다. 그리고 1989년에 한국 최초로 생태 담화를 주장하는 조직으로 한살림 모임이 결성되었다. 그리고 1991년에는 경실련, 서울 YMCA와 같은 기존의 사회 운동 조직들이 환경 운동을 조직하기 시작했다.

  이념적으로는 제 2 기의 민중 담화 지배적인 이데올로기 지형
이 변화하여 다양한 담화들, 즉 생태 담화, 시민 담화가 등장하
여 이데올로기적 경쟁이 일어난 시기이다. 이러한 이념적 변화
는 '환경' 담화가 제 2 기의 '공해'라는 용어를 대치하는 결과를
낳았다. 기업의 가시적인 오염 행위에 제한되었던 쟁점이 소비
생활, 문화와 가치관의 문제로 확산된 것이 이 시기의 중요한
특징이다.

  1990년에 시작돼서 1991년에 끝난 팔당호 골재 채취 반대
운동은 직접적 이해가 걸린 지역 주민들의 직접 행동을 동원하
지 않고, 전문 환경 운동 조직들이 그들의 지식과 언론을 동원
하여 성공을 이끌어낸 중요한 사례이다. 이 시기에 비로소 피해
지역 주민들의 직접적 동원 없이 예상되는 피해를 전문 환경 운
동 조직이 막을 수 있을 만큼 환경 운동이 성장했다.

  객관적 환경 위기의 심화와 함께, 1988년부터 본격적으로 활
성화된 환경 운동의 영향으로 국가는 1990년에 중요한 환경 정
책의 전환을 시도했다. 1990년에 정부는 환경청을 만든 지 10
년 만에 환경청을 환경처로 승격시키고 같은 해 8월 1일에는
환경보전법을 환경정책기본법을 비롯한 6개 법안으로 확대 개
편하여, 공포하였다. 그리고 환경정책기본법은 1991년 2월 2일
부터 시행되게 되었다. 이 법에서는 오염자 부담의 원칙, 환경
영향 평가에 주민 의견 수렴 원칙, 무과실 책임의 확대와 같은
진전된 내용을 담고 있다. 1991년 5월 31일에는 환경 범죄의
처벌에 관한 특별조치법이 제정·공포되었다.

  이 시기의 특징을 요약하면, 대규모 환경 사건의 발발과 이에
따른 환경 위기 의식의 확산, 정치적 기회 구조의 상대적 개방
에 따른 전문 환경 운동 조직의 결성, 커뮤니케이션의 광범한
확산, 환경 운동 이념의 다양화 등을 들 수 있다.

  그러면 이전 시기에 비해 이 시기에 이르러 다양한 환경 운동
이 본격적으로 싹트기 시작한 원인은 무엇인가? 이 시기에 갑

자기 객관적 환경 오염 상황이 극도로 악화되었거나, 환경 재난이 특별히 빈발한 것은 아니다. 그럼에도 불구하고 주민 운동 조직과 전문 환경 운동 조직의 활동이 이 시기에 들어서 활발해진 것은 우리나라 사회를 지배하던 억압적인 정치적 기회 구조가 부분적으로 개방되었기 때문이라고 볼 수 있다. 정치적 기회 구조의 상대적 개방과 비적대적 환경 운동에 대한 정부의 포섭 전략은 환경 위기에 대한 커뮤니케이션의 확산에 긍정적인 조건으로 작용하였다. 커뮤니케이션의 확산은 대중과 지식인의 환경 문제에 대한 관심을 증대시켰고 그 결과 전문 환경 운동 조직과 주민 운동 조직의 결성과 활성화에 긍정적인 효과를 발휘했다.

4) 환경 운동의 확산기: 1992년 이후

이 시기는 1992년 6월의 리우회의를 계기로 환경 운동 조직들이 지구 환경 문제에 대한 관심과 이해를 공유하게 된 시기이다. 이러한 전지구적 환경 위기에 대한 관심이 증대되면서 기업의 환경 문제에 대한 관심과 참여가 늘어나고, 환경 운동의 비적대적 성격이 강화되었다. 또한 전문 환경 운동 조직의 전국 조직으로의 확대 개편도 이 시기의 중요한 특징이다.

환경 위기와 관련한 이전의 논의들이 주로 우리나라의 환경 오염에 국한되었던 데 반해서 리우의 지구환경회의를 계기로 지구 환경 문제에 대한 관심이 커졌다. 국가와 기업, 그리고 전문 환경 운동 조직들은 모두 지구 환경 문제에 깊은 관심을 갖고 대응하게 되었다.[6] 이 시기에 이르러 비로소 환경 위기를 패러다임 전환의 중요한 계기로 인식하는 분위기가 급속히 확산되게 되고 환경 운동 조직들은 자신들의 위상을 보다 확실하게 확립하려고 시도하기 시작했다.

---

6) 여기에는 민족 국가 차원의 이익이라는 관심과 지구 전체의 보호라는 국제주의적 관심이 혼재해 있다.

정부는 1992년 6월 5일 지구의 날을 맞이하여 '환경 보전을 위한 국가 선언문'을 발표했다. 이 선언문에는 "환경 보전 우선의 시각에서 국토 이용 계획을 수립하여야 한다"는 원칙과 환경과 관련된 문제에 국민이 참여할 수 있는 기회를 제공하고, 정보와 자료를 최대한 공개해야 한다는 원칙 등과 같은 진전된 내용이 포함되어 있다. 비로소 국가의 담화에서도 부분적으로 '기업 책임'의 담화가 담화적 차원에서나마 등장하기 시작했다는 점이 중요하다.

이 시기에 이르러 환경 위기에 대한 기업의 대응도 변화하게 되었다. 리우환경회의에서 결정된 리우선언과 의제 21, 그리고 무엇보다도 몬트리올의정서, 바젤협약, 기후변화협약과 같은 조약들은 기업들의 환경 위기에 대한 태도를 변화시키는 강제로 작용하게 되었다. 기업은 지속적으로 이윤을 확대하기 위하여 환경 위기에 대한 대응을 하지 않을 수 없게 되었다. 이러한 맥락에서 경제 5 단체는 1992년 5월, '기업인 환경 선언'을 발표하고, "기업 활동이 환경 보전과 조화를 이루어가도록" 노력하겠다고 선언하고 "환경 관리 체제의 개선, 환경 영향의 사전 검토, 기술 개발" 등의 행동 강령을 발표했다. 적어도 담화적 차원에서는 기업도 '환경적으로 건전하고 지속가능한 발전'이라는 목표에 동의하게 되었다.

전문 환경 운동 조직들은 민간 차원에서 유엔환경회의에 참여하기 위해 유엔환경회의 한국위원회를 조직하였다. 이 위원회에는 경실련·공추련·대한YMCA 등 한국의 유수한 사회 운동 단체들이 참여했다. 리우회의를 계기로 여러 전문 환경 운동 조직들은 기업과 국가에 대한 적대 전략보다는 타협 전략을 지배적으로 사용하게 되었다. 이 시기에 이르러 담화적 차원에서도 적대적인 민중 담화보다는 시민 담화가 주류를 형성하게 되었다.

1993년에 이르러 몇몇 전문 환경 운동 조직은 기존의 조직을 전국 규모의 조직으로 확대했다. 공추련은 1993년 4월 2일, 전

<표 5-6>　　　　한국 환경 운동의 시기별 특성

	환경 운동의 前史의 시기 (1960~70년대)	반공해 운동의 시기 (1980~1987)	환경 운동의 모색기 (1988~1991)	환경 운동의 확산기 (1992~)
주요 사건	삼산평야 농작물 피해 담양 수은 중독	온산병	페놀 사태 상봉동 진폐증 안면도 사태	리우환경회의
피해 대상	농수산물	농수산물 및 인체	농수산물 및 인체	농수산물, 인체 및 지구 생태계
주요 쟁점	공단 주변 오염 농약 중독	공해병 산업 공해	도시 생활 환경 오염, 쓰레기, 방사능 오염	도시 오염, 쓰레기, 방사능, 지구 생태계
운동의 주체	피해 주민 조직	피해 주민 조직 환경 운동 조직	피해 주민 환경 운동 조직 시민 운동 조직	피해 주민 조직 환경 운동 조직 시민 운동 조직 국제 환경 운동 조직
주요 전문 운동 조직	없음	공문연·공민협 공청협· 공해연구회	공추련 경실련 YMCA 한살림모임	환경운동연합 경실련, YMCA 배달녹색연합
정치 구조	억압적·폐쇄적	억압적·폐쇄적	상대적 개방	상대적 개방
운동 유형	자생적 주민 피해 배상 운동	피해 배상 운동과 전문 환경 운동 조직의 결합	피해 배상 운동 피해 예방 운동 녹색 소비자 운동 생명 운동	제3기의 운동 유형 및 국제 연대 활동
환경 정책 및 입법	공해방지법 -1963 환경보전법 -1977	환경청 발족 -1980	환경처 승격 -1991	환경부 승격 -1994

국의 공해 추방 운동 중심의 지방 조직들을 통합하면서, 공해추
방운동연합이라는 이름을 버리고 환경운동연합이라는 새이름으
로 태어났다. 1991년 1월에 창립한 배달환경회의는 1993년 3
월 25일 전국 조직으로 확대했고, 1994년 4월 1일에는 대한녹
색당창당준비위원회, 푸른한반도되찾기시민의모임과 통합하
여 배달녹색연합으로 새롭게 출범하였으며 지금까지 논의한 환
경 운동의 시기별 특성을 앞의 〈표 5-6〉과 같이 요약할 수
있다.

II. 환경 운동 단체들의 성장

우리나라에는 전문 환경 운동 단체들을 비롯하여 많은 사회
운동 단체들이 환경 운동을 실천하고 있다. 오늘날 환경 문제는
너무도 중요한 이슈가 되어서 환경운동연합으로부터 새마을운
동중앙협의회에 이르기까지 모두 '환경 운동'을 주요 사업으로
채택하고 있다. 그러면 여기서는 환경과 관련된 우리나라 사회
운동 단체들의 일반적인 현황을 살펴보도록 하겠다. 저자는 편
의상 환경 운동과 관련된 단체들을 전문 환경 운동 단체 및 주
민 운동 단체, 유기 농업과 관련된 생산자, 소비자협동조합, 환
경 운동과 밀접한 관련이 있는 보건 의료 단체 및 과학 기술자
단체, 그리고 환경 운동을 주요 사업으로 채택하고 있는 일반
시민 운동 단체 및 종교 단체, 여성 단체, 소비자 단체로 분류
하여 정리해보았다(부록 2: 환경 운동 단체 목록 참조).[7]

먼저 설립 연도별 환경 운동 단체 수를 통해 우리나라 환경

____

7) 이 단체 목록은 경실련 환경개발센터와 조선일보사가 1992년 10월부터 1993
년 4월 사이에 전국의 환경, 시민 운동 단체에 대해 우편 조사와 면접 조사
를 통해 수집한 자료집(경실련 환경개발센터, 조선일보사, 1993)을 기초로
하여 만들었다. 이 자료집은 1993년 현재 활동하고 있는 단체들을 중심으로
기술되어 있다. 저자는 해체된 주민 운동 조직과 비공개 환경 운동 조직들을
포함시키고, 환경 전문가들의 이익 단체, 기술 개발 중심의 연구소, 기업들의
협회, 그리고 정부 주도의 '관변 단체'들을 제외하여 새롭게 단체 목록을 구
성했다.

운동의 역사를 살펴보자. 우리나라 환경 운동의 급속한 발전은 전문 환경 운동 단체와 주민 운동 단체의 양적인 성장에서도 잘 나타난다(《그림 5-1》). 1960년대에는 자연 보호 운동 단체 2개 만 결성되었을 뿐 주민 운동 단체는 거의 조직되지 않았다. 1970년대에 들어서 비로소 공단 지역 주변의 피해자들이 중심 이 되어 주민 조직을 결성하기 시작했다. 1970년대에 이르러 6 개의 단체가 만들어졌으나 이 단체들이 대중적인 환경 운동을 적극적으로 조직하지는 못했다. 다만 1979년에 조직된 대학생 들 중심의 공해연구회는 1980년대의 전문가들 중심의 환경 운 동의 씨앗이 되었다.

1980년대에 들어서 비로소 전문 환경 운동 단체와 주민 운동 단체들이 활동을 시작하게 되었다. 한국공해문제연구소(공문 연), 영산호보존회, 반공해운동협의회, 공해반대시민운동협의회 (공민협), 공해추방운동청년협의회(공청협)와 같은 환경 운동 단체들이 조직되면서 환경 운동은 발전하기 시작했다. 제 2 기 (반공해 운동의 시기)인 1980년부터 1987년에 이르는 시기 동 안 환경 운동 단체는 11개가 만들어졌다. 한 해 평균 1.4개의 단체가 만들어진 셈이다.

1987년 6월 항쟁 이후로 정치적 기회 구조가 상대적으로 개 방되기 시작하면서 환경 운동 단체들은 크게 늘어나기 시작했 다. 1988년에 들어서 환경 운동 단체는 6개가 만들어졌고, 1989년에는 11개, 1990년에는 8개, 1991년에는 19개, 1992년 에는 18개에 이르는 환경 운동 단체들이 새로 설립되었다.

1988년 이후, 환경 운동 단체들의 수가 늘어났을 뿐만 아니 라 유기 농업 생산자들의 조직이나 소비자협동조합, 보건 의료 단체, 과학 기술자 단체의 수도 점차 늘어나기 시작했다. 그리 고 1990년을 전후하여 일반 사회 운동 단체들도 환경 운동을 주요 사업으로 채택하기 시작했다. 대한YMCA연맹, 대한 YWCA연합회, 경실련 등의 단체가 이 시기에 환경 운동을 시

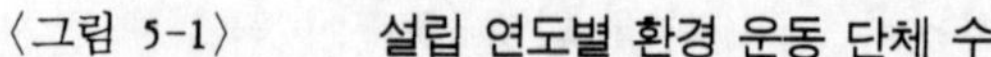

〈그림 5-1〉　　　설립 연도별 환경 운동 단체 수

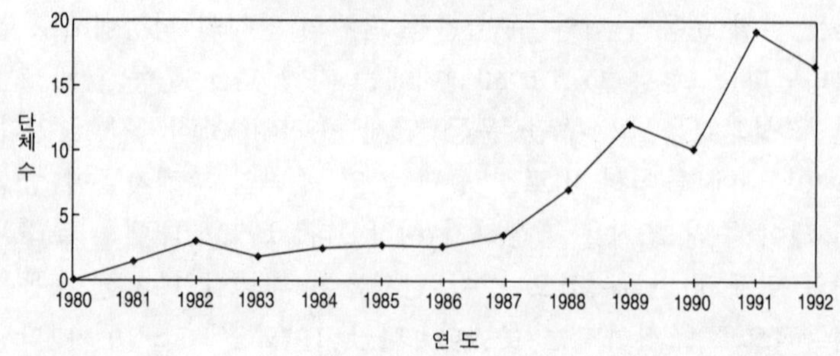

작했다.

그러면 현재 활동중인 환경 운동 단체들의 회원 수를 살펴보도록 하자. 조사된 총 67개 환경 운동 단체 중 1000명을 넘는 회원을 가지고 있는 단체는 전부 9개에 불과했다(〈표 5-7〉).[8] 그 가운데에서 한국자연보존협회, 한국환경보호협의회, 전국 자연보호봉사단 중앙회, 녹색삶실천을위한시민의모임, 한국환경보호연합회 등 5개 단체는 자연 보호 운동 단체 혹은 관변 단체에 준하는 단체들이다.[9] 대한녹색당창당준비위원회는 정치적 기반이 없을 뿐만 아니라 사회 운동의 기반도 없기 때문에 창당을 추진하지 못하고 있다. 지역 조직인 자연 사랑 낙동강 1300리회를 제외하면 전국적인 환경 운동 조직 가운데 1000명을 넘는 회원을 확보한 단체는 배달환경연합과 환경운동연합 밖에 없음을 알 수 있다.

이러한 자료들을 통해서 우리는 우리나라 환경 운동이 1988년을 전후하여 양적으로 급격히 성장하기 시작했다는 사실을 알 수 있다. 그러나 수만 명에서 수십만 명을 넘는 회원을 확보하

---

8) 9개 단체는 한국자연보존협회, 한국환경보호협의회, 전국자연보호봉사단 중앙회, 녹색삶실천을위한시민의모임, 한국환경보호연합회, 대한녹색당 창당준비위원회, 자연사랑낙동강1300리회, 배달환경연합, 환경운동연합이다.

9) 예를 들어 18,365명의 회원을 가진 한국환경보호연합회는 허남훈 전환경처 장관이 명예회장을 맡고 있고, 박태원 중소기업중앙회 부회장이 회장직을 맡고 있다. 각 단체들의 설립 목표, 주요 활동 등에 대해서는 경실련 환경개발센터와 조선일보, 1993을 참조.

<table>
<tr><td>〈표 5-7〉</td><td colspan="8" align="center">회원 규모별 환경 운동 단체 수</td></tr>
<tr><td>회원 수</td><td>없 음</td><td>협의체</td><td>1~100</td><td>101~500</td><td>501~1000</td><td>1000 이상</td><td colspan="2">모　름</td></tr>
<tr><td>단체 수</td><td>2</td><td>6</td><td>18</td><td>15</td><td>7</td><td>9</td><td colspan="2">10</td></tr>
</table>

고 있는 외국의 환경 운동 단체들에 비하면 회원 규모가 매우 작다는 사실을 확인할 수 있다. 이것은 구미에 비해 우리나라의 환경 운동의 역사가 매우 짧기 때문이라고 볼 수 있다. 또한 공공의 이익을 위한 시민사회의 사회 운동 경험이 거의 없는 우리나라에서 회비를 내는 회원이 된다는 것은 아직 보통 사람들에게 익숙지 않은 문화라고 할 수 있다.

2. 이데올로기 지형의 변화

우리나라 환경 운동의 역사는 매우 짧다. 전문 환경 운동 조직의 결성으로부터 보면 1982년 공해문제연구소의 설립 이후로 10년 남짓 되는 역사를 갖고 있다. 그러나 이렇게 길지 않은 역사 속에서도 환경 운동은 우리나라 역사의 변화 속도만큼이나 빠르게 변해왔다. 이 장에서는 시기별로 환경 운동의 이데올로기 지형이 어떻게 변화해왔는지를 살펴보겠다.

환경 운동은 사회적 진공 상태에서 생겨나는 것이 아니라 국가·기업·언론 등과 상호 작용을 미치면서 생겨나고 발전한다. 우리는 이러한 동태적 과정을 보기 위해 환경 운동 단체의 담화뿐만 아니라 정부와 언론의 담화, 그리고 부분적으로 기업의 담화도 함께 비교 검토해보도록 하겠다.

국가 담화의 텍스트로는 정부의 선언문, 『환경백서』[10] 등의 보고서를 택하고, 환경 운동 단체의 담화는 창립 선언문, 강령·

---

10) 1980년대에는 『환경보전』이라는 이름의 정부 보고서가 2년마다 출판되었다.

성명서·회지 등의 자료를 통해 분석하겠다. 이외에도 환경 운동의 중요한 자원이면서 환경 정책, 환경 산업을 촉발시키고, 환경 의식을 확산시키는 데 핵심적인 기여를 하는 언론의 담화를 분석하도록 하겠다. 분석 대상은 1970년대 이후의 동아일보와 조선일보의 환경 관련 사설이다. 동아일보와 조선일보를 선택한 것은 분석의 경제성 때문이다. 표집은 다음과 같은 원칙을 따른다. 첫째로 두 신문에 같은 시기에 실린 같은 소재의 사설을 선택하고 둘째로 환경 문제와 관련한 일반적인 입장을 제시한 사설들을 포함시킨다.[11]

분석 방법으로는 질적인 내용 분석의 방법을 사용하겠다(이만갑 외, 1979: 194~210). 텍스트를 양적으로 분석하는 내용 분석은 일반적이지만, 질적인 분석은 자주 이루어지지 않고 있다. 저자는 텍스트의 단어와 문장들을 분석 대상으로 삼아서, 거기서 주로 사용되는 단어와 문장을 찾아내고 그것의 의미를 추론하여 이데올로기의 특성을 분석해보고자 한다. 양적인 내용 분석은 신뢰성은 높지만, 이데올로기의 동태적이고 질적인 변화 과정을 효과적으로 분석하는 데는 한계가 있다. 반면에 질적인 내용 분석은 어떤 담화가 생산된 시기의 정치사회적 맥락, 담화 주체의 특성 등을 질적으로 고려하면서 생산된 담화의 의미를 추론할 수 있다. 이러한 방법은 어떤 기표(記表) *signifier*가 서로 다른 담화 주체에 의해 전혀 다른 의미로 사용될 때 그 의미의 차이를 추론하는 데 유용한 방법이다.[12] 그러나 이러한 분석 방법은 의미에 대한 추론이 개입하므로 신뢰도가 낮아질 우

---

11) 환경처에서 발간한 자료(환경처, 1991)와 서울대 환경안전연구소의 자료 (1987), 그리고 김창엽(1991)의 자료를 참조했다. 1992년과 1993년 자료는 한국언론연구원의 데이터 베이스를 이용했다. 환경 관련 신문 사설의 제목은 부록 3을, 그리고 주요 신문 사설의 내용은 부록 4를 참조하라.

12) 미셸 페쇠(Pêcheux, 1982: 111)는 "단어·표현·명제 등은 그것들을 사용하는 사람들의 입장에 따라 그 의미가 바뀐다"고 주장하면서, 담화 구성체 *discursive formations*가 이러한 의미를 구성하며, 나아가 주체까지 구성한다고 주장했다.

려가 있다. 저자는 사회적 맥락을 엄밀하게 분석하여 편의(偏倚)가 가능한 한 적게 개입하도록 노력함으로써 이 문제를 해결할 수 있으리라고 본다.

사설의 소재는 수질 오염, 대기 오염, 공해병(유독 물질 오염), 생태계 보호, 정부 정책, 폐기물, 지구 환경 위기 등 7가지로 나누어서 살펴보도록 하겠다.[13] 분석 범주로는 첫째 환경 문제의 원인 및 책임자, 둘째 그에 대한 해결책 및 해결 주체, 그리고 마지막으로 그 담화가 제시하는 가치 체계를 설정한다. 우리는 여기서 다음과 같은 문제들에 초점을 맞추어서 살펴보고자 한다.

첫째, 우리나라에서 경제 중심주의로부터 환경주의 혹은 생태주의로 가치관 변화가 일어나고 있는가?
둘째, 환경 운동의 이데올로기는 중간층의 이익을 위한 이데올로기인가?

이러한 문제들을 검토함으로써 우리는 제 4 장에서 살펴본 새로운 환경 패러다임으로의 가치관 전환 문제를 보다 자세히 살펴볼 수 있을 것이다. 또한 우리는 이 장에서 환경 운동이 중간층의 이익을 위한 운동인지 아니면 그것을 넘어서는 것인지를 분석함으로써 환경 엘리트주의 논쟁을 검토할 수 있다(Humphrey and Buttel, 1982; Morrison and Dunlap, 1986). 이 문제는 우리나라 환경 운동이 과연 새로운 것인지를 분석하고자 하는 우리의 연구 주제와 직접적으로 관련되어 있다.

I. 환경 운동의 전사(前史)의 시기: 1960년대～1979년

1) 정부 담화

이 시기에는 환경 오염 문제가 국지적으로 중요하게 대두되

---

13) 소재별 구분은 엄격하게 배타적인 것이 아니다.

었지만, 대중들은 물론 지식인들도 환경 위기에 대해 깊이 있게 인식하지 못한 시기였다. 그러나 1970년대 중화학공업에 대한 집중적인 투자 정책을 실행한 이후로 환경 오염은 매우 심각해지기 시작했다. 정부는 이미 1963년 11월 5일에 공해방지법을 제정했으나 시행령을 1969년 11월에 제정·시행하는 등, 환경 오염에 대한 정책을 시행하지 않았다. 그러나 공해 문제가 점차 심각해지자, 정부는 1977년 12월 31일 보다 적극적이고 종합적인 환경 보전 대책을 위해 환경보전법을 제정·공포하였다 (환경처, 1993: 36).

이와 함께 1977년 이후로 정부 주도로 자연 보호 운동이 시작되게 되었다. 박정희 대통령은 1977년 10월 5일 "선전과 교육·단속을 생활화하여 꾸준히 자연 보호 운동을 계속함으로써 자연 보호 사상이 국민에게 습관화되도록 이끌어나가야 한다. 자연 보호를 위한 범국민적 운동을 전개하기 위해 정부 안에 필요한 기구를 설치하고 민간 단체도 결성, 서로 협조하여 이 운동을 본격적으로 추진할 수 있는 방안을 강구하라"고 지시했다. 이에 따라 1977년 10월 28일에 자연보호중앙협의회가 '민간 단체'로 결성되었다. 그리고 1977년 11월 5일에는 전국에서 일제히 자연 보호 범국민 운동 궐기대회가 열렸다. 여기에는 총 24,199개의 자연보호회, 그리고 131만 8천 명이 참석했다고 정부 기록은 밝히고 있다(내무부, 1980: 439). 1978년 10월 5일에는 자연보호헌장 선포식이 열렸다.

이 시기에는 사회 운동의 범주에 포함시킬 수 있는 환경 운동이 거의 없었고, 단지 새마을운동의 연장선상에 있는 정부 주도의 자연 보호 운동만이 존재했다.[14] 이 시기의 자연 보호 운동

---

14) 이러한 자연 보호 운동은 시민사회의 자발적인 엘리트 중심으로 시작된 미국 자연 보호 운동과 전혀 다르다. 미국의 자연 보호 운동은 무차별적인 개발에 반대하여 국립공원을 만들어서 국민들이 쉴 공간을 만들려는 노력으로부터 출발했다. 이러한 노력은 20세기 초반부터 선구적으로 진행되어오면서 미국의 초기 환경 운동의 주류를 이루었다.

은 자연을 거대한 규모로 체계적으로 파괴하는 국가와 기업의 개발 위주의 활동은 전혀 문제시하지 않은 채, 오직 등산객들이 버리는 쓰레기만을 문제로 삼은 것이었다. 즉 전국의 통·반에 이르기까지 자연보호회를 조직하여 산에 쓰레기를 주우러 가는 것이 자연 보호 운동의 주요 활동이었다. 그래서 정부 주도의 자연 보호 운동은 오히려 자연을 파괴하는 '또 하나의 공해'였다는 평가를 받기도 했다.[15]

그러면 자연보호헌장을 통해 당시의 정부 담화의 성격을 검토해보자. 자연보호헌장은 "산업 문명의 발달과 인구의 팽창에 따른 공기의 오염, 물의 오탁, 녹지의 황폐와 인간의 무분별한 훼손 등으로 자연의 평형이 상실되어 생활 환경이 악화됨으로써 인간과 모든 생물의 생존까지 위협을 받고 있다"고 진단한다. 환경 위기의 원인은 산업 문명의 발달과 인구 팽창으로 규정되고 있다. 환경 위기를 낳은 실체적인 주체에 대해서는 언급이 없다. 단지 "자연을 사랑하고 환경을 보존하는 일은 국가나 공공 단체를 비롯한 모든 국민의 의무"라고 규정함으로써, 국가와 국민의 공동 책임을 강조하고 있다. 흥미로운 것은 자연보호헌장에서 개발보다 자연의 보전이 우선된다는 사실이다. 자연보호헌장에는 "개발은 자연과 조화를 이루도록 신중히 추진되어야 하며, 자연의 보전이 우선되어야 한다"고 기록되어 있다. 1978년 당시에 이미 자연보전우선론이 국가 담화에 천명되어 있었다는 사실을 알 수 있다. 그러나 담화가 곧바로 실천적 행위를 의미하는 것은 아니다. 이 헌장의 한계는 헌장 안에 이미 내포되어 있다. 즉 우리나라에서 환경 오염이나 자연 파괴에 크

---

15) 당시의 자연 보호 운동의 허구성은 다음의 인용문을 보아도 잘 알 수 있다. "학교 단위, 직장 단위, 민방위군에 예비군 등 동원할 수 있는 모든 조직을 동원해 산에 몰아넣었다. 그리고는 쓰레기 줍기를 경쟁시키자 엉뚱한 부작용이 속출했다. 즉 주울래도 주울 쓰레기가 없자 공명심에 불탄 어느 팀은 가게에서 아예 빈 병을 몇 박스 사다가는 모두 깨트려 흙을 발라서는 골짜기에서 주운 것이라고 우기기도 했다"(정호경·김지하 외, 1985: 279).

게 기여한 주체인 기업과 국가 자신이 가지는 의무를 전혀 언급
하지 않거나 경시하는 대신, 자연 보호를 국민들의 쓰레기 줍기
운동으로 축소시키고 있는 것이다. 이 헌장은 "국민 각자가 생
활 주변부터 깨끗이하고 전 국토를 푸르고 아름답게 가꾸어나
가야 한다"고 끝맺고 있다.

2) 신문 사설

환경 오염이 1970년대 들어와서 가시적으로 나타나기 시작하
자, 이 시기부터 환경 관련 사설이 가끔 나타나기 시작했다. 극
도로 폐쇄적인 정치적 기회 구조 아래에서 국민들의 환경 의식
이 매우 낮았고, 시민사회의 자발적인 환경 운동 단체도 조직될
수 없는 상황에서 언론이 비판적 시민사회의 역할을 맡았던 시
기이다. 이러한 사회적 상황 속에서 언론은 '공해 문제'의 심각
성을 국민들에게 계몽하고, 국가의 공해 대책을 촉구했으며, 기
업의 각성을 요구했다.

그러면 먼저 대기 오염에 의한 공해 피해에 대한 신문 사설을
검토해보자. 1973년 5월 24일에 동아일보와 조선일보는 대기
오염 공해로 인한 손해 배상 청구 사건에 대한 대법원의 판결을
지지하는 사설을 실었다. 울산에서 과수원을 하는 한 농민(공해
피해자)이 영남화학(공해 가해자)을 상대로 낸 공해 피해 소송
에 대해 대법원이 원고 승소 판결을 내린 데 대해 두 신문은 이
판결을 적극 지지했다.

조선일보는 기업의 책임을 강조하면서, 경제 성장과 환경 보
전의 조화를 주장했다.[16]

공해 피해자의 승소──대법원의 판결을 지지·부연한다

우리는 사람의 생명과 건강과 재산과 그 기본인 환경(맑은 공기와

---

16) 신문 사설 인용문의 강조는 모두 저자가 한 것이다.

170

깨끗한 물)을 해치지 않는 방법(공해 방지 시설)을 강구하면서 목적을 달성해가자는 것이다. 경제 발전과 사회 정의와 기본 인권을 잘 조화·양립시키자는 말이다. (조선일보, 1973. 5. 24)

동아일보는 공해 문제를 사유 재산의 문제와 연결시키면서, 정부와 기업의 책임을 묻고, 해결의 주체로서 정부의 중요성을 강조하는 사설을 실었다.

대법원의 첫 공해 배상 판결

정부 당국의 공해 방지 대책은 그 동안 너무나 소극적인 데다 비체계적이었고 또 기업은 그들대로 책임 회피에만 골몰해왔다는 사실을 부인하기가 어려운 데 문제는 놓여 있는 것이다. 〔······〕 차제에 한번쯤 기업들은 반성을 해야만 옳은 줄로 생각이 든다. 〔······〕

공해 배제를 위해서는 정부의 적극적인 개입이 더없이 요청되지 않을 수 없다. 가령 공해방지법에 관한 정보와 기술의 일원적(一元的)인 정리와 보급, 그리고 또 기술 채용에 필요한 비용의 일부 보조 〔······〕 분쟁조정위 등의 적극적인 기능 활용을 강조해두고 싶다. (동아일보, 1973. 5. 24)

다음으로 공해병에 대한 사설을 검토해보자. 1979년 5월에는 울산, 사상공단 주변에 집단 '공해병'이 발생하는 사건이 생겼다. 조선일보는 정부의 시급한 공해 대책을 촉구했다. 즉 "공해 방지 시설 확충 자금으로 확보된 225억 원이라도 시급히 풀고, 선진 공해 방지 기술을 빨리 도입"할 것을 요구하고, "지역 주민들에 대한 일제 검진 실시, 공해 발생원의 조업을 정지케 하는 등 긴급 비상 대책을 시급히 수립·실천"하라고 주장했다 (조선일보, 1979. 5. 4).
동아일보는 「공해병에 속단은 금물이다」는 사설에서, "공해의 현황을 은폐하려는 인상마저 풍기는 '대외비'의 통고는 도저히 이해할 수 없는 처사"라고 보면서, "울산에 전문적인 중앙 의료진의 파견"을 제의했다(동아일보, 1979. 5. 9).

셋째로 박정희 정부가 1977년부터 추진한 자연 보호 운동에 대한 신문 사설을 검토해보자. 자연 보호 운동에 대해 조선일보와 동아일보는 약간 다른 내용의 사설을 실었다. 조선일보는 자연 보호 운동을 정부의 쓰레기 줍기 운동과 같은 의미로 축소시키면서 보다 구조적인 문제에 대해서는 언급하지 않았다(조선일보, 1979. 10. 4). 반면에 동아일보는 자연 보호 운동의 한계를 명백히 지적했다.

자연 보호와 생태계의 조화

지금까지의 자연 보호 운동은 주로 쓰레기 줍기와 쓰레기 안 버리기 운동에 역점을 두어왔고, 행정적으로는 계몽 활동과 단속반의 강화에 의한 자연 훼손 및 행락 질서 문란 행위에 대한 단속이 그 주축이었다. 〔……〕·그러나 그것이 자연 보호 운동의 전부일 수는 없다. 생태계의 조화의 파괴가 문제되기에 이른 것은 자연 보호 운동을 주도하는 정부 당국자들 자신이 자연 보호에 대하여 깊은 인식이 없기 때문이라고 할 수 있겠다. 〔……〕

도시 계획을 포함한 각종 개발 계획 자체가 기본적으로 어느 정도의 자연의 훼손을 불가피하게 수반하는 것이겠으나, 그 경우에도 자연과의 조화를 가장 우선적으로 고려하지 않으면 안 된다. 〔……〕 성안중인 자연보호기본법은 〔……〕 특정한 동식물이나 산림 자원, 관광 자원의 보호와 같은 차원에서가 아니라 전체적인 생태계의 조화를 최대한으로 보존하는 규범이 되게 해야 할 것이다. (동아일보, 1979. 5. 22)

이러한 동아일보의 비판적 입장은 1979년 10월 4일의 「자연 보호 운동의 적극화」라는 제목의 사설에서도 잘 나타난다. 이 사설은 "이제까지의 자연 보호 운동"을 "소극성과 외관 치중의 작업"이라고 규정하고, "중요한 것은 자연 환경의 균형을 유지하고 생태계의 보전을 위한 작업"이라고 주장했다. 이를 위해서, "동식물의 '종의 보전'을 위한 대책, 생태계의 현황 파악, 자연 교육장의 개설" 등을 추진할 것을 요구하고, "**자연을 훼손하고 환경을 파괴하는 산업화 일변도만으로 인간의 복된 생활은 보장될 수 없다**"고 주장했다.

넷째로 정부 정책에 대한 사설을 검토해보자. 동아일보는 1975년 8월, 6가크롬을 생산 과정에서 배출하는 '공해 산업'을 일본으로부터 우리나라에 수입하는 것을 비판하는 사설을 실었다.[17]

공해 산업 도입에 신중을

드디어는 일본의 공해산업이 우리나라에 상륙했다. 〔……〕 조상 대대로 물려받은 이 강토를 남의 나라의 공해 처리장으로 만들어버려서야 되겠는가. 산업의 근대화도 **물론 중요하지만 우리에겐 이 강토가 그 무엇보다도 더 소중한 것이다**. (동아일보, 1975. 8. 31)

동아일보는 공해 산업 수입을 비판했지만 환경 친화적인 산업 구조로의 전환과 같은 보다 근본적인 대안을 제시하지 못한 채, '공해 산업의 상륙'을 기정 사실로 인정했다.

그러면 1970년대의 사설들을 종합적으로 검토해보도록 하자. 이 시기의 사설들은 환경 오염의 원인을 경제 효율주의, 경제 성장, 공해 산업 수입, 도시 계획을 포함한 각종 개발 계획과 같은 것들로 규정했다. 정부 주도의 자연 보호 운동이 시작된

---

17) 6가크롬이 생산 과정에서 배출되는 중크롬산소다의 생산업체인 일본화학공업사가 일본에서의 환경 오염으로 인해 더 이상 일본내에서 생산할 수 없게 되자 울산무기화학과 합작하여 한국에 상륙한 사건이다. 이 사건은 공장이 거의 완공 단계에 이르러서야 일본내의 반공해 운동 단체들의 '공해 수출 반대' 운동으로 사회 문제화되어 일반에게 알려졌다. 정부는 이 공장이 6가크롬이 아니라 독성이 보다 약한 3가크롬을 배출한다고 발표했으나 이후에 6가크롬을 배출한 것으로 밝혀졌다.

이후로는 국민들의 쓰레기 버리는 행위나 자연을 경시하는 태도가 중요한 원인으로 지적되기도 했다. 이러한 원인들에 대한 책임은 일차적으로는 부도덕한 기업과 관리 감독을 철저히 하지 않는 정부가 져야 한다고 보았다. 그러나 동시에 국민들의 책임도 거론되기 시작했다.

환경 문제의 해결책에 대해서 동아일보는 정부의 적극적인 개입을 강력하게 촉구하면서 정부의 정보 및 기술 보급, 분쟁조정위의 활용, 생태계의 현황 파악과 같은 구체적인 정책 대안들의 예를 들면서 정책 과제를 제시했다. 이와 함께 기업의 반성을 요구했다. 조선일보 역시, '공해병'에 대한 정부의 긴급 비상 대책을 촉구하고, 기업인들의 공해 방지 책임을 강조했다. 아울러 자연을 존중하는 국민 의식의 확산이 필요하다고 보았다.

경제 성장과 환경 보전에 대한 가치 판단에서 두 신문은 모두 양자의 조화를 주장하면서 부분적으로 환경 보전의 중요성을 강조하는 입장을 보였다. 조선일보는 "경제 발전과 사회 정의와 기본 인권을 잘 조화·양립시키자"(조선일보, 1973. 5. 24)라고 주장했고, 동아일보는 "산업의 근대화도 물론 중요하지만 우리에겐 이 강토가 그 무엇보다도 더 소중한 것"(동아일보, 1975. 8. 31)이라고 주장했다.

전체적으로 볼 때, 두 신문은 경제 성장과 공업화·산업화가 환경 위기의 근본적인 원인이라는 인식을 갖고 있으면서 그에 대한 주요 책임은 정부와 기업이 져야 한다는 인식을 갖고 있었다. 그러나 사회 체계나 문화 체계의 근본적인 변동이 아니라 환경 정책의 강화와 기술의 보급, 그리고 개인들의 양심을 통해 '경제 성장과 환경 보전의 조화'를 추구하는 입장을 갖고 있었다. 이렇게 볼 때 1970년대의 언론이 환경 관리주의의 틀 안에서 환경 위기를 파악하고, 처방을 제시했다는 것을 우리는 알 수 있다.

이 시기의 전반적인 이데올로기적 특성은 국가의 성장 우선의 담화가 지속적으로 지배적인 영향을 행사하는 가운데 말기에 이르러 자연 보호 담화가 부분적으로 등장한 것으로 요약할 수 있다. 이 시기에도 국지적으로 공단 주변의 공해 피해에 대한 저항 운동이 있었으나, 이 조직들이 뚜렷한 이념을 공유하거나, 지속적인 조직 활동을 전개하지는 못했다. 사회 구조의 근본적 변형 없이, 쓰레기 줍기 운동을 실천 행동으로 선택한 점 등을 볼 때, 자연 보호 운동은 환경 관리주의의 소극적인 하나의 형태로 볼 수 있다. 언론 역시 환경 관리주의적 입장에 서 있었으나 경제 성장과 환경 보전의 조화를 강조하기 시작했고, 이를 위한 국가와 기업의 각성을 촉구하였다.

Ⅱ. 반공해 운동의 시기: 1980년~1987년

1) 정부 담화

1980년 1월, 환경청이 만들어지면서 우리나라에 독립적인 환경 행정 기구가 생겨나게 되었다. 그러면 환경청이 2년마다 발행한 『환경보전』(1982; 1984; 1986)이라는 보고서의 발간사와 총론 부분을 중심으로 정부의 환경 담화를 살펴보도록 하겠다.

먼저 환경 오염의 원인에 대한 진단을 살펴보자. 정부는 환경 문제의 원인으로 인구 증가, 도시화(인구의 도시 집중), 산업화(공업화), 생산 기술의 혁신과 같은 요인들을 들고 있다.[18]

환경 문제의 해결 주체로는 '국민'과 '기업'이 많이 거론되었다. 1982년에는 "환경 보전 업무는 〔……〕 정부의 1개 기관이나 단체만으로 이룩될 수 있는 것이 아니고 국민, 특히 기업인의 적극적인 동참과 환경인의 헌신이 밑바탕이 되어야 한다는

---

18) 1984년의 『환경보전』에서 군사 훈련 및 전쟁을 환경 오염의 주요 원인으로 꼽고 있는 것은 특이하다. 이 책에는 "우주를 지배하기 위한 인공위성의 경쟁적 발사도 최근에 이르러 환경 오염 문제의 주요한 대상이 되고" 있다고 지적되고 있다(환경청, 1984: 29). 군사 훈련 및 전쟁이 환경 오염의 주된 요인이라는 부분은 1986년 『환경 보전』에서 빠진 이후, 환경청의 문서에서 거의 나타나지 않고 있다.

것을 깨달았습니다"라고 기술되어 있다. 1984년에는 "환경 분야의 전문인은 물론 기업인을 비롯한 모든 국민의 협조와 자발적인 참여가 절실히 요구"된다고 기술되어 있다. 그런데 1986년『환경보전』발간사에는 기업보다 '개인과 가정'의 책임을 강조하는 담화가 나타났다.

각종 오염의 약 70%가 개인과 가정에서 나온다는 사실에서 알 수 있는 바와 같이 환경 오염을 방지하는 일은 결코 정부만이 할 수 있는 일이 아니고 모든 가정과 개인의 적극적인 협조와 자발적 참여가 있어야만 가능한 일입니다.

그러면 각 연도별로 발간사에 나타난 환경청의 대책을 살펴보도록 하자. 1982년에는 환경 관계 법령의 정비, 환경 보전 장기 종합 대책 수립을 위한 기초 자료 수집, 환경 정책에의 민간 참여를 위한 각종 자문위원회의 설치, 공해 방지 시설의 지도 단속 및 오염 방지 시설 설치 등의 사업을 추진해왔다고 보고하고 있고, 앞으로의 계획은 밝히지 않았다. 1984년 발간사에서도 1982년과 유사한 대책이 반복되었다. 1986년에는 환경 행정 기구를 대폭 개편 확대하여 전국을 환경 영향권별 광역 행정 체제로 구분했다고 보고했다. 그리고 효과적이고 실효성 있는 홍보·계도 활동을 전개하겠다는 대책을 밝혔다. 그러면 환경청이 지향하는 가치 체계는 어떠한지 살펴보자. 1982년 발간사를 보면, 인류 문명과 경제 성장을 매우 높이 평가하는 담화가 등장한다.

오늘날 인류의 문명은 과거에 볼 수 없었던 급속한 발전을 거듭하면서 인간 생활을 보다 편리하고 풍요롭게 하였으며, 특히 고도의 경제 성장과 산업 발전이 인류에게 안겨준 혜택은 놀라운 것이라 아니할 수 없습니다.

정부는 이러한 기본적인 인식 위에서 '산업화'의 부산물로 등장한 환경 오염을 적절히 통제하는 목표를 갖고 있다. 그래서 "경제 발전과 환경 보전의 균형있는 발전"과 "조화"가 환경청 발족의 목표라고 발간사는 밝히고 있다. 1984년 발간사에도 같은 내용이 반복되고 있다. 1986년 발간사에는 "인력 자원을 각종 환경 오염의 위해로부터 보호하여 건강하고 활력 있게 잘 가꾸어나가는 일이 이 시대의 중요한 정책 과제"라고 적혀 있다.

전반적으로 정부 담화는 산업화, 경제 성장, 과학 기술의 발달을 진보와 풍요로 파악하고, 그것의 부산물인 환경 오염을 '조화'롭게 해결할 것을 목표로 삼고 있다. 이러한 담화는 정부가 환경 관리주의적인 입장 위에서 근본적 대책보다는 사후적 대책으로 환경 문제에 접근하고 있었다는 사실을 보여주는 것이다.

2) 환경 운동 단체의 담화

1982년 5월 공해문제연구소가 설립된 이후 비로소 우리나라에 뚜렷한 가치 지향을 가진 환경 운동의 싹이 트기 시작했다. 공해문제연구소는 천주교와 기독교 성직자들이 중심이 되어 조직된 단체로서 공해 문제에 대한 교육과 여론화, 그리고 피해 지역 주민들에 대한 지원을 조직했던 단체이다. 공해문제연구소는 억압적 국가 권력이 지배하던 시기부터 민중 담화를 구성하면서, 저항적인 운동을 조직해왔다. 그러면 이 시기의 이데올로기 지형을 공해문제연구소의 담화를 통해 분석해보겠다.

이 단체의 설립 취지문에는 자연보호헌장이 강조하는 '자연보호'보다는 '공해'가 가장 중요한 용어로 등장하고 있다. 취지문은 "공해를 감수한 대가로 얻은 경제의 외형적 팽창은 우리에게 건강하고 쾌적한 생활을 향유할 기본적 권리를 빼앗아갔습니다"라고 주장한다. 자연보호헌장이 '국민 모두'에게 자연보호의 의무를 부과한 것과 달리 취지문은 민중이 자주적으로

공해 추방 운동에 앞장서야 한다고 주장한다.[19]

그리고 공해문제연구소는 설립 목적을 "민중의 공해에 대한 인식을 구체적이고 구조적으로 파악할 수 있도록 돕고, 피해 주민들 스스로 공해를 추방할 수 있는 역량과 행동을 지원하여, 맑고 푸른 금수강산을 다시 이룩"하는 것으로 설정하고 있다.

설립 취지문의 다소 온건하고 완곡한 논조와는 달리 1985년 6월 7일에 발표된 '85 반공해 선언'에서는, 당시의 야당의 개헌 운동과 재야의 민주화 운동의 발전에 힘입어 보다 분명한 용어들이 등장한다.

한국의 공해 상황은 지난 20년 동안의 해외 차관에 의한 공해 산업의 도입, 다국적 공해 산업의 진출, 이를 지원해주고 주민의 생존권을 탄압한 행정 당국에 의해 파탄지경에 도달하여 국민의 생존과 건강을 크게 위협하고 있다. (『공해연구』제10호, 1985. 7. 5)

이 선언문은 기업·국가, 그리고 다국적 기업이 환경 오염의 중요한 원인 제공자라고 명백히 규정하고 있다. 1986년 6월 5일에 발표된 '86 반공해 선언'은 반공해 운동과 민주화 운동의 접합을 주장한다(『공해연구』제13호, 1986. 7. 20).

공해는 독점의 소산이고, 억압의 소산이고, 분단의 소산(이며)〔……〕 다국적 기업의 이익을 위해 공해 산업을 무조건 수입하고, 소수 독점 자본의 공해 배출 행위를 눈감아주는 반민중적 행위와 체제가 종식되는 것이야말로 이 땅의 공해 문제 해결의 첩경이 될 수 있다. 〔……〕 따라서 공해 문제의 해결과 민주화는 불가분의 관계를 갖고 있다.

---

19) "우리는 이러한 환경 위기를 바로잡기 위해 방대하고 복잡한 공해 문제를 민중이 자주적으로 해결할 수 있도록 각계 각층의 예지와 경험을 동원하여 공해 추방 운동에 총력을 기울여야 할 일대 결단의 시점에 와 있습니다."

공해 문제를 독점 자본주의, 억압적 국가주의, 그리고 분단과
같은 정치적·경제적 구조로 환원하여 설명하는 방식은 공해문
제연구소의 정기 간행물인 『공해 연구』 제 2 호(1984. 2. 27 발
행)에 실린 백기완의 글에 잘 나타나 있다. 백기완은 "오늘의
공해 문제는 과학 기술 문명의 소산이 아니라 잉여가치의 생산·
독점과 관련된 구조에 기술 문명이 종속된 것에 지나지 않음을
명심해야 한다"고 주장한다. 공해의 원인을 자본주의에서 찾는
전형적인 논술이다. 백기완은 이어서 공해 문제를 분단 문제와
연결시킨다.

　　공해를 빚어내는 산업화가 우리의 분단의 현실과 불가분의 것이
　　라면 공해 문제의 궁극적 해결은 민족 분단의 장벽을 넘을 모든
　　사회경제 체제의 자주화와 직결된다. 〔……〕 다시 말하면 민족
　　통일이라는 기본 목표에 투영하지 않고서는 공해 문제의 총체성이
　　드러나지 않을 것이며 따라서 통일이 아니고서는 해결할 수가 없
　　을 것이다.

백기완의 담화는 "공해 문제＝자본주의 문제＝산업화 문제
＝분단 문제"라는 등가의 연쇄의 극단적 표현이다.[20] 반공해
운동의 시기는 전반적으로 민주화 운동 혹은 민족·민주 운동이
사회 운동의 주류를 형성하면서 커다란 혁명의 담화가 지배하
던 시기였으므로 환경 운동도 이 담화의 영향을 강하게 받았다.[21]
반공해 운동의 시기의 이데올로기 지형의 특성은 민중 담화
가 지배적인 영향력을 행사했다는 것이다. 민중 담화는 80년대
에 학생 운동·재야 운동·청년 운동·농민 운동·노동 운동 등

---

20) 등가 *equivalence* 라는 개념은 라클라우와 무폐의 개념으로서, 여러 적대 세
　　력들이 동일한 전선에 결합되는 논리를 말한다. 식민지 시대에 식민지 민중
　　과 제국주의 국민들 사이에는 문화·언어는 물론 경우에 따라서는 피부 빛
　　깔까지도 구별되기 때문에 쉽게 등가의 연쇄가 일어날 수 있는 객관적 조건
　　이 갖추어지게 된다(Laclau and Mouffe, 1985: 3장, 4장).
21) 그러나 이러한 담화가 혁명적 실천 행동으로 바로 이어진 것은 아니다.

모든 저항적인 운동의 주류를 형성했다. 80년대 민중 담화는 "총체적으로 소외된 피지배자"로서의 민중을 내포한다.[22] 이 민중 담화는 저항과 적대의 의미를 강하게 갖고 있다. 이러한 맥락 속에서 전문 환경 운동 조직들은 기업과 국가에 대항하여 '민중'의 생존과 생명을 지키는 환경 운동을 진행시켰다. 결국 반공해 운동의 시기는 좌파 환경주의가 시대의 조류와 함께 환경 운동의 주류를 형성한 시기로 요약할 수 있다.

3) 신문 사설

1980년대 들어 환경 오염 사고나 사건은 전에 비해 더욱 빈발하게 되었다. 신문들은 사설을 통해 이러한 사고들이 인류에 미칠 재앙에 대해 경고함으로써 정부 환경 정책과 기업의 오염 방지 대책을 촉구하고, 국민들의 환경 의식을 자극함으로써 반공해 운동의 발전에 기여하였다. 그러면 소재별로 사설의 내용을 검토해보도록 하자.

첫째 수질 오염에 관한 사설로는 1983년 7월의 인천 앞바다 물고기 떼죽음 사고에 대한 것을 들 수 있다. 동아일보는 정부의 감독 소홀과 기업의 비윤리성을 강하게 비판했다(동아일보, 1983. 7. 9). 조선일보도 비슷한 논지의 사설을 실었다(조선일보, 1983. 7. 30). 두 신문 모두 정부의 책임을 물으면서 기업에 대해서는 윤리와 양심의 문제로 접근하고 있다. 즉 구조적인 생산 체제와 국가의 환경 정책에 대한 근본적인 문제 제기가 이루어지지 않은 채 개인의 퍼스낼리티 체계의 문제가 주로 거론되었다.

둘째 우리나라 최대의 유독 물질 오염 사건인 온산병 문제를 살펴보자(동아일보, 1985. 3. 4, 1985. 7. 9; 조선일보, 1985. 3. 14,

---

22) 한완상은 민중을 정의하면서 마르크스주의의 계급 개념을 넘어서고자 한다. "나는 민중을 생산 수단에서 소외되었기에 수탈당하게 되고, 통치 수단에서 소외되었기에 억압당하고, 위광 수단에서 소외되었기에 차별당하는 피지배자로 본다. 이렇게 총체적으로 소외된 피지배자가 바로 민중이다"(한완상, 1984: 67).

1985. 4. 26). 두 신문은 정부에 대해 정밀 검진을 요구하고, 공단 지역으로 지정된 지역 주민들의 생존과 생활의 존속을 위한 적극적인 대책을 세울 것을 촉구했다. 이러한 주장은 환경 오염의 피해를 불평등하게 집중적으로 받는 공단 주변 주민들의 생존권에 대해 다수의 수혜자를 대표하여 정부가 개입할 것을 촉구하는 것이다. 그러나 이러한 담화가 좌파 환경주의와 같이 구조적인 변화를 지향하는 것이 아님은 명백하다.

셋째로 정부의 개발 정책에 대한 사설을 검토해보자. 건설부는 1984년, 북한산에 케이블 카 등을 설치하려는 '북한산 개발 계획'을 발표하였다. 동아일보는 이 계획에 대한 사설에서, 환경 영향 평가를 통해 자연 훼손을 최소화하라고 주장했다(동아일보, 1984. 10. 8). 반면에 조선일보는 이 계획에 대해 반대 입장을 명백히 밝히는 사설을 실었다.

산은 수입할 수 없다 —— 북한산 위락 시설 계획은 철회돼야

자연은 사람의 현실적인 이욕(利慾)에 의해 손때 묻고 파괴되지 말아야 하며 자연대로 놓아두어야 한다는 것이 인류 문명사의 그 오랜 시행착오 끝에 얻어낸 소중한 결론이다. 〔……〕 자연은 말없이 당하고 있는 것 같지만 그 오염이나 파괴의 연쇄 작용으로 언제 어떻게든지 보복하고 만다. 〔……〕

우리는 궤도차와 케이블 카 시설 계획의 철회를 간곡하게 주장하는 바이다. 양식과 에너지는 외화를 주고 사올 수 있지만 산은 아무리 많은 외화를 주고도 사올 수 없기 때문에 더욱 그렇다. (조선일보, 1984. 10. 21)

조선일보의 사설은 미국의 초기 자연 보호 운동의 이념과 밀접히 연결되어 있으며, 생태계의 순환 법칙의 지배를 받는 인간의 특성을 설득력 있게 주장하고 있다. 이 사설에서는 생태주의의 담화가 강하게 드러나 있다.

1986년 11월에는 동력자원부가 석재산업육성법을 만들어 국내의 석재 수급과 외화 절약을 위해 산의 개발을 용이하게 만들려고 시도했다. 이에 대해 동아일보는 수출 산업 육성을 중시하는 경제 성장 중심주의와 '자연 보존 우선주의'를 조화시켜야 한다고 주장했다.

자원 개발과 자연 보존

자연의 보존과 개발 문제를 상충적인 시각으로만 볼 것이 아니라 개발의 실익과 보존의 한계를 조화시키는 선택도 있을 것이라 믿기 때문이다. 〔……〕 조화에 눈길을 돌린다면 국내 개발을 촉진하되 환경 경관 등의 사전 평가를 거치는 보완적 처리가 가능한 일이라 여긴다. (동아일보, 1986. 11. 7)

반면, 조선일보는 자연 보전을 보다 강조하는 사설을 실었다.

산천은 한번 깨지면 ── '자연석 개발 공방'이 치열하다니

우리들의 아름다운 자연은 한번 깨뜨려지면 다시는 돌이킬 수 없는 것이다. 우리는 우리가 물려받은 아름다운 산천을 자손들에게도 되도록 그대로 물려줄 의무가 있다. 〔……〕 그러므로 이른바 자연석 개발은 육성보다는 더 제한의 방향으로 가야 된다는 것이 환경 보전을 위한 근대적이며 필연적인 개념이다. 〔……〕 규모 있게 엄격한 제한 속에서 일개 행정 관리의 판단이 아닌, 그린벨트나 천연 기념물을 관리하는 차원에서, 깨뜨려내도 좋을 돌산과 그렇지 않은 자연 경계를 제도적으로 엄격히 분간해야 한다는 것이다. (조선일보, 1986. 11. 8)

조선일보는 자연의 심미적 가치를 자연 보전의 중요한 기준으로 설정하고 이 가치를 위해서는 개발보다는 보전을 지향해야 한다고 주장한다. 1984년의 북한산 개발 계획에 대한 사설

과 마찬가지로 조선일보는 동아일보보다 강한 어조로 자연 보전을 중시하는 입장을 보여주었다.

그러면 넷째로 폐기물 문제에 대한 사설을 검토해보자. 동아일보는 1986년 8월에 환경청이 입법 예고한 폐기물관리법안을 소재로 대량 소비를 지향하는 현대 사회의 쓰레기 문제에 대한 사설을 실었다.

대량 소비의 뒷처리——각종 쓰레기의 수거 처리에도 **효율**을

현대 산업 문명 사회의 특징은 보다 많은 소비를 지향하는 데 있다. 〔……〕 이를 뒷받침하기 위해 보다 많은 생산을 꾀하게 되고 보다 많은 생산과 보다 많은 소비의 결과로 보다 많은 폐기물을 쏟아내며 그에 따라 환경의 파괴 요소가 보다 심하게 축적된다. 그래서 사람들은 이제 보다 많은 생산과 소비만이 선(善)이 아니며 그 부수적인 결과로 생기는 오염의 위협으로부터 환경을 청정하게 지키는 일이 동시적 과제임에 눈뜨고 있다. 〔……〕 **특히 이들 보이는 폐기물은 보이지 않는 폐기물과는 달라서 배출량을 줄일 수 없는 것들이며, 따라서 어디엔가에 모아 처리하는 것이 유일한 방법(이다).** 〔……〕

우리도 환경의 보전이 바로 경제 효율의 문제라는 데 눈뜨고 쓰레기의 수거와 처리에 있어서도 분리 수거의 확대와 같은 처리의 효율화 방안을 확대·발전시켜야 하리라 믿는다. (동아일보, 1986. 8. 18).

이 사설은 대량 생산이 대량 소비를 낳았다는 논리적 순서를 무시하고 대량 소비의 욕구가 대량 생산을 낳았다고 보고 있다. 그리고 대량 소비를 당연시한 채 폐기물의 배출량을 줄일 수 없다고 주장한다. 이러한 주장은 대량 생산, 대량 소비에 바탕을 둔 포드주의와 자본주의 사회 체계를 수정하지 않은 채 쓰레기 분리 수거와 같은 부분적인 개선을 통해 문제를 극복하고자 하는 전략으로서 환경 관리주의의 전형이라고 할 수 있다.

마지막으로 자연 생태계 보호에 대해 두 신문의 담화를 검토
해보자. 1982년에 동아일보와 조선일보는 자연 생태계의 파괴
에 대한 전체적인 시각을 제시하는 사설을 실었다. 먼저 동아일
보는 1982년 3월, 한국자연보전협회의 야생 동식물 멸종 위기
에 대한 보고를 소재로 생태계 보전에 대한 사설을 실었다.

야생 동식물의 위기——서둘러야 할 전국적인 분포의 파악과 대책

개발을 위해 자연이 파괴되고〔……〕받게 되는 피해가〔……〕더
큰 손실이라면 그것은 개발을 하지 않은 것만 못한 것이다.〔……〕우
리의 자연 자원은 현재 살고 있는 세대만이 혜택을 누리는 데 그쳐야
하는 것이 아니다. (동아일보, 1982. 3. 5)

조선일보는 1982년 11월, 몇 년 만에 나타난 희귀한 황새가
오염된 환경 때문에 죽은 사건을 소재로 장문의 사설을 실었다.

파괴당한 자연의 복수
——환경악(環境惡)뿐 아니라 가정악(家庭惡)·사회악(社會惡)까지

간편하고 편리한 것만이 선(善)이라는 야릇한 가치관에서 과학
기술은 자연을 정복, 파괴하여 이 세상을 편리하게 하는 대신, 잉여물
로서 독물(毒物)을 도처에 소복소복 쌓아왔다.〔……〕가치 비중이 경
제나 과학 기술 우위 시대에서 이컬러지(생태학) 우위 시대로 전환
해야 될 때로 우리의 현대를 인식해야만 하겠다. (조선일보, 1982.
11. 21)

이 두 사설은 모두 개발, 과학 기술보다 생태계의 보전에 보
다 높은 가치를 두는 환경보전우선론을 주장하고 있다. 다음 세
대와 현세대의 평등 문제, 인간과 자연의 조화 문제 등을 생태
주의적 가치관과 밀접히 연결하여 고찰하고 있다는 점에서 생
태주의의 담화가 이미 1982년부터 부분적으로 언론에 등장했다

고 볼 수 있다.

그러면 반공해 운동이 싹트기 시작하던 시기의 신문 사설을 전체적으로 검토해보도록 하자. 전체적으로 볼 때 두 신문은 이전 시기와 마찬가지로 공업화·산업화·경제 성장 정책 등이 환경 문제의 원인으로 꼽았다. 그러나 조선일보의 1982년 11월 21일의 사설(「파괴당한 자연의 복수」)은 과학 기술의 부작용에 의해 자연의 복수를 받게 된다는 생태주의적 담화를 새롭게 제시했다. 그리고 동아일보는 대량 소비가 환경 문제의 원인이라는 소비원인론을 제기했다(동아일보, 1986. 8. 18). 그러나 두 신문 모두 환경 위기의 원인으로 자본주의나 제국주의와 같은 사회 체계를 환경 문제의 원인으로 규정하지는 않았다.

두 신문은 환경 문제의 책임을 대개 양심 없는 기업인, 무책임한 정부로 돌렸다. 그리고 해결책으로서 기업의 양심 회복, 정부의 철저한 환경 오염 조사·감시·감독, 쓰레기 분리 수거의 확대 등을 제시했다. 자원 개발과 자연 보전의 상대적 중요성에 대해서는 동아일보와 조선일보가 약간 다른 논조를 보였다. 북한산 개발 계획과 자연석 개발 문제에 대해 동아일보가 "개발과 보전의 조화"를 주장하면서 완곡하게 반대한 반면 조선일보는 보전을 보다 강조하여 약간의 차이를 보였다. 조선일보의 자연 보전 논리는 주로 심미적 가치를 바탕으로 하고 있었다.

조선일보의 1982년 11월의 사설은 경제나 과학 기술 우위 시대에서 생태학 우위의 시대로 전환할 것을 넌지시 주장했지만, 이 시기의 사설들은 대개 이전 시기와 마찬가지로 성장과 보전의 조화론 위에 서 있었다. 전반적으로 두 신문은 환경 관리주의의 입장 위에 서 있었다.

반공해 운동의 시기의 이데올로기 지형을 전체적으로 볼 때 정부와 언론은 모두 환경 관리주의 입장 위에서 조화론의 관점을 유지하고 있었다는 사실을 알 수 있었다. 그러나 언론은 사안에 따라, 이전 시기보다 적극적으로 환경 보전을 중시하는 사설을 신기도 했다. 환경 운동 단체의 담화에서는 정부와 언론의 담화에서 나타나지 않는 좌파 환경주의 담화가 이 시기에 등장하기 시작했다. 이러한 변화는 극도로 억압적이었던 유신 정권이 무너지고 난 이후, 저항적인 사회 운동이 발전하게 된 정치적 상황과 깊은 연관을 갖는다.

Ⅲ. 환경 운동의 모색기: 1988년～1991년

1) 정부 담화

환경 운동의 모색기의 정부 담화를 살펴보기 위해서 1988년의 『환경보전』과 1990년의 『환경백서』를 분석해보도록 하겠다. 1988년의 『환경보전』은 환경 위기의 원인으로 이전과 다름없이 인구 증가, 도시화, 산업화, 생산 기술의 혁신과 같은 요인들을 들고 있다. 그러나 1988년에는 "지구의 기온 상승, 오존층의 파괴" 등의 지구 환경 문제에 대한 위기 의식을 고취시키면서 "인류가 지혜를 모아 공동으로 해결하는 초미의 과제로 대두되고 있다"는 담화가 새롭게 등장하고 있다는 점이 특이하다.

정부의 대책으로는 홍보, 계도 활동, 청정 연료와 저유황유 공급의 확대, 자동차 배출 가스 허용 기준 강화, 수질 관리 체계 확립, 대규모 쓰레기 매립지 설치, 부처간 환경 관련 시책의 종합 조정 기능 강화와 같은 구체적인 계획들을 제시했다. 환경 문제의 해결 주체로는 1986년과 마찬가지로 '국민'들이 강조되면서 '피해자인 동시에 가해자'라는 담화가 다시 등장하였다.

> 정부의 시책도 국민 모두가 오염의 피해자인 동시에 원인자라는 환경 문제의 특성으로 볼 때, 기업체뿐만 아니라 국민 개개인이 높은 환경 윤리 의식 아래 적극적으로 협조할 때 성공적인 추진이 가능할 것입니다. (환경청, 1988)

1990년, 환경처로 승격한 뒤 처음 나온 1990년『환경백서』는 1980년대의 환경 정책을 "주로 집행적인 사후 관리 행정에 치중한 결과, 환경에 영향을 주는 경제 사회 여건 전반에 대한 종합적인 접근과 이에 따른 근본 대책이 미흡했다"고 진단했다. 그리고 "환경 정책의 기조를 환경에 영향을 미치는 경제 사회 활동 전반에 대한 종합적인 분석으로 환경 오염을 사전에 근원적으로 감소시켜나가는 정책에 중점"을 두겠다고 밝혔다. 경제 성장에 대해서는 "앞으로도 우리 경제 사회는 지속적인 성장"을 해야 된다고 밝히고 있다.

이 시기 정부 담화의 특징은 지구 환경 위기에 대한 관심을 정부가 명시적으로 밝히기 시작했다는 것이다. 즉 한편으로는 지구 생태계의 위기에 대한 관심이고 다른 한편으로는 이에 따른 무역 규제의 위협에 대한 관심이다. 이 시기에도 지속적인 경제 성장을 지향하는 정부 입장은 유지되었다. 다만 이 시기에 들어 사후적인 대책보다는 사전 예방 대책 중심으로, 그리고 산업 체제를 환경 친화적인 방향으로 개선해나가야 한다는 정책 목표가 등장하기 시작했다는 것은 중요한 변화라고 할 수 있다.

2) 환경 운동 단체의 담화

환경 운동의 모색기에 이르러 우리나라에 다양한 이념과 가치 지향을 가진 전문 환경 운동 조직이 새롭게 생겨나기 시작했다. 반공해 운동의 시기에 확립된 '민중 담화' 지배적인 이데올로기 지형은 이 시기에 이르러 이념적 다양성을 지닌 조직들의 등장 때문에 매우 복합적으로 변화하게 되었다. 이러한 이념적 다양화의 원인으로는 1987년 6월 항쟁 이후의 정치적 기회 구조의 부분적인 개방, 그리고 현실 사회주의 국가들의 불안, 그리고 이 두 요인에 따른 저항적인 민중 담화의 약화 등을 들 수 있다.

주요 조직들로서, 먼저 1988년 9월 10일에 공해반대시민운

동협의회와 공해추방운동청년협의회가 통합하여 공해추방운동
연합이 창립되었다. 1989년에는 한살림모임이 만들어졌고, 서
울YMCA에서 환경 운동을 조직하기 시작했다. 그리고 1991
년에는 배달환경연구소가 설립되었고, 경실련 경제정의연구소
내에 환경연구부가 만들어졌다. 특히 1991년 3월의 낙동강 페
놀 오염 사태 이후로 영남 지역을 중심으로 지역 환경 운동 조
직이 많이 만들어졌다. 여기에서는 전문 환경 운동 조직들 가운
데 중요한 의미를 갖는 네 조직들의 담화, 즉 공해추방운동연
합, 서울YMCA, 경제정의실천시민연합, 한살림모임, 그리고
한살림모임과 깊은 연관이 있는 김지하의 담화들을 검토해보겠
다. 저자는 각각의 담화들이 다음과 같은 쟁점들에 대해 어떤
입장을 갖고 있는지를 살펴보겠다. 첫째로 1) 환경 오염의 원
인, 2) 환경 오염의 가해자와 피해자, 둘째로 환경 문제의 해결
책과 해결 주체, 그리고 셋째로 환경 문제와 관련된 가치 체계
를 살펴보도록 하겠다. 가치 체계는 1) 경제 성장, 2) 과학 기
술, 3) 핵, 4) 자연 중심주의/인간 중심주의, 5) 정치적 지향
과 대안적 사회 등과 같은 쟁점에 대한 각 조직들의 담화를 비
교 분석해보겠다. 그러나 사회적 실천의 정치·사회적 의미는
담화 분석만으로 완전히 해명될 수는 없다. 따라서 저자는 각
조직들의 실제 활동 내용과 행동 방식도 아울러 살펴보도록 하
겠다.

(1) 공추련

공추련은 우리나라에서 가장 활동적인 환경 운동 단체로서
많은 활동가와 회원을 확보하고, 사회적으로 큰 영향력을 갖고
있었다. 이데올로기적으로 공추련은 공문연의 계승자라고 볼 수
있다. 한마디로 말하면, 공추련은 반핵 운동과 반공해 운동을
'민중적' 입장에서 추진했다. 그러면 공추련의 담화를 앞에서
말한 쟁점을 중심으로 살펴보자.

가) 환경 오염의 원인으로는 '사회 경제적 불평등' '파행적 사회 구조' '강대국들의 무분별한 군비 경쟁과 제국주의 독점 자본들에 의해 저질러진 무자비한 환경 파괴'와 같은 것들을 들고 있다(공추련 강령 및 정관;『생존과 평화』4호: 28, 8호: 5호).

나) 공추련은 이와 같이 환경 오염의 근본적인 원인을 자본주의와 제국주의, 그리고 억압적 국가 권력의 문제로 파악하기 때문에 환경 오염의 가해자와 피해자 문제에 대해서도 단호한 입장을 가지고 있다. 공추련은 "환경 오염에 있어서는 전국민이 가해자이자 피해자"라는 논리에 근본적으로 반대하면서 이러한 논리는 환경 오염의 주범들이 책임을 회피하기 위한 이데올로기라고 주장한다. 그리고 환경 오염의 '주범'으로는 '다국적 기업과 제국주의' 등을 거론하면서 '우주선 지구호' '전지구적 환경 문제'와 같은 문제틀이 환경 오염의 근본적 원인과 책임을 모호하게 만든다고 주장한다(『생존과 평화』8호: 4).

환경 문제를 해결하기 위한 실천 방안으로는 다음과 같은 것들을 제시한다.

첫째, 〔……〕 공해 추방 주민 운동을 지원, 피해 주민의 역동성을 조직화해나갈 것이다.

둘째, 독점 재벌, 군사 독재, 외세 그리고 그들의 이해를 대변하는 지식인들의 거짓된 논리에 맞서 공해 문제와 핵무기의 사회적 모순 구조를 국민적으로 인식시켜나갈 것이다.

셋째, 반전 반핵 평화 운동과 노동자, 농민 건강 수호 운동 등 민주 세력과 연대 투쟁의 내용을 강화하고 민족 민주 운동의 전체적 과제에 충실히 복무할 것이다.

넷째, 세계의 공해 피해 민중 및 평화 옹호 대중과의 국제적 연대를 통해 인류의 항구적인 평화와 생존에 기여할 것이다.

이러한 실천 활동의 주체로는 '노동자·농민·민중·피해 주민' 같은 사람들이 등장한다. 특히 공추련은 '민중'이라는 용어를 매우 강조한다.

우리는 이 땅의 민중에게 잠재되어 있는 거대한 변혁적 힘을 바탕으로 당면한 공해와 핵의 위협으로부터 민중의 노동과 생활을 수호하고 나아가 사회적 불평등과 자연으로부터의 소외가 극복된 진정한 민주 사회를 건설하기 위하여 〔……〕 민족·민중의 생존권을 수호하고 〔……〕 민중이 주인되는 민주 사회를 건설하기 위해 노력한다. (공추련, 「강령」)

그러면 공추련의 가치 체계를 검토해보자.

가) 공추련은 경제 성장 자체에 대해서는 명백하게 반대하지 않고, 사회경제적 불평등을 낳는 사회 구조를 문제시한다.

나) 공추련은 과학 기술 일반에 대해 비판하지 않고 '환경적으로 건전한 과학 기술'의 발전을 지지한다. 공추련 대의원회는 김지하의 '생명론'을 비판하면서 "문제는 현대 과학에 대한 전면적인 부정과 폐기가 아니라 '인간을 위한 과학'을 실현하기 위한 사회적 전제와 조건을 창출하는 것에 있다. 현대 과학에 대한 무분별한 혐오증은 인류와 사회의 진보에 대한 반동인 반과학주의의 유일한 재산인 것이다"라고 주장한다(「생존과 평화」 제14호: 22~23).[23]

다) 핵문제에 대해서는 명백한 반핵 입장을 갖고 있을 뿐만 아니라 반핵 운동을 중요한 사업으로 채택한다. 핵무기를 둘러싼 군사적 문제를 주요 쟁점으로 제기하지는 않지만 반핵 평화 운동과 연대하고 핵발전소·핵폐기장 문제에도 적극 개입한다. 공추련은 핵발전소 건설 계획을 전면 철회할 것을 요구한다.

라) 공추련은 한살림모임이나 김지하의 자연 중심주의에 반

---

23) 공추련 대의원회, 「김지하 시인의 '죽은' 생명론을 논박한다」(1991. 7. 9).

대한다. 공추련 대의원회는 "우리는 자연 또는 생명만이 귀중하다는 헛된 주장에 대해 단호히 반대한다. 사회와 독립된 자연과 생명은 시인의 망상 속에서나 존재할 뿐이지, 현실은 언제나 인간 사랑이 곧 자연 사랑이며 역으로 자연 파괴는 곧 인간 파괴라는 진리를 말해주고 있기 때문이다"라고 주장한다(*ibid.*: 23).

마) 위의 논의들을 볼 때 공추련의 정치적 이념은 반독점 자본, 반제국주의, 민족주의적인 성격을 강하게 갖고 있다고 볼 수 있다. 공추련이 지향하는 대안적인 사회 체제는 "민중이 주인되는 민주 사회"이다. 공추련은 이와 동시에 "자주적 통일 조국"을 지향하며, "공해로 신음하고 있는 세계 민중 및 평화 옹호 대중과의 국제적 연대를 통해 인류의 항구적인 평화와 생존에 기여"하고자 한다. 공추련의 대안적 체제는 반자본주의, 반제국주의와 같이 소극적 형태로는 표현할 수 있으나 새로운 유토피아로서 '새로운 사회주의'나 '생태-사회주의'(문순홍, 1992)와 같은 적극적인 대안 체제를 제시하고 있지는 않다.

이러한 목표를 수행하기 위해 공추련은 핵발전소 및 핵폐기장 반대 대책 활동, 골프장 건설 반대 활동, 산업 폐기물 처리장 대책 활동 등 지역 주민에 대한 지원 사업을 하고, 환경 교육 등을 실시하고 있다. 공추련은 행동 방식으로 시위·농성과 같은 직접적 행동은 물론 공청회·강연회·문화 행사와 같은 행동 방식도 함께 사용한다.

(2) 서울YMCA

서울YMCA시민자구운동본부는 전문 환경 운동 조직이 아니면서, 환경 운동을 시민 운동의 차원에서 전개하는 조직이다. 시민자구운동본부에서 환경 문제에 관심을 갖고 활동하기 시작한 것은 1989년이다.

먼저 서울YMCA가 바라보는 환경 문제의 원인과 책임에 대해 살펴보자.

(가) 이 조직은 환경 문제의 원인으로 "과학 기술 만능주의, 공업화와 도시화, 그릇된 기업 윤리와 정부의 규제 소홀, 시민 의식의 부재"를 들고 있다(서울YMCA시민자구운동본부, 1990: 6~7).

(나) 가해자와 피해자 문제에 대해서는 '모두가 가해자이자 피해자'라는 논리를 적극 지지한다.

환경 문제는 더 이상 남의 일이 아닙니다. '나' 자신이 환경 문제의 피해자요 또한 가해자입니다. 그러므로 우리는 환경 보전적 생활 규범을 솔선하여 실천함으로써 건강한 사회 건설을 위한 시민적 책임을 다함과 아울러 환경 문제 해결의 구조적 열쇠를 쥐고 있는 기업이나 정부에 정책적인 대책을 요구할 수 있는 도덕적 정당성을 확보해야 합니다. (*Ibid.*: 14)

이러한 인식 위에서 이 단체는 "생활 실천 운동, 환경 감시 및 고발, 캠페인 및 여론 형성"과 같은 일과 함께 "환경 보전의 법제화·제도화를 목표로 다양한 시민 행동을 전개하며, 궁극적으로 환경 보전 시민 역량을 결집하여 시민 행동망을 건설"하는 계획을 갖고 있다(*ibid.*: 15). 이 조직은 70년대 이후 우리나라 저항 운동의 상징적 주체로서 그 의미가 확립된 '민중' 담화를 일관되게 배제하고, '시민' 담화를 사용한다. 행동의 주체는 언제나 '시민'으로 나타난다.

그러면 이 단체의 가치 체계를 쟁점별로 검토해보자.

(가) 경제 성장 문제에 대해서는 대개 '환경적으로 건전한 경제 성장'을 지지한다.

(나) 과학 기술의 부작용을 지적하지만 과학 기술 일반을 비판하지는 않는다.

(다) 반핵 담화는 찾아보기 힘들고 반핵 활동은 이 단체의

주요 활동 영역이 아니다.

(라) 인간 중심주의와 관련된 문제에 있어서는 기독교적인 세계관 안에서 인간과 자연의 조화와 공존을 지향하는 입장을 갖고 있다.

(마) 이 단체는 공추련과 같은 급진적이고 근본적인 대안 사회를 지향하지 않는다. 현실주의적인 시민 행동을 통해 점진적인 사회 개혁을 지향한다고 볼 수 있다. 공추련과 같은 반자본주의, 반제국주의적인 담화는 찾아볼 수 없다.

서울YMCA가 벌이는 주요 활동은 환경 교육 활동, 생활 환경 실태 조사, 환경 문제 고발 상담, 환경 문제와 관련한 입법 요구 운동 등이다. 이 단체는 환경 문제를 제기하고 그것을 사회적으로 부각시킨 후, 국회 청원 등의 방법을 사용하여 정부 정책을 변화시키려는 계획을 갖고 있다. 행동 방식으로는 직접적 시위와 같은 방법보다는 토론회, 서명 운동, 국회 청원과 같은 방법을 통해 제도 정치에 영향력을 확대하는 방법을 택한다.

(3) 경실련

경실련은 1989년 창립되어 그 이전까지 지배적이던 민족 민주 운동과 전혀 다른 전략과 실천 방법을 주창하면서 스스로를 '운동권'과 다른 '시민 운동'으로 규정했다. 이 단체는 '경제 성장'과 '사회적 형평'이라는 목표를 중심으로 활동해왔으나 1991년 '페놀 사건' 이후 점차로 환경 문제에 관심을 갖고 경제정의연구소내에 환경연구부를 만들어, '유엔환경개발회의 및 지구 포럼'에 참가하고 '한일 환경 운동 시민 단체 세미나'를 주관하는 일 등을 해왔고 1992년 11월에 사단법인 환경개발센터를 새로 만들었다.[24]

---

24) 경실련의 담화를 명확히 분석하기 위해서 1992년 11월에 발표된 설립 취지문을 분석 대상에 포함시키겠다. 이 취지문은 발표 시기가 다른 단체의 자료에 비해 약간 늦지만 경실련의 종전 입장과 크게 다르지 않으므로 분석 대상에 포함시켜도 무방할 것으로 보인다.

그러면 경실련은 환경 문제의 원인을 어떻게 진단하는지 살펴보자.

(가) 경실련은 환경 문제의 원인을 "기본적으로 경제적 부정의, 즉 인간의 복지를 외면한 채 이윤만을 추구하는 잘못된 경제 구조"와 "인간에 의한 개발의 역사, 특히 산업 혁명 이래 인간이 지녀왔던 가치관이나 문화 자체"라고 보고 있다(서경석, 1992: 21~22; 경실련 환경개발센터 설립 취지문).

(나) 피해자/가해자의 문제에 있어서는 "반공해 운동 시절에는 가해자가 기업이고 피해자가 인근 주민이었지만 지구적 규모로 보면 자동차 소유자 자신이 대기 오염의 피해자이자 가해자이므로 모두가 피해자이자 가해자"라고 본다.[25]

경실련은 근본적인 해결책과 현실적인 계획을 함께 제시하고 있다. 공추련의 담화에서 볼 수 있었던 적대적 담화는 여기서 전혀 나타나지 않고 있다.

기본적으로는 새로운 가치관과 행동 양식을 찾는 문화 운동이라는 토대 위에서 환경 운동을 펴나가고자 합니다. 당면한 환경 위기를 극복하고 이 지상에서 지속 가능한 생활을 이어가기 위해, 정치·경제·사회·문화의 제영역에서 포괄적인 연구를 통해, 근본적인 변혁을 가능하게 할 대안을 제시하려 할 것입니다.

그러나 현단계에서 우선적으로 필요한 일은 환경을 고려하지 않는 사회 경제 정책이 가져올 장기적이고 치명적인 결과를 막기 위해, 환경 관리라는 개념에 입각한 정책 대안을 제시하며, 그것의 실행을 위해 하나의 시민 단체로서, 국내외 타시민 단체와 연대하고, 정부 및 기업과의 대화를 통해 할 수 있는 노력을 다하는 형태로서 나타날 것입니다. (경실련 환경개발센터 설립 취지문)

경실련이 개혁의 담지자로 설정하는 사회 집단은 '시민' 혹은 '중산층'이다. 서경석은 민중과 중산층을 구분되는 두 범주로

---

25) 환경연구부장과의 면접, 1992년 9월.

규정하면서 민중은 '민중 이기주의'에 빠져 있는 반면 시민은 자신의 이해를 넘어서서 '공공성'을 획득할 수 있는 집단으로 설정한다.[26)]

그러면 경실련의 가치 체계에 대해 살펴보자.

(가) 경제 성장 문제에 있어서 서경석 사무총장은 "물론 경제 정의야말로 경제 성장의 첩경인 것은 말할 것도 없지만 반대로 경제 성장이 환경 보존과 분배를 위한 토대가 된다는 것도 부인할 수 없는 사실"이라고 주장한다(서경석, 1992: 23).

(나) 경실련은 '깨끗한 과학 기술'을 통해 환경 문제를 해결해야 한다고 본다.

(다) 핵문제에 대해서는 반핵의 입장을 갖지만 반핵 운동을 주요 활동으로 설정하지는 않는다.

(라) 경실련은 급진적인 생태 중심주의를 주장하지는 않는다.

(마) 경실련은 반자본주의의 입장에 서지 않고 경제 정의의 실현을 통해 건전한 자본주의를 만들자는 담화를 주장한다. 정치 체제로서는 '자유 민주주의'를 지향한다. 대안적 사회로는 "경제 정의와 평화가 실현되고 모든 국민이 인간다운 삶을 누릴 수 있는 사회"를 제시한다(설립 취지문).

경실련은 페놀 사건 때 주도적으로 두산 상품 불매 운동 등을 벌였고, 환경 관련 세미나를 조직해왔다. 새로 생긴 환경개발센터는 환경 정책 입안, 리사이클 및 에너지 절약 캠페인, 기업 환경 진단과 시설 개선 지도 사업, 유기 농업과 생활협동조합 확대 전략 등을 기획하고 있다. 행동 방식으로는 '평화적 시위'와 공청회·강연회 등과 같은 방식을 주로 사용한다.

(4) 한살림모임

한살림모임은 1989년 10월 창립된 조직으로서 '생명 운동' '살림 운동' '공동체 운동'을 주도하는 단체이다. 이 단체는 공

---

26) 서경석과 최장집의 대담(경실련, 1991: 37).

추련과 같은 직접적 대중 행동을 조직하는 것이 아니라 한살림 운동의 이념을 연구하고 전파하는 일을 주로 한다. 우리나라에 서 가장 선도적인 생태주의 운동 조직이라 할 수 있다. 이들은 독일의 녹색 운동을 준거로 삼으며, 다른 한편 스페인의 '몬드 라곤생산자협동조합 운동'을 모델로 삼는다.[27] 이 조직의 이론 적 지도자의 한 사람은 김지하이다. 한살림모임의 담화 분석을 위한 텍스트로는 1989년 창립 총회에서 채택된 '한살림 선언' (한살림모임, 1990: 6~43)을 사용하겠다. 김지하와 한살림모임 의 담화가 반드시 일치하지 않을 수도 있지만 양자는 크게 보아 생태주의적 담화로서 깊은 유기적 연관이 있기 때문에 두 담화 를 함께 분석하도록 하겠다.

그러면 먼저 한살림 모임이 환경 위기의 원인을 어떻게 진단 하고 있는지 살펴보자.

(가) 이들은 '생태계의 위기'의 근원을 산업 문명에서 찾고 있다. 한살림 선언에 의하면 "산업 문명은 생명 소외의 체제이 고 본질적으로 반인간적일 뿐만 아니라 반생태적인 문명이다" (*ibid.*: 9). 그리고 "산업 문명은 자연의 생태적 균형과 인간의 공동체를 파괴함으로써 엄청난 분열과 충돌과 동요를 유발하고 있다." 이들은 한걸음 더 나아가 분단의 원인도 산업 문명으로 돌린다.

> 살아 있는 하나의 생명인 우리 민족을 기계적 힘으로 분단시켜 적대토록 하고 있는 것은 무엇인가. 자연 그대로의 한반도를 기하 학적인 선으로 절단하여 그 생명의 기(氣)를 끊어놓은 것이 과연 무엇인가. 그것은 다름이 아니라 인류와 세계를 분열시킨 억압적 인 기계 문명인 것이다. (*Ibid.*: 35)

(나) 김지하는 이러한 산업 문명이 우리 생활에도 파고들어

---

27) 몬드라곤생산자협동조합에 대해서는 『한살림』(1990)과 화이트와 화이트 (1992)를 참조하라.

있기 때문에 "지역 주민들의 고발, 항의 운동"을 지지하면서도 동시에 "드디어 '내 탓이오' 소리가 나왔다"고 반가워한다. "그러나 '내 탓이오'만으로는 안 된다"고 주장하면서 "문제는 우리의 세계관·가치관에 있으며 거기에 기초한 우리의 생활 양식, 사회 양식, 생산 양식 곧 문명에 있다"는 것을 알아야 "차원 높은 대안 운동"으로 발전할 수 있다고 본다(김지하, 1992: 158). 이것은 '전국민이 가해자이자 피해자'라는 담화와 많은 유사성을 갖는다. 물론 직접적 책임을 국민에게 돌리면서 생활 실천을 강조하는 의미를 넘어서서 자본주의적 욕망 구조에 대한 성찰을 요구하는 측면이 있지만 그럼에도 불구하고 다시 모든 책임은 단일 원인인 '문명'으로 환원된다.

이러한 인식을 바탕으로 한살림모임은 '각성'을 중시하는 가치관 전환 운동을 제시한다.

첫째, '한살림'은 생명에 대한 우주적 각성이다. 〔……〕
둘째, '한살림'은 자연에 대한 생태적 각성이다. 〔……〕
셋째, '한살림'은 사회에 대한 공동체적 각성이다. 〔……〕 오늘날 낭비보다는 검약, 경쟁보다는 협력, 물질적 성장보다는 정신적 성숙, 이기(利己)보다는 공생, 자기 주장보다는 사회 정의, 분열보다는 통일을 지향하는 참다운 공동체적 각성이 우리에게 요청되고 있다. 〔……〕
넷째, '한살림'은 새로운 인식·가치·양식을 지향하는 '생활 문화 운동'이다. 〔……〕 새로운 세계관과 가치관에 기초하는 새로운 생활 양식을 창조하여 사회에 널리 보급해야 하겠다.
다섯째, '한살림'은 생명의 질서를 실현하는 '사회 실천 운동'이다. 〔……〕 우주의 큰 생명을 자각한 창조적 인간은 반생태적·반공동체적인 정치 권력, 기술 관료, 대기업들에 대한 생명의 투쟁을 전개해야 할 것이다. 〔……〕
여섯째, '한살림'은 자아 실현을 위한 '생활 수양 운동'이다. 〔……〕

일곱째, '한살림'은 새로운 세상을 창조하는 '생명의 통일 활동'
이다. (한살림, 1990: 36~42)

이러한 운동의 주체로 김지하는 "일단은 현질서의 상징인 회
사 인간을 제외한 주변 인간, 특히 회사 인간의 끝없는 소모 운
동, 뒷바라지 엔트로피 운동, 그러나 사실은 생명 노동을 전담
한 전인구의 절반인 여성 주부 그리고 농민·장애자·노인·낙
오자 등이 될 것"이라고 보면서도 회사 인간 속의 자기 분열
인간들도 주체가 될 수 있다고 보고 결국 "모든 인간이 주체"
라고 본다(김지하, 1992: 227).
한살림모임의 가치 체계는 매우 새롭다.
(가) 한살림은 경제 성장에 대해서 비판적인 입장을 갖는다.

자본주의건 사회주의이건 간에 오늘날의 경제 이론은 직선적인
성장에 대한 강박관념을 갖고 있다. 성장에 대한 강한 집념은 결
과적으로 자본주의와 공산주의를 서로 유사하게 만들어놓았다.
〔……〕양자 모두가 경제 성장과 기술 진보만을 추구함으로써 중
앙 집권화된 기술 관료들에 의한 통제와 지배를 강화시키고 경제
적 갈등을 격화시키면서 사회의 균형을 파괴하며 환경을 훼손시키
면서 자원을 고갈시켜가고 있다. (한살림, 1990: 15)

(나) 한살림 선언은 "산업 문명은 세계를 하나의 거대한 기
계 장치와 같은 질서로 편성하게 되었다"고 보고 "여기에 사상
적 기반과 과학적 근거를 제공한 것이 다름아닌 분석적 합리주
의 철학과 실증주의적 과학이었다"고 주장한다. 한살림모임은
과학 일반을 완전히 부정하지는 않지만 과학과 기술에 대해서
매우 비판적이다.
(다) 한살림모임은 '핵위협과 공포'를 위기의 징후로 지적하
지만 '반핵'에 대한 담화적·비담화적 실천은 부차적인 관심 영

역으로 놓아둔다.

(라) 한살림모임과 김지하는 '환경'이라는 말보다는 '자연' 또는 '생태계'라는 말을 더 즐겨 사용한다. 왜냐하면 "'환경'이라는 말은 인간 중심주의의 산물, 인간을 우주의 중심에 놓고 자연을 무대 장치나 들러리쯤으로 보는 기계론적 사고 방식의 흔적이라는 인상이 짙기" 때문이라는 것이다(김지하, 1992: 160). 여기서 우리는 앞에서 본 조직들과 다른 보다 급진적인 '자연 중심주의' '생태 중심주의' 담화를 엿볼 수 있다.

(마) 한살림모임과 김지하는 공산주의와 자본주의 모두 "기술적 산업주의라는 동일한 문명적 기반 위에 서 있"고 "산업 문명은 기술과 기계로써 인간과 자연을 통제하고 지배하는 전체주의적 세계"이기 때문에 양 체제를 모두 비판한다(한살림, 1990: 8). 이들은 관료주의에 반대하면서 국민 국가의 권력 장악이나, 국가의 정책 결정에 참여하는 것과 같은 전통적 좌우파 모델의 정치를 지향하는 것이 아니라 공동체를 지향한다. 김지하는 "최근의 공동체들은 '공생 *symbiosis*'을 원리로 하여 나타난다. 〔……〕 생활협동조합이나 녹색 공동체, 유통 공동체, 소비자 공동체 등이 그것이며, 각종 생산 공동체들과 함께 그것의 복합적 확대 연관이 지역 자치체다. 〔……〕 이 공생체의 원리는 '우애'"라고 주장한다(김지하, 1992: 234).

김지하는 국가·민족·계급과 같은 '큰 이야기'가 아니라 '개인과 가족과 소규모 공동체'와 같은 작은 이야기를 내안적 모델로 제시한다. "조국·공화국, 이런 말 한마디가 사람의 피를 끓게 만들고 개인의 완전 희생을 요구할 수 있었던 시대는 이미 지나갔다 〔……〕 지나간 역사는 이른바 국가·민족·교회·민중·계급·이념 따위가 부당하게도 개인과 가족과 소규모의 생태적 공동체의 삶을 억압하고 세뇌하고 변질시키고 해체시켜온 역사다"(*ibid.*: 226). 김지하와 한살림모임은 '생명 가치'를 실현하는 사회 체제를 지향한다. 그러나 이들은 보다 구체적인 형태로

<표 5-8>　　　　주요 환경 운동 조직의 담화와 활동

	공추련	서울YMCA	경실련	한살림모임
환경 문제의 원인	사회경제적 불평등, 파행적 사회 구조, 강대국들의 군비 경쟁, 제국주의 독점 자본의 환경 파괴	과학 기술 만능주의, 공업화와 도시화, 그릇된 기업 윤리, 정부의 규제 소홀, 시민의식의 부재	경제적 부정의, 이윤만을 추구하는 잘못된 경제 구조, 산업혁명 이후의 가치관이나 문화	산업 문명, 억압적인 기계문명
가해자/피해자	'가해자이자 피해자' 논리는 환경 오염의 주범의 책임 회피 이데올로기이다	나 자신이 피해자이자 가해자이다	지구적 규모의 환경 오염에서는 모두가 피해자이자 가해자이다	내 탓이오
해결책과 실천 계획	공해 추방 주민 운동 지원, 민주 세력과의 연대 투쟁, 국제적 연대를 통한 평화 기여	생활 실천 운동, 환경 감시 및 고발, 캠페인 및 여론 형성, 환경 보전의 법제화·제도화, 시민 행동망 건설	새로운 가치관과 행동양식을 찾는 문화운동, 연구를 통한 근본적 변혁대안 제시, 환경관리라는 개념에 입각한 정책 대안제시	공동체적 각성운동, 생활 문화운동, 사회실천운동, 생활수양운동, 생명의 통일 활동
운동 주체	민중	시민	시민	회사 인간을 제외한 주변 인간

가치 체계				
−경제 성장	반대 안 함	반대 안 함	경제 성장과 환경 보호의 조화 지지	성장만을 추구하는 체제를 비판
−과학 기술	반과학주의 비판		'깨끗한 과학 기술'을 지지	'실증주의적 과학'을 비판함
−핵	적극적인 반핵 담화와 활동		반핵 입장이지만 적극적 활동 안 함	반핵 담화는 있으나 반핵 활동은 안 함
−자연·생태 중심주의	반대			적극 지지
−대안적 사회	민중이 주인이 되는 민주사회		경제 정의와 평화가 실현되고 모든 국민이 인간다운 삶을 누릴 수 있는 사회	소규모 공동체가 중심이 되는 사회
주요 활동	공해 추방 주민 운동 지원, 반핵 운동, 민족 민주 운동 연대 활동	생활 환경 운동(자원재활용운동) 입법 요구 운동	생활 환경 운동(자원 재활용 운동), 정책 제안 활동, 생활 협동조합운동	생명 운동, 살림 운동, 공동체 운동, 유기 농산물 직거래 운동 지원
행동 방식	시위·농성·강연회·공청회	강연회·공청회·국회 청원	강연회·공청회	강연회

대안적 사회 체제의 기획을 제시하지는 못하고 있다.

한살림모임은 지역 주민들의 반공해 운동에 대한 지원 운동에는 거의 관여하지 않고 한살림 운동의 이념과 실천 방안에 대한 연구·교육 등과 같은 활동을 주로 벌이고 있다. 또한 생활 실천 운동에 대해서도 지속적인 관심을 갖고 있다. 이 모임과 이념을 공유하면서 별개의 조직으로 편성된 한살림 소비자협동 조합은 유기 농산물 직거래 운동을 벌이고 있다. 행동 방식으로는 직접적 시위·농성과 같은 방법이 아니라 강연회와 같은 활동이 주가 되고 있다.

지금까지 우리는 전문 환경 운동 조직들의 담화와 활동들을 살펴보았다. 이 조직들의 담화와 활동들을 쟁점별로 정리한 것이 앞의 〈표 5-8〉이다.

그러면 이러한 특징들을 제 2 장에서 살펴본 환경 담화의 세 유형과 비교하여 살펴보자. 한살림모임과 김지하의 대안 전략은 생태주의의 입장을 잘 보여주고 있다. 서울 YMCA와 경실련의 전략은 환경 관리주의와 일치하지는 않지만 좌파 환경주의보다는 환경 관리주의에 가깝다고 볼 수 있다. 공추련은 반공해 운동의 시기부터 한국 환경 운동의 주류를 이어온 좌파 환경주의를 지속적으로 견지하고 있다는 사실을 알 수 있었다. 이상의 분석을 통해 우리는 환경 운동의 모색기에 이르러 비로소 한국에 새롭게 생태주의가 등장하고, 환경 관리주의적인 담화가 환경 운동 영역에 나타나게 되었다는 사실을 확인할 수 있게 되었다.

3) 신문 사설

그러면 환경 운동의 모색기에 신문 사설의 내용에는 어떤 변화가 나타났는지 살펴보자. 이 시기의 환경 문제 가운데에서 국민들의 관심을 가장 집중시킨 것은 수질 오염 그 가운데에서도 수돗물 오염 문제이다. 1989년·1990년·1991년의 3년 간에 걸쳐 매년 일어난 수돗물 오염 사건·사고는 커다란 사회 문제가 되었다.

1989년 8월에는 건설부가 수돗물 오염 사실을 발표함으로써 제1차 수돗물 파동이 일어났다. 이 사건은 정부 당국이 최초로 수돗물의 오염 사실을 발표한 것이었으므로 커다란 사회적 관심을 불러모았다. 동아일보는 다음과 같은 사설들을 실었다.

마실 물이 없다면

국민들이 마음 놓고 마실 물도 없다면 발전과 번영의 의미를 어디서 찾아야 하는가. 〔……〕 이만한 규모의 경제적 발전을 이룬 터라면 마땅히 맑은 공기와 깨끗한 물을 지키는 일에, 그래서 쾌적한 삶의 조건과 모두의 건강을 지키는 일에 더 이상 등한할 수 없다. 하수 처리 시설의 확충, 공해 방지 시설의 어김없는 가동, 오염 행위의 감시와 처벌 등에 있어서 더 이상 소홀함이 있어서는 안 된다. (동아일보, 1989. 8. 9)

상수도 대책과 행정 체계

앞으로 어떻게 해야 할 것인가. 〔……〕 우선 첫째로 수질 관리 체계부터 일원화하는 것이 순서다. 〔……〕 둘째 상수도가 그렇게 관리되게 하려면 환경청의 개편 문제가 마땅히 논의되어야 한다. 〔……〕 더 항구적이고 강력한 기구가 되려면 적어도 환경청이 국무위원급의 부로 승격되는 것이 바람직하다. 셋째 맑은 물을 지키기 위한 비용의 부담 방법에 있어서 공해의 피해자인 가계(家計)가 부담을 도맡는 방식은 바람직하지 않다. 그 비용은 원인 행위자인 기업과 업소가 우선적으로 부담하는 것이 순리다. (동아일보, 1989. 8. 12)

동아일보는 경제 발전과 건강을 대립시키고, 건강의 중요성을 강조함으로써 경제 성장 중심주의를 비판하고 있다. 그리고 수돗물 문제를 해결하기 위해서는 환경청을 환경부로 승격시키고 행정 체제를 일원화해야 된다는 해결책을 제시한다. 홍미로운 것은 일반적으로 수질 오염과 관련하여 소비자들은 '피해자이자 가해자'로 규정되는 데 반해서, 8월 12일의 사설이 가계(家計)를 공해의 피해자로 규정하고 기업과 업소를 원인 행위자 즉 가해자로 규정하고 있다는 사실이다. 이것은 이 사설이 오염자 부담의 원칙을 확고히 지켜야 한다는 주장을 강조하기 위한 것으로 보인다.

조선일보는 수돗물 파동과 관련하여 세 개의 사설을 실었다.

수돗물 비상──오염 숨겨온 당국자 문책을

그 동안 이를 숨기며 국민 건강을 해쳐온 관계 당국에 대해 응분의 조치를 취할 것을 강력히 촉구한다. 〔……〕 수돗물이 깨끗해지려면 우선 원수(源水)가 맑아야 한다. 〔……〕 하수 처리 시설을 늘리고 또 처리 능력을 높이는 데 힘써야 하겠다. 또 공해 업체에 대한 감독을 강화해야 할 것이다. 〔……〕 더불어 상수원 수를 공급하는 팔당댐·대청댐·안동댐 등의 부영양화를 막고 정수장의 시설 및 운영 방식 개선 등으로 정수 능력을 높이려는 노력도 병행돼야 하겠다. (조선일보, 1989. 8. 9)

조선일보는 다른 두 사설에서 환경청의 실질적인 강화 내지는 부(部) 승격이 필요하다고 주장하고(조선일보, 1989. 8. 11), "당국은 책임 전가를 일삼아 국민의 불신을 조장할 게 아니라, 이번 소동에서 야기된 국민적 경각심을 환경 관리의 일대 호재로 삼는 지혜가 필요"하다고 말했다(조선일보, 1989. 8. 19).

기업은 수질 오염의 중요한 주체이기 때문에 수질 오염에 관한 사설에서 기업은 언제나 주요 비판 대상이 된다. 조선일보는 1990년 2월 환경청의 폐수 배출 기업에 대한 보고를 소재로 기업의 환경 오염 책임을 강조하는 사설을 실었다(조선일보, 1990. 2. 14).

1990년 7월에는, 1989년 8월에 이어 다시 수돗물 파동이 일어났다. 감사원이 국회에 보고한 자료에서 수돗물에 발암 물질인 트리할로메탄이 들어 있다는 사실이 밝혀진 것이다. 동아일보는 이 사건을 계기로 환경과 건강의 중요성을 강조하는 사설을 실었다(동아일보, 1990. 7. 2). 이 사설은 지금까지 물질적 풍요와 민주화를 위해 우리 사회가 노력해왔다고 보면서 보다 중요한 과제로 건강을 위한 환경 보호의 중요성을 강조했다. 이 사설에서는 같은 신문의 1989년 8월 12일의 사설과 달리 '우리 모두가 피해자이자 가해자'라는 담화가 등장하고 있다. 소비자·시민의 책임이 다시 강조되고 있는 것이다.[28] 조선일보는 같은 사건에 대해 정부의 도덕성과 책임을 묻는 사설을 실었다.

수돗물 가지고 왜 이러나

이런 형편에서 팔당호 골재 채취에서 있을지도 모르는 오염 가능성에 대해서도 충분한 사전 조치 없이 상당량의 골재를 채취케 했다. 환경 파괴가 당국의 방조로 일어나고 있는 것이다. 〔……〕
환경 보전에 가장 큰 책임을 지고 있는 **당국의 도덕성 결여가 환경 행정의 효율-효과적 전개에 최대 장애물**이라는 점이다. 정부 스스로 제정한 환경 보전의 각종 수칙을 스스로 지키지 않는 형편이니 환경 오염 업체들이 그것을 준수할 리가 있겠는가. 믿음이 없는 환경 행정이 어찌 환경 보전에 필수불가결한 국민들의 참여를 기대할 수 있겠는가. (조선일보, 1990. 7. 2)

이 사설은 정부가 환경 오염의 감시 업무를 소홀히했다는 비판을 넘어서서 정부 자체가 환경 오염에 앞장서고 있다고 강도 높게 비판하고 있다. 수질 오염의 근본적인 책임을 기업과 시민이 아니라 정부에게 묻는 점이 특이한 점이다.

1991년에는 우리나라 역사상 가장 큰 환경 사고인 페놀 사태

---

28) 이러한 주장은 1990년 6월 6일의 사설에 보다 잘 나타나 있다.

가 일어났다. 동아일보와 조선일보는 이 사건과 관련하여 많은 사설을 실었다(동아일보, 1991. 3. 21, 3. 22; 조선일보, 1991. 3. 22). 3월 21일과 22일의 동아일보, 그리고 3월 22일의 조선일보는 모두 두산을 부도덕한 범죄자로 규정하고 재벌 기업들의 책임을 강조하는 사설을 실었다. 그리고 성장과 환경 보전의 조화론에서 환경우선론으로 나아가야 한다고 주장하고 있다. 그러나 며칠 뒤의 사설에서는 두 신문 모두 국민들의 책임을 강조하는 주장을 제기하고 있다.

일과성(一過性) 분노 안 되게

지금 시점이야말로 사건 관련자들을 규탄하고 있는 이 땅의 모든 사람들이 스스로를 반성하고, 환경을 개선하기 위해서 적극적으로 나서야 할 때라고 우리는 믿는다. 〔……〕 시민들 스스로가 나서서 환경 당국을 도와주지 않으면 철저한 관리와 감시가 불가능하다는 것을 알아야 하겠다. 환경 개선을 위해서는 또한 시민들 모두가 환경 오염을 방지하기 위한 소비 행태를 정착시켜야 한다. 〔……〕

지금 이 시점이야말로 남에게 돌을 던지던 손을 잠시 내리고, 스스로를 반성하면서, 환경 오염에는 모두가 책임이 있음을 통감하여 모두가 치유에 적극 나서야 된다는 것을 자각해야 하겠다. (조선일보, 1991. 3. 25)

환경 행정 효율 높이라

우리가 산업 사회를 지향하는 한 공해 물질의 생성을 원천적으로 막을 수는 없다. 〔……〕 그러나 그 폐기물의 생성이 두렵다고 산업화를 중단하거나 소비의 양을 줄일 수는 없다. 그 폐기물을 버리되 환경을 더럽히지 않는 방법으로 버리는 길이 있을 뿐이다. 그러기에 환경 보전의 1차적 책임은 생산자인 기업에 있으며 2차적 책임은 소비자인 모든 국민에게 있다. 그러나 그 책임과 의무를 실천하도록 행동 기준을 정하고 유도하며 이를 어기는 것을 감시하고 처벌하는 것이 환경 행정이다. 〔……〕 환경의 문제는 바로 산업 체제의 문제다. 저공해 기술의 개발, 공해 방지 투자의 확대 등 경제 사회 개발 계획의 차원에서도 환경 보전의 결의와 실천이 다져져야 한다. (동아일보, 1991. 3. 26)

조선일보는 '우리 모두'라는 용어를 사용하면서 소비자인 국민들의 책임을 강조하고 있다. 동아일보 역시 2차적 책임을 모든 국민에 돌리고 있다. 이러한 주장은 페놀 사건 초기의 논설과 차이를 보이면서 이후 사설의 주된 논조가 된다. 조선일보는 3월 28일 사설에서 "합성세제를 덜 쓰고, 가급적 비누로 대체하는 범국민 운동을 전개"하자고 제의했고, 동아일보는 4월 13일 사설에서, '세제의 생산 중단' '소비자의 절제' 등을 촉구했다. 또한 두 신문은 환경 운동을 적극 지지하는 사설을 실었다.

시민 운동 잘하는 일이다

이번 불매 운동을 시발로 기업의 환경 오염 행위를 적발하고 감시하며 응징하는 시민 환경 운동이 한때에 그치지 않고 상시화하기를 기대한다. 〔……〕

한편, 시민은 그 소비 행위로 환경을 오염시키는 또 하나의 오염원이다. 〔……〕 공해 유발적인 소비 행태를 자제하는 운동이 함께 있어야 한다. 쓰레기 덜 버리기, 분리 수거 운동에의 적극 협조, 공해 유발 물질 덜 쓰기, 자동차 덜 타기 등 시민이 소비자로서 할 수 있는 일을 다하는 운동이 함께 일어나야 한다. (동아일보, 1991. 3.29)

앞으로의 환경 운동

물론 폭력은 반대해야겠지만, 치열한 행동을 불사할 만큼 환경 문제에 대한 시민 감정이 고양되었음은 우리의 환경 운동의 앞날을 위해 퍽 고무적인 전기로 보아야 할 것이다. 〔……〕 환경 오염에 일차적 책임

을 가진 정부만 질타할 것이 아니라, 시민들의 의식화, 유관 사회 기관
의 환경 운동 참여 등 환경 운동 주체의 다원화야말로 환경 보존으로
가는 정상 궤도임이 분명하다. 〔……〕 수돗물 오염 때문에 시민 감
정은 격앙되어 있다. 그러나 이번 감정은 삭여야 할 대상이 아니
라 반드시 의식으로 승화되어야 할 계기이다. 때문에 시민들을 환
경 의식으로 무장하려는 뜻있는 각계 사회 단체의 다발적 출현을
고대하는 바이다. (조선일보, 1991. 3. 31)

두 신문의 사설은 환경 운동의 발전을 적극 지지하고 있다.
그 운동의 내용은 기업에 대한 감시 활동과 소비 절제 운동으로
크게 나누어진다. 환경 운동이 기존 사회 구조를 넘어서거나 사
회적 균열을 심화시키지 않는 한 두 신문은 이러한 환경 운동을
적극 지지한다.
정부는 1991년 4월에 들어서 수출 차질을 이유로 두산전자에
대한 조업 정지 명령을 취소시켰다. 이에 대해 조선일보는 강한
논조로 정부를 비판했다.

물보다 수출이 더 급한가

정부가 지금 걱정해야 할 일은 전자 제품의 수출이 아니라, 깨끗한
물과 맑은 공기를 되찾기 위한 지혜와 역량의 결집이다. (조선일보,
1991. 4. 5)

두산전자가 다시 페놀 원액을 유출시키자 동아일보는 두산전
자를 강력히 비난하면서 환경우선론을 다시 주장했다.

두산전자 문닫아야 한다

환경을 파괴하는 생산이란 이제 지양되어야 하기 때문이다. 〔……〕
이제는 생산보다 환경이 더 중요하다. 전국의 강이란 강이 모두
썩고 전국에서 산성비가 내리는 채 과거와 같은 물량 위주의 생산

방식을 그대로 끌고 갈 수는 없는 일이다. 그룹이 책임져야 하며, 그룹 총수가 책임져야 하며, 정부가 그 앞에서 책임을 느껴야 한다. 산업 정책의 차원에서 환경과 경제 성장의 무게를 교량(較量)하고 기술이나 관리 능력상 환경 오염이 불가피한 산업과 공장은 문을 닫게 하는 결단이 필요하다. (동아일보, 1991. 4. 23)

그러면 이번에는 1988년에 연이어 터진 중금속 중독 사건에 대한 사설들을 검토해보도록 하자. 1988년에는 수은 중독 환자가 잇달아 나타나고, 우리나라 최초로 카드뮴 중독 환자가 발생했으며 크롬 중독 환자도 나타났다. 동아일보는 중금속 오염과 관련된 사설을 연이어 실었다(동아일보, 1988. 5. 24, 5. 27, 5. 31, 7. 20).

수은 중독과 사람의 가치

공업화에 따른 환경 오염으로부터 사람의 생명을 보호하는 일은 공업화의 가속을 숙명으로 안고 있는 우리 같은 나라에서 경제 발전과 맞먹는 가치요 과제다. 아니 오히려 사람은 경제의 발전이나 공업화로 인한 물질적 풍요보다 우선하는 가치이다. 환경을 파괴하고 오염시키고 그것이 모여 결국 사람의 생명과 건강에 위해를 주는 공업화와 경제 개발은 이제 지양해야 할 시점에 우리는 와 있다. 따라서 공해 방지 비용을 감당하려 하지 않는 기업이나 감당할 수 없는 산업은 시대 역행의 반사회(反社會) 기업으로서 도태될 수밖에 없는 시기를 맞고 있다. 〔……〕 수은 중독 사고는 인간 우선의 가치 체계, 안전 우선의 고용 체계, 환경 우선의 생산 체계를 앞당기는 자극제가 되어야 할 것이다. (동아일보, 1988. 5. 24)

크롬 중독을 보며
——직업병 공해 산업의 체계 있는 전환 서둘자

우리의 산업 체제를 공해 산업을 없애며 국제 경쟁력 있는 건강 체질로 바꾸어가는 일에 관심을 모아야 할 시점이 아닌가 한다. (동아일

보, 1988. 7. 20)

중금속 오염과 관련된 사설에서 일관된 대립 개념은 경제 성
장과 인간 생명의 가치이다. 동아일보는 이제 경제 성장에 못지
않게 인간 생명의 가치를 고려해야 한다고 말하고, 궁극적으로
는 공해 산업을 포기하고 산업 구조를 조정해야 한다고 주장하
고 있다. 이러한 주장은 1975년의「공해 산업 도입에 신중을」
이라는 사설이나 온산병에 대한 사설에 비해 진전된 내용을 담
고 있다. 그러나 동아일보는 여전히 환경 보전과 경제 성장의
조화론에 서 있다.[29]

조선일보는 카드뮴 중독 환자의 발생에 대한 사설에서 공정
한 재판과 피해자들의 운동을 해결책으로 제시하고 있다.

카드뮴 중독 환자 발생

행정의 기업 보호 자세, 의학계의 상대적인 무기력 등이 공해
문제의 규명과 해결 등에 장애가 된다는 것은 어느 한두 나라의
일이 아니라, 더 세계 각국의 문제라고도 한다. 외국의 경우 그런
장애를 조금이라도 극복한 것은 피해자의 운동과 결국 공정한 재
판이었다. 〔……〕 문제를 덧들이는 것이 아니라, 풀어가는 방향으로
의 주민 운동-직장 운동과 그것을 수용-협조하는 기업과 행정의 적극
적인 자세가 촉구되어야 한다. (조선일보, 1988. 5. 28)

조선일보의 이 사설은 매우 특이하다. 동아일보가 그러하듯이
기업과 정부의 책임을 강조하는 일반적인 주장 대신 피해자 자
신들의 자조적인 사회 운동을 통해서만 문제가 적극적으로 해

---

29) "우리로서는 공해 요소의 확대와 쾌적한 환경의 보전을 조화시키는 일이 남
　　들보다 훨씬 어려운 상황이다. 그러나 주어진 여건을 어쩔 수 없는 한 주어
　　진 여건 아래서 **현명한 조화책을 찾아야** 하는 것이 우리의 숙명이다"(동아
　　일보, 1988. 3. 12:「환경 인식의 대전환——오염의 원천 방지 위한 연구 투
　　자의 확대를」).

결될 수 있다고 주장하고 있다. 그러나 조선일보의 사설은 그 운동이 '문제를 풀어가는 방향'으로, 즉 주어진 사회 제도의 틀 안에서 이루어져야 한다고 부연하고 있다.

셋째로 정부 정책에 대한 사설을 보자. 동아일보는 환경 우선 정책을 추진할 것을 요구하는 사설을 실었다.

환경 선언 채택──개발과의 조화 정책에서 우선 정책으로

개발 우선의 정책에서, 개발과 환경 보전의 조화 정책에서 과감하게 벗어나 환경 보전 우선 정책으로 돌아서는 일이 시급해진 오늘이다. (동아일보, 1990. 1. 12)

69배의 아황산 가스

산업화와 대량 소비를 포기할 수 없는 것이라면 그와 환경 오염의 함수비를 어떻게 줄이느냐 하는 것이 산업화와 대량 소비 지향의 전제적 과제가 될 수밖에 없다. 우리에게 환경의 문제는 단순히 살기 좋은 환경을 지킨다는 의미만이 아니라 산업화와 대량 소비를 실현하는 전제로서도 큰 의미를 가진다. 〔……〕

저유황유의 공급을 늘려야 한다. 〔……〕 그렇게 연료의 종류부터 바꾸되 〔……〕 연소기의 개량과 매연 배출의 단속을 철저하게 넓혀가야 한다. (동아일보, 1990. 7. 12)

1990년 1월 12일의 사설은 환경 우선 정책으로 전환할 것을 주장했지만 결국 환경 관리주의의 틀 안에서 성장과 보전의 조화론의 전략을 대안으로 제시하고 있다. 1990년 7월 12일의 사설은 산업화와 대량 소비를 포기할 수 없는 것으로 전제하고, 그 바탕 위에서 저유황유의 보급과 같은 기술 개발과 투자를 통해서 문제를 줄여나가려는 전략을 제시한다. 따라서 이 두 사설은 성장의 자연적 한계를 인정하지 않고, 환경에 대한 투자를 통해 지속적인 산업화를 추구하는 환경 관리주의의 입장을 잘 보여주고 있다. 넷째로 새롭게 나타난 지구 환경 위기에 대한 사설을 살펴보자. 아래 사설에서는 위의 두 사설과 양립하기 어려운 가치관이 나타난다.

기온 상승과 인류의 선택

온실 기체가 누적된 것도 그 때문이며 그 모든 균형의 깨짐이 결국은 지구의 총생산 증가를 더 이상 가능하지 않게 작용하는 날이 온다면 지금 세대 인류의 풍요는 다음 세대 인류의 생명을 희생하는 위에 누려지고 있는 셈이다. 〔……〕 인류는 지금 무언가를 선택해야 할 시점을 맞고 있다. 우리 또한 같은 선택을 해야 할 것이다. 생산·소비·복지·행복·발전 같은 가치 개념을 소욕질박(小慾質朴)의 틀 속에 녹여 다시 정립하는 결단을 자연이 우리에게 요구하고 있다. (동아일보, 1990. 10. 28)

이 사설은 지구 온난화라는 자연 생태계의 문제에 직면하여 성장의 자연적 한계와 다음 세대와의 형평 문제, 지구의 지속가능성 문제와 같은 근본적인 문제들을 성찰할 것을 요구하고 있다. 이 사설에서는 자연이 그저 심미나 위락의 대상이 아니라 우리의 생존 조건이며, 생태계의 파괴가 지속가능한 사회를 불가능하게 할 수도 있다는 인식에 바탕을 두고 있다. 이것은 앞의 두 사설이 전제하고 있는 성장과 산업화가 불가피하다는 전제를 의문시하고 있다.

그러면 환경 운동의 모색기의 신문 사설을 종합적으로 검토해보자. 1988년에는 작업장의 중금속 중독 사고가 연이어 일어나서 이에 대한 사설이 많이 보도되었다. 1989년부터 1991년 사이에는 매년 수돗물 오염 사건·사고가 발생하여 물 문제가 가장 중요한 환경 문제로 자리잡게 되었다.

중금속 중독 사고와 관련하여 경제 발전·공업화와 같은 구조

적인 원인과, 행정의 기업 보호 자세, 의학계의 상대적인 무기
력과 같은 구체적인 원인들이 거론되었다. 이 문제의 책임은 정
부와 기업에 있는 것으로 기술되었다. 두 신문은 모두 주민-근
로자, 기업, 정부의 노력과 산업 체제의 변화가 필요하다는 일
반적인 해결책만을 제시했을 뿐 구체적이고 강력한 조치를 제
시하지는 않았다.

물과 대기 오염과 관련된 사설에서 환경 오염의 원인은 '산업
화와 대량 소비' '당국의 도덕성 결여' '소비자들의 무절제한 소
비'로 규정되었다. 이러한 문제의 책임은 대개 기업과 정부에게
물어졌지만, 수질 오염에 관한 한, 소비자의 책임은 매우 강조
되었다.[30] 소비자가 환경 오염의 '피해자이면서 동시에 가해자'
라는 논리는 매우 많은 사설에서 반복되었다.[31]

해결책은 여러 가지가 제시되었다. 먼저 정부에 대해서는
수질 관리 체계의 일원화, 환경청의 강화, 혹은 부(部) 승격,
공해 업체 감독 및 처벌의 강화, 정수장 시설 개선 및 확장 등
과 같은 구체적인 대책을 요구했다. 사설은 일반적으로 개발
이나 경제 관련 부처와 환경처가 대립할 때 환경 부서를 지지
했을 뿐만 아니라 환경 부서의 제도적인 강화를 일관되게 촉
구했다.

다음으로 기업에 대해서는 공해 방지 시설의 어김없는 가동,
도덕적 각성 등을 촉구했다. 소비자와 국민의 책임은 동아일보
의 1990년 7월 2일의 「우리들의 물 문제 —— 소비자·기업·정
부·정치인 모두 공심(公心)으로 대책을」이라는 사설에서 강조
된 이후로, 1991년 3월 25일 이후 두 신문에서 모두 강조되었
다. 두 신문은 국민들이 한편으로는 오염 기업을 감시하고, 다
른 한편으로는 스스로 절제를 통해 환경 오염 행위를 줄여야 한

---

30) 동아일보의 1989년 8월 12일의 사설은 가계(家計)를 공해의 피해자로 규정
　　했지만 이후의 사설에서는 일관되게 소비자를 가해자의 한 사람으로 규정했다.
31) 이러한 담화의 급속한 확산 때문에 환경운동연합이 창립 선언문에 시민의
　　책임을 새로 언급하게 된 것으로 볼 수 있다.

다고 주장했다.

이 시기에 들어서 환경 관련 사설에는 환경우선론이 조화론보다 지배적인 위치를 차지하기 시작했다. "경제 성장, 공업화, 발전과 번영"과 "사람의 생명, 건강, 쾌적한 환경, 맑은 물, 청정한 공기"를 대비시키고 후자를 보다 중요한 가치로 강조하는 사설들이 주류를 이루었다. 뿐만 아니라 이 시기에는 공해 산업을 과감히 정리해야 한다는 주장이 강하게 제기되었다(동아일보, 1991. 4. 23). 이러한 주장은 1975년의 "공해 산업 수입에 신중을" 기하라는 조심스런 사설(동아일보, 1975. 8. 31)과 크게 대조된다.

그리고 한편으로 지구 온난화라는 전지구적인 환경 위기가 우리에게도 영향을 미치기 시작하자, 기존의 산업화와 대량 생산, 대량 소비의 사회 체계의 근본적인 방향에 대한 의문이 제기되기 시작했다. 비로소 '성장의 자연적 한계'를 성찰하면서 '생산·소비·복지·행복·발전 같은 가치 개념'을 다시 정립할 것을 주장하는 사설이 등장하기 시작했다는 것은 커다란 변화이다(동아일보, 1990. 10. 28). 그러나 이러한 새로운 환경 패러다임을 암시하는 사설은 극히 예외적인 것이었다.

이 시기의 환경우선론은 산업화와 대량 소비를 지속시키기 위한 환경 보전을 지향하는 것이었으므로, 경제 성장을 반대하는 급진적인 생태주의와는 관련이 없다(동아일보, 1990. 7. 12). 즉 대량 소비를 통한 풍요와 이를 위한 경제 성장을 위해서 환경 보전은 필수적으로 필요한 과제로 제기되는 것이다.

환경 운동의 모색기의 이데올로기 지형을 전체적으로 보면, 국가와 언론은 여전히 환경 관리주의적 입장을 유지하고 있으나, 약간의 변화가 나타나기 시작했다는 사실을 알 수 있다. 먼저 정부 담화에서 지구 환경 위기에 대한 관심이 나타나기 시작했고, 환경 문제에 대한 접근을 사후 대책이 아니라 경제 구조와 산업 체제 전반에 대한 사전 대책의 차원으로 전환해야 한다는 인식이 등장하기 시작했다. 신문 사설은 이 시기에 이르러 조화론으로부터 환경우선론으로 지배적인 담화가 변화하기 시작했다. 그러나 이 환경우선론은 근본적인 사회 변화를 추구하는 좌파 환경주의나 생태주의가 아니라 환경 관리주의 안에서의 환경 우선론이라고 볼 수 있다.

환경 운동 영역에서는 이 시기에 이르러 생태주의가 등장했고, 좌파 환경주의와 경쟁하는 새로운 담화가 등장했다. 경실련과 YMCA의 새로운 담화는 환경 관리주의적인 요소를 많이 갖고 있으나 정부 담화와는 달리 시민의 자발적인 참여를 통해 기업과 정부에 대한 감시와 압력을 조직하는 사회 운동의 맹아를 보여주고 있다.

Ⅳ. 환경 운동의 확산기: 1992년 이후

리우에서 유엔환경개발회의가 열린 이후 우리나라의 환경 운동의 이데올로기 지형은 또 한번 변화를 겪었다. 리우회의는 환경 운동내의 이데올로기 지형뿐만 아니라 국가와 기업 모두의 변화를 낳은 중요한 사건이다.

먼저 환경 운동 영역에서는 지금까지 전지구적 환경 문제를 하던 Hardin의 '구명선 윤리'와 직접 연결하여 선진국이나 지배 계급의 논리로 규정하던 좌파 환경주의 담화가 약화되거나 거의 사라졌다는 중요한 변화가 생겼다. 이와 함께 기업과 국가를 '환경 오염의 주범'으로 규정하던 경향이 약화되기 시작했다. 공추련을 비롯한 환경 운동 조직이 중심이 되어 조직한 '유엔환경개발회의 한국위원회'는 대기업들을 후원 단체로 가입시켰다.[32] 리우회의 이후 환경 운동 조직들내에는 국가와 자본에

---

32) "재벌의 돈을 받아 브라질에 간다"는 이유로 공추련의 일부 회원들은 공식적으로 공추련에 이의를 제기하고 결국 1991년 3월에 공추련을 탈퇴했다. 이들은 공추련이 창립 선언문의 정신을 배반했다고 주장했다.

대항하는 혁명보다는 이들에 대한 개혁이 불가피한 선택이라는 인식이 확산되었다. 이와 함께 적대적 담화는 상당히 누그러졌다.[33] 1992년에는 경실련 환경개발센터가 설립되고, 1993년에는 배달환경클럽 전국 조직이 결성되었으며, 공추련이 환경운동연합으로 이름을 바꾸고 전국 조직으로 새롭게 태어나게 되었다.

리우회의의 또 하나의 중요한 효과는 국가와 자본, 특히 자본이 대중의 욕구와 국제적 압력을 받아 '환경적으로 건전하고 지속가능한 발전'이라는 목표에 적어도 담화적으로 동의하게 되었다는 사실이다. 경제 5 단체(전국경제인연합회, 대한상공회의소, 한국무역협회, 중소기업중앙회, 한국경영자총협회)는 1992년 5월 '기업인 환경 선언'을 발표했다. 여기서는 정부·언론의 담화와 새로 조직된 환경운동연합, 그리고 기업의 담화를 검토해보도록 하겠다.

1) 정부 담화

1992년 6월 5일, 세계 환경의 날을 맞아 노태우 대통령은 '환경 보전을 위한 국가 선언문'을 발표했다. 이 선언문과 1992년 『환경백서』를 통해서 이 시기의 정부 담화를 검토해보자.

정부는 '환경 보전을 위한 국가 선언문'에서 환경 위기의 원인을 "산업화와 도시화," 그리고 "윤리 규범을〔……〕어기는 사람의 행위와 무관심"이라고 규정한다. "사람의 행위와 무관심"이라는 용어를 선택함으로써 정부는 '가해자와 피해자가 따로 없이 우리 모두의 책임'이라는 이데올로기를 재생산하고 있다.

국가 선언문은 각 주체별로 환경 문제를 해결하기 위한 방법을 제시하고 있다. 먼저 국가는 오염 예방 계획과 정화 방안을 강구해야 하고, 중앙 정부와 지방 자치 단체는 "환경 보전 우선

---

33) 공추련은 창립 이후 계속 사용하던 '통일 염원 48년'과 같은 연대 표시를 1992년 4월 27일, 『생존과 평화』 제18호에서 비로소 서기로 바꾸었다.

의 시각에서 국토 이용 계획을 수립해야" 하고, "환경에 관계되는 정책이나 계획을 수립함에 있어서 국민이 참여할 수 있는 기회를 제공하며, 이를 위하여 적절한 제도를 확립하고 정보와 자료를 최대한 공개하여야 한다"고 규정하고 있다. 아울러 정부는 민간 단체와 언론 기관의 "공정한 환경 보전 활동"을 "최대한 지원하여야 한다"고 명시하고 있다.

기업에 대해서는 "기업은 환경 오염을 사전에 원천적으로 막기 위한 사회적 책임과 의무를 가진다"고 명시하고 있다. 그리고 "산업 구조를 자원이 절약되는 형태"로 개편하고 "환경 보전과 개선을 위한 과학 기술"을 연구 개발하는 데 정부와 기업이 노력해야 한다고 말한다.

국민에 대해서는 "국민 각자는 환경 보전을 위하여 물자와 에너지를 아껴 쓰는 건전한 소비 풍토를 확립해야 하며, 무관심으로 인해 환경을 파괴하는 일이 없도록 항상 진지하게 성찰하여야 한다"고 촉구하고 있다.

그러면 이 선언문에서 정부가 제시하는 바람직한 사회상은 어떤 것인지 살펴보자. 정부는 이 선언문에서 "품위 있고 건강한 삶의 유지" "지속적인 국가 발전" "오늘의 세대와 미래 후손들의 복된 삶"을 추구한다.[34] 그리고 "환경에 대한 인간의 의존성을 똑바로 인식하고 환경 용량의 범위내에서 자제하는 것은 오늘을 사는 우리의 윤리 규범"이라고 말한다.

이 선언문에는 자연보호헌장과 마찬가지로 '환경 우선'의 담화가 명시되어 있지만 동시에 '조화론'도 공존하고 있다. 즉 한편에서는 "환경 보전 우선의 시각에서 국토 이용 계획을 수립"해야 한다고 주장하면서 다른 한편에서는 "개발은 환경 보전과 조화를 이루도록 힘써야 한다"고 주장한다. '조화'의 담화는

---

34) 1992년 『환경백서』의 발간사는 "환경이 감당할 수 있는 범위내의 개발" "환경적으로 건전하고 지속가능한 개발"이라는 리우환경회의의 기본 이념을 인용하고 있다.

'개발 우선, 경제 성장 우선'의 행위를 합리화하는 이데올로기
로 사용되어왔다.

　환경 위기에 대응하는 방법은 사회 구조의 변형이 아니라 과
학 기술의 개발, 산업 구조의 변형, 그리고 소비자의 각성 등에
모든 초점이 맞추어져 있다. 정부 담화는 환경 문제를 현재의
사회 구조를 유지하면서 환경 문제와 관련한 갈등을 제도 안으
로 포섭하면서, 지속적으로 자본주의 국가를 발전시키고자 하는
환경 관리주의의 전략을 여전히 유지하고 있다. 그러나 이 선언
문에서 정부가 정보와 자료의 공개 의무와 민간 단체와 언론 기
관에 대한 지원 의무를 명시적으로 밝힌 것은 진전된 내용이라
고 볼 수 있다.

2) 환경 운동 단체의 담화

　여기서는 공추련을 확대 개편하여 만든 환경운동연합의 담화
를 살펴보도록 하겠다. 공추련이 환경 위기의 원인을 사회경제
적 불평등을 포함한 사회 구조의 문제로 규정한 것과 달리, 환
경운동연합은 '산업화와 도시화'를 원인으로 들면서 최대 원인
은 "자연의 상태를 무시한 성장 위주의 개발 정책" "기업의 이
윤 추구 활동 특히 다국적 기업의 활동"이라고 규정한다. 그런
데 흥미로운 것은 공추련의 창립 선언문과 강령에서는 언급되
지 않았던 개인들의 소비 생활이 환경운동연합의 창립 선언문
과 강령에는 새롭게 등장하고 있다는 사실이다. "우리 시민 개
개인들 역시 무절제한 소비 생활로 환경을 더욱 파괴하고 오염
시키는 역할"을 하게 되었고, "성장 정책의 소산인 국민 일반
의 소비적 생활 태도"도 환경 위기의 원인이 된다고 밝히고 있
다. 환경 위기의 원인에 풍요로운 소비 생활이 포함되게 되자
환경 위기의 책임 역시 '시민들'이 동시에 갖게 된다. 공추련은
환경 위기의 '주범'을 "돈벌이에 혈안이 되어 있는 독점 재벌들
과 그 비호자 군사 독재, 그리고 한반도를 식민지 쓰레기장으로

여기면서 군림하고 있는 미국"이라고 규정함으로써 국민이나 시민들의 책임을 언급하지 않았다. 반면 환경운동연합은 "환경 위기의 주요 책임자"를 "기업과 정부 그리고 시민 개인들"로 규정한다.

이러한 환경 위기의 원인과 책임에 대한 새로운 규정은 대안 사회의 모습, 환경 운동의 주체, 실천 계획 등 모든 측면의 변화로 연결되고 있다. 공추련이 꿈꾸는 대안 사회의 모습은 "사회적 불평등과 자연으로부터의 소외가 극복된 진정한 민주 사회" "민중이 주인이 되는 민주 사회"라는 말로 표현되었다. 반면 환경연합의 대안 사회는 "환경적으로 건전하고 지속가능한 사회"라는 말로 요약된다. 환경 운동의 주체로 주로 거론되는 집단은 공추련의 경우 '민중'인 반면, 환경연합의 경우에는 '피해 지역 주민과 시민"으로 나타난다. 환경연합의 강령에는 공추련의 강령에는 없었던 새로운 강령들이 등장한다. 그것은 "환경 친화적인 산업 구조로 바꾸기 위해 노력"하고, "환경 보전에 기여하는 기술 개발을 촉진하기 위해 노력"하며, "생태계에 순환적이고 환경에 조화로운 생활 양식을 확립하기 위해 노력"한다는 것이다. 이러한 실천 방안들은 적어도 담화의 차원에서는 국가 및 자본과 공통되는 것들이다.

전체적으로 볼 때 환경연합의 창립 선언문과 강령에서 우리는 민중이라는 용어가 완전히 사라지고, 적대적인 담화가 매우 약화되었음을 확인할 수 있었다. 그리고 소비 생활의 주체인 개인들의 책임을 명백히 규정한 데에서 볼 수 있듯이, 환경연합이 '모든 국민이 가해자이자 피해자'라는 명제에 대한 명시적 반대보다는 암묵적 수용으로 변화하고 있는 모습을 확인할 수 있었다. 산업 구조의 변화, 기술 개발, 새로운 생활 양식의 필요성을 주장하는 곳에서 볼 수 있듯이 환경연합의 담화는 매우 복합화되어서 저자가 규정한 생태주의, 좌파 환경주의, 그리고 환경 관리주의의 특징들을 모두 공유하고 있는 것으로 판단된다. 이전의 공추련이 좌파 환경주의의 깊은 뿌리를 두고 환경 관리주의와 생태주의의 요소가 부차적으로 접합된 것과 달리, 환경연합의 담화는 적대적 담화가 약화되면서 세 유형이 복합적으로 접합되어 있다.

3) 기업의 담화

1992년 5월에 경제 5 단체가 '기업인 환경 선언'을 발표한 것은 우리나라에서 기업인들이 환경 위기를 더 이상 성장의 부산물로 당연시할 수 없을 만큼, 환경 위기가 국내적으로 그리고 전세계적으로 심각해졌다는 사실을 반영한다. 뿐만 아니라 1991년 페놀 사태 이후로 환경에 대한 전국민의 관심이 증대된 사회적 상황 속에서 환경 오염 기업으로 낙인 찍히면, 더 이상 성장할 수 없다는 위기 의식도 이러한 선언문 발표에 영향을 미쳤다. 무엇보다 중요한 것은 리우회의를 계기로 환경 관련 국제 조약들이 기업의 생존에 치명적인 타격을 미칠 수 있다는 위기 의식이 기업들 사이에 광범하게 공유되게 되었다는 사실이다.[35]

'기업인 환경 선언'은 "날로 심각해지는 환경 오염은 세계 경제 발전에도 위협"이 된다고 우려한다. 그리고 "우리 기업과 기업인은 그간 우리의 경제 개발 과정에서 환경 오염 방지와 기술 개발에 대한 노력에 앞서 생산 시설 확충 등에 더 주력함으로써 작금의 환경 문제를 야기시켜온 데 대해 일단의 책임을 겸허히 자성"한다고 말한다. 이어서 "우리는 자연과 인간과의 공생 관계의 유지는 물론 국민과의 신뢰감 구축을 통해서만이 기업과 국민 경제의 지속적인 성장·발전이 가능"하다고 주장한다. 이를 위해 '기업인 환경 선언'은 "기업의 인식 전환, 환경

---

35) 대한상공회의소, 전국경제인연합회, 삼성그룹을 비롯한 많은 경제 단체와 기업들은 환경 문제, 특히 지구 환경 문제를 전문적으로 조사·연구하는 부서를 두고 있다.

<표 5-9> 　　공추련·환경연합·정부·기업의 담화 비교

	공추련	환경운동연합	정부	기업
환경 문제의 원인	사회경제적 불평등, 파행적 사회 구조, 강대국들의 군비 경쟁, 제국주의 독점 자본의 환경 파괴	산업화, 도시화, 성장 위주 개발 정책, (다국적)기업의 이윤 추구 활동, 시민 개개인들의 무절제한 소비 생활	산업화, 도시화, 윤리 규범을 어기는 사람의 행위와 무관심	우리 기업과 기업인은 작금의 환경 문제를 야기시켜 온 데 대해 일단의 책임을 겸허히 자성
가해자/피해자	'가해자이자 피해자' 논리는 환경 오염 주범의 책임 회피 이데올로기이다	우리 시민 개개인들 역시 환경을 더욱 파괴하고 오염시키는 역할	우리 모두가 가해자이자 피해자이다	우리모두가 가해자이자 피해자이다
해결책과 실천 계획	공해 추방 주민 운동 지원, 민주 세력과의 연대 투쟁, 국제적 연대를 통한 평화 기여	환경 친화적 산업 구조, 기술 개발, 생활 양식을 지향	산업 구조 개편, 과학 기술 개발, 건전한 소비풍토 확립	기업의 인식 전환, 환경 관리 체제의 개선, 환경 영향의 사전 검토, 환경 관련 기술개방
주요 주체	민중	시민	국민	인류·국민
대안적 체제	민중이 주인이 되는 민주 사회	환경적으로 건전하고 지속가능한 사회	"환경적으로 건전하고 지속가능한 개발 품위있고 건강한 삶의 유지"	쾌적하고 풍요로운 복지 사회

관리 체제의 개선, 환경 영향의 사전 검토, 시설 확충, 운영, 기술 개발, 각계와의 협력 증진, 국제 협력의 증진"과 같은 행동 강령을 채택했다.

'기업인 환경 선언'은 환경 관리주의의 이상을 잘 표현하고 있다. 즉 기술 개발과 시설 투자에 의존하여 "기업과 국민 경제의 지속적인 성장·발전"을 지향하는 것이다. 한마디로 기업 활동과 환경 보전을 조화시키면서 지속가능한 자본주의 발전을 추구하는 것이다. 지속적인 자연에 대한 개발과 파괴는 생산 조건(토지, 맑은 물, 맑은 공기 등)에 지나친 위협을 가해왔고 더 이상 재생되지 않는 생산 조건의 자연적 한계 때문에 자본주의의 지속적인 발전에 심대한 위기가 도래하게 된 것이다. 이러한 위기에 대한 자본의 대응 방안은 국가의 그것과 유사하게 사회 구조의 변형보다는 기술 개발에 의존한 산업 구조의 변형에 초점이 맞추어져 있다.

〈표 5-9〉는 지금까지 살펴본 공추련과 환경운동연합 그리고 정부와 기업의 담화를 비교한 것이다.

4) 신문 사설

리우환경회의가 열린 1992년에는 지구 환경 문제 및 '지속가능한 발전'과 관련된 사설이 많이 실렸다. 동아일보와 조선일보는 환경에 관련된 무역 규제를 우려하면서, 산업 구조 조정과 환경 기술 개발을 통해 지속적인 경제 성장을 추구해야 된다는 입장을 일관되게 주장했다.

조선일보는 1992년 4월 12일의 「'리오 선언'과 한국」이라는 제목의 사설에서 지구 환경 보호를 위해 한국이 적극적인 대책을 마련해야 한다고 주장했다.[36]

---

36) 아래 두 사설 외에 동아일보(1992. 5. 22)도 참조하라.

'리오 선언'과 한국

난관에 대한 대책에서 한국이 지나치게 방어적인 입장을 취한다
면 그건 미봉책에 지나지 않을 것이라는 게 우리의 시각이다. 환
경 보전은 인간 생존의 보장에 직결된 과제인 만큼 환경 문제의 심
각성을 선진국의 수준에서 인식해야만 국제 사회에서 한국 경제가 살아
남는 길이 보일 것이라고 우리는 믿는다. (조선일보, 1992. 4. 12)

그러나 리우환경회의가 임박하면서 선진국과 개도국 사이에
환경 문제를 둘러싼 무역 갈등이 생길 조짐을 보이자 두 신문은
환경 위기의 책임을 선진국에게로 돌리고 개도국들간의 협력을
강조하는 입장을 보였다.

개도국 환경각료회의

지구적 환경의 문제는 그 출발점이 바로 공업화와 대량 생산-유통-
소비와 연계되어 있기 때문에 그 주된 원인 제공자는 바로 공업화 선진
국들이다. 〔……〕 결국 개도국의 환경과 산업화라는 숙명적인 대
립 관계를 극복할 수 있는 유일한 돌파구는 자본과 기술의 선후진
국간 또는 지역간 협력뿐이라는 논의의 원점으로 되돌아 갈 수밖
에 없다. (조선일보, 1992. 4. 29)

선진국의 환경 책임 크다

지구 환경 문제의 핵심은 인구의 문제이며 소비의 문제다. 〔……〕
오늘의 환경 문제는 그러나 1차적으로는 지금까지의 공업화 도시
화가 가져온 문제다. 지금까지의 대량 생산·대량 소비 지향이 축
적시킨 문제이며 따라서 그 문제를 앞으로의 과제로 삼을 때 그
치유와 회복과 협력의 1차적 책임은 한 발 앞서 대량 생산 대량 소
비 사회를 이룩했던 선진 개발국들이 져야 한다. 〔……〕
인류 공동의 환경 자원으로서 지구는 중요하며 따라서 그 보전
노력에 동참할 의무에 차이가 있을 수는 없다. 그러나 후진국이

그 의무 이행에 부담이 벅차고 희생이 따를 수밖에 없다면 그 부담과 희생을 보다 큰 비중으로 분담할 책임이 선진 소비국 쪽에 있다. (동아일보, 1992. 6. 3)

이와 동시에 두 신문은 리우환경회의에서 제기된 지구 환경 문제에 대응하기 위한 방법으로 보다 적극적인 환경 친화적인 산업 구조, 기술을 통한 해결책을 찾고 있다. 동아일보는 경제 5단체의 '기업인 환경 선언'을 소재로 기업의 적극적인 환경 투자를 촉구하는 사설을 실었다.

경제 성장과 환경 책임

앞으로는 국제 사회에서 지구 환경을 이대로 오염시키는 산업 활동과 소비 구조는 허용되지 않을 것이다. 에너지 의존형의 대량 생산·대량 소비 구조는 앞으로도 불가피할 것이지만 오염원의 배출을 최소화하는 책임을 이행하지 않고는 생산과 소비 활동을 지속할 수 없게 될 것이다. 〔……〕 우리의 기업도 환경 적응적 생산 방식을 서둘러 개발해야 할 때가 오고 있는 것이다. 〔……〕 경제의 성장을 지속하는 전략으로서도 환경 오염을 최소한으로 줄이는 생산 방식과 기술을 개발해야 한다. (동아일보, 1992. 4. 17)

위의 사설은 에너지 의존형의 대량 생산 대량 소비 구조는 불가피하다고 주장한다. 이러한 주장은 동아일보의 주된 논설 방향이다. 그러나 아래 사설에서 동아일보는 약간 다른 주장을 펴고 있다.

환경 보전과 산업 구조

환경 보전의 문제는 근본적으로 산업 구조의 문제다. 산업의 확대 발전은 한 나라 또는 세계 인구가 복지 문명 생활을 포기할 수 없는 한 영원한 과제다. 그러나 지금까지와 같은 산업의 확대 발전은 이 이상 가능하지 않다. 자원의 무한 소모와 에너지 의존형 산업 구조를 그대로 둔 채 산업의 확대 발전을 추구한다면 그 폐기 물질로 인한 지구의 오염과 자원의 남획으로 인한 환경 재생 기반의 궤멸로 복지 문명의 확대는커녕 종국적으로 인류의 생명이 위태로워질 날이 올 것이기 때문이다.

따라서 환경 보전의 문제는 산업 구조를 자원 낭비 에너지 의존형에서 자원 절약 에너지 절약, 공해 최소형인 이른바 '지속가능한 산업 구조'로 바꾸는 문제다. 〔……〕 그 압력과 장벽에 맞서 수출을 계속하기 위해서도 환경 적응적 구조로 우리 산업을 개편하는 것은 불가피하다. (동아일보, 1992. 6. 6)

이 사설은 '성장의 자연적 한계'를 명백히 인정하고 있다. 에너지 의존형 산업 구조의 문제점도 인식하고 있다. 이 같은 사실을 통해 리우환경회의를 계기로 언론의 환경 인식이 발전하고 있다는 것을 살펴볼 수 있다.

조선일보 역시 리우 환경회의를 계기로 보다 적극적이고 종합적인 환경 정책과 산업 구조 조정을 촉구했다.

환경과 개발의 조화를

그러나 우리 경제는 앞으로도 적정 수준의 경제 성장을 지속해야 한다. 이 때문에 환경 관련 국제협약 가입으로 국내 산업계가 타격을 받아 성장이 위축되어서는 안 된다. 지구 환경 보존에도 우리의 의무와 책임을 다해야 하지만 우리 경제가 성장·발전을 지속해야 하는 과제도 외면할 수 없다.

두 협약〔기후변화협약과 생물다양성협약: 저자 주〕 가입이 국내 산업에 미치는 파장을 최소화하고 새로운 지구 환경 질서에 맞추어 산업 구조 개편을 서둘러야 하는 것은 이 때문이다. 이것은 환경을 보존하면서도 성장·발전할 수 있는 새로운 산업 구조의 구축이 시급함을 의미한다. (조선일보, 1992. 6. 16)

아래 사설에서 조선일보는 동아일보와 마찬가지로 '성장의 자연적 한계'를 인정하고 새로운 형태의 발전 전략을 추구한다. 그러나 이와 동시에 '환경 전쟁'이라는 용어를 사용하면서 '우리의 몫'을 확보하기 위해 싸워 이겨야 한다고 주장한다.

'환경 정치' 시대가 왔다

우리의 이 기적 같은 성공은 그러나 2차 대전 이후 30여 년 지속된 범지구적인 호경기의 덕에 힘입은 바 적지 않았다. 〔……〕 적어도 그때는 자원과 환경만은 무한하다는 근거 없는 낙관이 지배했다. 〔……〕 올해 **6월**의 리우환경회의는 결국 이 같은 착각의 방조가 더 이상 기존의 국제적인 환경 분배 구조를 유지하기 어려워졌고 나아가서는 환경 자체의 균형마저 무너질 수 있다는 위기 의식의 첫 출발이었다. 〔……〕

우리는 아직도 우리의 물과 공기, 땅과 자원조차 간수 못 하면서도 이미 벌어지고 있는 세계의 환경 전쟁에도 맞받아 싸워야 한다. 이는 우리에게 너무 벅찬 전쟁이지만 회피할 수도 없는 싸움이다. 안으로는 우리의 공동체 생존을 유지-보존시키는 싸움이자, 밖으로는 90년대 이후의 국제 질서와 환경 분배의 거대한 재편 과정에서 우리의 몫을 확보하는 싸움이므로 결코 패배할 수 없는 사활적 전쟁이다. 이 중대한 의제가 한두 소관 부서의 일방적 관심으로 끝날 수는 없으며 새해의 주요 국가 의제로 떠올라야 한다. (조선일보, 1992. 12. 31)

그러면 이제 정부의 골프장 정책에 대한 사설들을 검토해보자. 1993년 2월, 두 신문은 환경처가 '상수원 수질 보전 특별 대책 지역내 골프장 입지 제한 조처'를 해제한 조치에 대해 비판하는 사설을 실었다. 조선일보(1993. 2. 18)는 국민의 식수원 보호가 주민들의 재산권 보호보다 더 중요하다고 지적하고, "국민 대다수의 이익을 저버리는 정부의 말을 국민이 신뢰"할 수 없다고 말했다. 동아일보(1993. 2. 18)도 노태우 정권과 장관이 며칠 뒤면 퇴진하는 시기에 "골프장 사업자에게 혜택이 돌아가는 조치를 내렸다는 점이 석연치 않다"고 말하고, 정부에 대해 "규제 해제 조치를 유보하고 다음 정부에서 논의"하라고 요구했다. 1989년 이후 3년 연속 일어난 수돗물 오염 사건 때문에 언론들은 수질 보호라는 목표를 매우 중시하고 있고, 이와 함께 골프장에 대한 부정적인 여론을 확산시키고 있다는 사실을 이 두 사설을 통해 확인할 수 있다.

그러면 마지막으로 생태계 보호에 대한 사설을 살펴보자. 조선일보는 생물종 다양성 보존 문제를 다루면서 생태주의적 입장을 보여주고 있다.

조류 75% 멸종한다

〔월드워치는〕 지구 온난화가 '생물종 다양성 *biodiversity*'을 파괴하는 주범이라고 지목했다. 종 다양성 파괴에 있어서 그 이상의 더 직접적인 주범을 우리는 알고 있다. 그건 바로 우리 인간 자신이다.

〔……〕 이는 곧 인류 생존의 위협으로 직결된다. 동식물이 살아 남지 못할 상황이면 결국 사람도 지구상에서 살아남을 수 없을 것이기 때문이다. 〔……〕 결국 종 다양성 보존의 시급성은 '인간을 위한 환경보전론'의 일환이다. 심각한 생태학자들은 이 수준에서 만족하지 않는다. '자연 그 자체를 위한 환경보존론'의 중요성을 역설한다. 사람이 지구 위에서 살아남을 권리가 있듯이, 아무리 미불일지라도 생명체는 지구 가족으로 살아남을 권리가 있음을 인정해야 한다는 입장이다. 〔……〕

그러나 광범위하게 확산된 구조적 문제에는 심각한 경고가 약이 된다. 환경 약화는 불을 보듯이 뻔히 내다보이는 문제이고, 그 해소는 장기적인 안목을 가지고 전지구적인 노력을 기울여야 할 과제인바, 거기엔 비관적 시각이 큰 자극제가 될 것이라 우리는 믿는다. (조선일보, 1992. 4. 28)

앞에서 본 다른 자연 생태계 관련 사설들과 마찬가지로 이 사설에서도 생태주의적 담화가 강하게 나타나 있다. 이 사설에는 인간 중심주의를 넘어서서 생태 중심주의도 '자극제'로서 높이 평가하고 있다. 그러나 자연 생태계에 관한 사설이 반드시 그 신문의 주된 입장이라고 보기는 어렵다. 조선일보의 주된 입장은 환경과 성장의 조화를 이루면서 국제 환경 전쟁에서 승리하는 것이다.

그러면 환경 운동의 확산기의 신문 사설의 내용을 전체적으로 검토해보자. 이 시기 신문 사설의 가장 중요한 특징은 리우 환경회의를 계기로 환경 관련 무역 규제와 산업 구조 조정에 대한 사설이 많이 실렸다는 것이다. 지구 환경 위기에 대한 책임은 선진국이 져야 한다는 것이 두 신문의 일관된 주장이었다. 그러나 두 신문은 무역 의존도가 높은 우리나라가 지구 환경 위기에 대해 책임을 회피할 수 없다는 현실을 아울러 강조했다. 지구 환경 위기를 해결하기 위해서는 선진국과 개도국의 협력이라는 원론적인 대책만이 제시되었을 뿐이다. 국내적으로는 정부와 기업이 환경 기술 개발과 산업 구조 조정 등에 집중적인 노력을 투여해야 한다고 촉구했다.

환경 가치관에 있어서는, 이 시기에 이르러 두 신문이 '성장의 자연적 한계'를 훨씬 심각하게 인식하고 있다는 사실을 확인할 수 있다. 그러나 두 신문은 여전히 지속적인 경제 성장이 필수적이며 바람직하다는 환경 관리주의를 유지하고 있다.

3. 소 결

이 절에서는 먼저 지금까지의 연구 결과를 요약해보고 다음으로 이 장의 서두에서 제시한 연구 문제들을 검토해보도록 하겠다.

이 장에서 저자는 한국 환경 운동의 역사를 네 시기로 분류하였다. 먼저 제1기는 1960년대부터 1970년대에 이르는 시기로서 환경 운동의 전사(前史)의 시기라고 이름붙였다. 이 시기에는 산발적이고 국지적인 공해 피해 주민들의 자생적인 항의·진정·시위 등을 통한 피해 배상 운동이 주류를 이루었던 시기이다. 이 시기에는 지식인을 비롯한 중간 계급 중심의 전문 환경 운동 조직이 없었다. 오히려 정부 주도의 자연 보호 운동이 1977년부터 진행되었다.

제2기는 1980년부터 1987년까지의 시기로서, 반공해 운동의 시기라고 명명했다. 이 단계에서는 지역 주민들의 자생적 저항 운동과 전문 환경 운동 조직의 접합이 이루어지기 시작한 단계이다. 이 단계에서 전문 환경 운동 조직에는 '민중 담화'가 지배적인 영향력을 행사하고 있었다.

제3기는 1988년부터 1991년에 이르는 시기로서 환경 운동의 모색기라고 이름붙였다. 이 시기에는 1987년 6월 항쟁 이후의 상대적으로 열려진 정치 공간과 환경에 대한 관심의 확산을 바탕으로 다양한 전문 환경 운동 조직이 생기고, 주민 운동의 사회적 파급력도 매우 높아진 시기이다. 이 단계에서는 '민중 담화' 이외에 새로운 '생태 담화' '시민 담화'가 등장하면서 이념과 실천의 다양성이 나타나기 시작했다. 이 시기의 특징을 요약하면, 대규모 환경 사건의 발발과 이에 따른 환경 위기 의식의 대중화, 정치적 기회 구조의 상대적 개방에 따른 전문 환경 운동 조직의 결성, 커뮤니케이션의 광범한 확산, 환경 운동 이념의 다양화 등을 들 수 있다.

제4기는 1992년 리우회의 이후로부터 현재까지의 단계로서 환경 운동의 확산기라 할 수 있다. 이 단계에서는 리우회의를 계기로 이전까지 진지하게 제기되지 않던 전지구적 환경 문제에 대한 관심이 제기되었다. 이와 함께 환경 운동의 적대적 성격이 완화되고 '시민 담화'가 지배적인 경향으로 확립되고 있는

시기이다. 기존 전문 환경 운동 조직이 전국 규모의 조직으로
확대되는 것도 이 시기의 중요한 특징이다. 이 시기에 들어 전
지구적 환경 위기에 대한 관심이 증대되면서 기업의 환경 문제
에 대한 관심과 참여가 늘어나기 시작했다.

우리나라 환경 운동 조직의 수는 1988년을 전후하여 점차로
늘어나기 시작한 것으로 나타났다. 천 명 이상의 많은 회원을
가진 환경 운동 조직은 9개에 불과했고, 그 가운데에서 자연 보
호 운동 단체와 관변 단체 등을 제외하고, 전국적인 조직과 실
질적인 자원 동원 능력을 갖고 있는 단체는 환경운동연합과 배
달환경연합 2단체뿐인 것으로 나타났다.

제 2 절에서 우리는 환경을 둘러싼 이데올로기가 어떻게 성장
하고 변화해왔는지를 살펴보았다. 제 1 기에는 억압적인 정치 구
조와 경제 성장 지상주의의 지배 아래 새로운 환경 패러다임을
지향하는 어떤 담화도 등장하기 어려웠다. 국가 주도 아래 자연
보호 운동이 전개되었지만, 이것은 전국 규모의 쓰레기 줍기 운
동에 불과한 것이었으므로 국가 주도의 적극적인 환경 관리주
의가 시작된 것으로 보기는 어렵다. 사회적 갈등의 중심이 정치
적 기본권과 경제적 기본권의 정당한 분배 문제에 집중되었기
때문에 환경 문제는 사회적 의제로 떠오르지 않은 단계라 할 수
있다. 시민사회가 제대로 형성되지 않은 상태에서 정부와 기업
의 성장 중심주의에 대해 어느 정도나마 비판할 수 있었던 것은
언론뿐이었다. 언론은 정부의 성장우선론에 대항하여 경제 성장
과 환경 보전의 조화론을 주장하는 담화를 생산하였다.

1980년부터 1987년에 이르는 반공해 운동 시기에, 정부와 언
론 담화는 여전히 환경 관리주의의 담화를 유지하고 있었지만
전문 환경 운동 조직이 등장하면서 비로소 좌파 환경주의가 등
장하게 되었다. 그러나 전체 한국 사회의 주요 갈등은 역시 정
치적·경제적 기본권을 둘러싼 좌우의 갈등이었으므로 좌파 환
경주의는 새로운 환경 패러다임을 구축하기보다는 전통적 좌파

의 이념적 영향을 강하게 받게 되었다.

1988년에서 1991년에 이르는 환경 운동의 모색기에 이르러 정부는 사전 대책 중심의 환경 정책을 추구하기 시작했고, 언론은 환경 관리주의를 유지하면서 환경보전우선론을 명시적으로 주장하기 시작했다. 환경 운동 영역에는 생태주의와 환경 관리주의적인 경향이 환경 운동에 나타나기 시작했다. 이 시기에 이르러 환경 담화는 매우 복잡하고 다양화되기 시작했고, 비로소 우리나라에 새로운 환경 패러다임이 나타나기 시작했다.

1992년 이후의 환경 운동의 확산기에 이르러 환경 운동의 발전과 환경 위기의 심화의 영향으로 새로운 환경 패러다임이 국가와 기업 부문에도 강한 영향을 미치게 되었다. 따라서 환경 운동의 모색기에 주로 환경 운동 형태의 사회적 대응이 주도적이었던 데 반해서 환경 운동의 확산기에 이르러 환경 운동·환경 정책·환경 산업이 상호 작용을 미치는 단계에 진입하게 되었다. 새로운 환경 패러다임이 전통적인 경제 패러다임을 대체한 것은 아니지만, 전사회에 큰 영향력을 미치는 새로운 패러다임의 위치를 차지하게 되었다. 그러나 이것이 우리 사회에 생태주의나 좌파 환경주의의 영향력이 확립되었다는 사실을 의미하는 것은 아니다. 새로운 환경 패러다임의 확산 기제 내부에는 환경 관리주의의 급격한 성장이 내포되어 있다는 것은 명백하다. 좌파 환경주의는 이 시기에 이르러 매우 약화되었고, 환경 관리주의의 비약적인 성장 속에서 환경 관리주의가 생태주의 이념의 일부를 포섭하고 있는 것이 이 시기의 이데올로기 지형의 특징이라고 할 수 있다.

그러면 이제부터 앞에서 제시한 두 개의 연구 문제를 검토해 보도록 하자. 먼저 경제 중심주의로부터 환경주의 혹은 생태주의로 가치관 변화가 일어났는가 하는 문제를 살펴보자. 형식적이고 수사적인 조화론이 등장했다는 사실을 보고, 가치관 변환이 일어났다고 보기는 어렵다. 보다 적극적인 환경우선론이 크게 생산·유통되면서 많은 사람의 공감을 불러일으키고 여론을 지배하게 될 때 우리는 가치관 전환을 말할 수 있을 것이다. 가치관 전환 문제를 이렇게 규정한다면, 1980년대말을 전후하여 우리나라에서도 가치관 변환이 일어나고 있다고 말할 수 있다. 정부는 여전히 실제 정책 수행에서 경제 중심주의를 관철시키고 있으나 담화의 차원에서는 환경우선론을 주장하고 있고, 언론은 환경우선론을 지속적으로 주장하기 시작했다. 환경 운동 조직은 더 나아가서 좌파 환경주의와 생태주의 담화를 생산하면서 근본적인 접근을 취하고 있다. 이렇게 볼 때 우리나라의 이데올로기 지형은 경제 중심주의로부터 환경 중심주의로 점차 전환되고 있는 과정에 있다고 결론지을 수 있다. 그러나 아직은 경제 성장을 유지하면서 환경을 더욱 적극적으로 고려하는 수준에 머물러 있는 것으로 보인다. 이러한 결론은 앞에서 살펴본 국민들의 환경 의식 분석의 결과와 일치한다.

그러면 두번째로 환경 운동의 이데올로기가 중간층의 이익을 위한 이데올로기인지 검토해보자. 1980년대말에 이르러 환경 운동에 크게 세 가지 경향의 담화가 등장하였으므로 각각의 담화의 특성을 살펴보도록 하겠다.

먼저 1980년대 초반부터 등장하여 환경 운동의 주류를 형성하였으나 1992년을 전후하여 쇠퇴하게 된 좌파 환경주의를 살펴보자. 좌파 환경주의는 환경 위기의 원인을 자본주의와 제국주의 그리고 억압적 국가 지배 때문이라고 볼 뿐만 아니라 환경 오염의 주요 피해자를 '민중'이라고 보고, 이를 해결하기 위해 사회 구조의 변혁을 지향한다. 따라서 좌파 환경주의 이데올로기가 중간층의 이데올로기가 아닌 것은 명백하다. 좌파 환경주의는 기층 민중의 이익을 위한 이데올로기를 갖고 활동을 전개해왔다.

그러면 1980년대말에 등장한 시민 운동 단체(YMCA, 경실련 등) 중심의 환경 운동 담화를 분석해보자. 시민 운동 단체들은 환경 운동의 주체를 민중이나 노동 계급으로 특정화하기보다는 '시민' 또는 '중간층'이라는 언어로 표현한다. 이러한 담화는 좌파 환경주의와 명백한 경계선을 긋는 담화이다. 이들은 노동 계급의 참여를 배제하지 않지만 노동 계급을 사회 운동의 하나의 주체로 볼 뿐이다. 시민 운동 단체의 주요 참여 세력이 주로 중간층일 뿐만 아니라 지향 계급도 주로 중간층이라고 할 수 있다.

그러면 이들의 담화적·비담화적 실천이 중간층의 계급적 이익을 위한 활동인지를 검토해보자. 이들은 우리나라의 생활 환경 오염 문제는 물론 지구 환경 위기를 극복하는 데에도 관심을 기울인다. 이러한 활동들은 계급적 이익이나 직접적 자기 이익과 바로 연결되지 않는다. 예를 들어 자원 재활용 운동은 직접적인 자기 이익과는 거의 관계가 없고 전체 사회의 '지속가능한 성장'과 생태계의 보전이라는 탈계급적 목표에 대한 합리적 동의에 기반한 운동이다. 이 영역은 국가에 앞서 사회 운동이 문제 제기하고 국가가 뒤따라서 정책을 마련한 경우에 속한다. 이 운동은 사회 제도에 대한 비제도적 저항은 아니지만 대중들로 하여금 새로운 패러다임에 대한 잠재적 동의로부터 참여 행동을 이끌어낸 운동 양식이다.

전지구적 환경 문제에 대한 문제 제기 역시 중간층의 직접적 자기 이해 모델로 환원하여 설명할 수 없다. '전지구적 환경 문제'라는 개념은 현실의 불평등한 '전지구적' '계급 문제'를 '우주선 지구호'의 '환경 문제'로 대치하는 이데올로기적 효과를 낳을 수 있지만, 그럼에도 불구하고 21세기의 지구에 살게 될 우리로서는 외면할 수 없는 문제이다.[37] 따라서 시민 운동 단체

---

37) '전지구적 문제'로서 환경 문제를 강조하는 담화는 이중의 효과를 갖는다. 한편으로 이 담화는 자연적 한계를 강조함으로써 현실의 계급적 불평등, 국가간 불평등 체계의 재생산을 정당화하는 이데올로기적 효과를 낳을 수 있다. 이러한 부정적 이데올로기 효과는 심층 생태주의나 생태 파시즘, 신다윈주의와 같은 이념에서 발견된다. 그러나 다른 한편으로 이 담화는 현실의

가 생활 환경 운동이나 전지구적 환경 문제를 강조하는 것은 중
간층만을 위한 실천이라고 볼 수 없으므로 이들의 실천을 중간
층을 위한 운동이라고 규정할 수 없다. 한마디로 시민 운동 단
체의 환경 운동은 중간층이 주도하는 운동이지만 중간층만을
위한 운동은 아니다.

셋째로 생태주의 담화와 계급 이데올로기와의 관계를 검토해
보자.[38] 우리나라에서 생태주의를 분석하는 데 있어서, 담화와
비담화적 실천을 분리해서 살펴보는 것이 필요하다. 먼저 생태
주의 담화는 기존의 계급 이데올로기보다 더 넓은 보편성을 지
향하는 이데올로기이다. 기존의 마르크스주의를 비롯한 사회주
의 담화가 자연에 대한 인간의 착취를 통한 무한한 생산력 발전
을 의문시하지 않았을 뿐만 아니라 정당화한 것과 달리 생태주
의는 계급간의 평등 문제를 넘어서서 자연과 인간의 공존, 그리
고 현세대와 미래 세대 사이의 형평의 문제를 적극적으로 성찰
한다. 따라서 좁은 계급 이익을 넘어서서 보다 보편적인 이해
관심을 통해 자발적이고 비판적인 시민사회를 형성할 수 있는
이데올로기를 내포하고 있다.

그러나 이러한 담화의 특성이 곧바로 새롭고 보편주의적인
행동으로 연결되는 것은 아니다. 우리나라 최초의 생태주의 조
직이라고 할 수 있는 한살림모임은 유기 농산물 직거래 운동을
하는 한살림소비자협동조합의 주변 단체 정도의 역할을 넘어
서는 활동을 전개하지 못하고 있는 상태이다.[39] 한국의 생태주

대량 생산·대량 소비의 포디즘적 자본주의 체제의 자연적 한계를 성찰하게
함으로써 개인적 생활 양식과 정치경제적 구조에 대한 변형을 위한 사회 운
동을 조직하게 해주기도 한다. 따라서 '전지구적 문제'로서 환경을 파악하는
담화 자체가 친제국주의적이며 친자본주의적임을 의미하지는 않는다.

38) 생태주의는 좌파 환경주의로부터 "노동 계급적 관점을 결여한 프티 부르주
아지 운동"이라는 비판을 받았다(박상철, 1991: 122).

39) 유기 농산물 직거래 운동의 경우, 유기 농산물 재배 농가의 이익과 구매자
의 이익을 함께 확보하려는 이익 동기가 내재해 있으므로 비판자들에 의해,
서울 강남의 신중간층들의 이기적인 욕구에 기반한 운동이라는 비판도 받는
다. 생태 담화 구성체의 유기 농산물 직거래 운동은 생태학적 이해 관심

의자들은 서구 녹색당과 같은 활발한 정치 활동을 전개하지 못하고 있다. 오히려 1991년의 강경대군 치사 사건 때 김지하의 '죽음의 굿판을 당장 걷어치워라'는 제목의 기고문은 김지하와 민족 민주 운동 사이의 갈등을 폭발시켰고, 결과적으로 지배 세력의 이익을 옹호하는 효과를 낳았다고 볼 수도 있다(조선일보, 1991. 5. 5). 그러나 이러한 현재까지의 활동만을 근거로 생태주의 담화 자체를 중간층의 이익을 위한 이데올로기라고 판단하기는 어렵다. 왜냐하면 생태주의 이념은 낭만적이고 복고주의적인 실천과 결합할 수도 있지만 독일의 녹색당과 같이 보다 급진적인 생태 정치·녹색 정치로 발전할 가능성 역시 열려 있기 때문이다. 따라서 저자는 생태주의 담화 자체를 중간층의 이익을 방어하기 위한 이데올로기라고 규정할 수는 없다고 본다.

결국 우리는 환경 운동의 이데올로기가 다양해졌지만 어느 것도 중간층의 이익을 위한 이데올로기라고 볼 수 없다는 결론을 얻게 되었다.

뿐만 아니라 경제적 이해 관심과 건강에 대한 이해 관심 등이 복합적으로 개입된 활동이다. 이러한 활동의 참여자들의 다수가 구중간 계급과 신중간 계급이라고 해서 이 활동을 중간 계급의 계급 이익을 위한 활동이라고 규정할 수는 없다. 왜냐하면 유기 농산물 직거래 운동의 경우 활동의 담화적·비담화적 실천 양 측면에서 계급 이익을 위한 실천을 발견할 수 없기 때문이다. 이익 동기가 내재해 있다는 사실과 계급 이익이 개입한다는 사실은 별개의 두 사회적 사실로 구분해야 한다.

제 6 장

한국 환경 운동의 유형과 특성: 사례 연구

1. 환경 운동의 유형

환경 운동은 매우 다양하다. 쓰레기 매립장 반대 운동, 환경 오염 피해 배상 운동으로부터 생명 운동에 이르기까지 운동의 대상·목표·주체의 스펙트럼은 매우 넓다. 이 모든 집합 행동들이 환경 문제와 관련되어 있기 때문에 환경 운동이라는 이름을 붙일 수 있지만 그 특성들은 매우 다르다. 먼저 이 절에서는 환경 운동을 그 주체와 대상을 축으로 하여 유형화해보겠다.

환경 운동은 운동 주체의 특성에 따라 피해자 운동과 시민 압력 운동으로 나눌 수 있다. 피해자 운동은 환경 오염에 의한 피해자들이나 피해를 입을 것이 확실히 예상되는 사람들이 당사자들의 경제적 권리나 건강과 생존·생활을 보호하기 위하여 조직하는 운동이다. 반면에 시민 압력 운동은 피해의 범위가 광범위하거나 불명확해서 직접 피해자가 불명확한 상태에서 시민들이 자발적으로 환경 위기를 해결하기 위해 조직하는 운동이다.[1] 시민 압력 운동에서는 직접적 자기 이해 관심보다는 공적인 이

---

1) 이러한 구분은 주민 운동과 시민 운동의 구분과 거의 일치한다(이시재, 1992a).

〈표 6-1〉　　　　　　　　　환경 운동의 유형

운동 주체 ＼ 운동 대상	국 가	기 업	시 민
피해자 운동	**유형 1** 집단 이주 요구 운동 혐오 시설 반대 운동	**유형 2** 피해 배상 요구 운동 공장 입주 반대 운동	**유형 3** 소각장 주변 주민의 쓰레기 줄이기 운동
시민 압력 운동	**유형 4** 입법 요구 운동, 정치적 압력 운동	**유형 5** 불매 운동 오염 감시 활동	**유형 6** 생활 환경 운동 유기농 직거래 운동 생명(문화) 운동

해 관심이 보다 중요한 동원 동기가 된다.

환경 운동의 운동 대상은 크게 국가·기업·시민으로 나누어 볼 수 있다. 국가와 기업에 대한 운동은 적대성이 명확한 반면, 시민에 대한 운동은 적대성보다는 정체성 *identity* 이 요구되는 운동이다. 운동 주체와 대상을 교차시키면 〈표 6-1〉과 같은 여섯 가지 유형으로 나누어볼 수 있다.

유형 1 에는 환경 오염의 피해자들이 단결하여 국가에 대해 피해 보상을 요구하는 운동 혹은 쓰레기 매립장과 같은 혐오 시설 입주 반대 운동[2] 등이 포함된다. 온산 주민들의 집단 이주 요구 운동, 국가에 대한 공해병 치료 요구 운동, 김포 쓰레기 매립장 반대 운동, 안면도 핵폐기물 처리장 반대 운동 등이 여기에 속한다.

유형 2 는 환경 오염을 일으켰거나 일으킬 것으로 예상되는 기업에 대해 피해자 혹은 피해가 예상되는 주민들이 벌이는 운동이다. 특정 오염 기업에 대해 피해자들이 집단적으로 벌이는 피해 배상 요구 운동 혹은 불매 운동, 그리고 오염 기업 입주

---

2) 이러한 운동을 피해 예방 운동이라 할 수 있다. 국가와 자본은 이러한 운동들에 대해 지역 이기주의라는 이름을 붙인다.

반대 운동 등이 여기에 포함된다. 온산 주민들의 가해 공장에
대한 피해 보상 요구 운동, 삼산평야 주민들의 기업에 대한 보
상 요구 운동, 영산호 진로주정공장 입주 반대 운동 등이 예가
된다.

유형 3은 쓰레기 매립장이나 쓰레기 소각장 주변 주민들이
쓰레기를 배출하는 모든 시민들에게 쓰레기 줄이기 운동에 동
참할 것을 요구하는 경우이다. 이러한 운동은 드물게 나타난다.

유형 4는 직접 피해자가 아닌 시민들이 국가에 대한 입법 요
구 운동, 정치적 압력 운동 등을 통해 맑은 공기, 맑은 물, 푸른
산과 같은 쾌적한 환경을 추구하는 운동이다.[3]

유형 5는 시민들이 특정 기업이나 기업 일반에 대해 불매 운
동이나 감시 활동을 통해 압력을 넣는 운동이다. 두산 제품에
대한 시민 단체의 불매 운동, 환경 운동 단체의 공해 기업 감시
활동, 환경, 시민 운동 단체들이 우유 생산 회사에 대해 우윳병
을 사용할 것을 요구하는 활동 등이 여기에 포함된다.

유형 6은 시민들이 자신들의 생활 양식을 변화시키는 것을
추구하는 운동이다. '우리 모두가 가해자이자 피해자'라는 논리
와 '내 탓이오'라는 말이 여기서 등장한다. 쓰레기 분리 수거,
쓰레기 줄이기, 합성세제 덜 쓰기 등의 생활 환경 운동을 비롯
하여, '우리의' 가치관을 총체적으로 변화시킬 것을 추구하는
한살림 운동, 생명 운동[4] 등이 여기에 포함된다. 유기 농산물
직거래 운동도 땅을 살리는 지속가능한 농업을 지향하면서 생
산자의 생산 방식과 소비자의 소비 행태를 변화시키려 한다는
점에서 유형 6에 포함된다고 볼 수 있다.

---

3) 1993년 5월에 정부와 민자당이 상수원 보호 구역내의 공장 설립을 허용하는
   입법을 진행한 데 대해 환경 운동 단체들이 단결하여 저지시킨 사례가 여기
   에 포함된다. 이것은 투렌의 분류에 따르면 제도 차원의 변화를 추구하는 운
   동이라고 할 수 있다.
4) 생명(문화) 운동은 조직과 제도 차원을 넘어서서, 역사성 차원의 변형을 추
   구하는 가치관 변화 운동이다.

피해자 운동은 직접적 자기 이해 관심 *self interest* 과 관련된 운동이다. 이 운동은 쟁점에서는 차이가 나지만, 이해 관심이 명확한 집단들이 스스로의 이익이나 생존·생활을 방어하기 위해 조직한다는 측면에서 노동 운동이나 도시 빈민 운동과 유사한 동원 동기를 갖는다.

시민 압력 운동은 1987년 6월 항쟁 이후에 서서히 형성되기 시작한 시민사회의 새로운 운동 형태라고 볼 수 있다. 6월 항쟁 이전에도 우리나라에는 직접적 자기 이해 관심과 무관하게 활동하는 학생과 지식인 중심의 민족 민주 운동이 있었다. 그러나 그러한 운동들은 거대한 혁명의 담화에 깊이 얽매여 있었기 때문에 국가나 기업에 대한 압력 운동, 정책 요구 운동을 조직적으로 전개하지 못했다. 시민 압력 운동은 변화된 정치적 기회 구조를 이용하여 사회 제도의 변화를 추구하는 현실주의적인 운동으로 발전하게 되었다.

시민 압력 운동 가운데에서 국가와 기업을 대상으로 하는 운동(유형 4, 유형 5)은 정부와 기업을 운동 대상으로 설정하고 있다는 점에서 이전의 노동 운동, 도시 빈민 운동, 공해 피해자 운동과 유사하게 정부와 기업에 대해 요구하고 압력을 가하는 운동이다. 그러나 시민을 대상으로 하는 시민 압력 운동(유형 6)은 매우 새로운 운동이다. 이 운동은 직접적 자기 이해로부터 자유로우면서 새로운 자기 정체성을 추구하는 운동이다. 직접적 자기 이해가 걸려 있지 않은 문제를 해결하기 위해 사람들은 새로운 자기 정체성을 바탕으로 자신의 시간과 돈을 제공한다. 이것은 나뿐만 아니라 남의 안전, '지금 우리'뿐만 아니라 '미래의 그들'까지 고려하는 새로운 공공성을 지향하는 운동이다. 이 운동은 마르크스주의의 프롤레타리아 개념이 갖고 있는 자기 이해 관심에 근거한 보편성을 넘어서는 새로운 보편성을 지향한다고 볼 수 있다.

반공해 운동의 시기에는 유형 1과 유형 2의 운동이 주류를 이루었다. 공단 주변의 농어민들이 가해 공장에 집단으로 몰려가 피해 배상을 요구하거나 정부에 집단 이주를 요구하는 것이 대표적인 사례이다. 공해의 피해자들은 대개 농어민·노동자와 같은 기층 민중들이었다. 이러한 이유 때문에 반공해 운동의 시기에 전문 환경 운동 조직들은 반공해 운동을 '민중 운동' 혹은 '민족 민주 운동'의 부문 운동으로 규정했던 것이다. 1988년 이후 정치적 기회 구조가 상대적으로 개방되면서 점차로 시민 압력 운동이 발전하기 시작했다.

이 장에서 살펴볼 세 사례는 피해자 운동과 시민 압력 운동의 대표적인 사례로서 각각의 특징을 살펴보는 데 유용한 연구 대상이 된다. 먼저 온산 주민 운동은 초기에는 개별 기업에 대한 피해 배상 운동(유형 2)으로 시작했으나 오염이 장기화·구조화되면서 정부에 대해 집단 이주를 요구하는 운동(유형 1)으로 변해갔다. 이러한 운동 유형은 환경 운동의 전사(前史)의 시기와 반공해 운동 시기의 주된 운동 형태이다. 온산 주민 운동은 이러한 운동 유형의 대표적인 사례로서, 지속적인 자원 동원, 그리고 매스 미디어와 전문 환경 운동 조직의 개입으로 우리나라 환경 운동의 역사에서 중요한 사례이다. 이 사례를 검토함으로써 우리는 반공해 운동 시기의 피해자 운동의 특성을 살펴볼 수 있을 것이다.

두번째 사례로 페놀 사건은 우리나라 최대의 환경 오염 사고 가운데 하나로서 환경 운동의 발전에 지대한 영향을 미친 사건이다. 이 사례는 가해 기업이 명확하고, 피해 범위가 매우 컸다는 특징을 갖고 있다. 피해가 광범위했기 때문에 운동의 주체도 다양하게 등장했다. 정부와 기업에 대한 피해자들의 피해 배상 요구 운동(유형 1, 유형 2)이 한편에서 진행되었고, 다른 한편으로 정부에 대한 정책 요구 운동(유형 4), 기업에 대한 시민들의 불매 운동(유형 5), 그리고 합성세제 덜 쓰기 운동과 같은 생활 환경 운동(유형 6)도 진행되었다. 환경에 대한 불만이 잠재적으로 국민들에게 쌓여 있는 상황에서 페놀 오염 사고라는 우발적인 환경 재난은 촉발 요인으로 작용하여 다양한 유형의 환경 운동을 불러일으켰다. 페놀 사례를 통해 우리는 피해자 운동과 시민 압력 운동이 다양한 형태로 결합되고 발전하는 1990 년대의 환경 운동의 특성을 분석할 수 있을 것이다.

세번째 사례로, 팔당 골재 채취 반대 운동은 잠재적이고 불명확한 피해자인 시민(단체)들이 정부에 대해 맑은 물의 확보를 요구한 운동으로서 유형 4의 대표적인 사례이다. 1990년대 들어서 비로소 직접적인 피해자가 발생하지 않은 상태에서 잠재적인 피해의 위험성을 인지한 시민들이 정부의 개발 계획을 취소시키는 사례가 나타나게 된 것이다.

피해자들이 명확하고 한정되어 있는 경우, 그들 사이의 원활한 커뮤니케이션을 통해 무임 승차자를 줄이면서 집단 이익을 방어·확보하기가 쉬울 것이다. 즉 다시 말해서 자원 동원 능력이 커질 가능성이 많다. 그러나 피해자들이 한정되어 있지 않을 뿐만 아니라 피해 여부도 명확하지 않다면 그들을 동원하기는 매우 어려울 것이다. 많은 사람들은 당장의 생활고를 해결하는데 관심을 집중시킬 것이고, 직접 다가오지 않는 위험은 사람들의 관심과 자원을 동원하기 어려울 것이다. 예를 들어 오존층 파괴나 지구 온난화 같은 문제는 잠재적인 위험은 매우 크지만 그 위험은 가시적이지 않고 위험을 제거하기 위한 비용은 크기 때문에 문제 해결을 위한 자원 동원이 매우 어렵다. 팔당 사례는 이러한 문제에 대해 시민(단체)들이 어떻게 대응했고, 대응할 수 있는지를 볼 수 있는 유용한 사례가 될 것이다.

여기서 살펴볼 세 사례는 서로 다른 시기의 운동들이다. 온산 주민 운동은 반공해 운동 시기의 사례로서 정치적 기회 구조가 전반적으로 폐쇄적인 시기에 이루어졌다. 정부는 생존권 억압에 대한 소극적인 주민 운동에 대해서 직접적인 탄압을 가하지는 않았지만 정치적인 사회 운동에 대해서는 억압적인 태도를 유지했다. 이 시기에 정부는 환경권을 헌법에 삽입하는 등, 환경 보전과 경제 성장의 조화론을 지지하는 담화를 생산하였으나 실제 정책은 소극적인 사후 대책에 머물러 있었다. 이 시기의 국민들의 환경 의식은 전반적으로 경제 성장과 환경 보호의 조화를 지지하는 것으로 나타났다.

페놀 사건과 팔당 골재 채취 반대 운동이 일어난 1990년과 1991년 사이의 시기는 다양한 유형의 환경 운동이 싹트기 시작하던 시기이다. 이 시기에는 이전에 비해 정치적 기회 구조가 개방되었다. 정부는 사회 운동 일반에 대해 이전보다 훨씬 허용적으로 바뀌었다. 그런데 1989년 '공안 정국'을 지나면서 민족 민주 운동과 노동 운동에 대한 억압이 다시 강화된 반면 환경 운동에 대한 허용적인 태도는 계속 유지되었기 때문에 환경 운동은 상대적으로 유리한 정치적 기회 구조를 이용할 수 있었다. 이 시기에 정부는 환경처를 발족시키면서 사후 대책보다는 사전 대책 중심의 환경 정책이 필요하다는 인식을 분명히 밝히기 시작했다. 이 시기에 환경 의식은 이전 시기에 비해 급격히 발전했다. 환경 문제의 심각성에 대한 평가, 정부의 환경 정책에 대한 불만, 환경 운동 참여 의사가 모두 이 시기에 높아졌다.

억압적인 정치적 기회 구조 속에서 진행된 온산 주민 운동과 상대적으로 민주화된 시기의 페놀 사례나 팔당 사례를 함께 보면서 우리는 정치적 기회 구조와 환경 운동 사이의 상관 관계를 살펴볼 수 있을 것이다.

사례 연구는 다음과 같은 문제들에 초점을 맞추어 분석하겠다. 먼저 그 운동이 발생하게 된 사회적 배경을 검토한다. 당시의 객관적인 오염 상황이 어떠했고, 환경 재난이 촉발 요인으로 작용했는지, 그리고 당시의 정치적 기회 구조의 성격과 국민 전체의 환경 의식, 매스 미디어의 개입은 어떠했는지를 살펴본다.

둘째로 운동의 진행 과정은 다음과 같은 문제들에 초점을 맞추어 분석한다.

1) 운동의 주체는 누구인가?
2) 어떤 이데올로기와 전략을 추구하는가?
3) 어떤 이해 관심과 목표를 갖고 있는가?
4) 자원 동원 과정은 어떠한가?

위의 문제들을 검토함으로써 계급 운동과 새로운 사회 운동을 둘러싼 쟁점들을 경험적으로 분석할 수 있을 것이다.

셋째로 운동의 결과를 세 가지 차원에서 검토해보도록 한다. 운동의 결과를 평가하기 위한 기준은 다음과 같다.

1) 이해 당사자의 권익 보호라는 목표가 실현되었는가?
2) 정부 정책(행정 조치 혹은 입법 조치)이나 기업 전략을 변화시켰나?
3) 사회의 전반적인 변화(예: 가치관 변화 혹은 사회 운동의 확산)를 낳았나?

각 운동 사례의 사회적 배경, 진행 과정 그리고 결과를 검토함으로써 이 책의 주요 연구 문제들을 해결하는 데 도움을 얻을 수 있을 것이다. 첫째로 우리는 사회 운동의 발생 요인으로 거론되는 불만, 정치적 기회 구조, 자원 동원 능력과 같은 것들이 얼마나 중요한 영향을 미치는지 살펴볼 수 있을 것이다. 둘째로 각각의 사례에서 어떤 이데올로기가 지배적인 영향력을 미치고 있는지 검토해볼 수 있다. 셋째로 피해자 운동과 시민 압력 운동 등 우리나라 환경 운동의 대표적인 사례들을 검토함으로써 계급 운동과 신사회 운동을 둘러싼 문제를 해결하는 실마리를 찾을 수 있을 것이다.

2. 온산 주민 운동

제 5 장에서 보았듯이 우리나라의 환경 운동은 피해자들의 방어적인 집합 행동으로부터 싹트기 시작했다. 피해자 중심의 환경 운동은 제 1 기와 제 2 기의 주된 운동 유형이었다. 따라서 이 시기의 환경 운동의 동태적인 과정을 분석하기 위해서는 피해자 운동을 자세히 살펴보는 것이 필수적이다. 저자는 이러한 목표에 적합한 사례로서 온산 주민 운동을 선택했다.

온산 주민 운동 이전의 환경 운동은 주로 농작물이나 어업 피해와 같은 재산상의 손실에 대해 피해 배상을 요구하는 운동이었다. 온산병 사건을 통해서 비로소 재산 피해뿐만 아니라 직접적이고 집단적인 인체 피해가 가시적으로 드러나게 되었고, 이로 인해 환경 운동도 점차 발전하게 되었다. 온산병 사건은 우리나라에서 최초로 공해병 문제를 커다란 사회 문제로 부각시킨 사건이라고 할 수 있다.

온산 주민 운동은 피해자 운동이지만, 민족 민주 운동 지향적인 전문 환경 운동 조직이 주민들을 지원함으로써 양자의 결합이 이루어지기 시작한 운동이다. 외부 지원 집단의 지원은 주민 운동 조직의 활동에 매우 중요한 기여를 했다. 그러나 동시에 주민 운동 조직 자체의 목표와 자원 동원 능력이 운동의 지속성과 특성을 규정짓는 중요한 요인이라는 사실을 이 사례는 잘 보여준다. 저자는 온산 주민 운동을 통해 공해 피해 보상 운동의 전개 과정을 분석하고 그것의 사회학적 의미를 분석해보고자 한다. 이 사례를 통해서 우리는 제 2 기(반공해 운동 시기)의 환경 운동의 특성을 살펴볼 수 있을 것이다.

I. 온산 주민 운동의 전개 과정

박정희 정부는 제 3 차 경제 개발 계획 기간부터 중화학공업

육성에 집중적으로 투자하기 시작했다. 아울러 1973년에는 산업기지개발촉진법을 제정하였다. 온산공단은 1974년 건설부 고시 제92호에 의해 산업 기지 개발 구역으로 지정되어 정유 및 비철금속을 주축으로 하는 임해공단으로 조성되기 시작했다. 1975년부터 공장들이 건설되기 시작하여 1978년 고려아연, 효성알미늄이 가동을 시작하였다(기사연, 1987: 29~31). 이 이후 온산은 각종 중금속 폐수와 대기 오염으로 병들어가기 시작했다. 1982년에는 어업 피해가 심각하게 발생했고, 1982년부터는 집단적인 신경통과 피부병 증세를 보이는 '온산병' 환자가 나타나기 시작했고 1983년부터 그 숫자가 급격히 증가하기 시작하여 1985년에는 5백 명 이상의 주민이 '온산병'에 걸린 것으로 알려졌다.[5]

온산 주민 운동은 크게 3단계로 나누어 살펴볼 수 있다. 먼저 제1단계는 1978년부터 1984년까지의 단계로서 직접적인 공해 피해 보상과 이주 추진을 목표로 지역 주민들이 외부 지원 집단 없이 자원을 동원했던 단계로서 피해 보상 투쟁의 단계라 할 수 있다. 제2단계는 1985년 1월부터 10월에 이르는 온산병 투쟁 단계로서 온산병 문제가 우리나라의 커다란 사회 문제로 제기된 단계이다. 제3단계는 1985년 10월 이후부터 1986년에 이르는 이주 보상 투쟁 단계로서, 이주 계획안이 확정된 이후 온산병 규명 문제로부터 정당한 이주 보상 문제로 주요 쟁점이 변화된 단계이다. 각 단계의 주요 사건과 활동은 〈표 6-2〉와 같다.

그러면 먼저 제1단계의 주민들의 집합 행동의 특성을 살펴보자. 1978년 온산 공단에서 고려아연이 최초로 가동된 이후로 크고 작은 환경 오염 사고가 끊이지 않았다. 1978년 5월의 한 이석유의 송유관 매설 사고, 1980년 동해펄프 폐수 방류 사건

---

5) 1984년도 서울대 환경대학원을 중심으로 한 울산·온산공단의 이주 대책을 위한 조사 연구는 이 지역의 증상 호소율이 타지역의 1.5배나 된다고 지적했다(기사연, 1987: 85).

〈표 6-2〉　　　　　온산 주민 운동 관련 주요 일지

날 짜	주요 사건 및 활동
1974. 4	건설부, 온산을 산업 기지 개발 지역으로 고시
제1단계: 피해 보상 투쟁의 단계(1978~1984)	
1978.	고려아연, 효성알미늄 가동 시작
1978. 2.	한이석유 해저 송유관 매설로 인한 생산물 피해 발생 이진리·원산리 어촌계 보상금 1억 2천만 원 받음
1979. 12.	온산 동제련 시험 가동중 폐수 누출
1980. 6.	온산 동제련으로부터 피해 보상 받음
1981. 2.	전두환 대통령, 온산 주민 이주 계획 수립하라고 지시
1982. 9.	온산만 근해를 해상 그린벨트로 지정, 어업 활동 규제
1982. 10. 23	온산면이주추진협의회 조직
1982.	이 시기부터 집단적 신경통과 피부병 증세 나타남
1983. 4.	어업권 소멸 문제 때문에 온산 주민 울산· 온산간 산업도로 점거 시위
1984. 1.	환경청, 선별 이주 계획 발표
1984. 5.	전부 이주 요구 시위
1984. 7.	이주 계획안 확정(3차에 걸쳐 이주)
제2단계: 온산병 투쟁의 단계(1985. 1~1985. 10)	
1985. 1. 18	'온산에 이타이이타이병 초기 증세' 첫 신문 보도
1. 19	환경청, '공해병이 아니다' 발표
3. 8	공문연, '온산 괴질' 대책 촉구 성명서 발표
3. 14	동아·조선·중앙·한국일보, 역학 조사 요구 사설 게재
3. 25	정부, 역학 조사 실시(1주일간)
4. 23	환경청, '공해병 아니'라는 역학 조사 결과 발표
4. 25	온산 주민들 병명 밝혀줄 것을 요구
4. 26	공문연·환경청 조사 결과 반박 성명서 발표
7. 30	공문연·반공해운동협의회 등과 함께 온산 주민 설문 조사
10. 4	정부, 이주 계획안 확정 발표
제3단계: 이주 보상 투쟁의 단계(1985. 10~1986)	
1986. 1. 15	이주추진협의회 해체, 이주보상협의회(온보협) 결성
7. 16	정부, 이주 보상 개별 통지서 발송
7. 18~23	온산 주민, 보상 금액에 불만 집단 시위
8. 24	공문연 등, '울산·온산공해이주보고대회' 개최

등이 일어났을 때 주민들은 가해 공장으로 찾아가서 항의·진정·시위 등의 방법을 사용하여 개별 사안별로 피해 보상을 받았다. 이 단계의 주민 운동의 투쟁 대상은 개별 가해 공장이었다. 주민들은 외부 지원 집단의 도움이 전혀 없이 자신들의 자원만을 동원하여 가해 공장으로부터 피해액의 30% 내지 60% 정도의 보상금을 받았다(기사연, 1987: 137). 이 단계에 어촌계장인 이석준의 역할은 매우 중요했다. 그는 오염 물질을 채취하여 전문 연구 기관에 조사를 의뢰하고 이러한 자료를 바탕으로 집합 행동을 조직하는 등 지도력을 발휘했다.

그러나 사고의 빈도가 높아지고 어업 활동이 갈수록 어려워졌을 뿐만 아니라 정부는 1982년 9월에 이르러 온산 근해를 그린벨트로 지정하고 어업을 금지시키는 결정을 내렸다. 이에 자극을 받아 온산 지역 주민들은 1982년 10월 23일, '온산면이주추진협의회'를 결성하고 본격적으로 이주 요구를 위해 집합 행동을 조직하기 시작했다. 협의회의 회장으로는 이전의 피해 보상 투쟁 단계에 지도적인 역할을 하던 어촌계장 이석준이 선출되었다. 이주추진협의회의 지속적인 활동 결과, 1984년 7월에는 이주 계획안이 정해졌다. 그러나 이주는 곧바로 추진되지 않았다.

그러던 중 1985년 1월 18일에 한국일보와 동아일보에 「온산 공단 주변 주민 5백여 명 '이타이이타이병' 증세」라는 기사가 크게 실리게 되었다. 이 보도를 시작으로 온산 주민 운동은 지역의 피해 보상 운동 혹은 이주 요구 운동에서 '한국 최초의 집단 공해병'이라는 전국적인 사회 문제로 전환되게 되었다. 환경청은 다음날 "온산공단 괴질은 공해병이 아니"라고 공식 발표했다(중앙일보, 1985. 1. 19). 1월 18일의 보도에 크게 기여한 공문연은, 1월 20일에 『살인적 공해병(이타이이타이) 한국에도 상륙』이라는 자료집을 발표했다. 이어서 공문연은 1월 25일, 환경청에 대해 "이번 사건의 공정한 범국민적 차원의 조사를 위해 행정당국, 정당, 사회 단체 대표, 학계, 의학계, 신·구교 대표들로 구성된 '온산집단괴질국민합동조사단' 구성을 공식 제의"했다. 그러나 환경청은 본격적인 역학 조사를 실시하지 않았고, 공문연은 3월 8일 다시 '온산 집단 괴질에 대한 조속한 대책을 재차 촉구한다'는 제목의 성명서를 발표했다(동아일보, 1985. 3. 8).

그러던 중 조선일보는 3월 12일과 13일 이틀에 걸쳐 온산병 문제를 크게 보도했다. 조선일보는 서울대 환경대학원 김정욱 교수의 말을 인용하여 환경처가 1월 19일에 공해병이 아니라는 발표의 근거로 사용한 조사 보고서가 문제가 있다고 주장했다. 김교수는 "연구진이 어느 공장의 폐수 처리 및 배출 실태를 조사하려 해도 사전에 이를 통보한 후 양해를 얻고 나서야 가능했고, 공장측의 '준비 작업'이 끝난 뒤 찾아가 실시하는 조사에는 한계가 있을 수밖에 없었다"고 말했다. 이러한 보도 이후 다음 날인 3월 14일에는 조선일보·한국일보·중앙일보·동아일보 네 신문이 모두 사설을 통해 온산병에 대한 정밀한 조사를 촉구했다. 공문연은 3월 20일에 『한국의 양심에 호소한다』는 제목의 두번째 자료집을 발간했다.

이러한 여론의 압력을 이기지 못해, 환경청은 3월 25일 온산 공단 주민에 대한 역학 조사를 시작했다. 조사가 시작된 3월 25일, 온산 지역의 주민 2명은 서울로 올라가 국무총리실·내무부·보사부와 각 언론사에 호소문을 전달했다. 이들은 그 동안 해온 조사는 모두 일방적이었으니 이번에는 당국의 조사를 지켜보기 위해 역학 조사 과정에 지역 주민 대표도 참석시키는 게 바람직하다고 주장했다(조선일보, 1985. 3. 26). 이러한 주장은 경향신문 사설의 적극 지지를 받기도 했으나 관철되지는 못했다. 환경청은 1주일이라는 짧은 시간에 역학 조사를 마치고 4월 23일, 공해병을 부인하는 조사 결과를 공식 발표했다. 그러나 이와 동시에 환경청장은 오염이 심한 지역은 이주를 원칙으로 관계 기관과 협의, 최단 시일내에 이주 계획을 결정지을 계획이라고 발표했다(부산일보, 1985. 4. 24). 이러한 모순된 대책에 대해 언론은 신랄하게 비판했다. 그리고 주민들 약 2백 명은 4월 25일, 당월리 마을회관에 모여서 정확한 병명을 밝혀줄 것을 요구했다. 공문연은 4월 26일, 환경청의 온산 역학 조사 결과를 반박하는 성명서를 발표했다. 이 성명서에서 공문연은 역학 조사의 신뢰성과 타당성을 비판하면서, 1) 공해병 인정과 적절한 치료, 보상 대책 수립, 2) 공정한 역학 조사를 위해 피해 주민들, 민간 단체, 정당, 사회 단체, 종교계 대표들이 참여하는 새로운 조사단의 구성, 3) 환경청장 사퇴, 4) 선별 이주가 아닌 전부 이주 등을 요구했다. 그러나 이러한 주장을 모두 관철시킬 수 있을 만한 자원을 공문연과 지역 주민 조직은 갖고 있지 못했다.

이 이후에도 여러 조사 기관들의 조사 결과가 발표되면서 온산 공해 문제는 거의 매달 언론에 크게 보도되었다. 한편 공문연은 1985년 7월, 반공해운동협의회와 울산NCC 회원들과 함께 온산 지역 주민에 대한 설문 조사를 실시하는 등 자체 조사를 벌였다. 그러던 중 1985년 10월 4일, 정부는 이주 계획안을 확정 발표했다. 이 이주 계획안은 총 이주 비용 1,198억 원을 들여, 울산·온산공단의 공해 피해 주민 9천 1백여 가구 중 이주를 희망하는 8,367세대, 37,610명을 1986년부터 3년 간에 걸쳐 단계적으로 이주시킨다는 것이었다(환경청, 1986: 157). 이 최종 발표로 공해병 문제는 더 이상 사회적인 쟁점으로 논의되지 않게 되고 이주 보상을 둘러싸고 갈등이 진행되는 제3단계로 넘어가게 된다.

제3단계에 이르러 이주 보상 액수와 방법이 온산 지역의 주요 쟁점으로 전환되게 되었다. 온산 주민들은 1986년 1월 15일 주민총회를 열어 이주추진협의회를 해체하고 온산면이주보상협의회(온보협)를 결성하였다. 이 협의회의 회장은 이석준이 계속 맡게 되었다. 이 단계 이후로 주민 조직 내부의 분열이 나타나기 시작하였다. 지역의 상층 중심의 '온보협'이 어업권 보상을 위주로 활동한 데 반대해서, 청년들 중심으로 새로운 '이주대책위원회'가 1986년 1월 27일 비공식적으로 결성되었다. 청년층 이주대책위원회는 주민들의 의식을 높이기 위해 진정서를 작성하여 서명 운동을 전개하고, 1300여 세대의 서명을 받아 1986년 6월에 각 기관·단체에 발송하였다(기사연, 1987: 145). 그러나 전반적인 지도력은 유지 중심의 온보협이 유지하고 있었다. 그러던 중 1986년 7월 16일, 이주 보상 개별 통지서가 1차 이주 대상지에 발송되었다. 그런데 보상금의 액수가 주민들의 기대에 전혀 미치지 못하였을 뿐만 아니라 당시에 일어난 고려아연과 경기화학의 폐수 배출 사건도 촉발 요인으로 작용하여 주민들은 7월 18일부터 23일까지 격렬한 항의 시위를 벌였다. 이 과정에서 전경들과의 몸싸움으로 부상을 당하는 사람들이 속출했다. 7월 19일에는 주민 800여 명이 온산공단협의회 진입로 네거리를 차단하고 시위를 벌였고, 다음날에는 전부락 1천 3백여 명의 주민이 시위에 참가했다. 7월 21일에는 주민 500여 명이 울산시의 공업 로터리로 진출하여 시위를 벌였다. 그러나 7월 24일, 정부측이 '군수의 서울 방문 이후 주민 대표와 다시 간담회를 갖자'는 제의를 하자 마을의 유지들이 동의하게 되었고 다른 한편으로 안기부 직원, 경찰 등의 협박과 감시 때문에 이후 집합 행동은 지속되지 못했다.[6] 이 당시의 정치적인 상황은 신민당이 1986년 2월 12일을 기해 1천만 개헌 서명 운동을 시작하고, 5월 3일에는 인천에서 재야와 학생들의 대규모 반정부 시위가 벌어지는 등 민주화 운동이 지속적으로 성장하고 있었던 상황이었다. 그러나 여전히 경찰과 안기부와 같은 국가 기구의 억압적인 권력은 매우 강했고 이들의 구

---

6) 당시 이진리 주민이었던 김상화는 "유지들이 시위를 선동한 이후, 경찰과 안기부가 겁을 주니까 나중에 돌아서게 되었다"고 증언했다(면접: 1994. 1. 5).

속 위협 속에서, 이주 계획은 '이장단회의'를 중심으로 조용히 추진되게 되었다.

공해문제연구소는 반공해운동협의회의 도움을 받아 울산의 재야, 기독교 단체 등 13개 단체가 참여하는 '울산·온산공해이주대책특별위원회'를 구성했다. 이 단체는 1986년 8월 24일, 천주교 울산 성당에서 '울산·온산공해이주보고대회'를 열었지만 지속적인 주민 운동을 조직하는 데는 기여하지 못했다(기사연, 1987: 146~49).

이 단계에는 시위의 강도가 매우 강했음에도 불구하고 온산병 문제만큼 크게 보도되지는 않았다. 이것은 첫째로 집합 행동의 쟁점이 공해병이라는 민감한 뉴스 가치를 가진 쟁점으로부터 일반적인 이주 보상의 문제로 전화하였기 때문이라고 추측할 수 있다. 둘째로 당시의 정치적 상황이 매우 불안하였으므로 서울의 정치적 상황보다 온산 주민의 시위가 더 큰 뉴스 가치를 갖지 못했을 것으로 추측할 수 있다. 이와 같이 언론의 지원이 거의 없는 가운데에서 온산 주민들은 정당한 이주 보상이라는 조직적 이익 차원의 목표를 충분히 달성하지 못했다. 1985년 10월에 정부가 발표한 이주 계획안의 예산 1천 2백억은 확보되지 못했고, 그 때문에 이주는 예정대로 진행되지 못했다. 계획안대로라면 이진·목도·당월 등 1차 이주 지역은 이미 1986년에 이주가 마무리되었어야 하는데 1988년 6월까지 약 20% 밖에 진행되지 않았다. 게다가 1988년 6월까지 2차 및 3차 이주 지역은 보상금 산정 및 지급조차 이루어지지 않았다. 이것은 이주 보상비가 주민들의 기대에 반도 못 미쳐 주민들이 이주를 포기했기 때문이다(『공해연구』 제17호, 1988. 6. 15). 이뿐만 아니라 이주했던 주민들이 생계를 꾸리지 못해 고향으로 돌아오기도 했다. 보상금을 받고 덕신·남창 지구로 이주했던 4백여 가구 가운데 1백여 가구는 배고픔을 이기지 못해, 오염된 고기라도 잡아 먹기 위해 당월리 등 고향으로 돌아왔다(조선일보,

1990. 3. 28). 이렇게 하여 온산 주민 운동은 공해 방지라는 목표는 말할 것도 없고, 집단 이주라는 목표도 완전히 달성하지 못한 채 끝나게 되었다.

Ⅱ. 각 주체들의 활동

온산 주민 운동을 둘러싼 주요 주체들은 정부, 기업, 주민 운동 조직, 전문 환경 운동 조직, 언론 등을 들 수 있다. 각 주체들은 서로 다른 이해 관심과 자원 동원 능력을 바탕으로 사회적 갈등을 형성했다. 각 주체별로 그들의 행위를 분석해보겠다.

1) 주민 운동 조직

주민 운동 조직은 일관되게 공해에 의한 물질 피해와 신체 피해에 대한 경제적이고 물질적인 보상과 이주 대책을 목표로 투쟁했다. 외부 지원 조직들이 이러한 제한된 쟁점을 넘어서려고 노력했지만, 주요 쟁점은 여전히 주민들의 이주 보상에 머물러 있었다. 따라서 주민 운동 조직의 활동은 매우 방어적인 특징을 갖는다. 주민들은 공단에 의해 삶의 터전인 바다를 완전히 빼앗긴 채 기본적인 생존 유지를 운동의 목표로 삼았기 때문에 자신들을 전문 환경 운동 조직의 역사성 담화와 유기적으로 접합시키기가 매우 어려웠다.[7] 이것은 상층 중심의 온보협에 대항하여 새롭게 구성된 하층과 청년 중심의 '이주대책위원회'의 진정 내용을 보아도 잘 알 수 있다.

[청년층] 이주대책위원회는 「주민 현실과는 너무나도 동떨어진 이주 계획안——온산 이주민들의 14개항 요구 진정서」라는 문서를 작성하여 '온산 이주민 일동' 이름으로 1986년 6월에 발표했다. 이 진정서는 "삶의 터전을, 국가에서 시행하는 공업

---

7) 온산 지역의 주민들은 1978년부터 지속적으로 피해 보상 운동을 벌이면서 적어도 보상 운동에 있어서는 전문 환경 운동 조직보다 훨씬 전문적인 능력을 갖고 있었다. 특히 이석준은 자신과 주민의 재산권을 보호하는 데 탁월한 능력을 발휘했다.

화의 물결에 밀려서 하루아침에 상실당하고, 더구나 극심한 공해에 시달려온 지 어언 십 년이 넘었습니다"라고 주장하지만 국가의 정책이나 기업에 대한 공격보다는 방어적인 요구로 가득 차 있다. 이주 단지를 주민이 원하는 지역으로 재선정해줄 것, 건물 보상과 어업권 보상을 현실 보상으로 해줄 것, 이주 단지의 도시 생활권을 형성시켜줄 것, 온산 괴질의 사후 대책 수립 등을 요구하는 것이 이 진정서의 주요 내용이다.

이들의 이해 관심은 주민들의 생존과 생활의 방어에 집중되어 있었다. 이들의 관심과 자원 동원 능력의 제한성 때문에 이들은 그들의 조직을 넘어선 일반 이익에 대한 관심을 운동 속에 투영시키지 못했다. 이들은 제도 수준의 개혁이나, 문화적 지향의 총체적 변형과 같은 차원의 저항을 조직할 수 있는 지식·시간·자금과 같은 자원을 거의 갖고 있지 못했기 때문에 그들의 생존과 생활의 방어에 집중할 수밖에 없었던 것이 오히려 당연한 일이었다. 1980년대 중반에는 정치적 억압이 여전히 강하게 지속되었기 때문에 지역 주민들이 거시적이고 구조적인 문제에 관심을 갖거나 그런 문제를 제기하기는 더욱 어려웠다. 이러한 과제는 전문 환경 운동 조직의 몫이었다.

2) 전문 환경 운동 조직

온산 주민 운동을 지원한 외부 지원 집단으로는 공개된 공식 조직으로서 공문연, 그리고 전문적 지식을 가진 집단으로서 공해연구회, 그리고 대학생 중심의 활동 조직으로서 반공해운동협의회와 같은 세 조직이 있었다. 공해문제연구소는 1984년부터 온산공단의 공해 문제를 그들의 정기 간행물인 『공해연구』에서 다루기 시작했다. 그러던 중 1985년 1월, 언론의 도움을 받아 온산병 문제를 크게 사회 문제화하는 데 성공했다. 온산병이 사회 문제화되고 난 이후 위의 세 조직은 조영래 변호사 사무실에서 모여 공동 대책 기구를 만들어서 대응책을 마련했다. 이 이

후, 공해연구회는 전문적인 연구 분석 작업을 주로 했고, 반공
해운동협의회가 주민 청년 조직과의 직접 접촉을 맡았으며, 공
문연은 공식 조직으로서 전체적인 지원을 조직하는 역할을 맡
았다(당시 공해연구회원 조홍섭 면접: 1994. 2. 7). 그해 7월에,
이 세 조직은 공문연의 이름으로 온산병 실태 조사를 위해 현지
조사를 실시했다.[8] 그러면 보다 구체적으로 이들의 활동을 분
석해보자.

지역 주민 조직이 생태계의 파괴에 의한 장기적인 피해를 막
는 근본적인 대책보다는 단기적인 이주를 조직의 주요 목표로
설정한 반면, 전문 환경 운동 조직은 임기응변적인 이주 대책보
다는 보다 근본적인 공해 대책, 온산병의 원인 규명과 치료 대
책 등을 당면한 운동의 목표로 삼았다. 공문연은 온산병 문제가
사회 문제로 되기 이전인 1984년 3월에 이미 집단 이주가 근본
적인 해결책이 될 수 없다는 사실을 잘 알고 있었다(『공해연구』
제 3 호).

새로운 공해 공장을 입주시켜 공해 발생원과 공해 발생 지역을
확대시킨다는 것은 지금과 같은 공해 상황하에서는 주변 생태계와
공장 근로자들의 안전을 위협할 뿐 아니라, 피해 지역의 확산, 오
염의 질적 악화를 가져올 뿐이다. 이러한 무분별한 공해 대책이 여타
공업 단지에서도 계속된다면 전국토의 총오염화만 가속화될 것이다.
〔……〕 무조건 집단 이주를 시킬 것이 아니라 공해 방지를 위한 종합
적이고 구체적인 대책을 먼저 세워야 한다. 공해 문제를 해결하는 것
은 공해가 없어지게 하는 것, 즉 오염 물질의 배출을 일정 기준
이하로 극소화하는 것을 의미한다.

정부가 추진하고 있는 집단 이주 계획은 공해 방지 대책이 아니
라 공해에서 벗어나고 보자는 일시적인 피난책에 지나지 않는

---

8) 반공해운동협의회는 1985년 11월부터 본격적으로 울산과 온산의 청년들과
   접촉하기 시작했다. 반공해운동협의회는 정부 측 이주 시안의 문제점, 보상에
   관한 법적인 자료, 금호도 등 타지역 이주 사례 등의 자료를 제공하는 일을
   했다(기사연, 1987: 144~45).

다. 〔……〕 울산·온산 이주 문제도 전국토의 공해 방지라는 전국
적인 차원에서 보다 신중하고 합리적으로 추진되어야 한다.

이러한 근본적인 문제 의식을 갖고 있던 공문연은 1985년 1
월, 선거 국면이라는 상대적으로 열린 정치적 기회 구조를 이용
하여 온산병을 이타이이타이병에 비유하는 홍보 전술을 선택하
여 커다란 사회적 관심을 불러일으키는 데 성공했다. 공문연은
정부가 공해병이 아니라고 발표한 데 대해 논리적으로 반박하
고, 자체적으로 현지 조사를 실시하여 온산병의 심각성을 알리
기도 하였다. 이러한 공문연의 활발한 지원 활동을 통하여
1985년 10월에 정부의 이주 계획안이 확정 발표되게 되었다.
그러나 이주 계획 발표를 전후로 정보 기관들은 주민들과 공문
연 관계자들을 협박하고, 언론을 회유하여 공문연 및 언론과 지
역 주민들 사이의 연대를 단절시켰다(박현옥: 218).
  제 3 단계에 이르러 공문연은 다시 온산 지역 주민들과 연대
하기 시작하였고, 1986년 7월의 격렬한 시위 투쟁 이후, 주민
들을 지원하기 위해 '울산·온산공해이주보고대회'를 열었다.
이 대회의 결의문에는 공문연을 비롯한 외부 지원 집단이 조직
적 차원의 사회적 갈등을, 역사성을 포함하는 사회 운동으로 발
전시키고 접합시키려는 의도를 잘 살펴볼 수 있다. 먼저 이 결
의문은 "박정희 정권의 울산·온산공단의 조성과 그 가동은 명
백한 대외 종속성과 국내 매판 자본 세력과 한통속이 되어 굴러
온 한반도 민족사의 치명적 오류였다"고 규정한다. "고도 경제
성장이라는 공허한 메아리"라는 말에서 볼 수 있듯이 이 결의
문은 박정희 정부의 대외 의존적 경제 성장 정책의 정당성 자체
를 부정하고 있다. 이러한 정당성 비판에 근거하여 결의문은 온
산 지역의 문제를 전국민의 삶의 문제와 연결시킬 뿐만 아니라
모든 기업체, 국가 권력, 사회 구조의 변형이 필요하다고 주장
한다(기사연, 1987: 164~66).

이러한 공해 이주 문제는 울산·온산 공해 이주 지역만의 것이 아닌 국민 모두의 삶 전체와 관련되는 문제이다. 공해 이주 문제의 가장 중요한 핵심은, 문제의 근원이 일부 극소수 독점 재벌 및 이를 지탱해주는 군부 독재 정권에 그 뿌리를 두고 있다는 점이다. 따라서 해당 지역 주민과 국민 모두는 문제의 근원인 극소수 독점 재벌 및 군부 독재 정권의 반민족·반민중성을 척결하기 위해 보다 근원적이며 광범위한 범국민적 반공해 운동을 전개해나아가야 할 것이다.

이제 민족의 생존 환경과 국민 모두의 건강한 삶을 회복하기 위해서는 우리의 금수강산을 공해 강산으로 변질시키고 국민 건강을 좀먹고 있는 모든 기업체, 국가 권력, 사회 구조에 대한 준엄한 심판이 역사와 한민족의 이름으로 내려져야 할 때가 다가왔다. 〔……〕 오늘의 울산·온산 지역의 공해 이주 문제를 해결해가는 중대한 동시적 과제는 바로 이 나라의 '민주화'인 것이다. 때문에 우린 다시금 공해 이주 문제의 근원 해결의 초점이 국민 경제의 구조적 변혁과 정치적 민주화에 있음을 재삼 확인하는 바이다.

우리의 결의

1) 우리는 울산·온산 지역 주민들의 생존권 투쟁을 적극 지지한다.
2) 공해 이주 지역 민중 생존권 압살하는 군부 독재 몰아내자.
3) 울산·온산 이주 정책을 전면 수정하라.
4) 태화강을 죽게 할 상북공단 조성 계획을 전면 철폐하라. 민족·민주화의 선봉——민중 생존권 확보 투쟁 만세!

이 결의문을 통해 우리는 당시 공문연을 중심으로 한 환경 운동 조직들이 전통적인 좌파 담화에 깊이 연결되어 있으며 환경 오염 피해자의 문제를 민족 문제, 민중 문제로 파악하고 있다는 사실을 확인할 수 있다. 환경 담화의 세 유형 가운데에서 이 담화는 좌파 환경주의에 매우 가까운 특성을 보인다.[9]

---

9) 담화의 차원에서 역사성의 담화가 나타난다고 해서 그 집합 행동을 역사성

공문연의 이해 관심은 그들 조직의 집합적 이익 수호가 아닐 뿐만 아니라 온산 지역 주민의 조직 이익도 넘어서고 있다는 사실이 위의 인용문에서 명백히 나타나고 있다. 지역 주민들은 공해 방지 시설을 가동한다는 기업의 말에 하도 많이 속아서, 이주 외에는 다른 대안을 찾지 못했던 반면, 공문연은 보다 근본적인 오염 방지 대책을 요구했다. 이것은 공문연의 이해 관심이 조직 이익을 넘어서서 국민의 보편적 이익에 맞추어져 있다는 사실을 의미한다. 그러나 운동 과정에서 쟁점이 이주 보상에 맞추어졌기 때문에 온산병 치료 및 사후 대책과 같은 조직 이익 차원의 문제는 물론, 근본적인 오염 대책과 생태계 보호를 위한 대책은 주요 쟁점으로 논의되지 못했다. 결국 공문연의 목표와 이해 관심은 온산 주민 운동을 조직 이익을 넘어서 역사성 차원의 사회 운동으로 발전시키는 것이었으나, 여러 경제 중심 패러다임이 지배적인 사회적 분위기와 자원 동원 능력의 결여 때문에 이러한 목표를 달성하지는 못했다고 볼 수 있다.

3) 정 부

국가는 지배 계급의 국가를 넘어서서 상대적 자율성을 갖고 보편적 이익의 담지자 역할을 함으로써 정당성을 확보할 수 있게 된다. 환경 문제의 경우, 국가는 일방적으로 자본의 이익을 방어하는 것이 아니라 개별 자본의 오염 행위를 적절히 규제하고 국민들의 생존권을 보호함으로써 보편적 이익의 담지자의 외양을 가질 수 있다. 온산병 사건을 둘러싸고, 국가는 공해병을 인정하지 않으면서 동시에 이주를 추진하는 모순된 정책을 폄으로써 이러한 역할을 온전히 수행하지 못했다.

정부의 정책적 대응은 크게 3가지로 나누어볼 수 있다. 첫째는 공해병의 부인이고 둘째는 역학 조사, 셋째는 집단 이주 추

차원의 사회 운동이라고 규정할 수는 없다. 우리는 집합 행동 전체의 목표, 전개 과정, 그리고 결과를 면밀히 검토해보아야 할 것이다.

진이라는 정책이다. 첫번째 대응은 1월 18일의 '이타이이타이병' 보도에 대해 즉각 반박함으로써 공해병 논의를 저지시키려고 했던 것이다. 그러나 3월에 다시 온산병 문제가 언론에 크게 보도되고 3월 14일에는 이 문제가 4개 중앙 일간지의 사설에 실리게 되자, 정부는 역학 조사를 실시하지 않을 수 없게 되었다. 환경청은 역학 조사를 일주일이라는 짧은 시간에 실시한 후, '공해병이 아니라'고 결론 내림으로써 '과학적 연구 결과'에 의존해서 공해병 시비를 끝내고자 했다. 이러한 대응과 함께 이주 추진 의사를 확인함으로써 정부는 공해병 문제를 이주 문제로 전환시키는 데 어느 정도 성공했다. 간헐적으로 온산공단의 주민 피해가 중금속 오염 때문이라는 신문 기사가 나왔고, 공문연의 연구 결과도 발표되었지만 정부가 공해병을 인정하도록 만들지는 못했다. 정부는 10월 4일 이주 계획을 확정 발표함으로써 공해병 시비를 사실상 마무리짓는 데 성공했다. 이로써 언론과 국민들은 정부의 이주 대책이 예정대로 잘 추진될 것으로 기대하였고, 온산 문제는 대중의 관심에서 사라져갔다.

그러나 1986년 7월, 실제 이주가 추진되면서 지역 주민과 정부 사이에 심각한 갈등이 폭발했다. 이것을 정부는 경찰과 정보 기관의 감시, 그리고 실질적이고 상징적인 폭력으로 억압했다. 요컨대 정부는 집단 이주 계획을 발표하여 공해병 문제를 탈문제화시킴으로써 이데올로기적 대응에 성공한 이후, 주민들의 불만에 대해서는 경찰과 정보 기관을 통해서 질서 유지에 성공했다.

결국 정부는 집단 이주를 약속함으로써 보편적 이익의 담지자로서의 외양을 일시적으로 얻는 데 성공했다. 그러나 정부는 그 약속을 제대로 실천하지 못했기 때문에, 공단 입주 기업의 특수 이익만을 대변했을 뿐, 온산 주민들의 특수 이익을 보호하지 못했다. 뿐만 아니라, 온산 지역에 공장들을 훨씬 더 많이 입주시킴으로써 온산 지역의 전체적인 오염 정도를 낮추는 것이 아니라 오히려 심화시키는 데 기여했다.

4) 언 론

집합 행동의 발전에 언론이 차지하는 역할은 매우 중요하다. 온산병이 전국적인 사회 문제로 확산된 데에는 언론의 역할이 지대했다. 언론은 처음 1985년 1월에 온산병 문제를 일본의 이타이이타이병의 초기 증세와 유사하다고 보도함으로써 국민들에게 충격을 주었다. 이어서 3월에는 정밀한 조사를 촉구함으로써 정부로 하여금 역학 조사를 실시하게 하는 데 중요한 영향을 미쳤다. 언론은 지속적인 현지 취재 기사와 조사 보고서 취재 기사, 그리고 사설을 통해 공해병의 위험을 알림으로써 경제 성장 중심주의에 대한 주요 비판자의 역할을 수행했다. 그러나 정부가 집단 이주 계획을 확정 발표한 이후, 언론은 지속적인 추적 보도를 하지 않음으로써 국가의 탈문제화 전략을 도운 결과를 낳았다.[10]

온산 주민들은 그들의 활동에 언론을 적절히 이용하려고 노력했다. 주민 지도자 이석준은 1980년대 초반 울산KBS 기자에게 의뢰하여 공해 관련 특집 프로그램을 준비하는 등, 기자들에게 많은 자료를 제공했다(이석준 면접: 1994. 1. 4). 그리고 앞에서 언급했듯이 지역 대표들이 직접 언론 기관을 방문하여 언론의 지지를 얻는 데 성공하기도 하였다. 그러나 1986년 7월의 대규모 시위는 중앙 언론에 보도되지 않았다. 공문연도 제 2 단계에 이르러 자신들의 연구 결과, 성명서 등을 언론 기관에 제공함으로써 주민 운동을 지원하는 데 언론을 성공적으로 이용했다. 그러나 제 3 단계에 이르러서는 역시 언론의 지원을 성공적으로 이끌어내지는 못했다.

---

10) 언론은 자본주의적인 경쟁 기업의 하나로서 뉴스 가치에 따라 기사를 보도한다. 공해병 문제가 쟁점에서 사라진 이후로 온산 주민 운동은 뉴스 가치를 잃어버린 것으로 볼 수 있다. 특히 1986년에는 개헌 논의가 확산되어 있었고, 5월 3일 인천 사태, 7월의 부천서 성고문 사건 등 중요한 시국 사건이 연이어 터지고 있었다.

1) 피해자의 권익 보호

먼저 피해 당사자인 온산 주민들의 목표인 그들의 권익 보호가 얼마나 이루어졌는지 살펴보자. 그들의 핵심 목표였던 '정당한 이주 보상'이 제대로 이루어졌는지, 온산병의 규명과 치료가 제대로 되었는지, 온산 지역의 오염 상황은 개선되었는지 살펴보도록 하겠다.

(1) 이주 보상

주민 운동 조직의 최대의 목표는 적절한 보상을 받고 집단 이주를 실현하는 것이었다. 그러나 앞에서 보았듯이 이 목표는 제대로 실현되지 못했다. 온산 지역의 주민들은 강한 결속력을 보이지 못했다. 주로 이석준이라는 개인의 지도력에 의존해서 많은 일들이 이루어졌다. 그리고 이주 계획이 확정된 이후에, 주민 조직들은 더 이상 단결을 유지하지 못했고, 공동으로 권익을 방어하는 데 실패했다. 온보협은 주로 어업권 보상에 초점을 맞춤으로써, 하층의 생존권 보호에 힘을 기울이지 않았고, 그 결과 주민들 사이에 분열이 일어났다. 이러한 단결력의 약화 때문에 보상액 통보에 집합적으로 대응하지 못하게 되었다. 그 결과, 보상가가 낮게 책정되어 이주 자체가 예정대로 이루어지지 않게 되었다.

정부는 경제 성장과 국가 유지라는 목표를 달성하기 위해 정당성 유지에만 관심을 기울인 결과, 여론이 들끓을 때만 이주 계획을 발표하고 이후에는 실천을 뒤로 미룸으로써 정부 스스로가 제시한 이주 계획조차 제대로 실천하지 못했다. 정부는 사회적 쟁점을 회피하는 데 성공했지만, 피해 주민들의 생존권을 보호하지 못함으로써 문제를 유예했을 뿐이다. 정부는 먼저 보상액을 지급한 이후, 나중에 가서 덕신에 택지를 조성하는 등,

주민들을 위해 체계적인 대책을 실행하지 못했다. 일부 주민들은 일단 보상금을 받아 부채를 청산하고, 생활비로 그 돈을 사용한 후, 나중에는 전세방 비용을 마련하느라 고생하기도 했다. 현재도 이주는 완전히 이루어지지는 않고 있는 상태이고 다시 고향으로 돌아간 주민들도 있다(조선일보, 1990. 3. 28).[11] 결국 주민 운동 조직은 내부 단결력 약화와 자원 동원 능력의 결여 때문에 자신들의 이익조차 제대로 확보하는 데 성공하지 못했다.[12]

(2) 온산병 규명

온산공단 문제는 온산병으로 인하여 전국적인 사회 문제로 비화되었다. 그러나 온산병 문제는 명백히 규명되지 않은 채 잊혀져가고 있다. 공문연을 비롯한 전문 환경 운동 조직은 온산병의 원인 규명과 정부에 의한 공해병 인정과 환자 치료를 주요 목표로 투쟁했지만 이 목표는 전혀 달성되지 않았다. 이러한 실패는 당시의 전문 환경 운동 조직의 전문적 역량이 매우 부족했기 때문이라고 볼 수 있다. 전문 환경 운동 조직들은 설문 조사를 하고 독자적으로 오염도를 조사하는 등의 활동을 폈지만 뚜렷한 결론을 얻지 못했다. 미나마타병을 규명하는 데 큰 공헌을 했던 구마모토 대학 의학부의 하라다 박사 팀은 1986년에 온산병에 대해 조사를 실시하고, 온산병이 이타이이타이병은 아니지만 중금속 오염과 관련된 것처럼 보인다고 말했다. 결국 온산병 문제는 억압적인 정치적 기회 구조와 전문가들의 참여 부족 때문에 원인 규명에 실패하고 말았다. 공식적인 원인 규명에 실패함

---

11) 환경처는 울산과 온산공단에 사는 7,153세대 34,533명을 대상으로 1986년부터 1992년까지 3,337여억 원의 재원을 투입하여 이주를 추진했으나, 1992년 말 현재 삼호·태화·덕신 1, 2, 3지구 이주 택지 조성의 지연으로 3,625세대만 이주를 완료하였다(환경처, 1993: 343)

12) 1990년에 온산 지역의 청·장년층을 중심으로 온산공해대책협의회(회장: 구봉원)가 발족했다. 그러나 이 조직은 현재 활발한 활동을 전개하고 있지 않다.

으로써 온산병 환자들은 뿔뿔이 흩어진 채 고통받고 있다.[13]

(3) 온산공단 오염도의 변화

온산 주민 운동이 실제로 온산 지역의 환경 오염을 감소시켰다는 증거는 찾기 어렵다. 정부는 주민들의 이주 문제를 경제 문제로 취급함으로써 주민들이 떠난 지역에 새롭게 공해 공장을 유치함으로써 이주 보상 비용을 마련하고자 하였다. 그리하여 1985년 10월 당시 입주 업체가 14개 업체에 불과했으나, 92년 6월에는 54개 업체로 늘어났고, 2000년까지 1백 18개 업체가 입주할 예정이다. 이 때문에 온산 지역에는 집단 피부병이 자주 발생하고 있다.[14]

국회에 보고된 환경처의 자료에 의하면, 온산공단의 문제점은 대규모 공단의 밀집으로 악취 및 대기 오염이 가중되고 있고, 환경 오염 돌발 사고시 누출된 오염 물질에 대한 규제 방안이 미흡하며, 배출 시설 및 방지 시설의 노후 또는 저효율로 인한 오염이 가중되고 있다는 것이다.[15] 결국 온산 주민 운동은 이주라는 목표를 부분적으로 달성시켰기 때문에 오히려 역설적으로 그 지역의 오염을 개선하지 못하는 결과를 낳았다고 볼 수 있다.

2) 정부 정책의 변화

정부는 1986년 3월 울산과 온산공단을 '공해 특별 대책 지역'으로 지정했다. 지역 배출 허용 기준을 별도로 설정하여 다

---

13) 그러나 1990년대 환경 운동이 새롭게 발전하게 되면서 울산환경운동연합이 주도하는 '온산병 재조명 운동'이 진행되고 있다(울산매일, 1993. 9. 23, 9. 29, 10. 7; 경상일보, 1993. 9. 20).

14) 1992년 6월 16일자 부산일보에 의하면, 울산군은 온산 지역에 입주 업체가 늘어나면서 오염 지역이 확산되어 공해 피해 주민들의 집단 이주를 추진키로 했다.

15) 그러나 주민들의 체감 오염도가 부분적으로 나아진 경우도 있다. 예를 들면 동해펄프는 수십 억을 투자하여 악취 제거 시설을 새로 설치하여 악취 공해를 경감시켰다(이석준 면접: 1994. 1. 4).

른 지역과는 달리 특별하게 관리하기로 하였다. 그리고 건설부 주관으로 1986년 온산공단 폐수 처리장을 착공했다. 1987년 2월, 환경처는 '울산·온산 공해 특별 대책 지역 대기 오염 저감 종합 정책'을 세워 울산·온산공단의 여러 오염 물질의 배출 허용 기준치를 강화시켰다(서울신문, 1987. 2. 8).

그러나 정부는 온산병을 공해병으로 인정하지 않았기 때문에 일본의 미나마타병이나 이타이이타이병 때문에 생긴 '공해관련 건강피해보상법'과 같은 법을 만들지도 않았고, 온산병 환자에 대한 정부 차원의 치료도 하지 않았다. 온산병 문제 때문에 정부 정책의 근본적인 변화가 생긴 증거를 발견하기는 어렵다.

3) 사회의 전반적인 변화

온산 주민 운동은 공해병이라는 가시적인 집단적 인체 피해를 쟁점화시키는 데 성공함으로써, 공단 주변의 오염 문제에 대한 사회적 관심을 크게 높였다. 온산병 문제는 우리나라에도 일본과 마찬가지로 무서운 중금속 오염 공해병이 생길 수 있다는 경각심을 국민들에게 불러일으킴으로써 환경 의식의 발전에 기여했다고 볼 수 있다. 1982년의 환경 의식 조사에 비해 1987년 조사에서 전반적으로 환경 의식이 높아진 데에는 온산병 사건이 어느 정도 영향을 미친 것으로 추측해볼 수 있다.

온산 주민 운동의 또 다른 효과는 전문 환경 운동 조직의 역량 강화라고 할 수 있다. 공문연을 비롯한 전문 환경 운동 조직들은 주민 조직의 조직 이익을 위한 집합 행동을 지원하는 활동과 민주화 운동, 사회 변혁 운동을 결합시키려는 목표를 갖고 있었다. 두 가지 모두 적절히 이루어내지 못했지만, 온산 주민 운동에 참여한 많은 환경 운동가들이 온산 주민 운동의 경험을 바탕으로 제3기(환경 운동의 모색기)에 이르러 주도적인 활동가로 성장하게 된 것은 중요한 성과라고 볼 수 있다.

먼저 온산 주민 운동이 발생하게 된 배경을 살펴보자. 풍요로운 황금 어장을 가진 온산만 주민들이 피해 보상 투쟁의 전문가가 될 수밖에 없게 된 것은 정부가 지역 주민의 의사와 상관 없이, 이 지역을 비철금속공단으로 지정했기 때문이다. 일본의 '중금속 오염에 의한 공해병'을 일으킨 그 산업이 온산에 들어서면서 재산 피해와 인체 피해가 속출하게 되었다. 이러한 직접적인 피해가 온산 주민들이 집합 행동을 벌이게 된 직접적인 요인이 되었다.

이 시기의 정치적 기회 구조는 전반적으로 폐쇄적이었다. 정치 체제가 극도로 폐쇄적이었기 때문에 국가의 정당성은 매우 취약했고, 지식인들은 제도 밖의 변혁 전략을 선택하게 되었다. 전문 환경 운동 조직은 지역 주민들과 연대하여 좌파 환경주의 담화를 확산시키려 하였으나 정부의 억압 때문에 유기적인 연대를 이루지는 못했다. 이 시기 국민들의 환경 의식은 1980년대말이나 1990년대초에 비해 낮았다. 환경 오염에 대해 심각하게 생각하는 사람들은 많았지만 경제 중심주의가 여전히 지배적인 가치로 자리잡고 있었다. 이러한 조건 때문에 온산 주민들의 정당성 주장은 방어적일 수밖에 없었다.

온산병이 전국적인 관심을 끄는 사회 문제로 확산되는 데에는 언론의 개입이 필요했다. 제1 단계에 피해 보상을 위한 수많은 시위가 이루어졌지만 그것은 전국적인 환경 문제로 구성되지 않았다. 정부가 역학 조사와 집단 이주를 결정한 것은 온산병 문제가 중앙 언론의 집중적이고 지속적인 관심을 끌게 되었기 때문이라고 볼 수 있다. 그러나 주요 쟁점이 이주 보상의 문제로 전환되자, 언론은 더 이상 온산병 문제를 집중 보도하지 않았고, 그 결과 주민 운동 조직의 목표 달성 능력은 약화되었다.

그러면 이 운동의 주체, 이데올로기, 이해 관심과 목표, 자원 동원 과정 등을 살펴보자. 온산 주민 운동의 핵심 주체는 피해 주민들이었다. 주민들은 정부의 경제 성장 이데올로기에 대한 명백한 대항 논리를 제시하지는 않았다. 대신에 주민들은 '삶의 터전'을 잃어버리고 공해에 시달려온 데 대한 불만을 호소하는 이데올로기 전략을 사용했다. 주민들의 목표는 집단 이주를 통한 경제적인 피해 보상이었다. 이들은 제 1 단계에서는 외부 지원 집단 없이 기업과 정부에 대해, 피해 보상과 이주를 요구했다. 그러나 제 2 단계에 이르러, 주민들은 전문 환경 운동 조직과 언론 보도에 힘입어 그들의 목표를 잠정적으로 달성하는 데 성공했다.

이 운동의 또 다른 중요한 주체는 공문연을 비롯한 전문 환경 운동 조직이었다. 대학생·청년·지식인 등으로 구성된 전문 환경 운동 조직은 민족 민주 운동의 이념을 주된 이념적 자원으로 갖고 있었다. 이들의 담화는 좌파 환경주의 담화의 특징을 잘 보여주었다. 이들은 근본적인 공해 방지 대책과 정당한 이주 보상과 같은 직접적인 목표와 함께 '극소수 독점 재벌과 군부 독재' 중심의 사회 구조를 변혁하는 '민주화'와 같은 보다 급진적인 목표를 함께 추구하였다. 이들은 성명서 발표 등을 통해 온산병 문제를 널리 알렸을 뿐만 아니라 지역 주민들과의 직접적인 연대도 추구하였다.

그러면 온산 주민 운동의 결과를 평가해보도록 하자. 이 운동은 주민들의 권익 보호라는 측면에서 부분적인 성공을 거두었다고 평가할 수 있다. 그러나 실제로 주민들은 지속적으로 단결을 유지하지 못했고, 그 결과 만족스런 보상을 받지 못했을 뿐만 아니라, 온산병을 규명하는 데에도 실패했다. 온산 주민 운동은 우리나라 국민들에게 공해병의 무서움을 일깨워줌으로써 국민들의 환경 의식의 확산에도 부분적인 효과를 미친 것으로 보인다. 그러나 정부 정책의 근본적인 변화를 낳지는 못했다. 그러나 부수적인 효과로서 환경 운동가의 역량을 강화시키는 계기가 되었다고 볼 수 있다.

그러면 온산 주민 운동이 지역 주민의 권익 확보라는 목표를 달성하는 데 부분적으로 성공했지만 사회 전반적인 변화를 낳지 못한 이유는 무엇일까?

첫째로 정부의 역학 조사와 그에 뒤이은 집단 이주 계획의 확정 발표는 공해병이라는 쟁점을 사라지게 만들고, 집단 이주라는 문제로 전환하게 만들었다. 온산병의 원인과 특성은 밝혀지지 않았고, 그 결과 온산 문제는 공단 지역의 지역 문제로 축소되었다. 그리고 이주 정책에 따라 주민들이 흩어졌기 때문에 온산 주민 운동은 소멸될 수밖에 없었다.

둘째로 보다 구조적인 원인으로 정치적 기회 구조의 폐쇄적 성격을 들 수 있다. 온산병 문제가 사회 문제로 확산되던 1985년 1월은 2·12 총선을 앞두고 억압된 정치적 기회 구조가 다소 이완되던 시기였다. 그러나 전반적인 억압은 계속되었고, 정부의 상징적이고 실질적인 폭력은 1986년 7월의 주민 시위도 무력화시킬 수 있었다. 정부는 공문연 연구원들에 대해서도 억압을 가했고, 이러한 전반적인 분위기 속에서 전문가들의 지원은 거의 이루어지지 않았고, 주민 운동 조직과 전문 환경 운동 조직은 제한된 성과밖에 거둘 수가 없었다.

셋째로 국민들의 환경 의식은 1980년대말이나 1990년대에 비해서 낮았고, 정부의 환경 정책 기조도 소극적인 사후 대책에 머물러 있었다. 이러한 환경에 대한 전반적으로 낮은 관심 때문에 온산 주민 운동은 커다란 사회 변화를 낳지 못했다.

그러면 마지막으로 온산 주민 운동의 계급적·이데올로기적 특성에 대해 살펴보도록 하자. 운동의 주체, 이해 관심 등을 살펴볼 때 온산 주민 운동은 중간 계급이나 지식인을 위한 운동이 아니라 피해자들을 위한, 피해자들의 운동이었다는 사실을 확인할 수 있다. 그리고 피해자들이 주로 하층 계급이었다는 것도 명백하다. 그러나 온산 사례는 계급 이익을 위한 계급 운동이라고 볼 수는 없다. 온산 주민 운동은 이 시기에 자생적으로 일어난 생존권 보호를 위한 여러 민중 운동의 한 형태라고 볼 수 있다.

온산 주민 운동이 이념적으로 반자본주의 전략을 지향하는 변혁 운동이라고 보기는 힘들다. 전문 환경 운동 조직이 급진적인 좌파 환경주의 담화를 주민 운동과 접합시키고자 하였으나 다수 주민들의 이념과 이해 관심은 주민들 자신의 생존의 방어에 집중되어 있었을 뿐, 제도나 역사적인 변화에 대한 관심을 갖지 않았다.

온산 주민 운동은 공해병 문제로 크게 부각됨에 따라 중요한 환경 운동으로 규정되게 되었지만 동원의 동기, 이데올로기와 같은 측면에서는 도시 빈민 운동과 같은 여타 주민 운동과 유사한 특징을 보여주었다. 결국 쟁점은 새로웠지만 동원 과정과 주체는 전통적 사회 운동과 큰 차이가 없는 운동이라고 볼 수 있다.

3. 페놀 사건

1991년 3월에 발생한 낙동강 페놀 오염 사고는 우리나라 역사상 가장 커다란 환경 오염 사고 가운데 하나이다. 이전의 환경 문제들이 주로 공단 주변의 농어촌 주민의 피해와 관련된 반면, 이 사건은 도시 지역의 불특정한 다수의 건강 피해와 관련되었기 때문에 커다란 사회적 분노와 관심을 불러일으켰다. 사고의 규모가 컸던 만큼 다양한 형태의 환경 운동이 진행되었다. 정부와 기업에 대한 피해자들의 항의와 피해 배상 운동, 시민 단체들의 정부와 기업에 대한 압력 운동과 생활 환경 운동[16] 등 거의 모든 유형의 환경 운동이 페놀 사건을 계기로 이루어지

---

16) 페놀 사태가 진행되던 시기에 이를 계기로 합성세제 덜 쓰기 운동이 진행되었다.

게 되었다.[17] 페놀 사건을 검토함으로써 우리는 1990년대초에 도시에서 일어난 피해자 운동과 시민 압력 운동이 어떻게 진행되었고, 그 특성은 어떠한지 살펴볼 수 있을 것이다.

I. 사건의 개요

이 사건은 크게 세 단계로 나누어서 살펴볼 수 있다. 먼저 제 1 단계는 1991년 3월 14일부터 4월 2일까지의 단계로서 '분노 폭발의 단계'라고 이름붙일 수 있다. 이 단계는 페놀 원액이 두산전자 구미공장에서 유출되어 흥분한 언론과 시민 단체가 정부와 두산을 향해 분노를 터트리기 시작한 단계이다. 제 2 단계는 4월 3일부터 4월 30일에 이르는 단계로서, '경제 성장 담화의 회복 단계'라고 할 수 있다. 최각규 경제기획원 장관이 두산전자의 조업 재개 계획을 발표하면서 '경제 논리'가 '환경 보전과 안전의 권리'를 다시 누르기 시작한 단계이다. 제 3 단계는 1991년 5월 이후부터 현재까지의 단계로서 '쇠퇴의 단계'라고 할 수 있다. 이 단계는 사회적 관심이 점차 사라지고 집합 행동의 강도가 현저히 약화되면서 페놀 피해 임산부 모임과 같은 피해자 조직만이 주로 활동하게 된 단계이다.

이 사건은 1991년 3월 14일 22시부터 다음날 새벽 6시 사이에 두산전자 구미공장의 페놀 원액 30톤이 낙동강으로 유출되면서 시작되었다. 공장의 담당자들은 페놀 원액의 유출 사실을 관계 당국에 알리지 않았고, 그 결과 페놀 원액이 정수장의 염소 소독 과정에서 클로로페놀로 변하여 지독한 악취를 풍기게 되었다. 그리하여 3월 16일, 대구시 수돗물에서 악취가 발생하

---

17) 페놀 사태는 피해자들이 대구 시민 대부분이기 때문에 피해자 운동과 시민(압력) 운동을 구분하기 어렵다. 페놀임산부피해모임과 정부의 분쟁 조정 절차에 따라 피해 배상을 받은 사람들은 명백한 피해자라고 볼 수 있다. 피해자가 불특정 다수이기 때문에 대구 지역의 시민 운동 단체들은 피해자 운동의 주체이면서 동시에 시민(압력) 운동의 주체이기도 하다. 서울과 기타 지역의 환경, 시민 운동 단체와 시민들은 시민(압력) 운동의 주체로 규정할 수 있다.

기 시작했다. 검찰은 3월 21일, "이 사고는 두산전자가 페놀 원액 30톤을 흘려보내서 발생했다"고 발표했다.[18] 그리고 이와 함께 검찰은 두산전자가 1990년 11월부터 총 3백 25톤의 페놀 폐수를 몰래 방류해왔다고 발표했다. 노태우 대통령은 3월 22일 두산전자의 행위에 대해 "용서 못 할 반사회적 범죄"라고 비난했다. 3월 23일 박용곤 두산그룹 회장은 사과와 함께, 2백억 원을 기부하겠다고 발표했다. 한편, 대구 시민들은 3월 21일부터 보상 요구, 수도 요금 납부 거부 등의 집합 행동을 조직하기 시작했다. 3월 24일에는 서울에서도 10개 시민 단체들이 '수돗물오염에대한시민단체대책협의회'(아래에서 대책협의회)를 구성했고, 이외에도 전국적으로 많은 시민, 환경 단체들이 성명서를 발표했다. 3월 27일에는 한국슈퍼마켓협동조합연합회에서 두산그룹 제품 불매를 결의했다. 3월 29일에는 OB맥주쏟아버리기대회가 두산그룹 본사 앞에서 열렸다. 3월 30일에는 두산그룹을 규탄하는 집회와 시위가 전국적으로 전개되었다. 이 단계의 주요 활동 주체는 시민 쪽에서는 대구와 전국의 환경 운동 단체 및 시민 운동 단체였고, 정부 쪽에서는 검찰과 환경처였다.

제2 단계에 들어서서 '환경 보전' 담화에 대항하여 '경제 성장' 담화가 등장하기 시작하면서 두산의 대항 활동이 조직되기 시작했다. 즉 4월에 들면서 '수출 차질 때문에 조업을 재개해야 된다'는 주장이 등장하기 시작했다. 최각규 경제기획원 장관은 4월 3일, 조업 재개 계획을 발표했고, 두산은 4월 6일, 조업 재개를 요청하는 행정심판을 청구했다. 결국 4월 9일에는 환경처 심판위원회에서 두산전자의 조업 재개를 결정했다. 그리하여 4월 18일에는 두산전자가 조업을 재개하게 되었다. 이 단계에는 일방적으로 공격을 당하던 두산그룹이 이 사건이 우발적 사고라는 점과, 페놀 폐수를 고의로 방류한 적이 없다는 반대 주장

______
18) 각 신문들은 이것을 '발암 물질 페놀 무단 방류'와 같은 제목으로 보도했다.

<표 6-3>　　　　　　　　페놀 사건 관련 주요 일지

날　짜	주요 사건 및 활동
제1단계 : 분노 폭발의 단계 (1991. 3. 14~4. 2)	
1991. 3. 14	두산전자 구미공장, 페놀 원액 30톤 유출
3. 16	대구시 수돗물 악취 발생 시작
3. 21	검찰, 두산전자가 페놀을 무단 방류했다고 발표 대구 시민 단체, 두산 제품 불매 운동, 수도료 거부 결의
3. 23	박용곤 두산그룹 회장, '2백억 기부' 의사 발표
3. 24	서울 지역 10개 시민 단체, '수돗물오염에대한시민단체대책협의회' 구성
3. 25	대통령 주재 수질대책회의 개최
3. 27	한국슈퍼마켓협동조합연합회 두산그룹 제품 불매 결의
3. 28	정부, '맑은 물 공급 대책' 조기 완성 계획 발표
3. 29	시민 단체들, 두산 본사 앞에서 'OB맥주쏟아버리기대회' 개최
3. 30	전국적으로 두산 규탄 집회가 이루어짐
제2단계 : 경제 성장 담화의 회복 단계 (1991. 4. 3~4. 30)	
4. 3	최각규 부총리, 두산전자 조업 재개 허용 계획 발표
4. 6	두산, 행정심판 청구
4. 9	환경처 행정심판위원회, 두산전자 조업 재개 결정
4. 22	두산전자, 페놀 2차 유출
4. 25	환경처 장·차관 경질
제3단계 : 쇠퇴의 단계 (1991. 5~　　　)	
5. 2	'대구시수돗물사태진상보고대회'가 대구에서 열림
5. 31	두산전자, 피해 배상 계획 발표
7. 4	페놀 임산부 피해자들 첫 모임
11. 16	대구지방환경분쟁조정위원회, 조정안 발표
1992. 4. 16	중앙환경분쟁조정위원회 조정안 발표
10. 1	중앙환경분쟁조정위원회 재정 결과 발표
10. 28	'페놀임산부피해 모임' 대구지방법원에 민사 소송 제기

을 명시적으로 제기하여, 정부와 언론, 시민 단체들의 일방적인 낙인으로부터 벗어나기 시작한 단계이다. 그리고 정부는 공정거래법 위반이라는 이유를 들어 두산 제품 불매 운동을 억압하기 시작했다.

4월 22일에, 두산전자는 다시 2차 페놀 유출 사태를 발생시켰다. 이 사고를 계기로 언론과 시민 단체들은 두산과 정부에 대한 공격을 강화시켰다. 이리하여 4월 25일, 비로소 환경처 장관과 차관이 경질되었다. 언론은 서둘러 조업 재개를 요청한 두산전자는 물론 이를 허가한 정부에 대해 강한 비판을 제기했다. 4월 23일 환경 단체들은 성명서를 발표하고 공추련이 주도하여 4월 25일 규탄 농성에 들어갔지만 후속 활동을 조직하지는 못했다. 제 2 단계의 주요 활동 주체는 시민사회의 경우 제 1 단계와 같은 반면, 정부의 경우에는 경제기획원이었다.

그러나 5월 이후 제 3 단계에 이르러, 언론의 관심은 점차 사라지고, 집합 행동은 점차 약화되었으며, 개인들 차원의 피해 배상 활동이 이 사건의 주요 쟁점으로 변화되게 되었다. 낙동강 및 다른 강의 수질 정화라는 근본적인 목표보다는 정부의 환경분쟁조정위원회를 둘러싼 피해 배상으로 쟁점이 이동되었다. 불매 운동도 점차 약화되었고, 피해자들의 피해 배상 운동은 정부의 피해분쟁조정위원회로 넘겨져서, 제도적인 틀내에서의 협상의 문제로 규정되게 되었다. 1992년 10월 2일, 중앙환경분쟁조정위원회에서 임산부들의 피해를 인정치 않는 최종 재정 결정을 내림에 따라, 행정 차원의 피해 분쟁 조정은 마무리되게 되었다(동아일보, 1992. 10. 2). 이 단계에는 주요 활동 주체가 이전 단계의 환경 및 사회 운동 단체로부터 페놀피해임산부모임으로 변화되게 되었다. 정부 차원에서는 환경분쟁조정위원회가 갈등 해결의 주요 주체로 등장하게 되었다.

Ⅱ. 단계별 각 주체들의 활동

1) 제 1 단계: 분노 폭발의 단계(1991. 3. 14～4. 2)

(1) 시민사회

대구 지역의 시민 단체, 그리고 서울의 환경, 시민 단체들은 갑자기 폭발한 분노를 조직하기 시작했다. 대구 지역에는 이 단계까지 전문 환경 운동 조직이 없었으므로 대구YMCA, 대구경실련과 같은 조직들은 피해자 신고를 받고, 언론을 통해 문제의 심각성을 알리는 등 정력적으로 활동했다.

직접적인 피해가 대다수 시민들에게 가시적으로 나타나자 시민들의 분노는 집합 행동으로 발전하기 시작했다. 대구경실련이 가장 먼저, 3월 20일 '수돗물 파동에 대한 대구 지역 경제정의실천시민연합의 입장'이라는 성명서를 발표했다. 이 성명서에서 이들은 대구 시장의 책임, 상수원 보호에 대한 제도적 개선책 등을 요구했다. 다음날 3월 21일에는 대구시민연합, 경실련 대구지부, 대구YMCA, 대구YWCA, 참길회,[19] 함께하는주부모임[20] 등 6개 시민 단체들은 '대구시수돗물사태시민단체대책회의'(아래에서 대구대책회의)를 구성했다. 이들은 3월 21일, 제1차 대책회의를 열고 두산그룹 제품 불매 운동, 수도 요금 납부 거부 운동 등을 벌여나가기로 결의했다. 이들 단체의 회원 2백여 명은 3월 23일 대구YMCA 회관 앞에서 '수돗물사태시민규탄대회'를 가졌다. 이들은 여기서 "이번 사태는 기업의 비윤리적 행위와 이를 철저히 감시하지 못한 당국의 행정 공백으로 인해 발생한 것"이라고 주장하고, 철저한 진상 규명과 책임자 엄중 처벌을 요구했다. 흥분한 시민들은 가두 시위를 강행하려 했고, 중부 경찰서 당국자들은 옥외 집회 신고가 없었다고 만류하여 실랑이가 벌어졌다. 이 문제에 대한 토론 결과, "페놀 사태

---

19) 사회 봉사 단체.
20) 여성 운동, 소비자 운동, 저공해 비누 공급 등의 환경 운동을 하는 주부 조직.

가 규탄받아야 마땅하지만 시민 운동적인 차원에서는 집회 신고도 하지 아니한 채 시위를 강행하는 것은 〔바람직하지 못하므로〕 건전한 시위 문화를 정착해야 한다는 입장에서 가두 시위는 자제하기"로 결론지었다(낙동강살리기운동협의회 외: 131).

3월 21일에는 (서울) 경실련, 그리고 전국 17개 환경·사회 단체들이 성명을 발표했고, 3월 22일에는 공해추방운동연합, 소비자보호단체협의회가 성명서를 발표했다. 3월 24일, 공추련·경실련·YMCA, YWCA 등 10개 시민 단체는 '수돗물오염에대한시민단체대책협의회'(대책협의회)를 구성했다. 3월 25일에는 국민연합 대구 경북본부 주최로 '수도물오염사건대구시민규탄대회'가 대구역 광장에서 열렸다. 같은 날 구미 지역에서는 '낙동강식수원페놀폐수오염구미지역범시민규탄대회'가 열렸고, 서울에서는 두산 곡산 건물이 대학생 20여 명에 의해 습격을 받았다. 학생들은 유인물에서, "낙동강 페놀 오염 사건은 이윤 추구를 위해서라면 국민의 생명도 아랑곳하지 않는 재벌의 횡포에서 비롯된 것"이라고 주장했다. 이들은 돌과 페인트가 든 소주병을 던져 대형 유리를 부순 뒤 달아났다. 3월 26일에는 목포 지역의 37개 환경·사회 단체들이 만든 '물문제해결을위한시민의모임'에서 성명서를 발표했다. 그리고 3월 30일에는 서울 파고다공원에서 경실련, 공추련, 서울YMCA, 서울YWCA 주관으로 '페놀불법방류규탄및수돗물살리기시민대회'가 열렸고, 대구에서는 '대구시수돗물사태시민토론회'와 가두 시위가 이루어졌다. 이날, 전국적으로도 두산과 정부를 규탄하는 집회와 시위가 이루어졌다.

이 단계에 발표된 수많은 성명서들은 일반적으로 이 사건이 기업, 특히 재벌 기업의 비윤리성과 정부의 감독 및 관리 소홀 때문에 일어난 것으로 규정하고 있다. 정부와 기업의 경제 성장 논리에 대항하여 생명, 국민 건강의 중요성을 강조하는 담화들이 일관되게 구성되고 있다. 여러 성명서들 가운데에서 공추련의 성명서(1991. 3. 22)는 "환경 오염의 주범이 독점 재벌 기업이라는 것"이 확인되었다고 주장하면서, "현정권과 기업가들이 말하는 국민 경제의 성장이 국민을 위한 것이 아닌 자신들의 이익을 유지시키기 위한 것"이라고 규정한다. 구체적인 요구 사항으로는 대부분이 물 관리 체제의 일원화, 두산전자 관계자 처벌,[21] 환경처 장관과 대구 시장 파면 등이 거론되고 있다.

두산전자의 페놀 유출 사실이 알려지면서, 두산 제품 불매 운동이 자발적으로 일어나기 시작했다. 대구와 서울을 비롯한 전국의 환경·사회 단체들 중 대부분은 두산에 대한 응징의 의미에서 무기한 불매 운동을 결의했다. 3월 27일에는 전국 3만여 슈퍼마켓이 회원으로 가입된 한국슈퍼마켓협동조합연합회가 두산그룹 제품의 불매를 결의했다.

이 단계 시민들의 집합 행동의 특성은 다음과 같이 요약할 수 있다. 먼저 갑작스런 사고 때문에 시민들의 불만이 극도로 고조된 가운데, 집합 행동의 주요 주체로 기존의 사회 운동 조직이 등장하게 되었다. 대구 지역에서는 기존의 시민 운동 단체 특히 대구YMCA와 대구경실련을 중심으로 '대구시수돗물사태시민단체대책회의'라는 연대 조직을 중심으로 집합 행동이 조직되었다. 서울 지역에서는 이 사건을 계기로 공추련과 경실련, 서울YMCA, 서울YWCA를 중심으로 '수돗물페놀오염대책시민단체협의회'가 구성되었다.[22]

이 시기에 환경 문제에 대한 관심이 사회 전체에 확산되었지만, 대중들의 직접적인 동원은 크게 이루어지지 못했다. 대구 지역에서조차 불만이 조직적인 힘으로 연결되지는 못했다. 대구시 대책회의가 이 단계에 2번에 걸쳐 집회와 시위를 조직했고, 대구역 광장에서의 시위도 조직되었지만 대중들의 참여는 많지

---

21) 공추련은 두산전자의 기업주 구속 수사를 요구했다.
22) 이 사건을 계기로 YMCA, 경실련 등의 시민 단체들이 환경 운동을 주요 사업으로 채택하게 되었다.

않았다.

요약하면, 잠재적이고 일반적인 환경 위기가 우발적인 사고를 통해 가시화되게 되고 이 사고가 매스 커뮤니케이션을 통해 대중들의 불만과 불안을 확산시키게 된 것이다. 이러한 불만과 위기 의식을 운동의 자원으로 삼아 기존의 환경, 사회 운동 단체들은 새로운 연대 조직을 결성하고, 정부와 자본에 대한 저항 운동을 조직하게 되었다. 이 단계에는 이러한 사회 운동 조직들의 활발한 활동과 언론의 대대적인 보도 덕분에 정부와 자본에 대해 시민사회의 담화가 보다 우위에 있을 수 있었다. '기업의 반윤리성' '정부의 책임 방기'와 같은 담화들이 이 단계를 요약할 수 있는 말들이다.

(2) 정 부

이 단계의 정부의 대응 활동은 매우 느리고, 부적절했다. 먼저 대구시는 수돗물의 악취 발생 사실을 3월 16일 시민 제보를 받고서야 알게 되었다. 정수장에서는 페놀이 유입되었는지도 모르고 염소를 투입하여 이 오염된 물을 가정에 공급했다. 페놀은 염소와 결합하면 클로로 페놀이 되는데 이것은 페놀 자체보다 더 유독한 것으로 알려져 있다.

이 단계에 가장 중요한 영향을 미친 정부 기관은 검찰이었다. 검찰은 3월 21일 두산전자가 페놀 원액 30톤을 사고로 흘려보냈을 뿐만 아니라 페놀 폐수를 몰래 방류해왔다고 발표함으로써 모든 문제의 책임과 시민의 불만을 두산전자에게로 돌리는 데 성공했다. 3월 22일에 노태우 대통령은 "기업이 공해 물질을 국민의 상수원에 방출, 식수를 오염시킨 일은 개탄스럽고 용서받을 수 없는 반(反)사회적·비윤리적 범죄 행위"라고 규정하고 "전국의 모든 상수원에 대한 공장 폐수 방류 및 오염 여부를 전면 재점검하고, 총리 책임 아래 하수 처리장 건설 등 맑은 물 공급 대책을 더욱 강력히 추진하라"고 지시했다(조선일보, 1991.

3. 22). 그리고 환경처는 3월 22일 폐수 배출 단속 소홀 등에 대한 책임을 물어 김시헌 대구 지방 환경청장을 직위 해제했다. 그러나 3월 23일에는 환경처 장관과 대구 시장을 경질하지 않기로 했다고 청와대에서 발표했다. 정부는 두산전자 업주를 제외한 공장 관계자 6명과 대구 환경청 말단 공무원 7명을 구속하는 선에서 수사를 마무리지었다(동아일보, 1991. 3. 25). 3월 26일 정부는 두산전자에 대해 30일 간의 조업 정지 처분을 내렸다.

이 단계의 정부의 대응은 갑자기 폭발한 국민들의 불만을 두산전자라는 하나의 기업에 돌림으로써 정부의 환경 보전 책임을 가볍게 하는 데 초점이 맞추어져 있었다. 정부는 이 단계에 개별 기업의 부도덕성과 말단 공무원들의 책임 소홀로 문제를 한정시킴으로써 정부 전체가 져야 할 구조적인 책임에서 벗어나고자 했다.

(3) 두 산

두산은 모든 불만이 자신들에게 집중되자 사과문 발표와 기부금 납부를 통해 위기를 벗어나고자 했다. 두산전자는 3월 22일 일간 신문에 광고를 통해 사과문을 발표했다. 사과문은 "이번 사건은 〔……〕 뜻하지 않은 유출 사고가 발생, 수용성이 강한 페놀이 낙동강으로 흘러들어 일어난 것입니다. 〔……〕 이번 사고로 고통을 겪으신 대구 및 영남 지역 주민과 국민 여러분들께 깊이 사죄 말씀 올립니다"는 내용으로 이루어졌다. 두산은 이 사건을 일관되게 우연한 사고로 규정하고, 검찰의 페놀 폐수 불법 방류 주장에 대해서는 부정하는 전략을 취했다. 즉 고의에 의한 오염이 아니라 우발적인 사고로 문제를 역규정함으로써 도덕적 낙인으로부터 벗어나고자 노력한 것이다.[23] 이와 함께 두산그룹의 박용곤 회장은 2백억을 수질 개선을 위해 기부하겠

---

23) 이것은 사회적이고, 윤리적인 문제뿐만 아니라 법적인 책임 문제에서도 중요한 쟁점이 된다.

다고 발표했다. 그럼에도 불구하고 반윤리적인 오염 기업이라는 규정은 지속되었고, 두산 제품 불매 운동은 확산되어갔다.

2) 제 2 단계 : 경제 성장 담화의 회복 단계(1991. 4. 3~4. 30)

이 단계의 특징은 국민들의 분노가 약간 수그러들자 정부가 '경제 성장, 수출 차질'과 같은 이유로 두산전자의 조업 재개를 허가함으로써 다시 정부 담화에서 경제 성장 중심주의가 지배적인 위치를 되찾게 되는 단계이다. 두산도 이 단계에 이르러 페놀 폐수 무단 방류 부분에 대한 역규정 작업을 시작했고, 조업 정지 처분에 대한 집행 정지 처분을 받는 데 성공했다. 2차 페놀 유출로 정부와 두산은 다시 많은 비판을 받지만 이것은 일과성으로 끝나고, 경제 성장 중심주의가 여전히 확고한 위치를 유지하게 되는 단계이다. 이 단계에 이르러 페놀 사태에 대한 언론의 보도는 현저히 줄어들기 시작했다.

(1) 정부·두산, 그리고 자본

4월 3일 최각규 경제기획원 장관은 기자 간담회에서 "두산전자의 조업 정지로 관련 전자업계 등에서 가동에 적지 않은 타격을 받고 있다"고 주장하면서, "시설 보완 확인 작업이 끝나는 대로 상공부·환경처 등 관계 부처와 협의를 거쳐 수질 및 환경보전법에 따라 일주일 안에 영업 정지 조처를 풀겠다"고 말했다(한겨레신문, 1991. 4. 4). 그는 "이제는 처벌보다 사후 대책을 강구해야 할 시점"이라고 말하면서, "기업은 밉더라도 공장은 가동되어야 한다는 게 정부의 입장"이라고 밝히고, "산업 전체의 측면"을 생각해야 한다고 말했다(중앙경제신문, 1991. 4. 4).

경제기획원 장관이 국민들의 불만이 여전히 큼에도 불구하고 경제 성장 중심주의 담화를 회복시키자, 한국전자공업진흥회와 한국전자공업협동조합은 회원 일동의 이름으로 두산전자의 조업 재개를 요구하는 호소문을 신문 광고를 통해 발표했다(중앙

경제신문, 1991. 4. 5). 이들은 "수출이 3억 달러 이상 차질이 올 것"이라고 주장하면서 "장기간 조업 중단 사태는 두산전자 한 업체의 문제가 아니라 우리나라 전자 공업 전체의 위기를 초래할 문제가 되고 있으므로 〔……〕 최대한 조업 정지 기간을 단축시켜주실 것을 간곡히 호소"했다.

두산전자는 4월 6일, 조업 정지 처분 11일 만에 이의를 제기하여 대구 지방 환경청에 행정심판을 청구했다. 환경처 행정심판위원회는 4월 8일 '두산측의 이의 신청에 이유가 있다'고 받아들여 가처분에 해당하는 집행 정지 결정을 내렸다. 심판위원회는 "두산전자의 조업 정지가 계속될 경우 두산으로부터 전자회로기판 원료의 85%를 공급받고 있는 국내 전자업계에 3억 달러 상당의 수출 차질이 우려돼 국민 경제적 차원에서 일단 재가동토록 했다"고 밝혔다(중앙일보, 1991. 4. 9.) 이리하여 두산은 '경제 성장' '수출 입국'이라는 무적의 담화에 힘입어 4월 14일 조업을 재개하게 되었다.

그러나 조업을 재개한 지 8일 만인 4월 22일, 두산전자는 또다시 페놀 원액 2톤을 유출시켰다. 이러한 사고는 조업 재개를 서두른 나머지 보완 시설을 졸속으로 강행했기 때문인 것으로 드러났다(중앙일보, 1991. 4. 23). 4월 24일, 두산그룹의 박용곤 회장이 이 사태에 책임을 지고 회장직을 사임했다. 그리고 시민과 언론들은 물론, 여야 정치권에서도 정치적 문책 요구가 높아지자, 4월 25일 환경처 장관과 차관이 경질되었다.

한편 경제기획원 공정거래실은 두산 제품 불매 운동을 벌이고 있던 한국슈퍼마켓협동조합연합회에 대해 공정거래위반법을 이유로 불매 운동을 중지하라고 압력을 가했다. 4월 18일에 공정거래위원회는 영남 지역을 제외한 15개 지역 조합과 연합회에 공문을 보내 "연합회에서 추진하고 있는 두산 제품 불매 운동은 '사업자 단체가 담합에 의해 특정 상품이나 회사에 이익 또는 불이익을 주어서는 안 된다'는 독점 규제 및 공정 거래에 관한 법률 제26조 1항에 위배된다"고 밝히고 공정거래위원회 심판정에 출석해 진술할 것을 통보했다(민주일보, 1991. 4. 27).

(2) 시민사회

제 2 단계에 들어 환경·시민 운동 단체들의 활동은 제 1 단계에 비해 약화되었고, 언론의 조명도 덜 받게 되었다. 그러나 시민들의 활동은 계속되었다. 대구대책회의는 두산전자가 조업 중지 조치의 철회를 요구하는 행정심판을 제기한 데 대해 규탄 성명을 발표했다. 이 성명에서 대책회의는 "두산전자는 페놀 사태에 대한 책임을 느끼고 행정심판 청구를 즉각 취소할 것을 강력히 촉구한다. 또한 두산전자로 하여금 조업 정지 재개를 위한 행정심판 청구를 종용한 정부의 이중적인 환경 정책을 개탄한다"고 주장했다.

환경처가 집행 정지 결정을 내리자, 이에 대해 대구대책회의는 "환경처가 성장 위주의 경제 정책에 입각하여 두산전자의 행정심판 청구를 수용, 조업 정지 결정을 취소한 것은 국민을 우롱하는 처사이며 헌법상 보장된 시민의 환경권에 대한 중대한 도전"이라는 내용의 성명서를 발표했다(낙동강살리기운동협의회 외 편: 135~36). 공추련도 환경처의 두산전자 조업 재개 허용에 대해, 4월 9일 반박 성명을 발표했다.

2차 페놀 유출 사건이 일어나자, 대구대책회의는 다음과 같은 성명서를 발표했다.

두산전자가 다시 페놀 원액을 무단 방류하여 제 2 의 페놀 사태를 야기한 데 대해 분노를 금할 수 없다. 〔……〕 페놀 사태가 발생하였는데도 반성은커녕 서둘러 조업 정지 처분에 대해 이의를 제기한 두산전자의 반도덕적 행위와 이와 영합하여 재빨리 조업 재개 결정을 한 환경처 당국의 한심한 환경 정책이 제 2 의 페놀 사태를 야기한 것이다.

대책회의는 2차 페놀 유출 사고에 대해서도 '무단 방류'라는 용어를 사용하여 두산의 고의성을 암시함으로써 도덕적 비난을 비판의 중요한 무기로 사용했다. 공추련도 4월 23일 강경한 내용의 성명서를 발표했다. 그리고 공추련은 4월 25일 오전 9시부터 충신동 공추련 사무실에서 '규탄 농성'을 주도했다. 이들은 "1) 허남훈 환경처 장관, 한수생 환경처 차관 파면, 2) 두산전자 양유석 사장 구속, 3) 두산전자 폐쇄, 4) 노태우 공해 정권 퇴진"을 요구하면서 시한부 농성을 실행했다.

그러나 1차 페놀 사태 때만큼 폭발적인 불만이 일어나지는 않았고, 이와 함께 환경·시민 단체의 자원 동원 능력도 현저히 줄어들었다.

3) 제3단계: 쇠퇴의 단계(1991년 5월 이후)

제3단계는 2차 페놀 유출 사태 때의 불만과 관심이 점차 수그러들고 물 문제도 점차 관심에서 멀어지면서, 망각의 과정이 시작되고, 페놀 피해 임산부 모임만이 지속적인 집합 행동을 조직하게 되는 단계이다. 이 단계의 주요 쟁점은 피해 배상 문제가 되었다.

(1) 정부와 두산

정부는 이 단계에 이르러 물 문제에 대한 근본적인 해결을 시도하기보다는 피해자들의 배상 요구를 원만히 해결하는 데 많은 힘을 기울이게 되었다. 1991년 2월에 처음 시행하게 된 피해분쟁조정법에 의거해 정부는 집단 소송을 낳을 중대한 사건을 행정적으로 '조정'함으로써 갈등을 중재하는 일반 이익의 담지자의 역할을 수행하고자 했다. 한편, 두산은 이 단계에 이르러 페놀 사태에 따른 피해 분쟁을 빠른 시간내에 끝내기 위해서 법적인 절차를 적극적으로 밟기 시작했다.[24]

24) 두산전자 구미공장은 1991년 7월 2일에 정상 가동을 시작했다.

두산전자는 1991년 5월 31일 피해 배상 계획을 발표했다. 그리하여 물질적 피해 11,197건 중 11,182건에 대해, 11억을 직접 배상했다. 두산전자는 이어서 7월 18일에, 피해자들과 배상액이 조정되지 않은 2,048건을 대구지방환경분쟁조정위원회에 조정 신청하였다. 이에 대해 대구지방환경분쟁조정위원회는 1991년 11월 16일에 조정안을 발표했다. 이 조정안은 인공 유산, 자연 유산 및 사산한 임산부에 대해서 기준 금액 50만 원에 해당하는 실비 변상을 하라는 내용을 담고 있다. 이러한 조정안을 내는 사유를 위원회는 "현대 의학으로서는 피해에 대한 인과 관계의 증명이 어렵고, 명확한 근거에 의해 조정을 하기는 불가능한 실정이나, 이번 페놀 유출 사건은 기업의 환경 보전 의식의 결여로 인한 피해로 보아 기업의 사회적·윤리적 책임의 차원에서 피신청자들에 대한 실비 변상 성격의 피해 배상은 이루어져야 된다"고 밝혔다. 대구지방위원회는 이와 같이 989건에 대하여 조정안을 제시하고, 1991년 11월 22일에 나머지 1,004건을 중앙환경분쟁조정위원회(아래에서 중앙환경위원회)로 이송했다.

중앙환경위원회는 1992년 4월 16일 조정안을 발표했다. 여기서 조정 결과는 식품 폐기·구토·설사 등으로 인한 정신적 피해는 인정하지 않고, 이로 인한 치료 경비와 잃어버린 손실 등에 대해 두산이 배상할 책임이 있다는 것이다. 그러나 이 위원회는 기타 질병에 대해서는 인과 관계를 인정하지 않았고, 정신적 피해에 대해서도 인과 관계를 인정하기 어렵다는 이유로 개인별 배상은 하지 않는다고 결론지었다. 이러한 조정 과정을 거쳐 중앙환경위원회는 1,004건 중 992건의 합의를 성립시켰고, 12건은 성립시키지 못했다(환경처 중앙환경분쟁조정위원회: 87).

중앙환경위원회는 조정과 별도로 137건의 재정 신청을 접수하여 재정 절차를 진행시키고,[25] 1992년 10월 1일 재정 결과

___

25) 이 가운데 125건이 재정 결정되고 12건은 취하되었다.

를 발표했다. 이 위원회는 인공 유산에 대해서 0.0086ppm 정도의 페놀 오염으로 인한 유산 및 기형 유발 가능성이 없다고 보고, 피해의 책임이 청구인(피해자)에게 있다고 보았다. 그러나 "다만, 페놀 유출 사고 당시의 정황으로 보아 페놀 유출이 인공 임신 중절 수술을 받은 것에 대하여 일부 영향을 미쳤다고 볼 수도 있으므로 인공 임신 중절 수술에 소요되는 의료비 등 실비는 배상하는 것이 바람직할 것"이라고 결론짓고, 실비를 35만 원으로 결정지었다. 그리고 자연 유산, 사산, 기형아 출산 피해에 대해서는 페놀 유출 사고와 인과 관계를 인정할 만한 이유가 없다는 이유로 피해액을 배상하지 않는 것으로 결정했다 (환경처 중앙환경분쟁조정위원회 : 115~23).

(2) 시민사회

제3단계에 이르러 대구대책회의와 서울의 대책협의회의 활동이 현저히 약화되고 새로 구성된 페놀피해임산부모임(아래에서 임산부모임)이 피해 배상 요구 운동과 두산 제품 불매 운동, 그리고 두산의 기부금 납부 요구 등의 활동을 적극적으로 추진하였다. 제1단계와 제2단계에 활동하던 단체들보다는 페놀 사태를 계기로 1991년 9월 14일에 창립된 대구공해추방운동협의회(아래에서 대구공추협)가 임산부 모임의 중요한 지원 집단이 되었다.

대구대책회의는 1991년 7월에 피해자들 가운데 임산부들의 첫 모임을 조직했다. 이 모임은 7월 이후 매달 한 번씩 대구 시청 앞에서 시위를 벌였고, 두산 제품 불매 운동도 지속적으로 벌여나갔다. 임산부모임은 그해 10월 9일 최초로 독자적으로 활동하기 시작했다.[26] 임산부모임은 이날 '대구시장고발및기형

---

26) 김성분 임산부 모임 대표는 그들이 독자적인 활동을 하게 된 것은 그들이 원해서가 아니라 대구YMCA 등의 사회 단체들이 그들을 더 이상 지원해주지 않았기 때문이라고 말했다(1994. 1. 4 면접).

아출산사례발표회'를 가졌다. 이 이후 임산부 모임은 외부 지원 집단의 조직적 지원은 거의 없이 자신들의 자원에 의존하여 집합 행동을 조직했다.[27]

임산부모임은 1992년 1월 6일 부시 미국 대통령의 방한 때 두산전자의 합작 기업인 로플렉스 오크사에 대해 항의하기 위해 여의도 국회의사당 앞 시위를 시도했다. 이들은 환경처·두산 본사 등을 수차례 항의 방문하기도 했다. 임산부모임은 임산부들의 피해 배상 분쟁이 해결되지 않았다는 이유로 두산의 기부금 2백억 원의 수령을 미루고 있던 대구시에 대해, "대구시는 2백억을 수령하라"는 내용의 서명 운동을 1992년 3월 24일부터 시작했다.[28]

1992년 10월 1일, 행정부의 조정과 재정 절차가 임산부 피해자들의 증거와 주장을 대부분 받아들이지 않고 모두 끝이 나자 페놀피해임산부모임의 회원들은 1992년 10월 28일 민사 소송을 제기했다. 페놀피해임산부모임이 처음 조직될 때의 회원은 약 250명이었으나 조정과 재정이 오랜 기간 진행되는 동안 대부분의 회원들이 체념하여 모임에 참석하지 않게 되어, 민사 소송을 제기한 사람은 모두 16명에 불과했다.[29]

이 재판은 1995년 3월, 법원의 조정에 의해 끝나게 되었다. 조정 결과는 두산그룹이 1억 2천만 원을, 그리고 대구시가 2천만 원을 피해자들에게 배상하라는 것이었다. 이로써 페놀 피해

---

27) 페놀임산부피해모임의 김성분 대표는 사회 운동 단체들이 뉴스 거리에만 달려들고 문제가 잊혀지면 사라지는 것을 비판하면서 이들을 '철새 운동원들'이라고 규정했다(1994. 1. 4 면접).

28) 두산은 약속한 2백억 가운데 1993년말까지 1백억을 현금으로 기탁하고 나머지는 50억씩 연차별로 기탁하겠다고 약속했다. 이에 앞서 1991년 10월 21일에는 '환경보전대구변호사모임'이 대구시에 공개 서한을 보내, 두산에 대해 적절한 피해 배상과 두산이 약속한 2백억 원 기부를 이행하라고 촉구했다.

29) 이 가운데 인공 유산자가 5명, 자연 유산자가 5명, 그리고 기형아를 출산한 사람이 4명, 정상아를 분만하고 정신적 피해 배상을 요구한 사람이 2명이다.

임산부 모임의 피해 배상 투쟁은 두산과 대구시가 스스로의 책임을 인정하게 함으로써 작은 승리를 거두었다(환경운동연합, 1995: 86~87).

Ⅲ. 각 주체별 활동의 목표·관심·전략

1) 시민사회

(1) 대구대책회의

대구대책회의는 시민 단체의 협의 조직으로 갑작스럽게 만들어졌기 때문에 고유한 이념이나 정치적 목표를 갖고 있지 않았다. 이들의 기본적인 요구는 '진상 규명, 국회진상조사단 파견, 적절한 보상 대책 마련, 제도적 장치와 전문 기술 확보, 환경처 장관과 대구 시장 해임'과 같은 것들이었다. 이 조직은 제도적인 틀 안에서 합법적인 수단을 사용하는 운동 방식을 선호하였다. 이것은 이 조직이 1991년 3월 23일 집회 신고를 하지 않았다는 이유로 시위를 연기한 것에서도 잘 드러난다. 이 조직은 정부에 대한 근본적인 비판이나 기업 혹은 재벌 일반에 대한 도덕적 낙인 찍기를 자제하고, 제도적인 틀 안에서 합법적인 해결을 지향했다. 이 조직은 한시적으로 만들어졌을 뿐만 아니라 환경 운동이 고유한 운동의 목표가 아니었으므로 제3단계 이후에는 거의 활동을 하지 않았다. 다만 페놀 사건을 계기로 영남권에서 44개 시민 단체가 연대한 낙동강살리기운동협의회라는 커다란 환경 단체 연합체가 결성되었다.

(2) 공추련

페놀 사태에 가장 적극적으로 개입한 서울의 환경·사회 단체로는 공추련을 들 수 있다. 공추련은 민주당·환경과공해연구회와 함께, 대구에 조사단을 파견하였고, 2차 페놀 유출 사태를 규탄하기 위해 농성을 조직하기도 했다. 공추련은 환경 문제에 대한 국민의 관심을 불러일으키기 위한 좋은 기회로 이 사건을

이용했다. 공추련은 페놀 사태를 기존의 다른 환경 문제와 연결
시키는 전략을 사용했다. 공추련은 페놀 사태에 접하여, 수질
오염 문제를 제기하면서, 팔당호 골재 채취 계획을 백지화할 것
과, 골프장 증설을 억제할 것을 촉구했다(공추련 성명서, 1991.
3. 25). 공추련은 두산전자에 대한 환경처의 조업 재개 허용 조
치를 비판하는 4월 9일의 성명서에서 정부의 정당성에 대해 근
본적인 비판을 가했다.

> 우리는 3억 달러의 수출 손실을 빙자하여 조업 재개를 허용한
> 현정권의 태도는 국민 생명보다는 이윤을 중시하는 기업가들의 무
> 자비한 논리를 극명하게 대변하고 있다고 생각한다. 국민 경제는
> 국민들의 건강한 생존이 유지되고 난 후에야 의미를 가질 수 있
> 다. 이번 조치는 현 정권과 기업가들이 말하는 국민 경제의 성장이 국
> 민을 위한 것이 아닌 자신들의 이익을 유지시키기 위한 것임을 스스로
> 폭로하고 있는 것이다.
> 이번 조치는 깨끗한 물을 마시길 원하는 국민에 대한 도전이자
> 명백한 배신 행위이다.

공추련의 담화는 경제 성장 담화에 대한 근본적인 공격을 담
고 있다. 그리고 정부가 기업 이익의 대변자라고 규정하고 있
다. 이 성명서에서 공추련은 '국민 경제의 성장'이 '현정권과 기
업가들'의 특수 이익을 위한 것이라고 규정함으로써 경제 중심
주의의 계급적 성격을 부각시켰다. 이와 함께 "국민 경제는 국
민들의 건강한 생존이 유지되고 난 후에야 의미를 가질 수 있
다"고 주장함으로써 경제 중심주의를 넘어서고자 했다.[30]
공추련은 두산전자의 2차 페놀 유출 사고가 일어나자 4월 23
일, 부산공해추방시민운동협의회, 광주환경공해연구회, 목포녹
색연구회, 울산공해추방운동연합, 충남공해추방운동연합과 공동

---

30) 국민 건강의 담화는 생태 중심주의와는 구분되고, 인간 중심주의적 경향 속
   에서 경제 중심주의를 공격하는 담화라고 볼 수 있다.

으로 다음과 같은 내용의 성명서를 발표했다.

또다시 2톤에 달하는 페놀 원액을 방류하여 식수원을 오염시키는 만행을 저지른 두산그룹의 작태는 도저히 묵과할 수 없는 극악무도한 일이다. 〔……〕 이윤 추구에 눈이 멀어 안전 조치를 제대로 취하지 않아 제 2 의 페놀 방류 사건을 일으킨 두산그룹의 예는 우리에게 환경 파괴의 실질적인 주범이 과연 누구인지를 분명히 알게 한다.
아울러 제 2 의 페놀 방류 사건을 통해 우리는 제 1 차 페놀 사건과 관련한 현정권의 대응이 얼마나 허구적이고 기만적인 것이었는가를 낱낱이 알 수 있게 되었다. 〔……〕
이에 우리는 잇달은 페놀 방류 사건의 직접적 원인이 재벌 기업의 부도덕성과 정부 당국의 무책임성, 재벌 위주의 환경 정책에 있음을 분명히 확인한다.

우리의 주장

환경 문제를 해결할 수 있는 능력도 의지도 없는 노태우 정권은 즉각 퇴진하라.

위의 성명서는 '환경 파괴의 실질적인 주범'이 기업 혹은 재벌 기업이라고 규정할 뿐만 아니라 '노태우 정권의 퇴진'까지 요구하는 등 강경한 내용을 담고 있다. 이와 같이 공추련은 페놀 사태와 관련하여 중부와 두산에 대해 가장 급진적인 비판을 제기했다.
공추련은 제 1 단계에 환경처 장관과 대구 시장의 파면, 두산 전자 업주 구속 수사, 환경 관련법의 개정 등을 요구했고, 제 2 단계에 이르러서는 조업 재개를 중지할 것, '페놀 방류 사건'과 대구 비산염색공단 폐수 무단 방류 사건의 진상 조사를 위한 국정 조사권의 발동, 노태우 정권의 퇴진 등을 요구했다.
공추련은 제 1 단계와 제 2 단계에 적극적으로 페놀 사태에 개입하여 언론을 동원하고 집합적 시위와 농성을 주도했지만, 제 3 단계에 이르러 지속적으로 피해자 조직을 적극적으로 지원하 지는 못했다. 공추련은 끊임없이 새롭게 제기되는 환경 문제에 대처하기에 급급해 지속적으로 특정한 피해자 조직을 지원하는 역할을 수행하지는 못했다.

(3) 경실련

경실련은 3월 21일자 성명에서 이 사태를 "행정 당국의 감독 및 관리 소홀 그리고 이윤의 극대화를 위해서라면 국민의 생명 까지도 도외시하는 재벌들의 몰사회성이 결합된 가공할 생명 파괴 사건"으로 규정했다. 경실련은 두산그룹을 "양담배 수입 을 주도함으로써 가뜩이나 주름살 진 담배 재배 농가에게 절망 감을 안겨준 바 있다"고 비판하고, 두산그룹의 전제품에 대해 불매 운동을 전개할 것을 선언했다. 그리고 상수원 보호 지역내 골프장 건설 허가를 해준 정부 당국에 대한 비판도 아울러 제기 했다.

경실련은 제 1 단계에 주도적으로 활동했으나 제 2 단계와 제 3 단계에는 적극적으로 활동하지 않았다. 그러나 경실련은 페놀 사태를 계기로 비로소 환경 운동을 주요 사업으로 설정하게 되 었다.

(4) 페놀피해임산부모임

페놀피해임산부모임은 피해 임산부들의 조직적 이익을 획득 하기 위해 조직되었다. 처음에 이 모임의 지도력은 대구 YMCA와 대구경실련과 같은 기존의 시민 단체들이 갖고 있었 다. 그러나 제 2 단계에 이르러 이들의 지원이 형식적이고 비협 조적으로 되어가자 피해자들은 독자적으로 조직 활동을 시작하 게 되었다. 이 이후 이 모임은 대구공추협과 다른 사회 단체들 (참길회, 함께하는주부모임, 대학생 조직)의 지원을 부분적으로 받게 되었다.

이 모임은 직접적이고 가장 큰 피해를 입은 피해자들의 모임이기 때문에 지속적인 집합 행동을 조직할 수 있었다. 이 조직은 기본적으로 제도 안의 피해 배상을 주요 활동으로 삼았지만 대구 시청 앞 시위, 대구백화점 앞의 불매 운동, 그리고 대구백화점 매장 안에서의 불매 운동, 부시 방한 때의 시위, 두산과 환경처의 항의 방문과 농성 등 직접 행동 전술도 함께 사용했다.

(5) 언 론

페놀 사태는 잠재적인 환경 위기가 우발적인 사고로 표면화되어 많은 사람들에게 피해를 주었기 때문에 언론의 집중적인 조명을 받았다. 제1단계에 언론은 두산을 범죄자로 낙인 찍는 데 중요한 역할을 했고, 국민들의 흥분을 부채질했다. 이 단계의 가장 뜨거운 쟁점은 '페놀 무단 방류'였다. 모든 일간 신문에는 '두산전자 페놀 무단 방류'라는 머릿기사가 대문짝 만하게 실렸다. 이 단계에 일반인들은 페놀 원액과 페놀 폐수를 구분하지도 못했다. 페놀 원액이 사고로 유출되었다는 사실보다는 '대기업'이 '페놀'을 의도적으로 '이윤만을 위해 강에 버렸다'는 문제 구성이 이 단계의 모든 언론을 지배했다. 이 당시 기사들의 제목을 보면 "'대기업이 오염 주범'에 충격"(한국일보, 1991. 3. 21), "공해 물질 방류 기업주 '간접 살인죄' 적용 여론" "'두산' 규탄 확산"(동아일보, 1991. 3. 22), "'식수 공포' 시민 투쟁 불붙다——'두산' 반사회 비리 공동 조사" "임신부 '페놀' 공포"(동아일보, 1991. 3. 23) 등과 같이 매우 자극적인 담화들로 구성되어 있다. 두산은 "뜻하지 않은 사고"라는 내용의 사과 광고를 냈지만 이러한 지배적인 분위기를 반전시킬 수는 없었다.

이 단계의 지배적인 담화는 단연 '국민 생명' '환경 보전'의 담화였다. 모든 신문의 기사와 사설에는 환경 보전의 중요성과 정부와 기업의 책임에 대한 논의가 주류를 이루었다. 기업의 부

도덕성에 대한 비판과 정부의 감독 소홀에 대한 비판이 이 단계
의 지배적인 분위기였다.

　제2단계에 접어들면서 경제 신문들은 경제 중심주의를 회복
시키기 시작했고, 각 신문들은 정부의 오염 대책을 보도하고,
시민들의 합성세제 안 쓰기 운동 등을 보도하면서 두산에 대한
일방적인 낙인과 비난을 약화시키기 시작했다. 중앙경제신문은
4월 5일, 사설을 통해 "환경 오염 행위에 대한 사후적인 응징
과 생산, 수출에 기여하는 제조업체의 정상 가동은 딴 차원의 문
제"라고 규정하고, "문제된 부분을 고치고 그 원인 행위에 대
한 책임은 계속 추궁하면서 생산 라인은 정상 가동시키는 게 국
민 경제 전체를 위해 이롭다는 것이 이번 사건을 통해 밝혀졌
다"고 주장했다.[31] 그리고 4월 9일, 「페놀 성분 유독성 과장됐
다——용도 매우 광범, 발암과 직접 관련 없어」라는 외부 필자 이
규학 박사의 기고를 실었다. 조선일보도 같은 필자의 인터뷰 기
사를 4월 23일 실었다. 각 언론들은 제1단계의 흥분에 가득 찬
담화와 달리 두산전자의 고의성을 더 이상 언급하지 않았다.[32]

　제2차 페놀 오염 사고가 터지자 신문들은 '방류'라는 용어
대신 '두산전자 또 페놀 유출'이라는 표현을 사용했다. 이 사고
에 대해서 신문들은 부주의하게 시설을 잘못 복구한 두산전자
와 허술하게 감독한 정부에 대해 강하게 비판했다. 화려하게 부
활했던 경제 성장 중심주의는 다시 커다란 시련을 겪게 되었다.

---

31) 반면, 조선일보는 「물보다 수출이 더 급한가」라는 사설을 통해 "정부가 지
　금 걱정해야 할 일은 전자 제품의 수출이 아니라, 깨끗한 물과 맑은 공기를
　되찾기 위한 지혜와 역량의 집결"이며 "고의든 과실이든 페놀 방류의 모든
　책임은 엄중히 물어져야" 한다고 주장했다(조선일보, 1991. 4. 5).

32) 이러한 변화는 제1단계의 흥분이 가라앉고 나자, 비밀 배출구가 없었다는
　주장이 제기되는 등 페놀 폐수의 고의 방류 혐의가 의심스러워졌기 때문이
　라고 볼 수 있다. 또한 언론 자체가 더 이상 반재벌 여론을 부추기는 것보
　다는 국민들의 인식 전환을 통한 생활 환경 운동을 요구하는 것이 필요하다
　고 판단한 것으로 보인다. 제5장 제2절 및 「합성세제 쓰지 말아야」(동아
　일보, 1991. 4. 13), 「일과성 분노 안 되게」(조선일보, 1991. 3. 25), 「합성세
　제부터 줄여나가자」(조선일보, 1991. 3. 28) 등의 사설 참조.

동아일보는 4월 23일, 「두산전자 문닫아야 한다」는 제목의 사설에서 "식수를 위협하면서〔……〕전자 제품을 만들고 수출을 얼마나 더한들 그것이 값이 있을 수 없다.〔……〕이제는 생산보다 환경이 더 중요하다.〔……〕환경 오염이 불가피한 산업과 공장은 문을 닫게 하는 결단이 필요하다"고 주장했다. 조선일보는 4월 24일, 「큰소리 치고 조업하더니」라는 제목의 사설을 싣고 책임지지 않는 정부에 대해 집중적으로 비판했다. 그러나 4월 25일 환경처 장관과 차관이 경질되고, 곧 이어 '강경대군 치사 사건'이 일어나자 페놀 사태는 지면에서 급속히 사라지게 되었다.

제3단계에 들어서면서 페놀 사태에 대한 직접적인 보도는 급격히 줄어들었다. 그러나 환경 문제와 관련된 기획 기사, 오염 현장 보도 기사 등을 지속적으로 보도했다.

2) 정 부

페놀 사태는 시민사회가 정부에 대해 일반 이익 수호의 역할을 수행할 것을 강력히 요구한 사건이다. 그러나 정부는 이 역할을 수행하지 않았거나 못 했다. 이러한 무능력 혹은 무관심은 1994년 1월의 낙동강 수돗물 파동에 의해 다시 한번 증명되었다.

제1단계에 정부는 이 사태의 모든 책임을 두산에 지게 함으로써 정부의 책임을 가볍게 하는 데 성공했다. 정부는 대통령 주재로 대책회의를 여는 등의 활동을 통해서 정부가 선한 의도를 갖고 있음을 국민에게 보여줌으로써 문제를 회피하고자 하였다. 그러나 제2단계에 이르러 정부는 자본을 위한 스스로의 역할을 다시 충실히 수행하게 되었다. '파렴치한 반인륜적 범죄자'라는 두산에 대한 낙인은 정부 담화에서 점차로 사라지게 되었다.

제3단계에 이르러 정부는 페놀 사태의 악몽을 되살리는 피해자 문제를 적극적으로 개입하여 해결하고자 했다. 환경 분쟁 조정 제도라는 제도적 틀을 통해 집합 행동의 가능성을 성공적으로 통제하고, 일반 이익의 담지자의 외양을 가지면서 두산과 개별 피해자들을 중재하는 역할을 수행했다. 이러한 과정 속에서 사회 운동의 잠재력은 매우 약화되었고, 피해자들은 원자화된 개인으로 수동적으로 정부의 '조정'을 받아들이게 되었다. 그러나 페놀 피해 임산부 모임은 정부의 전략에 대항하여 재정 결과를 거부하고 민사 소송을 통해 정부의 불공정성과 두산의 주장을 비판했고 그 결과 법원의 조정을 이끌어내는 데 성공했다.

3) 두 산

두산은 처음 페놀 유출 사고가 일어난 직후, 정부와 시민사회, 그리고 언론에 의해 '반인륜적 범죄자'로 낙인 찍혀 완전히 고립되게 되었다. 3월 22일의 사과 광고를 싣고 이에 뒤이어 박용곤 회장이 2백억 기부를 발표해도, 이러한 고립을 극복할 수 없었다. 그러나 제2단계에 이르러 두산은 페놀 폐수 무단 방류 사실을 일관되게 부인함으로써 범죄자라는 낙인에서 벗어나는 전략을 택했다. 다른 한편으로 경제 성장, 수출 지상주의라는 막강한 담화에 힘입어 두산은 정부와 화해하는 데 성공했다. 제3단계에 이르러 망각의 과정이 가속화되자 두산은 재산 피해에 대해서 직접 배상과 환경분쟁조정위원회의 조정과 재정을 통해 성공적으로 해결하게 되었다. 그러나 임산부 피해 문제에 대해서는 법적인 책임을 인정하지 않았고, 그 결과 민사 소송에 이르게 되었다.

두산에게 있어서 가장 큰 위협은 불매 운동이었다. 3월 21일 검찰의 발표 이후 두산 제품에 대한 불매 운동은 전국적으로 맹렬히 번져나갔다. 그러나 두산은 페놀 사태가 우발적 사고라고 지속적으로 홍보했다. 이러한 전략과 시민 운동 조직들의 조직적이고 지속적인 불매 운동의 결여, 그리고 거대한 망각의 과정

에 힘입어 불매 운동은 점차 약화되어갔다. 이러한 불매 운동의
실패에는 경제기획원의 공정거래위원회의 개입도 적지 않은 영
향을 미친 것으로 보인다.[33]

Ⅳ. 단계들간의 비교 분석

낙동강 페놀 오염 사건은 사회 운동 조직이 의도적이고, 공격
적으로 이념과 참여자를 동원하여 조직해낸 사회 운동이 아니
다. 환경 오염에 대한 잠재적인 불만과 재벌에 대한 불만이 널
리 퍼져 있는 가운데 우발적인 환경 재난이 촉발 요인으로 작용
하여 피해 시민과 피해를 입지 않은 시민들의 분노가 갑작스럽
게 비조직적으로 폭발한 사건이다. 이러한 우발적인 성격 때문
에 운동의 리더십이 확고하지 못했고, 언론의 선정적인 보도가
시민들의 행동에 큰 영향을 미쳤다. 이러한 특성 때문에 언론
보도가 줄어들면서 페놀 사태에 대한 관심도 급속히 약화되어
갔다.

이제 각 단계별로 집합 행동의 성격이 어떻게 변해갔는지 살
펴보도록 하자. 이러한 통시적 비교 분석은 페놀 사건과 유사한
특징을 갖는 많은 환경 사고와 관련된 집합 행동을 분석하는 데
유용한 준거점이 될 수 있을 것이다.

제 1 단계는 분노 폭발의 단계로서 이때에는 대다수의 대구
시민들이 수돗물 때문에 엄청난 고통과 불안을 겪었기 때문에
집합 행동에 동원될 수 있는 잠재적인 지지자들이 매우 많았다.
그래서 이 단계에 불매 운동은 매우 성공적으로 이루어졌다. 그
러나 사회 운동 단체들을 중심으로 대책회의가 조직되고, 집회
와 시위가 조직되었지만 대중들의 실질적인 시위 동원은 잘 이
루어지지 못했다. 정부의 물 문제 해결을 위한 대책 발표는 선
한 의도로 받아들여지게 된 것으로 보인다.

---

33) 두산은 OB 맥주 4개 전공장이 환경처에 의해 '94 환경 관리 모범 업체로
선정되었다는 전면 광고를 주요 일간지에 실었다(한겨레신문, 1994. 1. 7).

이와 같이 엄청난 분노와 불만이 갑자기 폭발했음에도 불구하고 이러한 불만이 효과적으로 조직되지 못했기 때문에 제2단계에 이르러 정부의 경제 성장, 수출 차질의 논리에 대해 시민사회는 효과적으로 대응하지 못했다. 이 단계에 이르러 경제기획원의 조업 재개 의도가 차질 없이 관철된 것은 우리나라에서 경제 성장의 논리가 얼마나 확고한 위치를 차지하고 있는지를 잘 보여준 사건이다. 또한 제2단계에 이르러 두산이 문제를 단순한 사고로 역규정하고 이에 대해 언론이 점차로 동조하게 되는 데 대해서도 운동 조직들은 적절히 대응하지 못하게 되었다. 환경처의 조업 정지 처분의 철회는 두산이 제2단계에 이르러 정부와 다시 화해하게 된 것을 의미한다. 제2차 페놀 유출로 환경처 장관과 차관이 경질되었지만 서둘러 조업 재개를 강행한 경제기획원 장관은 경질되지 않았고, 두산전자의 소유주가 구속되거나 입건되지도 않았다. 동아일보는 「두산전자 문닫아야 한다」는 제목의 사설을 싣고 "낙동강 지역 1천여만 주민의 식수를 위협해서 〔……〕 수출을 얼마나 더한들 그것이 값이 있을 수 없다"고 주장했지만(동아일보, 1991. 4. 23), 경제 성장 담화의 요새는 조금도 파괴되지 않은 채 유지될 수 있었다.

제3단계에 이르러서 페놀 사태는 점차 사람들의 머릿속에서 잊혀지고, 피해 배상은 기존의 제도적인 틀에 따라 합법적으로 순조롭게 이루어졌다. 페놀피해임산부모임 회원들을 제외한 피해자들은 아무도 집합적으로 행동하지 않았고, 제도 안에서의 불만은 원자화된 개인들과 거대한 재벌 기업 사이의 협상의 문제로 전환되게 되었다.[34]

V. 운동의 결과

페놀 사태로 인해서 전국적으로 피해 배상 운동, 두산 제품

---

34) 페놀 피해가 일시적으로 끝났기 때문에 피해자 조직이 잘 조직되지 못했다고 볼 수도 있다.

불매 운동, 생활 환경 운동 등 다양한 유형의 환경 운동이 일어
나게 되었다. 이 운동들이 어떤 결과를 낳았는지 검토해보도록
하자.

1) 피해자들의 권익 보호: 피해 배상 운동

페놀 사태는 도시 지역의 불특정 다수에게 피해가 생겼기 때
문에 많은 피해자가 집합 행동의 잠재적인 참여자로 등장했다.
그러나 피해가 일시적이었고, 정부와 두산이 성공적으로 피해
배상을 했기 때문에 많은 피해자들이 조직되지는 못했다. 페놀
피해 임산부들은 행정부의 조정과 재정 과정에서 조직적으로
활동했지만 여기에서는 피해 배상을 받는 데 실패했다. 두산은
사고 당시 수돗물의 페놀 농도가 허용 기준치 이하였고, 그 농
도의 수돗물을 먹은 사실과 기형아·사산, 인공 유산 사이에는
인과 관계가 없으므로 법적인 책임이 없다고 주장했다. 반면 임
산부 피해자들은 실재 수돗물의 페놀 오염도가 허용 기준치 이
상이었다는 반증을 제시했고, 기형아, 사산과의 인과 관계가 없
다는 주장에 대한 반증을 제시하였다. 그러나 정부는 피해자의
주장은 채택하지 않고 두산의 주장을 그대로 받아들였다. 다만
인공 유산에 대해서는 당시의 언론 보도 등이 인공 유산을 유도
할 수도 있었기 때문에 인공 유산자에 한해서 실비를 배상해주
도록 결론지었다. 페놀 임산부들의 피해 배상을 위한 집합 행동
은 정부의 조정, 재정 과정에서는 실패로 끝났다.

그러나 이들은 민사 소송을 통해 배상 운동을 계속했고 그 결
과 법원의 조정을 통해 피해 배상을 받는 데 성공했다. 이것은
오염 원인자로 하여금 과실이 없음을 스스로 입증하게 하는 최
근의 경향을 법원이 적극적으로 받아들인 결과라고 볼 수 있다.

2) 기업에 대한 압력: 불매 운동의 결과

기업은 보다 많은 이윤 창출을 목표로 삼는다. 그리고 생산

수단의 소유자는 비소유자보다 더 많은 자원과 권력을 갖고 있다. 소비자들은 생산자에 비해 수는 많지만, 커뮤니케이션의 가능성이 제한되어 있기 때문에 집합적으로 단결하여 생산자를 통제하기가 매우 어렵다. 그러나 커다란 분노가 조직화되면 이러한 집합적인 행동이 가능하게 된다. 기업은 이윤 창출이라는 목표 자체를 위해 소비자들의 분노를 불러일으키지 말아야 할 뿐만 아니라 그들의 호감을 얻을 필요가 있다.

이러한 소비자 운동의 중요성을 잘 보여준 것이 바로 페놀 사태이다. 불매 운동은 두산에 대한 가장 강력한 공격 수단이었다. 제1단계와 제2단계에 두산 제품 불매 운동은 대구 지역에서는 물론 전국적으로 커다란 호응을 얻을 수 있었다. 환경 오염과 관련하여 대대적인 불매 운동이 일어난 것은 이것이 우리나라 역사상 최초의 일이었다. 무엇보다도 한국슈퍼마켓협동조합연합회라는 이익 집단이 불매 운동에 동참했다는 사실은 매우 이례적인 사건이었다. 불매 운동은 녹색 소비자주의의 가장 강력한 전술이다. 불매 운동을 통해 대중들이 단기간에 효과적으로 동원될 수 있었던 것은 이 단계의 대중들의 불만이 매우 강했기 때문에 조직적 지도력의 약점을 극복할 수 있었기 때문이다. 불매 운동은 3월 29일 두산 본사 앞에서 대책협의회의 맥주 쏟아버리기대회에서 절정을 이루었다. 그러나 경제기획원의 개입과 망각의 과정 속에서 불매 운동은 점차 약화되게 되었다.[35]

비록 짧은 시간에 한정되었지만, 불매 운동의 폭발적인 확산은 두산은 물론 모든 기업들에게 커다란 위협이 되었다. 이 사건 이후 기업들은 환경 오염 기업이라는 낙인을 받지 않기 위해 환경 광고와 환경 산업에 많은 투자를 하게 되었다. 불매 운동은 지속되지 못했으므로 실패했다고 볼 수도 있다. 그러나 불매 운동의 목표 자체가 기업에 대한 경고와 압력이라고 본다면 불매 운동은 커다란 성공을 거두었다고 평가할 수 있다.

---

35) 그해말에 OB 맥주는 그해 목표였던 맥주 1억 상자 판매에 성공했다.

3) 정부 정책의 변화

페놀 사태가 일어나자 정부는 수많은 대책을 발표했다. 정부는 1991년 5월 31일, '환경 범죄의처벌에관한특별조치법'을 제정했다. 이 법은 사업 활동에 수반하여 유독물 등을 배출하여 사람을 사상에 이르게 한 자는 무기 또는 3년 이상의 징역에 처하게 했고, 과실범도 처벌할 수 있게 했다(환경처, 1993: 155). 이 법의 시안은 인명 살상 때에는 최고 사형, 무기 징역, 5년 이상의 징역에 처할 수 있도록 만들어졌으나 당정협의 과정에서 처벌 규정이 완화되었다. 1991년 6월 28일에는 수질 분야 배출 부과금제를 강화하여, 페놀, 테크라클로로에틸렌, 트리클로로에틸렌을 부과 대상 오염 물질에 추가시키고, 페놀에 대해서는 허용 기준치를 넘은 배출량에 대해 1kg당 15만 원을 물리기로 했다(환경처, 1993: 145). 그리고 페놀류 방류수 수질 기준을 5ppm에서 2ppm으로 강화시켰다. 환경처는 부산의 상수도 취수원인 물금 매리 상수원 주변의 4개 군을 배출 시설 허가 제한 지역으로 지정하였다. 보사부는 정수장에서 실시하는 농약과 중금속 등 5종을 새로 추가했다(중앙일보, 1991. 4. 16). 정부는 대도시 행정 구역별 수질 관리 체계를 수계별·영향권별 수질 관리 체계로 전환하여 동일 수계에 영향을 미치는 권역의 관계 기관 및 주민 대표를 위원으로 하는 중권역(中圈域) 환경 관리위원회를 구성하였다(환경처, 1993: 157).

4월 15일에 환경처는 '4대 강 수질 개선 종합 대책'을 발표하고 우선 1993년까지 4대 강 중류 또는 상류 지류역의 수질을 1급수로 개선하겠다고 약속했다. 그러나 이 목표를 달성하기 위한 재원은 오염 유발 부담금으로 충당하겠다고 밝혔지만, 이 제도는 경제 부처의 반대로 원만한 시행이 어려웠다(동아일보, 1991. 4. 16).[36]

---

36) 페놀 사태의 영향으로 팔당 골재 채취를 강행하려던 건설부의 시도가 좌절

그러면 이러한 많은 대책과 약속이 얼마나 효과를 발휘했는지 살펴보자. 페놀 사태 직후 낙동강 물은 많이 맑아진 것으로 나타났다. 물금의 화명정수장의 BOD는 3월 18일에는 4.1에 이르렀으나 점차로 떨어져 4월 11일에는 2.5로 내려가서 2급수 수준을 유지하게 되었다. 이것은 페놀 사태 이후 오염 업소들이 오염 물질 배출을 억제하거나 폐수 정화 시설을 충분히 가동했기 때문이라고 풀이된다(동아일보, 1991. 4. 13). 1991년의 연평균 BOD는 4.0으로 1981년 이후 가장 높은 오염도를 보였으나 1992년에는 3.3으로 낮아졌다. 그러나 1994년 1월에는 부산·경남 지방에 악취가 나는 수돗물이 가정에 공급되는 제 2의 낙동강 수돗물 오염 사고가 터지게 되었다. 이 사고는 정부의 페놀 사태 이후의 대책이 효율적으로 이루어지지 못했다는 사실을 증명하고 있다.

4) 사회 전반에 미친 효과

(1) 사회 운동 조직에 미친 효과

페놀 사태는 우리나라의 사회 운동 조직이 양적·질적으로 폭발적으로 증가하는 계기가 되었다. 대구 지역에서는 1991년 9월에 비로소 대구공해추방운동협의회가 생기게 되었고, 환경보존변호사모임이 생겼으며, 영남권의 44개 시민 단체가 연대하여 낙동강살리기운동협의회가 결성되었다. 이외에도 마산·창원공추협 등 많은 환경 단체들이 새로 생겨났다. 이뿐만 아니라 기존에 환경 운동에 깊이 관여하지 않던 조직들이 페놀 사태를 계기로 공추련과 연대 활동을 펼치면서 환경 운동을 주요 사업으로 설정하게 되었다. 이러한 예로는 경실련과 YMCA를 들 수 있다. 페놀 사태가 난 후부터 1991년말 사이에 새로 생긴 환경 운동 조직은 모두 17개에 이르렀고, 1992년에도 18개의 새로운 환경 운동 조직이 생겨났다. 이러한 증가 추세는 몇 년

되었다. 제 6 장 4절 참조.

전에 비해 두 배로 많은 것이다(《표 5-7 참조》).

(2) 환경 의식의 성장

폐놀 사태를 계기로 국민들의 환경 의식이 급격히 높아졌는지 살펴보자. 우리나라 환경 오염의 전반적 상태를 심각하게 생각하는 사람의 비율은 1988년과 1991년 사이에 큰 차이를 보이지 않았다(《표 4-2》 참조). 그러나 정부의 환경 관련 투자나 공해 단속에 대한 불만은 1987년에 비해 1992년에 훨씬 커진 것으로 나타났다(제4장 〈표 4-8〉 및 〈표 4-9〉 참조). 환경 중심의 가치관도 1987년에 비해 1992년에는 크게 확산된 것으로 나타났다(《표 4-10〉 참조). 그러나 이러한 의식 변화가 폐놀 사태 때문인지를 밝히기 위해서는 더 많은 연구가 필요하다.

VI. 종합적 검토

먼저 폐놀 사태가 우리나라 역사상 가장 큰 환경 오염 사건이 된 사회적 배경을 살펴보도록 하자. 제3장에서 보았듯이 이 시기에 객관적 환경 오염 상황은 전국에 걸쳐 심화·확산되었다. 주로 공단 주변에서 일어나던 환경 오염 사고가 도시 지역에서도 가시적으로 나타나게 되었다. 그리고 이와 함께 국민들의 환경 오염에 대한 불만이 높아지는 등 전반적인 환경 의식도 높아져갔다. 이러한 조건 속에서 1989년과 1990년에 연이어 터진 수돗물 오염 파동은 국민들의 수돗물에 대한 잠재적인 불만을 확산시켰다. 잠재된 불만이 널리 퍼져 있는 상황에서 폐놀 오염 사고는 촉발 요인으로 작용하여 잠재된 불만이 폭발하도록 만들었다. 이렇게 갑작스럽게 분노가 폭발하게 된 데에는 언론의 선정적이고 대대적인 보도가 큰 영향을 미쳤다. 환경 오염에 대한 잠재된 불만과 재벌 기업의 부도덕성에 대한 불만이 결합하여 폐놀 사건은 우리나라에서 가장 큰 환경 오염 사고가 되었다.

객관적 환경 오염의 심화, 환경 의식의 확산, 촉발 요인으로서 환경 재난의 발생, 언론의 집중적인 보도와 같은 요인 이외에도 정치적 기회 구조의 변화를 살펴보는 것도 중요하다. 1988년 노태우 정부가 들어서면서 정치 체제가 개방되기 시작했다. 노태우 정부는 환경 정책에 있어서 환경청을 환경처로 승격시키는 등, 적극적인 해결 의지를 표명했다. 정치적 세력 관계도 변화하였다. 이 시기에 이르러 지배 세력에 대항한 광범한 민주화 운동 세력들 사이의 제휴와 동맹이 불안정해졌고, 민족 민주 운동의 동맹 집단과 지지 집단은 크게 약화되었다. 정부는 환경 운동 조직에 대해 직접적인 지원을 하지는 않았지만 그들이 제시하는 목표를 적극적으로 해결할 의지를 천명했다. 이와 같은 전반적인 정치적 기회 구조의 변화는 페놀 사건이 사회적 변화를 낳는 데 중요한 조건이 되었다.

이렇게 볼 때 정치적 기회 구조의 상대적인 개방이 이 사례의 발생과 발전에 유리한 조건이 되었음은 명백히 밝혀졌다. 그러나 정치적 기회 구조는 하나의 기회일 뿐 그 자체가 사회 운동을 발전시키는 것은 아니다. 이 사례가 커다란 영향을 미치게 된 것은 첫째로 언론이 잠재된 불만을 폭발시키는 역할을 적극적으로 수행했기 때문이다. 둘째로 환경·시민 운동 단체들의 빠른 대응과 불매 운동 결의, 규탄 시위와 같은 적극적인 행동들이 문제를 확산시키는 데 기여하였다. 1988년 이후 생겨난 환경 운동 단체와 시민 운동 단체들의 자원 동원 능력의 증대가 이 사례가 성공하게 된 중요한 요인이 되었다.

그러면 운동의 결과를 평가해보자. 먼저 피해자의 권익이 얼마나 보호되었는지를 살펴보자. 이 사례에서 페놀피해임산부모임을 제외한 피해자들은 개별적으로 혹은 시민 단체를 통해서 정부에 분쟁 조정을 신청하였고, 정부의 조정과 재정 결과를 모두 받아들였다. 페놀 피해 임산부들은 조직적인 피해 배상 운동, 두산 제품 불매 운동을 지속적으로 벌여나갔지만, 정부의 조정 절차에서는 피해를 인정받지 못했다. 그러나 법원의 조정을 원고와 피고가 받아들임으로써 피해자의 권익을 보호하는 데는 어느 정도 성공했다고 평가할 수 있다.

페놀 사건은 정부 정책과 기업의 태도를 크게 바꾸는 결과를 낳았다. 정부는 '환경범죄처벌에관한특별조치법'을 제정·공포했고, 부산 상수도 취수원 부근을 '배출 시설 허가 지역'으로 지정하는 등 개선된 정책을 실행에 옮겼다.

페놀 사건 이후로 환경 운동 조직이 급속히 늘어나고, 환경 의식도 확산된 것으로 보인다. 신문 사설에서는 '수출보다는 물이 더 중요하다'는 주장을 폈고, 사회 전반적으로 환경 우선론이 지배적인 경향을 이루게 되었다. 이 모든 변화가 페놀 사태가 미친 직접적인 효과라고 보기는 어렵지만 환경 중심주의의 방향으로 사회적 변화가 일어나는 과정에서 페놀 사태가 미친 영향은 매우 컸다고 말할 수 있다.

그러면 페놀 사례에서 운동의 주체, 이데올로기, 이해 관심 등을 살펴보자. 이 사례에서 사회 운동의 주체는 직접적인 피해를 입은 대구 시민들과 시민 운동 단체, 그리고 서울을 비롯한 전국의 환경 운동 단체와 시민 운동 단체들, 그리고 시민들이었다. 운동 단체들은 불매 운동이라는 대중적인 전술을 택했기 때문에 많은 참여자들을 동원할 수 있었다.

이 사례에서 동원된 주된 이데올로기는 '생명과 물의 소중함,' 그리고 '기업의 반윤리성'과 '정부의 무책임과 무능'에 대한 비판이었다. 운동 단체들은 경제 성장 담화에 대해서 '국민들의 건강한 생존'이라는 가치를 제시하면서 비판했다. 이윤만을 추구하는 재벌 기업에 대한 비판이 강력히 제기되었으나 이것을 자본주의 체제 혹은 사회 구조의 근본적인 변혁으로 연결시켜야 한다는 주장은 거의 나타나지 않았다. 이 사례에서 좌파 환경주의 담화는 상당히 약화된 것으로 보인다. 생태주의 담화는 이 사례에서 명시적으로 나타나지 않았다.

이 사례는 특정 계급이나 계층, 지역의 이익을 위한 것이 아니라 모든 국민의 집합적 소비 수단으로서 맑은 물을 요구하는 운동이었다. 정부와 기업에 대해 환경에 대한 도덕적이고, 정치적이고, 법적인 책임을 요구하는 운동이었다. 따라서 이 사례는 엘리트주의나 중간 계급 운동과 관련이 없을 뿐만 아니라 계급 운동이라고 규정하기도 어렵다.

피해자 조직을 중심으로 피해 보상이나 집단 이주를 요구하던 이전의 운동 유형과 달리 페놀 사례는 새로운 특징을 보여준다. 먼저 1988년 이후 등장한 새로운 환경, 시민 운동 단체들이 운동의 주체로 등장했다는 사실을 들 수 있다. 계급적 이익을 넘어서서 환경 중심의 가치관과 보편성을 지향하는 사회 운동 조직이 조직적 이해 관심을 넘어서 사회 제도의 변화와 사회 전체의 가치관 변화를 촉구했다는 점에서 이 사례는 새로운 특징들을 보여주고 있다.

4. 팔당 골재 채취 반대 운동

팔당 골재 채취 반대 운동은 이전의 운동 사례들과 다른 두 가지 특징을 갖고 있다. 첫째로 팔당 사례는 환경 오염에 의한 피해가 발생하지 않았을 뿐만 아니라 피해 가능성도 명확하지 않은 상태에서 환경 오염 유발 가능 행위를 저지하는 데 성공한 특별한 사례이다. 피해자들이 피해를 입은 후에 경제적 형태의 피해 보상을 요구하게 되는 이전 시기의 활동들과 달리 이 사례에서는 시민 단체와 언론이 적극적으로 예상 피해를 사회 문제로 구성하고, 그것을 바탕으로 방어적이지만, 적극적으로 목표를 관철시키는 데 성공했다. 둘째로 예상 피해자가 한정된 지역의 특정한 소수가 아니라 천오백만 수도권 주민이라는 불특정 다수였다는 사실이 중요하다. 이 사례는 환경·시민 단체와 언론이 무임 승차자의 문제를 극복한 중요한 사례이다. 한마디로 팔당 사례는 피해자 운동이 아니라 시민 압력 운동의 전형적인 사례라고 할 수 있다. 그러면 구체적인 활동의 과정을 살펴본 후, 이 사례의 이론적 의미를 고찰해보도록 하겠다.

I. 운동의 전개 과정

1) 문제 이전의 단계(1989. 5. 13∼1990. 5. 8)

팔당 골재 채취를 위한 정부의 시책은 1989년 5월 13일 경

〈표 6-4〉　　　　　　팔당 골재 채취 반대 운동의 주요 일지

날　짜	주요 사건 및 활동
1단계: 문제 이전 단계(1989. 5. 13∼1990. 5. 8)	
1989.　5. 13	'수도권건축자재수급회의'에서 팔당호 골재 채취 계획 마련
1990.　5.　7	경기도, 팔당호 '시험 준설' 시작
2단계: 문제 제기 단계(1990. 5. 9∼1990. 8. 5)	
1990.　5.　9	한겨레신문, '팔당호 수질 오염 비상' 기사 보도
6. 13	경기도, 골재 채취 일단 중단
6. 14	소비자시민의모임 공청회 개최
6. 22	평민당 '팔당호골재준설조사단' 현지 조사
7.　1	수돗물 THM 오염 파동
3단계: 환경처 주도의 시험 준설 단계(1990. 8. 6∼1991. 3월 중순)	
1990.　8.　6	정부, 팔당호 시험 준설 결정.
11. 10	'팔당호시험준설특별대책위원회' '팔당호시험준설저지대회' 개최
12. 15	한국수질보전학회, '팔당호시험준설영향조사결과발표회' 개최
12. 22	환경·시민 단체 '팔당호시험준설영향조사에대한평가토론회' 개최
4단계: 페놀 사태의 단계(1991. 3. 16∼5. 27)	
5단계: 운동의 성공 단계(1991. 5. 27∼7. 29)	
1991.　7. 29	정부, 팔당호 골재 채취 계획 백지화 결정

제기획원에서 '수도권건축자재수급대책회의'를 하면서 시작되었다. 여기서 정부는 팔당호에서의 골재 채취 계획을 포함한 건자재 확보 대책을 마련했다. 이에 따라 경기도는 1989년 6월 20일, '팔당호수 준설 사업 계획'을 마련하고 연세대 산업기술연구소에 환경 영향 평가를 의뢰했다. 건설부는 1989년 11월 24일, 경기도에 "1990년 5월부터 골재를 채취할 것"을 지시했다. 이어서 1990년 2월 26일, 건설부는 팔당호와 남한강 및 한강 하류 지역을 골재 채취 특수 지역으로 새로 지정했고, 경기도는 3월 19일, 8개 업체에 골재 채취를 하도록 허가했다. 그리고 4월 24일, 용역 의뢰한 환경 영향 평가서를 환경처에 제출하고 환경 영향 평가 협의를 요청했다. 이에 대해 환경처는 4월 26일, 일단 골재 채취 공사를 중지할 것을 요청했다. 그러나 경기도는 이를 무시하고 5월 7일부터 '시험 준설'을 시작하여 그해 6월 12일까지 2만 7천여 입방미터의 골재를 채취했다.

2) 문제 제기의 단계(1990. 5. 9~1990. 8. 5)

팔당 골재 채취 문제는 언론의 선도적인 보도에 의해서 사회 문제로 구성되었다. 특히 한겨레신문은 지속적으로 이 문제를 보도함으로써 다른 신문들의 보도를 이끌어나갔고, 환경 시민 단체들의 활동을 촉발시켰다. 1990년 5월 9일, 한겨레신문은 '팔당호 수질 오염 비상——분당·일산 골재 채취 위해 대규모 준설 계획, 중금속 등 떠올라 상수원 위협'이라는 제목의 기사를 10면 머릿기사로 실었다. 같은 날 석간 동아일보도 '팔당호 골재 채취 수질 망친다'는 제목의 기사를 크게 보도했다.

5월 25일, 환경처는 "시험 준설을 통해 수질 영향을 사전에 조사한 다음 준설의 계속 여부를 결정하기로 했다"고 발표하여 사실상 시험 준설에 동의했다.[37] 그러나 수질 오염을 심화시키

---

37) 그러나 실제로 경기도는 환경처가 4월 26일 골재 채취 공사 중지를 요청했음에도 불구하고 5월 7일부터 '시험 준설'을 강행하고 있었다.

는 양동이식이 아니라 펌프식으로 준설하라는 환경처의 지시를
경기도가 지키지 않았을 뿐만 아니라 환경처의 보류 지시조차
따르지 않았다는 사실이 한국일보(1990. 6. 2), 한겨레신문(1990.
6. 3; 6. 6; 6. 10) 등의 언론에 크게 보도되었다. 한겨레신문은
6월 12일에는 서울대 미생물생태학연구실의 김상종 교수의 연
구 결과를 인용하여, ‘팔당호 밑바닥 ‘인산염’ 물속 1만 배—
준설 땐 물에 녹아들어 적조 현상, 부유 물질도 대량 발생 오염
가중’이라는 제목의 기사를 크게 보도했다. 이러한 언론의 집중
적인 보도 때문에 6월 13일 경기도는 팔당 골재 채취를 일단
중단했다. 그러나 경기도는 이것이 수질 점검을 위한 일시적 조
처라고 말하고 골재 채취를 강행할 의사를 분명히 밝혔다.
　다음날, 6월 14일에 ‘소비자문제를연구하는시민의모임’(아래
에서 ‘소비자시민의모임’)은 ‘팔당호준설공사로인한상수원수질오
염의문제와대책에관한공청회’를 열었다.[38] 이 공청회는 시민 운
동 단체에서 팔당 문제와 관련하여 최초로 조직한 행사다. 여기
에는 최찬식 건설부 수자원국장과 김인환 환경처 수질보전국장,
그리고 김상종 교수와 최열 공추련 의장 등이 참석했다. 이 공
청회에서 강원대의 전상호 교수는 주제 발표를 통해 “준설을
강행할 경우, 퇴적물 속의 중금속·인 등이 물 속에 녹아들어
수질 오염을 가속시킬 가능성이 높다”고 말했다. 이 자리에서
최찬식 국장은 “현재 시험 준설중인 1공구에서 문제가 생길 경
우, 2, 3공구의 공사는 하지 않을 방침”이라고 밝혔다(한겨레신
문, 1990. 6. 15). 이 발언에 근거하여 6월 15일의 각 신문은 건
설부가 팔당 준설 공사를 중지하거나 백지화할 것을 검토하고
있다고 보도했다.
　이렇게 팔당 문제가 중요한 사회 문제로 되자 당시 제1야당
인 평민당은 6월 22일에 ‘팔당호골재준설조사단’을 구성하여

---

38) 소비자시민의모임은 이미 1990년 5월 30일과 6월 2일에 팔당호 준설 공사
　　현장에 가서 조사를 벌였다.

현지 조사를 실시하였다. 이 조사에서 평민당 조사단은 경기도가 환경처의 시험 준설 동의를 받기도 전에 골재 채취를 했다는 사실을 밝혀냈다. 이러한 사실은 언론에 크게 보도되었고, 평민당은 6월 25일, 수질 정화 목적이 아닌 골재 채취 목적의 준설이 이루어지고 있다는 사실을 중시하고 이 문제를 7월 임시 국회에서 정치 쟁점화하기로 했다고 밝혔다.

이와 같이 팔당 문제가 정치적 의제로 논의되기 시작하는 가운데 7월 1일에는 수돗물에 발암 물질인 트리할로메탄THM[39]이 다량 검출되었다는 사실이 알려졌다. 이것은 감사원이 6월 30일 국회에 제출한 전국 17개 정수장에 대한 감사 결과 자료에 의해 밝혀진 것이다. 보사부는 곧바로 발암 물질의 농도가 허용 기준치에 미달한다고 발표했다. 그러나 이 사건은 수돗물이 중금속에 오염되어 있다는 건설부의 발표로 빚어진 1989년 8월의 '제1차 수돗물 파동'에 뒤이어 수돗물 오염에 대한 우려를 더욱 확산시키게 하는 계기가 되었다. 그리고 7월 5일, 국회에서 평민당의 박영숙 부총재는 팔당 골재 채취 사업을 중심으로 집중적인 질문을 제기했다.

정부는 7월 11일, 환경보전위원회를 열고 상수원 수질에 영향이 없는 경우에 한해서만 골재 채취를 추진하고, 추진 여부는 시험 준설 결과에 대한 환경 관계 전문가 및 기관 등의 판단 결과에 따라 결정토록 하겠으며, 추진하는 방향으로 결론이 날 경우에는 관계 기관과 합동으로 언론 및 주민 여론을 수렴한 후 착수토록 하겠다고 발표했다. 이에 대해 공추련여성위원회, 경실련여성위원회 등의 단체들은 7월 13일, 기자 회견을 갖고 '수돗물에 대한 입장'을 발표하고 팔당 골재 채취 중단을 요구했다.

---

39) 트리할로메탄은 수돗물의 살균을 위해 투입하는 염소가 수돗물의 유기물이나 화학 물질과 반응해서 생성되는 물질로서 발암 물질로 알려져 있다.

3) 환경처 주도의 시험 준설 단계(1990. 8. 6~1991. 3월 중순)

정부는 건설부의 요구로 1990년 8월 6일, 강영훈 국무총리 주재로 환경 관계 장관회의를 열었다. 여기서 환경처가 주무 부처가 되어 팔당호 1공구 시험 준설을 하기로 확정되었다. 각 신문들은 백지화 예상을 뒤엎고 건설부가 골재난이라는 명분으로 환경 보전 여론을 밀어냈다고 평가했다(한겨레신문, 1990. 8. 7; 조선일보, 1990. 8. 7; 중앙경제신문, 1990. 8. 10). 이리하여 이제 쟁점은 '과학적인 실험'의 문제로 바뀌게 되었고 큰 문제가 없는 한 골재 채취는 허용될 것으로 예상되었다.[40]

이러한 정부의 결정에 대응하여 공추련여성위원회, 경실련여성위원회, 함께가는생활소비자협동조합(여성민우회 소속), 주부아카데미협의회, 정농회소비자협의회 등 5개 단체는 8월 28일 '수돗물살리기운동연합준비모임'을 구성하고 팔당 골재 채취 사업 저지를 당면 목표로 정했다.[41] 팔당 문제에 대한 사회적 관심이 확산됨에 따라 이 조직을 중심으로 18개 사회 단체가 연대하여 '팔당호시험준설저지특별대책위원회'(아래에서 팔당특별대책위원회)를 조직하였다. 이 위원회에는 수돗물살리기운동연합준비모임에 나중에 참여한 환경과공해연구회, 기독교장로회여신도회, 교회여성연합회 외에 카톨릭사회복지협의회, 건강사회를위한약사회, 건강사회를위한치과의사회, 녹색의전화, 보건과사회연구회, 지역사회탁아소연합회, 한국여성노동자회, 팔당지역주민대책위원회, 천주교사회운동협의회, 청년한의사회가 참여했다. 팔당특별대책위원회는 11월 10일 환경처 앞에서 '팔당호시험준설저지대회'를 열었다. 이 대회에서 대책위원회는 '팔당 시험 준설에 대한 우리의 입장'이라는 성명서를 발표했다. 이 성명서에서 대책위원회는 시험 준설의 위험성에 대해 우려

---

40) 실제 시험 준설은 9월 24일에 시작되어 그해 12월 15일에 결과가 발표되었다.
41) 이 모임은 각 단체들의 주부 회원들을 중심으로 생활에서 가장 직접적인 환경 문제로 대두되고 있는 수돗물 오염 문제를 해결하기 위해 조직되었다.

하면서, 시민의 여론 수렴 과정을 배제하고 시험 준설의 평가
문제를 전문적인 과학의 문제로 돌리려는 정부에 대해 맹렬히
비판했다. 한편 소비자시민의모임은 강원대 환경연구소(소장 전
상호 교수), 춘천에이스잠수동호회와 함께 11월 24일, 직접 팔
당호 바닥을 조사했다. 이 조사에는 MBC・KBS・동아일보・
한겨레신문・조선일보・한국일보・민주일보・세계일보의 기자들
이 함께 참여했다.[42]

환경처로부터 '팔당호 시험 준설 영향 조사'를 의뢰받은 한국
수질보전학회는 12월 15일 '팔당호 시험 준설 영향 조사 결과
발표회'를 가졌다. 이 발표회에서 조사단은 골재 채취가 수질과
생태계에 미치는 영향이 거의 없다고 결론지었다. 이날 발표회
에서 환경처 관계자는 "일반인 대상의 공청회는 열지 않겠다"
고 밝혔다. 결국 환경처는 '과학적인' 조사 결과에 의존하여 팔
당 골재 채취를 허용하는 본래의 입장으로 되돌아가게 되었다.

이러한 정부 발표에 대해 소비자시민의모임, 공추련, 환공연
등 20개 환경・시민 단체들은 12월 22일 곧바로 '팔당호시험준
설영향조사에대한평가토론회'를 개최하였다. 이 토론회에서 수
질보전학회의 김원만 한양대 교수 등 2명만이 수질 오염이 없
을 것이라고 말했고, 나머지 참석자들은 모두 당국의 수질 조사
가 짧은 기간에 진행되었고, 큰 홍수 뒤의 조사라서 신뢰하기
어렵다는 견해를 밝혔다. 이 토론회는 대부분의 신문에 크게 보
도되어 팔당호 골재 채취의 위험성에 대한 여론을 확산시키는
데 중요한 기여를 하였다.

환경처는 확산되는 골재 채취 반대 여론을 제도적으로 흡수하
기 위하여 1991년 1월 21일, '팔당호시험준설영향조사에대한공
청회'를 주최했다. 그러나 환경처는 학계와 시민 단체에게 미리

---

42) 이러한 시민 단체들의 활동이 가속화된 가운데, 경기도는 12월 4일, 팔당호
　　골재 채취가 중단될 것에 대비하여 남한강의 상수원 보호 구역 밖에서 골재
　　채취를 할 수 있도록 허가 지역을 변경시켰다.

연락하지 않았고, 충분한 토론 기회도 주지 않아 "반대자를 따돌린 공청회"라는 비판을 받아야 했다(한겨레신문, 1991. 1. 27). 이 공청회에서 환경처는 팔당호내 제2, 3공구에 대해서는 이미 다른 지역으로 대체하였으므로 골재 채취는 허가하지 않고, 제1공구에 대해서는 최종 조사 결과를 환경보전위원회에 상정하여 심의를 거친 후에 경기도에 그 결과를 통보하겠다고 밝혔다.

그러나 이러한 정부의 방침에 대해 학계와 환경·시민 단체들은 거세게 반발했고, 평민당의 박영숙 의원과 이철용 의원은 2월 임시국회에서, 환경처에 대한 정책 질의를 통해 환경처의 파행적인 공청회와 졸속 영향 조사에 대해 비판했다.

4) 페놀 사태의 단계(1991. 3. 16∼5. 27)

팔당 골재 채취가 학계, 시민 단체, 언론의 반대로 제대로 추진되지 못하고 있는 가운데 3월 16일 페놀 사태가 터졌다. 이 우발적인 사고는 1, 2차 수돗물 파동보다 훨씬 큰 피해와 공포 그리고 분노를 불러일으켰고, 이 사고로 인해 수돗물 문제를 비롯한 환경 문제는 국민들의 가장 중요한 관심 가운데 하나가 되었다. 두산전자에 대한 정부의 섣부른 조업 재개 허용 조치는 2차 페놀 유출 사태를 낳게 했고, 이 결과 4월 25일, 환경처 장관과 차관이 경질되었다.

이러한 전체적인 변화는 팔당호 골재 채취를 반대하는 환경·시민 단체들에게 매우 유리한 조건으로 작용하였다. 환경·시민 단체들은 페놀 사태를 일으킨 두산전자와 정부를 맹렬히 비판하면서, 페놀 사태를 팔당 골재 채취 문제와 연결시키는 전술을 사용하였다. 우발적인 환경 재난과 이에 따른 불만의 폭발이 팔당 골재 채취 반대 운동에 유용한 자원이 된 것이다.

5) 운동의 성공 단계(1991. 5. 27∼1991. 7. 29)

4월의 2차 페놀 유출 사태로 물러난 허남훈 장관에 뒤이어 환경처 장관으로 취임한 권이혁 장관은 5월 27일, 기자간담회에서 팔당호의 수질 개선을 위해서 오염이 심한 경안천의 오염 물질을 1993년부터 준설하겠다고 발표했다. 뒤이어 환경처는 5월 28일에 '팔당호시험준설관련회의'를 갖고 이때부터 골재 채취를 위한 준설에 반대하는 입장을 분명히하기 시작했다.

그러나 7월에 들어 부실 골재를 사용하여 문제가 된 신도시 레미콘 파동을 계기로 건설부는 다시 팔당호 골재 채취를 재개하려는 움직임을 보이기 시작했다. 그러나 환경처 장관은 7월 18일, 임시국회에서의 현안 보고를 통해 골재 채취 반대 입장을 명백히 밝혔고 21일에는 "상수원 수질 보전을 위해 팔당호에서 골재를 채취할 수 없다"는 최종 결론을 국무총리 및 관계 장관과 만난 자리에서 내렸다고 말했다. 정부는 7월 29일 환경보전위원회를 열어 팔당호 골재 채취 계획을 전면 백지화하기로 했다고 확정 발표했다. 이로써 팔당 골재 채취 반대 운동은 직접적인 목표 달성에 성공하게 되었다.

Ⅱ. 각 주체들의 활동

이 사례는 수도권 주민 천오백만 명의 식수와 관련되어 있는 문제였으므로 많은 사람들의 관심을 불러일으킬 수 있었다고 볼 수 있다. 그러나 반대로 생각하면, 천오백만의 이해 관심이 걸려 있는 문제이기 때문에 아무도 직접적으로 나서지 않을 수도 있는 문제이기도 하다. 그리고 이 사례는 페놀 사태와 달리 가시적인 오염 피해가 전혀 나타나지 않았을 뿐만 아니라 미래의 예상 피해에 대해서도 전문가들 사이에 이견이 분분했다는 점에서, 앞에서 본 온산 주민 운동이나 페놀 사태 때와는 다른 특징을 갖는다. 무임 승차자의 문제와 피해의 불확정성 문제를 성공적으로 극복할 수 있었던 것은 바로 환경·시민 단체와 전문가들의 적극적인 활동 그리고 언론의 지속적이고 활발한 보도에 힘입은 것이었다. 그러면 각 주체별로 활동의 특성을 분석해보도록 하겠다.

1) 환경·시민 단체

팔당 골재 채취가 언론에 의해 보도되기 시작하자 가장 먼저 활동하기 시작한 단체는 소비자시민의모임이었다. 이 단체는 모두 네 번에 걸쳐 직접 현장 조사를 실시하였고, 두 번의 공청회를 개최하여 이 문제를 사회 문제화시키고 성공으로 이끄는 데 핵심적인 역할을 했다. 소비자시민의모임은 강원대 환경연구소의 전상호 교수의 도움을 받아 전문성을 확보할 수 있었고 여러 번의 현장 조사에 보도진을 참여시킴으로써 이 문제를 지속적으로 사회 여론화시키는 데 성공했다.

공추련여성위원회(간사 이상영)의 주도로 구성된 수돗물살리기운동연합준비모임(대표간사 이상영)은 주부들을 중심으로 여러 환경·시민 단체들이 연대를 조직하여 팔당 문제를 여론화시키는 데 중요한 역할을 했다. 이 모임이 중심이 되어 보다 많은 조직이 참여하는 '팔당시험준설저지특별대책위원회'가 구성되게 되었다(이상영 면접, 1994. 2. 26). 팔당특별대책위원회는 1990년 11월 10일 환경처 앞의 시위를 주도하고, 12월 22일에 소비자시민의모임과 함께 '팔당호시험준설영향조사에대한평가토론회'를 조직하여 환경·시민 단체들의 조직된 힘을 보여주었다.

환경과공해연구회의 김정욱 교수와 김상종 교수, 그리고 강원대의 전상호 교수 등의 전문가들은 적극적인 자체 조사를 통해 팔당호 오염의 심각성을 알림으로써 환경·시민 단체들의 활동을 뒷받침하는 데 결정적인 기여를 하였다. 온산 사례와 페놀 사례의 경우, 전문가들이 지속적으로 참여하지 않았거나 그러기 힘들었던 반면 팔당 골재 채취 반대 운동에는 전문가들이 지속적으로 참여할 수 있었다. 이러한 전문가의 지속적인 참여 덕분에 시험 준설 결과에 대한 '과학적인' 논쟁에서 시민 단체들이 패배하지 않을 수 있었다.

2) 정 당

평민당은 독자적으로 혹은 환경·시민 단체와 연대하여 국회라는 제도 안에서 팔당 문제를 제기함으로써 정책 변화에 영향을 미쳤다. 평민당은 팔당 문제가 1990년 6월에 들어 중요한 사회 문제로 부각되자 현장 조사 활동을 벌이고 7월 임시국회에서 이것을 정치적인 쟁점으로 만들어나갔다. 그러나 8월 6일 정부가 환경처 책임하의 시험 준설을 결정한 것에서 볼 수 있듯이 정부 정책을 당장 변경시키는 결과는 낳지 못했다. 그러나 1990년 8월 14일의 서울시 정수장 현지 방문 조사를 벌이고 1991년 2월 임시국회에서 팔당 문제를 주요 의제로 삼는 등의 활동을 통해 팔당 문제에 지속적인 관심을 보였다. 평민당은 정부 자료를 환경·시민 단체에게 도움을 제공하기도 했다(이상영 면접).

3) 정 부

현실에서 국가는 하나이면서 동시에 여러 개의 기관이기도 하다. 환경 문제가 심각해지고, 환경 운동이 활발해질 때, 국가는 하나의 일관된 모습을 보이기가 어려워진다. 왜냐하면 국가는 자본의 이익을 보호해야 할 뿐만 아니라 정당성 유지를 위해 보편적 이익의 담지자 역할을 수행해야 하기 때문이다. 환경권을 요구하는 국민들의 요구가 강해질수록 국가는 개발만을 중시하는 자본의 대리인 역할만을 하기가 어려워지게 된다. 팔당 사례는 이 두 가지 역할의 갈등이 변형된 형태로 나타난 경우이다. 골재 채취라는 목표는 골재 채취업자와 경기도의 이익과 직접 관련되면서 동시에 국민의 주거의 권리와 간접적으로 관련되고, 골재 채취 반대는 건강한 생활을 누릴 권리와 관련되어 있었다. 건설부와 경기도 그리고 경제기획원이 주택 문제 해결이라는 명분에 입각하여 골재 채취를 강행한 반면, 환경처는 환경권과 관련하여 일관된 입장을 갖지 못하고, 시민 단체와 경제 부처 사이에서 끊임없이 동요했다. 그러면 정부 정책의 변화 과정을 분석해보도록 하겠다.

골재 매장량이 풍부한 팔당호에서 골재를 채취할 계획은 환경처가 전혀 모르는 가운데 건설부와 경기도에 의해 추진되었다. 조경식 초대 환경처 장관은 "팔당호 골재 채취 사실을 신문을 통해서 알았다"고 말했다(조홍섭, 1993: 260). 환경처는 1990년 4월 24일, 경기도가 환경처에 환경 영향 평가 협의를 요청해오자 4월 26일 경기도에 일단 공사를 중지할 것을 요청했다. 그러나 경기도는 이 요청을 묵살하고 실제로 5월 7일부터 '시험 준설'을 시작했다. 환경처는 5월 25일 몇 가지 조건을 붙여 1공구의 시험 준설에 동의했다. 이 이후부터 다음해 5월에 이르기까지 환경처는 건설부의 골재 채취를 승인하는 역할을 떠맡음으로써 환경·시민 단체와 언론의 집중적인 공격을 받았다.

경기도는 6월 13일, 일단 '시험 준설'을 중단했다. 이 일시 중단 조치는 골재 채취를 포기하게 한 것은 아니었지만 뚜렷한 정당성을 확보하지 못한 '개발' 정책에 제동을 걸게 한 것으로 볼 수 있다. 그러면 이 조치를 낳은 요인은 무엇인가? 그것은 첫째로 언론의 집중적인 보도라고 볼 수 있다. 5월 9일 한겨레 신문이 최초의 보도를 한 이후 6월 초순에 이르러 한겨레 신문은 거의 매일 팔당 관련 기사를 실었고, 다른 신문들도 준설 작업이 환경처가 지시한 펌프식이 아닌 양동이식을 강행하기 때문에 오염의 우려가 크다는 사실을 크게 보도했다. 6월 11일의 서울대 미생물생태학연구실이 '적조 현상 발생 가능성'을 발표한 것도 일시 중단에 영향을 미친 것으로 보인다. 6월 한 달 동안 팔당 문제는 계속 언론의 주된 관심사였고 7월초에는 수돗물 트리할로메탄 파동이 발생해서 또다시 큰 문제가 되었다.

그러나 이러한 여론도 '시험 준설'을 막지는 못했다. 정부는 임시국회가 끝난 지 한 달 정도 지나고 언론의 관심도 점차 사라진 8월 6일에 이르러 환경처 책임 아래 '시험 준설'을 하기로 결정을 내렸다. 환경처는 골재 채취의 '과학적' 정당성을 입증해야 하는 역할을 맡게 된 것이다. 다음해 페놀 사태 때까지 정부는 일관되게 상수원 오염 위험성이 없다는 결과에 근거하여 골재 채취를 강행했다. 그러나 페놀 사태가 터지고 이로 인해 환경처 장관과 차관이 바뀌고 난 후에 환경처의 입장이 바뀌기 시작했다. 환경처는 '과학적' 조사 결과에도 불구하고 상수원에서의 골재 채취는 바람직하지 않다는 입장을 표명하기 시작했다. 이리하여 정부내의 환경처와 경제 부처 사이의 의견의 균열이 나타나기 시작했다. 특히 수도권 신도시 불량 레미콘 파동이 일어나자 이것을 이유로 건설부는 다시 팔당호 골재 채취를 추진하기 시작했다. 그러나 환경처는 환경·시민 단체와 한겨레신문 등의 언론에 힘입어 백지화 결정을 내리는 데 성공하게 되었다.

환경처는 1990년 8월부터 1991년 5월까지 줄곧 건설부와 경기도의 대리인 역할을 함으로써 환경처의 주 고객이라고 할 수 있는 환경·시민 단체들의 주장을 받아들이지 않았다. 그러나 1년이 넘게 진행된 환경·시민 단체들의 여론 정치와 페놀 사태라는 환경 재난 때문에 시민 단체들의 주장을 수용하게 되었다. 일단 환경처가 환경, 시민 단체들의 주장을 받아들이고 나서야 비로소 정부내의 의사 결정이 변화할 수 있었다. 환경·시민 단체들은 환경처를 설득하는 데 성공했기 때문에, 골재 채취업자와 건설업자들을 주요 고객으로 갖고 있는 건설부의 주장을 꺽고 이 운동을 성공으로 이끌 수 있었다.

4) 언 론

팔당 골재 채취 반대 운동이 성공한 데에는 언론의 힘이 매우 컸다고 볼 수 있다. 팔당 골재 채취가 환경 문제로 구성되기 시작한 것도 바로 언론에 의한 것이었다. 온산 사례나, 페놀 사례에 있어서도 모두 언론의 역할이 중요했지만 언론은 객관적 피해와 분노를 보도하는 역할에 머물러 있었다. 그러나 팔당 사례에서 언론은 사회 문제로 구성되지 않을 가능성이 많은 문제를 사회 문제로 구성하는 데 성공했다. 한겨레신문이 1990년 5월 9일, '팔당호 수질 오염 비상'이라는 기사를 보도하기 이전까지는 팔당호 골재 채취 때문에 상수원 오염이 우려된다고 주장한 단체는 없었다. 팔당호를 골재 채취 지역으로 지정한 건설부의 조치는 신도시 주택 건설 자재를 마련하기 위한 일반적인 조처로만 인식되었을 뿐이었다. 한겨레신문에 이어 동아일보(1990. 5. 9), 한국일보(1990. 5. 11)가 팔당 문제를 보도하기 시작했고 이러한 보도를 보고 소비자시민의모임과 서울대 생태학연구실이 적극적으로 골재 채취 반대 운동을 조직하기 시작하게 되었다(조홍섭 기자, 소비자시민의모임, 문은숙 연구원 면접). 6월에 들어서 언론은 더욱 집중적으로 팔당 문제를 보도했다. 그 결과 6월 13일에 준설 공사를 일단 중지시키는 데 성공했고, 6월 14일에는 소비자시민의모임 주최의 공청회에서 건설부가 "수질이 오염될 경우에는 준설을 백지화하겠다"는 입장을 밝히게 하는 데 기여했다.

일단 사회 문제로 구성된 이후, 언론은 환경처 앞 시위, 공청회 사실 등을 보도했을 뿐만 아니라 학계와 현장 취재 등을 통해 지속적으로 이 문제를 보도했다. 보도의 비중을 보면, 1990년 11월 10일의 환경처 앞 시위는 그해 6월 14일의 공청회와 12월 22일의 토론회에 비해 크게 보도되지 않았다. 그 이유는 첫째로 환경처 앞 시위가 약 30명이 동원된 작은 규모였으므로 뉴스 가치가 상대적으로 적었다고 볼 수 있을 것이다. 그러나 보다 중요한 것은 이 문제가 줄곧 오염 가능성이 있는가 없는가, 그 가능성은 얼마나 큰가라는 쟁점을 중심으로 구성되었기 때문이라고 볼 수 있다.

한겨레신문과 동아일보는 1991년 7월 들어서 건설부가 다시 골재 채취를 강행하려는 움직임을 보이자 '시민 단체가 거센 반발'을 하고 있다고 주의를 환기시킴으로써 환경처의 입지를 넓혀주었다(동아일보, 1991. 7. 6; 한겨레신문, 1991. 7. 20).

이와 같이 언론은 팔당 문제를 환경 문제로 구성하는 데 커다란 기여를 했다. 그러나 모든 언론이 환경·시민 단체들의 입장을 지지한 것은 결코 아니다. 한겨레신문은 유일하게 처음부터 끝까지 골재 채취 반대 입장을 일관되게 유지한 신문이다. 한겨레신문은 보도 기사는 물론 사설(1990. 6. 3; 6. 28)과 집중 취재(1990. 6. 10) 등을 통해 경기도·건설부·환경처를 비판했다. 그러나 '깨끗한 물'과 '튼튼한 집' 사이의 논쟁으로 문제를 규정하고 중립적인 입장에서 보도한 신문도 있었다(중앙일보, 1991. 7. 25). 대개의 신문들은 환경·시민 단체들의 주장을 사실 보도함으로써 간접적으로 이들을 지지했다.

Ⅲ. 운동의 결과와 성공 요인

팔당 골재 채취 반대 운동은 운동의 목표가 비교적 한정되어 있었다. 장기적인 목표는 상수원을 포함하여 물을 살리는 것이었지만 단기적으로는 팔당호에서 골재 채취를 목적으로 하는 준설을 반대하는 것이었다. 이 단기적인 목표는 성공적으로 달성되었다. 그러나 장기적으로 한강을 비롯한 하천의 수질을 개선하는 장기적인 목표는 거의 달성되지 않았다. 그러면 여기서는 단기적인 목표 달성에 성공한 요인들을 검토해보도록 하겠다.

첫째로 이 운동이 성공한 데에는 언론의 역할이 매우 컸다. 언론은 선도적으로 팔당 골재 채취를 환경 문제라는 하나의 사회 문제로 구성하는 역할을 했고, 지속적인 보도를 통해 운동의 성공에 기여했다.

둘째로 환경·시민 단체들의 직접 조사 활동, 시위, 공청회와 같은 전술은 효과적으로 오염의 위험성을 알림으로써 여론의 방향을 이끌어나갔다. 아무리 언론이 어떤 문제를 사회 문제로 구성하고자 하여도, 시민들이 자발적인 운동을 조직하지 않는

한 더 이상 지속적인 여론 동원은 불가능하다. 환경·시민 단체들은 독자적으로 혹은 연대를 통해 시민의 역량을 성공적으로 결집시킴으로써 무임 승차자의 문제를 극복했다. 천오백만 수도권 주민 모두의 문제는 동시에 누구의 문제도 아닐 수 있다. 이러한 무임 승차의 딜레마를 환경·시민 단체들은 팔당특별대책위원회라는 연대 기구를 결성함으로써 극복해나갔다. 또한 이들은 페놀 사태라는 커다란 환경 재난으로 생긴 국민들의 분노를 팔당 골재 채취 반대 운동과 접합시키는 전략을 사용함으로써 목표를 달성하는 데 성공했다.

이데올로기적으로 이들은 '천오백만 수도권 주민의 식수'라는 말을 강조함으로써 정당성 확보에 성공했다. 이러한 정당성 주장 덕분에 환경·시민 단체들은 시민들의 직접적인 참여를 조직하지 못했음에도 불구하고 목표 달성에 성공할 수 있었다.

셋째로 전문가(조직)의 적극적인 참여가 운동을 성공으로 이끄는 데 중요한 기여를 했다. 팔당 사례는 '과학적인' 논쟁의 성격을 강하게 띠고 있었다. 특히 1990년 8월 6일 이후 환경처 주도로 시험 준설이 실시된 이후로는 정치적인 선택의 문제로부터 '과학적인 사실'의 문제로 쟁점의 성격이 변화하게 되었다. 국가가 과학적인 조사를 실시한 이후 그 '과학'에 의존하여 정책을 결정하겠다는 방침이 정해진 것이다. 환경·시민단체들은 이러한 정부의 전략에 대해, 조사가 실시되기 이전부터, '짧은 시기의 조사의 문제점' '상수원에서 오염을 무릅쓴 실험의 위험성' '민간의 참여가 배제된 조사의 공정성'과 같은 문제들을 제기함으로써 정부 조사의 신뢰성을 훼손하는 전술을 사용했다. 조사 결과가 나온 이후로, 전문가들은 토론회를 통해 "조사 결과가 환경 영향을 과소 평가했고 일부 조사 방법도 잘못됐다"고 비판함으로써 정부의 '과학적인' 조사 결과의 '비과학성'을 비판했다.

이러한 전문가들의 직접적이고 광범한 참여는 온산 사례와 극명하게 비교된다. 온산병 규명을 위해 공해문제연구소가 독자적인 조사를 벌였으나 전문가들이 조직적으로 참여하지 못했기 때문에 온산병은 결국 미궁에 빠지고 말았다. 이와 같이 전문가들이 적극적으로 참여할 수 있게 된 것은 정치적 기회 구조가 상대적으로 개방되고 억압이 완화되었기 때문이라고 볼 수 있다.

넷째로 페놀 사태라는 우발적인 환경 재난의 발생과 이에 따른 분노의 폭발이 시민사회의 자발적인 자원 동원 능력을 크게 증대시킨 효과를 낳았다. 환경처는 페놀 사태 이전까지 줄곧 골재 채취를 허용하는 입장을 유지했다. 환경처는 시민 단체의 커다란 반대에도 불구하고 골재 채취 지역을 상수원 취수구에서 상대적으로 먼 1공구로 옮기기만 했을 뿐 골재 채취를 완전히 중단시키려는 노력을 하지 않았다. 그러나 페놀 사태를 계기로 환경처는 골재 채취 반대 입장을 명백히 갖게 되었다. 페놀 사태 이전의 시민사회의 노력이 적지 않았지만 페놀 사태라는 우발적인 환경 재난이 미친 효과는 매우 컸다고 볼 수 있다.

이렇게 볼 때 팔당 골재 채취 반대 운동이 성공할 수 있었던 데에는 환경·시민 단체들의 지속적인 자원 동원과 전문가 조직의 적극적인 참여, 그리고 언론의 적극적인 보도, 그리고 마지막으로 페놀 사태라는 환경 재난의 효과라고 볼 수 있다.

Ⅳ. 종합적 검토

먼저 이 사례를 통해 얻은 경험석 발견을 살펴보도록 하자.

첫째로 잠재적인 불만만으로는 환경 운동의 목표를 달성하기가 매우 어렵다는 사실을 발견할 수 있었다. 1989년과 1990년, 두 해에 걸쳐 수돗물 파동이 일어나서 수돗물에 대한 국민들의 불만이 증대했지만 이 사건들이 환경 운동의 자원 동원 능력을 크게 향상시키지는 못했다. 1990년 7월초의 트리할로메탄 오염 사건이 일어났지만 환경·시민 단체들은 이 사건과 관련하여 적극적인 환경 운동을 조직하지 못했고, 따라서 8월 6일의 '시험 준설' 결정도 막을 수 없었다.

둘째로 개발론자들의 개발 불가피 주장은 경우에 따라 허구일 가능성이 많다는 것이다. 건설부가 개발을 강력히 추진할 때는 수도권 골재 수급을 위해 팔당호 준설이 불가피하다고 주장했으나 1991년 5월 이후 환경처가 반대 입장을 분명히하면서부터는 팔당호에서의 골재 채취량은 수도권에 필요한 골재의 1.5%에 불과하다는 말이 정부 당국자로부터 나오기 시작했다. 이 같은 예는 페놀 사태 때도 똑같이 일어났다. 기업과 상공부, 경제기획원이 수출 차질을 이유로 두산전자의 조업 중지 철회를 강력히 주장했지만 2차 페놀 오염 이후, 약 두 달 동안이나 두산전자가 조업을 중단했음에도 불구하고 기업이나 경제 부처가 수출 차질을 이유로 조업 중지 철회를 다시 요청하지는 않았다.

셋째, 팔당 사례는 개발과 보전 가운데 어느 것을 선택하는 것은 '과학적' 사실의 문제라기보다는 정치적 세력 관계의 문제라는 사실을 극명하게 보여주었다. 환경과 경제 사이의 선택은 과학의 문제라기보다는 권력의 문제라고 볼 수 있다. 환경 문제는 과학 기술과 개발의 위험 *risk*을 얼마나 허용할 것인가라는 문제와 깊이 연관되어 있다. 개발론자·경제 성장주의자들은 개발이나 과학 기술의 위험을 낮게 평가하는 반면 환경주의자와 생태주의자들은 위험에 대해 매우 민감하다. 원자력 발전을 둘러싸고 이 논쟁은 언제나 계속된다. 핵발전소 추진론자들은 인간의 과학 기술의 통제 능력을 낙관하고 반대론자들은 그 능력에 대해 매우 회의적이다. 이것은 결국 '보다 큰 위험을 짊어진 채 경제적 풍요를 누릴 것인가' 아니면 '보다 적은 위험 속에서 보다 적은 경제적 풍요 속에 살아갈 것인가'에 대한 정치적 선택의 문제로 귀결될 수밖에 없다. 왜냐하면 아무도 몇 퍼센트의 위험이면 안전하다고 말할 수 없기 때문이다. 이것은 오염의 허용 기준치 문제에도 똑같이 적용된다. 예를 들어 아황산 가스 오염도가 일일 허용 기준치인 0.15ppm내에 머무르면 어린이나 노약자나 모두 별 위험 없이 살 수 있다고 아무도 말할 수 없다. 따라서 허용 기준치의 설정은 과학의 문제라기보다는 정치의 문제, 경제의 문제이며 권력의 문제라고 볼 수 있다. 팔당 사례는 위험을 경시하는 개발론자와 위험을 중시하는 환경주의자들 사이의 투쟁이었다. 환경주의자들은 영향의 정치[43]를 통해 이 투쟁에서 상징적인 승리를 얻을 수 있었다.

그러면 이제 팔당 골재 채취 반대 운동이 일어나게 된 사회적 배경을 살펴보자. 이 운동이 시작된 1990년은 수질 오염에 대한 불만과 관심이 커지고 있던 시기이다. 1989년의 제1차 수돗물 파동은 수돗물에 대한 불신을 더욱 확산시키는 계기가 되었다. 이 시기에는 수질 오염은 물론 전반적인 환경 의식도 높아지고 있었다. 이와 함께 정치적 기회 구조의 개방은 전문 환경 운동 조직과 시민 운동 조직의 활동에 유리한 조건이 되었다. 그리고 페놀 사태라는 환경 재난으로 인한 분노의 폭발은 팔당 골재 채취 반대 운동의 목표를 달성하는 데 유용한 자원이 되었다.

이 사례는 한겨레신문과 동아일보의 보도 때문에 하나의 사회 문제로 구성되기 시작했다. 이렇게 사회 문제로 부각되고 난 이후 환경·사회 운동 단체들이 적극적으로 활동했기 때문에 이 문제는 지속적으로 사회적 관심 대상이 되었고, 결국 성공을 거둘 수 있었다. 결국 여러 가지 사회적 조건들이 변화하고, 이로 인해 전문 환경 운동 조직과 시민 운동 조직의 역량이 꾸준히 성장했기 때문에 이 사례는 성공할 수 있었다.

그러면 팔당 사례의 주체, 이데올로기, 이해 관심, 자원 동원 과정 등을 살펴보자. 이 운동의 주체는 환경·시민 운동 단체와 일부 언론이었다.[44] 특히 한겨레신문은 처음 문제를 제기한 이

---

43) Cohen and Arato(1992) 참조.
44) 이런 조직의 주요 구성원들은 대개 높은 학력과 전문적인 직업을 가진 중간
   층들이다.

후 지속적인 추적 보도로 사회적 관심을 유지시켰다. 따라서 이 사례는 직접적인 특정 피해자가 없이 사회 운동 조직이 운동의 주체로 등장한 시민 압력 운동의 전형이라고 할 수 있다.

팔당 사례에서 이데올로기적 갈등은 위험의 예측 가능성 문제를 둘러싸고 일어났다. 정부, 특히 건설부와 경기도는 경제적 효용을 중시했기 때문에 위험을 과소 평가한 반면 운동 조직들은 경제중심주의를 강력히 비판하고 위험을 중시하는 이데올로기를 동원했다. 이 사례에서 운동 조직들은 자신들의 조직 이익이 아니라 수도권 주민의 건강에 대한 이해 관심에서 출발했다. 이러한 보다 폭 넓은 이해 관심을 바탕으로 사회 운동 조직들은 공청회, 시위, 현지 조사 등의 방법을 동원하여 사회적 압력을 강화시켰다.

팔당 골재 채취 반대 운동의 주체, 이데올로기, 이해 관심, 자원 동원 방식 등을 검토해본 결과, 이 사례는 급진적인 변혁 운동과 관련이 없을 뿐만 아니라 중간층의 이익을 위한 중간층 운동도 아니라는 사실을 확인할 수 있게 되었다. 이 운동의 주체는 높은 지식과 정치적 관심을 가진 중간층이지만 이 운동의 잠재적 수혜자는 팔당호를 상수원으로 하는 수도권 주민들이었다.

그러면 이 운동의 결과를 어떻게 평가할 것인가? 이 사례는 수도권 주민의 식수를 보호하는 데 성공했기 때문에 이해 당사자의 권익을 보호하는 데 성공했다고 볼 수 있다. 그리고 말로는 '개발과 보전의 조화' 혹은 '보전우선론'을 주장하면서 실제로는 개발우선론, 경제성장우선론을 실행하는 정부 정책을 변화시키는 데 성공했다. 이 운동은 페놀 사태에 비해서 사람들의 관심을 집중적으로 끌지 못했다. 따라서 이 운동 자체가 커다란 사회적 변화의 계기가 되었다고 보기는 어렵다. 그러나 전문 사회 운동 조직과 언론의 힘으로 정부 정책을 변화시켰다는 점에서 이후의 환경 운동이 발전하는 데 중요한 밑거름이 되었을 것이라고 추론할 수 있다.

그러면 팔당 사례는 이전의 다른 운동과 달리 새로운 특성을 갖고 있는가? 팔당 사례는 두 가지 새로운 특성을 갖는다.

첫째로 이 사례는 가시적인 환경 오염 피해자들이 없는 상태에서 조직된 환경 오염 예방 운동의 성격을 갖는다. 이런 측면에서 80년대에 지배적이었던 공해 피해 배상 운동보다 더 발전되었고, 페놀 사태와도 다른 특성을 갖고 있다. 정치적 기회 구조의 개방에 따라 환경 운동과 시민 운동의 자원 동원 능력이 커지면서 사후 대책과 피해 보상 운동을 넘어서서 피해 예방 운동을 벌일 수 있게 된 것이다. 오염 피해를 예측하기 위해서는 전문적인 지식이 필요하다. 이 문제를 운동 조직은 전문가들의 적극적인 참여를 동원함으로써 해결할 수 있었다.

둘째로 이 사례는 예상 피해자가 마을 단위의 공동체가 아니라 도시의 불특정 다수였다는 특징을 갖는다. 김포 쓰레기 매립장 반대 운동, 상계동 쓰레기 소각장 반대 운동 같은 운동들도 오염 피해 예방의 성격을 갖지만 이들은 피해 당사자들이 비교적 명확하여 이해 당사자들의 동원이 가능하다. 그러나 팔당 사례는 불특정 다수의 이익과 관련되어 있으므로 무임 승차자 문제가 생길 수밖에 없는 특징을 갖고 있었다. 운동 조직들은 이 문제를 시민들 개개인의 직접적인 참여를 동원함으로써 해결한 것이 아니라 시민들의 불만과 관심을 주요 자원으로 하여, 여론을 동원함으로써 극복할 수 있었다.

이것을 우리는 시민사회의 '영향의 정치'라는 개념으로 설명할 수 있다. 직접적인 이해 당사자들의 직접적인 자원을 동원하기가 매우 힘들고, 무임 승차자가 매우 많은 상황에서 시민 조직들은 도덕성·전문성을 가지고 이데올로기적인 투쟁을 통해 여론을 획득하는 전략을 택한다. 대규모 시위 군중을 동원할 능력이 없는 상태에서 환경·시민 단체들은 공청회·토론회와 같은 모임을 조직함으로써 의사 소통 행위의 합리성을 국가에 관철시키려고 노력한다. 팔당 사례에서 환경처 앞에서의 시위보다 공청회·토론회가 언론의 관심을 훨씬 많이 끌었던 것도 영향 정치가 여론에 크게 의존한다는 사실을 반영한다.

　우리가 앞에서 환경 의식의 변화에서 살펴보았듯이 국민들의 환경에 대한 불만과 관심은 지속적으로 높아지고 있다. 이러한 불만과 관심을 조직적인 힘으로 연결시키기 위해서는 이들의 다양한 참여를 유도하는 것이 필요하다. 그것은 회원 가입, 후원회비 기부, 환경 후보에 대한 투표, 시위 참여와 같은 다양한 형태로 나타날 수 있다. 1990년과 1991년의 상황에서 국민들의 불만과 관심은 위에서 말한 적극적인 참여로 조직되기 힘들었다. 이러한 자원 동원 능력의 결핍 속에서 환경·시민 단체들은 여론의 정치에 의존할 수밖에 없었다고 볼 수 있다. 여론 정치를 넘어서서 보다 강력한 영향의 정치로 발전하기 위해서는 국민들의 적극적인 참여를 유도할 수 있는 자원 동원 능력이 있어야 할 것이다.

　셋째로 이 사례에서 사회 운동 조직들은 제도 밖의 급진적인 전략이 아니라 제도 안에서 시민들의 압력을 통해 정부 정책을 변화시키는 전략을 사용했다. 이러한 정치 과정은 정치적 기회 구조가 폐쇄되어 있던 1987년 이전에는 거의 나타나지 않았다. 1988년 이후 정치 체제가 상대적으로 개방되고, 민족 민주 운동을 중심으로 한 정치적 제휴가 약화되면서, 현실주의적이고 자기 제한적인 개혁주의가 등장하게 되었다는 사실을 우리는 이 사례를 통해서 확인할 수 있었다. 이러한 '자기 제한적 개혁주의'는 구미의 민주주의 정치에서는 일상적인 과정으로 정착되어 있다. 그러나 우리나라에서 이러한 경향은 1980년대말 이후 나타난 분명히 새로운 정치적 경향이다.

5. 소 결

우리는 이 장에서 환경 운동을 운동의 주체에 따라 피해자 운동과 시민 압력 운동으로 나누고, 운동 대상에 따라 국가·기업·시민에 대한 운동으로 나누었다. 그리고 운동 주체와 운동 대상을 교차시켜 여섯 가지 환경 운동의 유형을 구분했다.

환경 운동의 전사의 시기와 반공해 운동의 시기에는 국가와 기업에 대해 피해자들이 피해 보상을 요구하는 운동(유형 1과 유형 2)이 주류를 이루었다. 그러나 1988년 이후 정치적 기회 구조가 개방되면서 직접 피해를 입지 않은 시민들과 환경·시민 운동 단체들의 활동이 급격히 발전하기 시작했다. 이들은 정부에 환경 정책 압력 운동(유형 4)을 전개하고, 기업에 대해 불매 운동과 감시 활동(유형 5)을 벌일 뿐만 아니라 시민들을 대상으로 가치관을 변화시키기 위한 문화 운동, 생활 양식을 변화시키기 위한 생활 환경 운동, 지속가능한 농업을 위한 유기 농산물 직거래 운동(유형 6)과 같은 새로운 형태의 운동을 전개하기 시작했다.

피해자 운동에서는 전통적인 직접적 자기 이해 관심을 동원의 동기로 작용하는 반면, 시민 압력 운동에는 일반 이익을 실현하려는 공적인 이해 관심이 동원의 동기로 작용한다. 또한 시민 압력 운동은 변혁적인 민족 민주 운동과 달리 사회 제도 밖에서가 아니라 안에서 사회 제도와 정책을 변화시키고자 한다. 이런 측면에서 시민 압력 운동은 우리나라에서 새롭게 형성되고 있는 시민사회의 자발적인 운동 형태라고 볼 수 있다.

그러면 세 가지 사례 연구를 통해 얻은 경험적 발견을 살펴보자.

첫째, 인정할 수 있는 위험의 수준을 결정하는 것은 '과학의 문제'라기보다는 '정치와 권력의 문제'라는 사실을 사례 연구를 통해 확인할 수 있었다. 온산 사례에서는 수백 명의 주민들이 공단이 들어선 이후로 피부병과 신경통으로 고생했지만 시민사회의 자원 동원 능력의 결여 때문에 공해병으로 인정받지 못했다. 반면 팔당 사례의 경우, 국가가 주도한 '과학적' 실험에서 골재 채취가 무해하다고 밝혀졌음에도 불구하고, 시민사회의 강력한 저항 때문에 국가는 골재 채취를 포기해야 했다. 이 사례는 개발이나 거대 과학 기술의 위험에 대해 매우 관대한 경제 중심주의자들과 위험에 대해 매우 민감한 새로운 환경 패러다임의 지지자들 사이의 정치적 투쟁의 성격을 갖는다.

둘째로 우리나라 대중들이 환경 운동에 참여할 때, 주된 관심은 '건강'에 대한 이해 관심이다. 자연 생태계 자체의 가치를 위한 활동보다는 인간의 건강과 관련된 활동이 훨씬 커다란 관심을 불러일으킨다. 건강의 피해가 심각할수록, 그리고 피해자가 많을수록 자원 동원이 잘 이루어진다. 온산 사례는 우리나라 최초의 집단 공해병이었으므로 커다란 관심을 불러일으켰다. 그러나 공해병이라는 의제가 사라지고 난 후 온산 주민들에 대한 국민의 관심은 급격히 줄어들었고, 망각의 과정을 밟게 되었다. 페놀 사례는 우리나라 최초·최대의 수돗물 오염 사고였기 때문에 폭발적인 자원 동원이 가능했다. 또한 매스 미디어는 페놀을 발암 물질이라고 보도했기 때문에 인공 유산자가 속출하는 등 커다란 문제를 야기시켰다. 팔당 사례는 천오백만 수도권 주민의 식수라는 문제 구성 때문에 사회 문제화될 수 있었다. 우리나라의 중요한 환경 운동은 이타적이고, 생태학적인 관심보다는 직접적인 건강에 대한 이해 관심이 자원 동원의 중요한 근거가 되고 있다.[45]

그러면 세 사례의 주요 특성들을 비교해보도록 하자. 다음의

---

45) 이러한 주장을 서구 신사회 운동과의 차이로 설명하는 것은 오류이다. 서구에서도 대중의 참여는 직접적인 자기 이해와 깊은 관련을 갖는다. 우리나라의 대부분의 전문 환경 운동 조직은 이타적이고, 국제적이며, 생태적인 가치 관심을 확산시키기 위해 노력하고 있다.

〈표 6-5〉는 세 사례의 특성들을 요약한 것이다. 우선 불만, 환경 의식, 정치적 기회 구조, 매스 미디어, 전문가들의 참여와

〈표 6-5〉　　　　세 사례의 **주요 특성 비교**

	온산 사례	페놀 사례	팔당 사례
환경 오염 피해	인체 피해 발생	대규모 인체 피해 발생	피해 발생 예측
불만의 정도	불만의 누적	불만의 폭발	잠재적 불만의 편재
환경 의식	상대적으로 낮음	높음	높음
정치적 기회 구조	폐쇄	상대적 개방	상대적 개방
매스 미디어	온산병-적극 보도 이주 보상 투쟁-소극 보도	초기-대대적 보도 피해 보상 문제-소극 보도	지속적 보도
전문가 참여	낮음	보통	높음
주요 주체	피해 주민	환경·시민 운동 단체	환경·시민 운동 단체
운동의 목표	피해 보상 및 이주 보상(주민) 민주화(환경 운동 조직)	피해 보상 환경 정책 개선 가치관 변화	식수 오염 예방 환경 정책 개선 가치관 변화
자원 동원 방식	집회·시위·협상·농성	집회, 시위, 불매운동	공청회·시위
운동의 결과	집단 이주 목표 부분 달성	환경 정책의 개선, 기업의 인식 변화, 환경 가치관의 확산	팔당 골재 채취 백지화

같은 요인들의 차이가 운동의 결과에 어떤 영향을 미치는지 분석해보도록 하자.

첫째, 우발적인 사고에 의해 대중의 불만이 갑작스럽게 폭발할 때 그것이 사회 운동의 중요한 자원이 될 수 있다는 사실을 알 수 있었다. 환경 위기는 우발적인 환경 재난을 통해 직접적으로 인식되게 된다. 불만은 언제 어디서나 존재할 수 있지만 재난을 통한 분노의 폭발은 편재하는 불만과 다른 특성을 갖는다는 사실을 우리는 페놀 사례를 통해 확인할 수 있었다. 페놀 사태로 생겨난 불만의 폭발은 팔당 골재 채취 반대 운동의 성공에도 크게 기여했다.[46] 따라서 불만을 언제나 편재하는 것으로 가정하고 자원 동원 능력만을 사회 운동의 주요 독립 변수로 간주하는 자원동원론은 부분 이론으로서의 한계를 보여준다고 볼 수 있다. 즉 불만이나 분노를 상수로 간주하는 것보다는 촉발 요인과 관련하여 적극적으로 분석하는 것이 현실을 보다 잘 설명할 수 있다.[47]

둘째, 국민들의 환경 의식이 전반적으로 높을 때에는 그렇지 않을 때보다 환경 운동의 목표를 달성하기 쉽다는 사실을 발견할 수 있었다. 페놀 사태와 팔당 골재 채취 반대 운동이 일어난 1990년대초는 온산병 투쟁이 벌어지던 1985년경에 비해 전반적인 환경 의식이 크게 발전한 시점이었다. 환경 오염에 대한 관심과 불만의 확산은 정부와 기업에 대해 강한 압력으로 작용하여, 환경 운동의 목표 달성에 기여하였다.

셋째, 정치적 기회 구조의 변화는 환경 운동의 발전에 중요한 영향을 미친다는 사실을 알 수 있었다. 온산 주민 운동은 폐쇄적인 정치적 기회 구조 아래에서 이루어졌다. 1985년 2·12 총

---

46) 그러나 분노의 폭발이 모든 사례에 중요하게 나타나는 것은 아니다. 팔당 사례는 분노에 근거한 것이 아니라 합리적인 자원 동원에 근거하고 있었다. 이런 점에서 현대의 사회 운동은 르봉의 '군중 심리'와 같이 심리학적 접근으로 설명할 수 없는 합리적인 특성을 갖고 있는 것도 사실이다.

47) 이러한 연구 결과는 월시 Edward J. Walsh(1981)의 연구 결과와 일치한다.

선을 전후하여 정치적 억압이 약간 약화되었지만 구조적인 변화는 전혀 이루어지지 않았다. 온산 주민들의 1986년 7월 시위의 실패는 억압적 국가 기구의 상징적 폭력이 피해자 운동의 자원 동원 능력을 약화시키는 중요한 수단이 된다는 사실을 보여주었다. 정부의 억압 때문에 전문가들은 온산병 규명 작업에 적극적으로 참여하지도 못했다. 반면에 페놀 사례와 팔당 사례는 상대적으로 열린 정치적 기회 구조 속에서 환경 관련 커뮤니케이션과 환경 운동 조직의 자원 동원이 매우 활발히 이루어질 수 있다는 사실을 잘 보여주고 있다. 이 두 사례에서 억압적 국가 기구의 물리적 혹은 상징적인 폭력이 운동을 제약한 경우는 없었다. 이 사례의 비교를 통해 우리는 국가가 비대하여, 시민사회의 커뮤니케이션과 자원 동원을 매우 억압적으로 통제하면, 환경 운동의 발전을 결정하는 가장 중요한 변수는 국가의 통제가 될 수 있다는 사실을 알 수 있다.

넷째, 매스 미디어의 보도가 환경 운동의 발전/쇠퇴에 중요한 영향을 미친다는 사실을 알 수 있다. 우리는 세 가지 사례 연구를 통해 매스 미디어의 영향력과 한계를 동시에 발견할 수 있었다. 우선 영향력의 측면에서, 매스 미디어의 지속적이고 집중적인 보도는 환경 운동의 발전에 중요한 기여를 하는 것으로 나타났다.

온산 사례, 페놀 사례는 각각 '한국 최초의 공해병' '한국 최초의 내규모 수돗물 오염 사고'와 같은 충격직인 특성 때문에 쉽게 사회 문제로 구성될 수 있었다. 온산 사례의 경우, 언론이 온산병을 크게 부각시키게 되자, 수년 간 끌어오던 집단 이주가 비로소 공식적으로 확정되게 되었다. 페놀 사례는 사고의 규모가 컸던 것 이상으로 매스 미디어의 자극적인 보도로 더욱 국민들의 관심을 모았다. 팔당 사례는 매스 미디어가 환경 운동을 성공으로 이끄는 데 핵심적인 역할을 할 수 있다는 사실을 보여준 사례이다. 언론의 집중적이고 지속적인 보도와 전문 운동 조

직의 지속적인 자원 동원이 결합하여 팔당 골재 채취 반대 운동
은 성공할 수 있었다.

　그러나 매스 미디어의 환경 보도는 국민들의 환경 의식을 발
전시키는 데 기여할 수 있지만, 그것이 환경 문제의 근본적인
개선에 미치는 효과는 명확하지 않다. 매스 미디어는 어떤 사회
문제가 뉴스 가치를 가질 때 집중적으로 보도하지만 그 사건이
충분히 소비되어 가치를 잃어버리게 되면 더 이상 관심을 갖지
않는다.[48] 이와 같이 매스 미디어에서 어떤 문제가 사라지면 사
람들은 그 문제가 완전히 해결되었다고 생각하게 되고, 그 결과
그 문제는 망각의 과정을 밟게 된다. 이러한 과정에 접어들었을
때 환경 운동이 지속되고 성공하기 위해서는 피해자 조직 혹은
전문 환경 운동 조직의 지속적인 자원 동원이 필요하다. 매스
미디어는 관심을 확산시킬 수 있는 능력을 갖고 있지만, 환경
운동의 목표 달성을 위해 지속적인 노력을 기울이지 않는 경우
가 많다. 운동의 최종적인 성공은 풀뿌리 조직과 전문 운동 조
직의 자원 동원 능력에 달려 있다. 온산 주민들은 전문 환경 운
동 조직과 매스 미디어의 지원을 받아 집단 이주 약속을 받아낼
수 있었지만, 리더십과 단결력의 약화로 그들의 조직적 이익을
충분히 확보하지 못했다. 페놀 사태가 일어났을 때, 매스 미디
어는 집중적으로 정부와 기업을 공격했고, 정부는 수많은 대책
을 발표했지만, 이러한 정책이 효율적으로 추진되는지 감시하는
역할을 매스 미디어가 성공적으로 하지는 못했다. 또한 페놀 사
태가 의제에서 사라지고 난 후, 매스 미디어는 페놀 피해 임산
부 모임의 활동을 깊이 있게 다루지 않았다. 따라서 우리는 다
음과 같이 결론 내릴 수 있다. 매스 미디어의 문제 확산 효과는
매우 크지만 문제 해결의 능력과 의지가 반드시 확고하고 지속
적인 것은 아니다. 다양한 수준의 목표를 달성하기 위해서는 사

---

48) 이러한 점에 착안하여 다운즈 Downs 는 쟁점-관심 주기 이론을 제기했다.
　　이 논문 제 4 장의 소결 참조.

회 운동 조직의 지속적인 자원 동원 능력이 필수적이다.

다섯째, 전문가(조직)의 참여가 환경 운동의 지속과 성공에 중요한 영향을 미친다. 환경 문제는 물리적 환경과 인간 사회의 상호 작용 과정에서 생긴다. 이러한 상호 작용 과정에서 위험의 수준이나 오염 책임자를 확인하고 가려내는 일은 전문가들에게 맡겨진다. 예를 들어 온산 공단이 들어선 이후에 온산 주민들이 집단적으로 이름 모를 괴질에 시달린 이상, 공단의 오염 물질이 이 괴질의 원인일 것이라고 쉽게 추론할 수 있다. 그러나 공장들은 허용 기준치 이하의 오염 물질은 아무리 많이 배출해도 전혀 법적인 책임을 지지 않는다. 이러한 사회 상황 속에서 전문가들의 참여는 매우 중요한 의미를 갖는다.

온산 사례에서 온산병이 중금속 오염 때문일 것이라는 추론을 가능하게 하는 데에는 전문가들의 증언이 중요한 영향을 미쳤다. 서울대 환경대학원 김정욱 교수의 발언 등이 크게 신문에 보도되면서 온산병은 1985년 10월의 집단 이주 계획이 확정될 때까지 사회적 의제로 남아 있게 되었다. 그러나 온산병의 원인을 규명하는 데 전문가들이 적극적으로 참여하지 못했기 때문에 온산병의 원인은 아직까지 '과학적으로' 명백히 밝혀지지 않았다. 온산 주민 운동이 충분히 성공하지 못한 것도 온산병의 원인 규명에 많은 전문가들이 참여하지 못한 것이 중요한 요인으로 작용했다.

반면, 팔당 사례의 성공은 전문가들의 적극적인 참여에 크게 의존한 것이었다. 온산병 당시에는 환경 전문가들의 조직이 없었지만, 팔당 사례 당시에는 전문가들의 환경 운동 조직이 만들어져 있었다. 1989년 환경과공해연구회가 창립된 이후, 환경 관련 과학자와 전문가들은 보다 적극적으로 조직적인 환경 운동을 벌여나갔다. 이들은 환경 운동을 단순히 정치 운동으로 환원하지 않고, 전문적인 사실 규명의 중요성을 강조했다. 이러한 전문 환경 운동의 성장이 팔당 사례의 성공의 밑거름이 되었다.

전문가들은 독자적인 조사 활동을 벌였고, 그것을 언론 보도, 공청회 등을 통해 널리 알렸다.

그러면 이제 환경 운동의 계급적 성격과 관련된 쟁점을 검토해보자. 온산 사례에서 운동의 핵심 주체는 피해자인 온산 주민들이었다. 전문 환경 운동 조직도 중요한 역할을 했으나 이들의 역할은 피해자들의 지원이 주된 것이었다. 온산 주민 운동에서는 피해자의 권익을 보호하는 것이 주된 목적이었고, 민주화 운동은 외부 지원 집단의 의도와 달리 부차적인 의미밖에 갖지 못했다. 이 사례는 중간 계급 운동이나 엘리트주의와는 아무런 상관이 없다.

페놀 사례에서는 피해자들인 대구 시민과 이들을 조직한 대구 시민 운동 단체들, 그리고 기타 지역의 환경, 시민 운동 단체가 운동의 주체였다. 이들은 피해자의 피해 배상은 물론 정부의 수질 정책의 개선, 그리고 생활 환경 운동을 통해 시민들의 생활 양식을 변화시키는 목표를 위해 활동했다. 이 운동은 중간 계급의 운동도 아니고 중간 계급을 위한 운동도 아니다. 모든 국민의 필수적인 집합적 소비 수단인 맑은 물을 찾기 위한 시민 운동의 특성을 갖는다.

팔당 골재 채취 반대 운동의 주체는 환경 시민 단체와 일부 언론이었다. 이들의 이해 관심은 수도권 주민의 건강 보호라는 공적인 것이었다. 이 운동은 중간층 중심으로 진행되었지만 중간층의 이익을 위한 것이 아니라 수도권 시민 일반을 위한 운동이었다.

우리는 세 사례를 모두 엘리트주의나 중간 계급 운동이라고 규정할 수 없다는 사실을 확인할 수 있다. 그러면 환경 운동을 민족 민주 운동이나 변혁 운동, 혹은 반자본주의 운동으로 규정하는 견해들을 검토해보자. 온산 사례는 기업과 정부에 대해 적대적인 운동이었지만 반자본주의적인 이데올로기와 목표를 참여자들이 공유하고 있었다는 증거를 찾기는 매우 힘들다. 전문

환경 운동 조직은 민족 민주 운동 혹은 변혁 운동으로 온산 주
민 운동을 발전시키려는 의도를 갖고 있었으나 운동의 전반적
인 특성은 피해자들의 생존권 보호 운동에 머물러 있었다. 따라
서 온산 사례를 변혁 운동이나 반자본주의 운동으로 규정하기
는 어렵다.

　페놀 사례는 재벌 기업에 대한 비판이 운동의 핵심 쟁점을 이
루었다. 그러므로 일부 환경 운동 단체는 반자본주의적 입장을
선전하기도 했다. 그러나 운동의 전반적인 특성을 반자본주의
운동이나 변혁 운동이라고 규정할 수 있을 만큼, 참여자들이 근
본적인 사회 구조 변혁을 지향했다는 증거는 찾아보기 어렵다.
팔당 사례 역시 전형적인 시민 압력 운동으로서 반자본주의나,
변혁 운동으로 규정할 수는 없다.

　결국 우리는 세 사례 모두 중간층 운동도 반자본주의 운동 혹
은 변혁 운동도 아니라는 사실을 확인할 수 있다. 다만 온산 사
례는 1980년대 중반까지 지배적인 사회 운동이었던 민족 민주
운동 이념과 결합된 민중 운동이라고 규정할 수 있다. 페놀 사
례와 팔당 사례는 우리나라의 전통적인 사회 운동과 달리 새롭
게 등장한 운동 유형이라고 볼 수 있다. 그러면 과연 무엇이 새
로운가?

　먼저 새로운 운동의 주체가 등장했다. 그것은 피해자 혹은
'피압박 기층 민중'과 구별되는 시민이다. 새롭게 조직된 환경
운동 단체와 시민 운동 단체들은 잠재적인 피해자들인 일반 시
민을 대상으로 그들을 참여시키는 프로그램을 진행시킨다. 이들
은 자기 이해 관심을 넘어서 공적인 이해 관심을 위해 운동한다.

　둘째로 새로운 자원 동원 방식이 등장했다. 정치적 기회 구조
가 억압적이고 꽉 닫혀 있었을 때에는 피해 민중들과 민족 민주
운동 조직들은 사회 제도 밖에서 그것을 근본적으로 변혁시키
기 위해 모든 합법적이고 비합법적인 방법을 동원했다. 그러나
상대적으로 열린 정치적 기회 구조 아래에서 새로운 환경, 시민

운동 단체들은 회원을 모집하고, 공청회를 열고, 여론을 동원하
여 정부와 기업에 압력을 행사할 뿐만 아니라 시민들 자신의 가
치관과 생활 양식의 변화를 통해 '지속가능한 사회'를 추구한
다. 이러한 자원 동원 방식 특히 시민의 압력 행사 방식은 민주
주의가 제도화된 나라에서는 전혀 새롭지 않은 것이다. 그러나
우리 사회에서 이러한 방식의 자원 동원은 전혀 새로운 것이다.
  1980년대말 이후 우리나라 환경 운동은 피해자 운동을 넘어
서서 시민 압력 운동이 활발해졌고, 새로운 주체, 새로운 이념,
새로운 자원 동원 방식이 등장했다고 요약할 수 있다.

제 7 장

결　론

1. 요　약

지금까지 우리는 환경 위기의 원인은 무엇이고, 한국 환경 운동은 왜 발생하게 되었고, 어떻게 진행되어왔으며, 그것이 과연 새로운 특성을 갖고 있는지 검토해보았다. 이 연구를 통해 발견하게 된 주된 사실들은 다음과 같다.

1) 저자는 우리나라 환경 운동의 역사를 이데올로기, 운동의 주체 등의 차이에 따라 모두 네 시기로 나눌 수 있었다. 제 1 기는 환경 운동의 전사의 시기로서 1960년대부터 1979년에 이르는 시기이다. 제 2 기는 반공해 운동의 시기로서 1980년부터 1987년에 이르는 시기이다. 제 3 기는 환경 운동의 모색기로서 1988년부터 1991년까지이다. 제 4 기는 환경 운동의 확산기로서 리우환경회의가 열린 1992년 이후의 시기이다.

1960년대와 1970년대에 환경 오염 피해에 대한 피해자들의 저항 활동은 있었으나 독자적인 이념과 조직을 가진 환경 운동은 1980년대 들어 이루어지기 시작했다. 우리나라 환경 운동은 1980년대초부터 시작되어 1988년 이후 본격적으로 발전하기 시작했다. 1987년 6월 항쟁 이후 정치적 기회 구조가 상대적으로 개방되면서 환경 운동 단체들은 급속히 늘어났고, 환경 문제에 대한 사회적 관심과 담화도 크게 늘어났다.

2) 환경 운동이 발생하고 발전하게 된 사회적 배경으로는 객관적 환경 오염, 환경 재난, 세계 체제, 정치적 기회 구조, 매스 커뮤니케이션, 환경 의식과 같은 요인들을 검토해보았다. 그 결과 객관적 환경 오염의 심화, 환경 재난의 발생, 세계 체제의 변화와 같은 요인들은 환경 운동 발전의 배경 요인이 되지만 보다 직접적인 요인은 정치적 기회 구조의 개방, 환경 관련 매스 커뮤니케이션의 확산, 환경 의식의 성장 같은 것들이라는 사실을 발견할 수 있었다. 특히 정치적 기회 구조의 개방은 환경 운동 조직의 자원 동원 능력을 크게 향상시킨다는 사실이 밝혀졌다.

3) 환경 의식의 성장은 환경 운동의 발전과 밀접한 상관 관계를 갖는다는 사실을 알 수 있었다. 우리나라 국민들의 환경 의식은 1980년대 전반에 비해서 1980년대말에 이르러 크게 발전하였다. 보다 구체적으로 보면, 환경 문제의 심각성에 대한 인식이 높아졌고, 정부의 환경 정책에 대한 불만이 높아졌으며, 환경 중심의 가치관이 지배적인 가치관으로 자리잡았으며, 환경 운동에의 참여 의사도 높아지고 있다. 따라서 우리는 환경 중심주의로 가치관 변화가 일어나고 있다고 결론지을 수 있다. 이러한 환경 의식의 성장은 환경 운동의 잠재적인 자원이 되고 있다.

사회경제적 배경별로 환경 의식의 차이를 검토해본 결과, 1980년대 초반에는 젊고, 학력이 높은 중간층이 높은 환경 의식을 갖고 있는 것으로 나타났으나 1990년대에 들어서는 사회 경제적 배경별 환경 의식의 차이가 사라지거나 약화되었다는 사실을 발견할 수 있었다. 이와 같이 환경 의식이 확산된 이유는 객관적 환경 오염의 심화와 이에 따른 환경 재난의 빈발, 그리고 이에 대한 매스 미디어의 활발한 보도 때문이라고 볼 수 있다. 그리고 환경 운동의 발전도 환경 의식을 확산시킨 중요한 요인이다.

4) 환경 문제에 대한 여러 가지 진단과 처방을 검토해본 결과, 저자는 생태주의, 좌파 환경주의, 그리고 환경 관리주의와 같은 세 가지 유형을 분류할 수 있었다. 생태주의는 환경 위기의 원인을 과학 기술 중심의 산업 문명과 인간 중심주의적 문화 체계라고 보고 가치관 전환과 공동체주의를 주요 대안으로 제시하는 유형이다. 좌파 환경주의는 환경 위기의 원인을 자본주의, 제국주의, 국가 관료제와 같은 사회 구조로 보고, 민주주의를 확보하여 계급간·국가간의 불평등을 극복함으로써 환경 위기를 해결할 수 있다고 본다. 환경 관리주의는 환경 위기가 환경 파괴적 산업 구조나 과학 기술 때문이라고 진단하고 근본적인 가치관이나 사회 구조의 변화 없이 과학 기술의 발달이나 산업 구조 조정을 통해서 문제를 해결할 수 있다고 보는 낙관론이다.

이러한 유형 구분을 바탕으로, 시기별로 이데올로기 지형의 변화를 분석해본 결과 환경 운동과 정부 및 언론의 이데올로기가 크게 변화한 사실을 발견할 수 있었다. 제1기에는 전반적으로 환경 문제가 사회적 관심의 대상이 되지 못했다. 1970년대 말에 정부가 주도하는 자연 보호 운동이 전개되었으나 이것은 국민들을 산의 쓰레기 줍기 운동에 강제 동원한 것에 지나지 않았다. 정부는 자연보호헌장에서 자연보호우선론을 주장했지만 현실에서는 경제 성장 우선주의를 정부 정책 속에 일관되게 관철시켰고, 적극적인 환경 관리주의적 대책도 마련하지 않았다. 이러한 맥락 속에서 언론은 '경제 성장과 환경 보호의 조화'라는 관점을 바탕으로 환경 문제의 중요성을 주장했다.

제2기에는 시민사회로부터 자발적인 환경 운동이 싹트기 시작했다. 이 시기에는 '민주화'가 가장 중요한 전체 사회의 쟁점이었으므로, 환경 운동은 '변혁' '민중 주체의 민주 사회'와 같은 좌파의 이념적 영향을 강하게 받았다. 즉 이 시기에는 좌파 환경주의가 성장하였다. 정부는 환경청을 발족시키는 등 환경 관리주의적 정책을 시행했으나 소극적인 사후 대책을 넘어서지 못했다. 언론은 이 시기에 주로 조화론을 주장하면서 사안에 따라 환경보전우선론을 주장하기도 했다.

제 3 기에 이르러 국가의 정치 구조가 상대적으로 개방되면서, 환경 운동에는 생태주의와 환경 관리주의가 새롭게 등장하게 되었다. 이 시기에 환경 운동내에서는 좌파 환경주의와 생태주의 및 환경 관리주의 사이의 이데올로기적 갈등이 나타나기도 했다. 정부, 특히 환경처는 이 시기에 들어 보다 적극적이고 사전 대책 중심의 환경 정책을 지향하기 시작했다. 그러나 현실에서는 이러한 목표가 제대로 실행되지 않았다. 언론은 이 시기에 이르러 환경보전우선론을 주된 입장으로 택하기 시작했다.

제 4 기에는 좌파 환경주의가 급격히 쇠퇴하고, 생태주의가 점차로 확산되었으며, 환경 관리주의의 요소를 내포한 '시민 환경 운동'이 지배적인 경향으로 자리잡게 되었다. 정부는 이 시기에 이르러 '지속가능한 발전'을 지향하면서 산업 구조의 전환을 통한 환경 문제 해결을 모색하는 등 보다 진전된 담화를 생산하였다.

전체적으로 볼 때 국가 담화는 경제우선론으로부터 점차 조화론으로, 그리고 경우에 따라서는 환경우선론으로 변화해왔다.[1] 그러나 정부의 환경 우선 담화는 일관되게 지속가능한 자본주의를 위한 환경 관리주의 입장을 유지하고 있다.

언론은 제 1 기에 경제 성장을 중시하면서 조화론을 주장했으나 점차 환경을 보다 중시하게 되었고, 환경 오염이 사회적 문제로 부각될 때에는 환경우선론을 확고하게 지지하게 되었다. 언론의 환경 우선 담화는 부분적으로 생태주의적인 지향을 보

---

1) 그러나 여전히 대부분의 정책은 경제우선론에 따라 이루어지고 있다.

이기도 하였다. 그러나 언론의 주된 입장은 국가 담화와 마찬가지로 환경 관리주의를 발전시키는 것이었다.

환경 운동의 이데올로기를 전체적으로 보면, 제 2 기에는 좌파 환경주의가 주류를 이루었으나 제 3 기에 이르러 생태주의와 환경 관리주의가 등장하게 되고 제 4 기에 들어서는 좌파 환경주의가 급속히 쇠퇴하고, 생태주의 이념과 환경 관리주의가 결합하면서 현실주의적인 시민 환경 운동이 주류를 형성하게 되었다고 볼 수 있다.

이렇게 볼 때 우리나라의 이데올로기 지형은 경제우선론으로부터 환경우선론으로 점차 전환되고 있는 과정에 있다고 볼 수 있다. 그러나 이것이 좌파 환경주의나 생태주의와 같은 근본적인 담화가 지배적인 위치를 차지하게 되었다는 것을 의미하지는 않는다. 좌파 환경주의가 급속히 쇠퇴하고, 생태주의의 급진적인 성격이 약화되는 가운데 환경 관리주의가 주류를 형성하고 있는 것이 오늘날 이데올로기 지형의 특징이다.

5) 환경 운동의 동태적인 과정을 살펴보기 위해서 온산 주민 운동, 페놀 사건, 팔당 골재 채취 반대 운동의 세 가지 사례를 연구한 결과 다음과 같은 사실들을 발견할 수 있었다.

첫째, 인정할 수 있는 위험의 수준을 결정하는 것은 '과학의 문제'라기보다는 '정치와 권력의 문제'라는 사실을 확인할 수 있었다.

둘째, 건강에 대한 이해 관심이 환경 운동의 중요한 동원 동기가 된다는 사실을 발견했다.

셋째, 정부는 담화에서 '경제 성장과 환경 보전의 조화'를 주장하지만 현실 속에서는 경제 성장 중심주의를 적극적으로 실천한다는 사실을 확인할 수 있었다.

넷째, 팔당 사례는 시민사회의 압력 운동을 통해 국가 기관들 사이의 권력 불균형을 변화시킬 수 있다는 사실을 보여주었다. 일반적으로 환경처는 경제 부처에 비해 적은 예산과 인원, 그리고 열등한 지위 때문에 효율적인 환경 정책을 수행하지 못하는 경우가 많다. 시민 운동 단체와 언론은 적극적인 여론 동원을 통해 환경처가 열등한 지위를 극복하고 개선된 환경 정책을 수행할 수 있도록 압력을 행사할 수 있었다.

다음으로 환경 운동의 결과에 영향을 미치는 요인들, 즉 불만의 정도, 환경 의식의 수준, 정치적 기회 구조의 특성, 매스 미디어의 보도, 전문가의 참여 등을 검토해본 결과 다음과 같은 결론을 얻게 되었다.

첫째, 불만이 갑작스럽게 폭발하면 그것이 환경 운동의 중요한 자원이 된다는 사실을 확인할 수 있었다. 페놀 사례는 환경 오염에 대한 잠재된 불만과 재벌의 부도덕성에 대한 불만이 오염 사고를 계기로 폭발한 것이다. 이러한 분노의 폭발은 이후 환경 운동의 발전과 환경 의식의 확산에 유용한 자원이 되었다. 페놀 사태로 확산된 환경 의식은 팔당 골재 채취 반대 운동의 성공에 크게 기여했다. 그러나 잠재적으로 널리 퍼져 있는 불만과 이것을 조직하는 능력이 결합되어야만 성공적인 결과를 얻을 수 있다는 사실도 확인할 수 있었다. 팔당 사례는 잠재적인 불만을 사회 운동 조직이 성공적으로 조직한 사례이다.

둘째, 국민들의 환경 의식이 전반적으로 높을 때에는 그렇지 않을 때보다 환경 운동의 목표를 달성하기가 쉬운 것으로 나타났다.

셋째, 정치적 기회 구조가 환경 운동의 발생과 성공에 중요한 영향을 미쳤다. 1988년 이후 정치 체제가 상대적으로 개방되고, 정부의 환경 정책이 보다 적극적인 형태로 전환됨에 따라 환경 운동이 발전하는 데 유리한 조건이 형성되었다. 이에 따라 급진적인 좌파 환경주의보다는 현실주의적 전략이 환경 운동의 주된 흐름이 되었다.

넷째, 매스 미디어는 환경 의식과 환경 운동의 확산에 중요한 기여를 하였다. 그러나 문제를 확산시키는 데에는 매스 미디어

의 역할이 매우 중요하지만, 문제 해결을 위해서는 피해자 운동
이나 시민 운동의 지속적인 자원 동원 능력이 필요하다. 매스
미디어는 어떤 문제의 뉴스 가치가 사라지면 더 이상 추적 보도
를 하지 않게 되고, 사람들은 그 문제를 망각하거나 해결된 것
으로 간주하기 쉽다. 따라서 환경 운동이 피해자의 권익을 보호
하고 정부와 기업의 행동 변화를 유발시키며, 새로운 환경 우선
주의로 사회 구조를 전환시키기 위해서는 매스 미디어 외에도
독자적으로 동원할 수 있는 자금과 참여자를 확보해야 한다. 온
산 사례와 페놀 사례는 이러한 사실을 잘 보여주었다.

다섯째, 전문가(조직)의 참여가 환경 운동의 지속과 성공에
중요한 기여를 하는 것으로 나타났다.

2. 이론적 함의

이 절에서는 지금까지의 경험적 연구 결과가 갖는 이론적 함
의에 대해 토론해보도록 하겠다.

I. 환경 위기의 원인

환경 위기의 근본 원인으로 좌파 환경주의자 혹은 생태 마르
크스주의자들은 자본주의 사회 체계를 그리고, 생태주의자들은
인간 중심주의 문화 체계를 강조했다. 반면에 환경 관리주의자
들은 사회 체계나 문화 체계보다는 개인의 무분별한 소비를 지
속시키는 퍼스낼리티 체계를 문제삼았다.

이러한 각각의 논리들은 모두 환경 위기의 원인들이다. 그러
나 오늘날의 환경 위기는 지역적인 문제를 넘어서서 전지구적
인 위기에 이르렀기 때문에 총체적이고 복합적인 원인 진단과
처방이 필요하다. 저자는 자본주의가 환경 위기의 근본 원인인
것은 명백하지만 자본주의 외에 산업주의, 억압적 국가주의와

같은 또 다른 사회 체계의 논리가 환경 위기의 근본 원인이라는
사실을 밝혔다. 그리고 이러한 사회 체계적인 원인 이외에도 인
구 폭발, 자연 파괴적 기술, 인간 중심주의적 문화 체계와 퍼스
낼리티 체계가 모두 상호 작용을 미치면서 환경 위기를 낳고 있
다는 종합적인 견해를 제시했다. 우리는 단일원인론에 의존하는
것이 아니라 보다 총체적인 시각을 통해서 환경 위기의 극복 대
안을 마련해야 할 것이다.

Ⅱ. 환경 운동의 발생/발전 원인과 사회적 배경

우리나라 환경 운동이 발전하게 된 원인과 사회적 배경에 대
해 지금까지 분석한 결과를 바탕으로 생태 마르크스주의, 자원
동원 이론, 정치 과정 모델의 이론적 유용성과 한계를 검토해
보자.

첫째로 생태 마르크스주의는 환경 위기가 생산되는 구조에
대한 정치경제학적 연구에 몰두한 나머지 자본주의의 노자간의
모순이 노동 운동을 낳듯이, 환경 위기는 자동적으로 환경 운동
을 유발한다는 기계론적 결정론을 주장하고 있다. 저자는 이에
대해 객관적 환경 위기가 환경 운동을 유발시키기 위해서는 중
요한 매개 변수들이 개입해야 한다는 사실을 밝혔다. 핵심적인
변수는 정치적 기회 구조의 개방, 환경 의식의 성장, 그리고 환
경 관련 매스 커뮤니케이션의 확산과 같은 것들로 나타났다.

결국 자본주의 생산 양식이 환경 위기를 낳고 이것이 환경 운
동을 발생시킨다는 생태 마르크스주의의 명제는 타당하지만 환
경 위기의 복합적인 성격과 환경 운동 발생의 복잡한 과정을 설
명하는 데는 불충분한 이론이라고 결론지을 수 있다.

둘째로 사회 운동 조직의 자원 동원 능력이 운동의 성장/쇠
퇴에 미치는 영향력을 강조한 자원 동원 이론으로 한국 환경 운
동의 성장을 어떻게 설명할 수 있는지 검토해보자. 맥카시와 잘
드가 하나의 이론으로 발전시킨 자원 동원 이론은 사회 운동의

합리적이고 계획적인 성격을 강조했다. 이들에게 핵심적으로 중요한 것은 자원의 동원 과정이다. 맥카시와 잘드는 잠재적 수혜자들보다는 양심적 지지자들의 지원을 얻어내는 것을 운동의 성공을 결정하는 핵심적인 변수라고 보고, 이들의 지지를 획득하기 위해서 사회 운동 조직들이 벌이는 광고와 같은 행위들을 주요 분석 대상으로 삼는다. 우리는 이러한 경험적 연구 결과들을 바탕으로 자원동원론에 대해 다음과 같은 결론들을 내릴 수 있다.

첫째, 잠재적으로 널리 퍼져 있는 불만과 이것을 조직할 수 있는 자원 동원 능력이 결합되면 성공적인 운동의 결과를 얻을 수 있다는 사실을 발견할 수 있었다. 이러한 결과는 자원 동원 이론을 지지하는 논거가 될 수 있다. 그러나 우리는 이와 함께 불만을 상수로 간주하는 것보다는 주요 독립 변수로서 적극적으로 분석하는 것이 필요하다는 사실을 발견했다. 불만의 폭발은 사회 운동 조직의 주요 자원으로서 중요한 효과를 발휘한다는 사실을 알 수 있었다.

둘째, 자원 동원 이론은 환경 운동의 중요한 특징인 새로운 이데올로기의 등장을 이론적으로 설명할 수 없다. 사람들은 모두 보다 많은 이익을 위해 운동에 참여하거나 양심에 따라 이를 지지하는 사람들로 가정될 뿐, 새로운 사회 체계, 문화 체계를 지향하는 새로운 이데올로기의 지지자들이 왜, 어떻게 생겨나게 되었는지를 자원 동원 이론은 결코 설명힐 수 없다.

셋째, 자원동원론은 정치적 기회 구조라는 변수를 분석 대상에서 제외함으로써 정치적 기회 구조의 변화가 사회 운동의 발전과 쇠퇴에 중요한 영향을 미친 한국 사회를 분석하는 데 매우 취약한 이론이다.

전체적으로 볼 때 맥카시와 잘드의 자원 동원 이론은 부분 이론으로서의 제한성이 매우 커서 국가의 영향력이 지대하고, 정치적·이데올로기적 변화가 역동적인 우리나라의 환경 운동을 분석하는 데는 미흡한 이론이라고 볼 수 있다.

자원 동원 이론에 비해 정치 과정 모델은 보다 포괄적인 이론 틀을 갖고 있어서 우리나라 환경 운동의 발전을 설명하는 데 유용한 개념들을 제공해주는 것으로 나타났다. 이 모델은 정치적 기회 구조의 개방성/폐쇄성과 같은 변수를 적극적으로 분석하기 때문에 우리나라와 같이 국가의 영향력이 매우 큰 나라에서 사회 운동의 역동적인 과정을 분석하는 데 유용한 모델이다. 우리는 1980년대말을 전후하여 환경 운동의 이데올로기, 자원 동원 방법 등이 달라진 사실을 확인할 수 있었다. 반공해 운동의 시기에는 국가의 억압이 심한 상황 속에서 전문 환경 운동 조직은 좌파 환경주의를 지배적인 이데올로기로 채택하고, 반면에 주민 운동 조직은 실용적인 이익만을 추구하였다. 양자는 성공적으로 접합되지 못했고, 환경 운동 조직은 매우 제한된 자원만을 동원할 수 있었다. 그러나 1987년 6월 항쟁 이후로 열려진 정치적 기회 구조를 이용하여 환경 운동은 급속히 성장할 수 있었다. 이데올로기 지형도 다양해졌을 뿐만 아니라 활동의 유형도 매우 다양해졌다. 그리고 이러한 몇몇 조직들은 일반인들을 회원으로 직접 모집하는 방법을 사용해 점차 대중 조직으로 발전해가고 있다. 정치적 기회 구조의 변화는 환경 운동 조직의 자원 동원 능력 증대에 직접적인 영향을 미쳤다고 볼 수 있다.

이렇게 볼 때 정치 과정 모델은 적어도 정치 구조 변화와 관련하여 환경 운동의 성장과 쇠퇴를 설명하는 데는 유용한 이론적 자원이 될 수 있다는 사실이 밝혀졌다. 그러나 정치 과정 모델은 전반적인 정치적 기회 구조의 변화 양상이 중요하다는 사실을 밝혀줄 뿐 왜 노동 운동과 학생 운동이 쇠퇴하는 시점에도 환경 운동은 지속적으로 발전하고 있으며, 왜 다양한 이데올로기의 변화가 생기게 되었는지, 그리고 이러한 변화의 세계사적 의미는 무엇인지를 설명해줄 수 없다. 이러한 의문에 대한 답을 얻기 위해 우리는 신사회운동론을 다시 검토해볼 필요를 느낀다.

Ⅲ. 한국 환경 운동의 특성 : 한국 환경 운동은 새로운가?

그러면 이제 '한국 환경 운동이 과연 새로운가' 그리고 '새롭다면 어떤 점이 새로운가' 하는 문제를 운동의 쟁점, 이데올로기, 주체, 운동 방식과 자원 동원 형태, 이해 관심으로 나누어 살펴보도록 하겠다.

첫째, 환경 운동은 전혀 **새로운 쟁점**을 사회 운동의 중심에 놓기 시작했다. 환경 운동의 제 3 기 이전에 우리 사회의 중심적인 쟁점은 민주화·인권·민중 생존권과 같은 정치적 기본권, 경제적 평등과 같은 것들이었다. 그러나 환경 운동의 제 3 기에 들어서면서 환경·생활·건강과 같은 쟁점이 사회적 의제로 떠오르기 시작했고, 제 4 기에 이르러서는 전지구적인 환경 문제, 지속가능한 발전과 같은 새로운 쟁점들이 나타나게 되었다.

둘째, **이데올로기의 변화** 과정을 보아도 변화는 확연하게 드러난다. 제 1 기와 제 2 기에는 경제 성장-반공이라는 지배 이데올로기가 '민중·민주·민족'이라는 상징으로 표현되는 대항 이데올로기와 첨예하게 대립하고 있었다. 이 두 이데올로기는 경제 성장이라는 목표에 대해서는 광범한 동의 기반을 갖고 있었다. 그러나 제 3 기에 들어서면서 경제 성장 중심주의를 근본적으로 비판하는 이데올로기가 등장하기 시작했다. 생태주의 이데올로기가 나타나면서 이데올로기 지형은 단일 차원에서 2차원의 지형으로 변화하게 되었고, 이데올로기적 분화가 일어나게 되었다. 그리고 제 4 기에 이르러서 적어도 담화의 차원에서는 국가·자본·시민사회가 모두 경제 성장 중심주의를 넘어서 환경 보전과 경제성장조화론 및 환경 보전 중심주의를 지지하게 되었다.

셋째, **운동의 주체**도 변화했다. 이전의 노동 운동, 학생 운동을 포함한 민족·민주 운동의 주체는 대학생·노동자·재야 지식인과 기층 민중 등이었다. 그러나 환경 운동의 주체는 피해 주민, 주부, 학생, 전문 지식인 등 매우 다양한 계층들에 걸쳐 있다. 주체와 관련된 중요한 변화는 이전의 운동이 '민중'이라는 용어를 주로 사용한 데 비하여 제3, 4기의 환경 운동은 '시민'이라는 용어를 보다 즐겨 사용한다는 사실이다.

넷째, **운동의 방식과 조직 형태**도 달라졌다. 이전의 민족 민주 운동이 강한 연대성을 바탕으로 사회 구조를 총체적으로 변혁하기 위해 시위·농성·선전·선동을 조직한 것과 달리, 오늘날의 환경 운동은 매우 느슨한 대중 조직을 유지하면서, 자발적인 참여자들을 중심으로 회원을 모집하고 이들을 전문적으로 관리해나가는 조직 방식을 택하고 있다. 이 조직들은 공개적으로 회원을 모집하고, 회비와 자체 사업을 통해 경비를 마련한다. 이전의 민족 민주 운동이 강한 적대성을 중심으로 총체적 구조 변혁을 통한 유토피아를 실현하기 위해 자원을 동원한 것과 달리 오늘날의 환경 운동은 보다 덜 적대적이고 보다 유연하면서 현실주의적인 목표들을 추구하고 있다. 민족 민주 운동이 노동자 계급 혹은 민중을 보편적 계급으로 설정하고 이들에게 특권적 지위와 우선성을 부여한 것과 달리 오늘날의 환경 운동은 노동자 계급의 보편성을 인정하지 않는다.

이러한 변화는 두 가지 정치적인 구조 변화와 관련되어 있다. 하나는 1987년 6월 항쟁이고 다른 하나는 현실 사회주의 진영의 몰락이다. 1987년 6월에 만들어진 '민주화'라는 커다란 상징적 통일성은 그 이후 점차 약화되기 시작했고, 유토피아를 추구하던 변혁의 담화는 점차 그 빛을 잃기 시작했다. 이러한 쇠퇴에는 현실 사회주의 진영의 급속한 와해가 커다란 영향을 미쳤다. 이 두 사건을 통해 우리 사회에서는 현실주의가 지배적인 경향으로 자리잡기 시작했다. 환경 운동은 이러한 정치적 지형 속에서 새로운 이념과 지지자들을 찾는 데 성공했다.

다섯째, 새로운 **이해 관심**이 등장했다. 피해자의 직접적 자기

이해 관심을 넘어서서 일반 이익을 지향하는 새로운 이해 관심
이 나타나기 시작했다. 과거의 운동은 이념적으로 보편주의를
지향했지만 현실적으로는 집단 이익의 확보나 사회 제도의 개
선에 머무른 경우가 많았다. 환경 운동은 현세대의 인간들 사이
의 형평뿐만 아니라 현세대와 미래 세대 사이의 형평, 그리고
더 나아가 인간이 살고 있는 생태계와 인간 사회 사이의 형평을
추구하는 운동이다. 따라서 이념적으로 환경 운동은 과거의 어
떤 운동보다도 훨씬 근본적인 보편성을 지향한다고 볼 수 있다.
시민들이 벌이는 정부·기업에 대한 압력 운동, 그리고 시민들
자신의 생활 양식과 가치관 변화를 지향하는 운동은 직접적 자
기 이해 관심을 넘어서 공공 이익, 그리고 인간과 생태계의 공
존을 지향하는 새로운 이해 관심에 근거한 것이다.

　이러한 경험적 연구 결과를 바탕으로 생태 마르크스주의와
신사회운동론을 검토해보자. 생태 마르크스주의는 환경 운동을
반자본주의 운동 혹은 계급 운동으로 규정한다. 그러나 경험적
분석 결과, 환경 운동의 주체는 특정 계급이 아니라 환경 오염
의 피해자 혹은 공공 이익을 지향하는 시민들이고, 이들이 특정
계급이나 계층의 이익을 위해 활동하지 않았으며, 반자본주의적
인 이념과 정체성을 갖고 있지도 않은 것으로 나타났다.[2] 따라
서 환경 운동은 계급 운동이라고 보기 어려울 뿐만 아니라 엘리
트주의나 중간층 운동이라고 규정할 수도 없다.

　오코너는 환경 운동의 이데올로기가 반자본주의적인 것이 아
니라고 하더라도 환경 운동은 의도치 않은 결과로 자본 축적에
장애를 준다고 주장하면서 환경 운동을 반자본주의 운동으로
규정한다. 그는 생산 조건을 둘러싼 투쟁 주체가 현상적으로 계
급을 넘어서는 것처럼 보일지라도 이러한 투쟁이 자연에 대한

---

　2) 다만 제 2 기와 제 3 기에 활발했던 좌파 환경주의 지지자들은 반자본주의적인
　　이념을 추구한 것으로 나타났다. 그러나 이러한 이념이 피해자들이나 일반
　　시민들의 지지를 받지는 못했다.

자본의 지배에 반대하는 것인 이상, 그것은 계급 투쟁이라고 주장한다(O'Connor, 1988: 33~38).

이러한 주장은 현실의 모든 사회적 갈등의 근본 원인이 자본주의이기 때문에 갈등의 주체가 누구든지 그리고 어떤 이데올로기와 이해 관심을 갖든 간에 그것은 궁극적으로 반자본주의 운동이며, 자본에 대한 계급 투쟁이라는 논리로 귀결된다. 그러나 현실에서 환경 운동의 주체들은 계급 주체로 행동하지 않을 뿐만 아니라, 반자본주의 이데올로기를 적극적으로 지지하지도 않는 것으로 나타났다. 오히려 현실주의적으로 자본주의적 경제 성장과 환경 보전의 조화를 지지하는 경향이 환경 운동의 주류를 이루고 있는 것으로 나타났다. 따라서 환경 위기의 원인을 자본주의라는 단일한 원인으로 환원하여 설명하고 이러한 설명을 바탕으로 환경 운동을 계급 운동, 반자본주의 운동으로 규정하는 것은 현실과 맞지 않는다. 오히려 환경 위기의 복합적인 원인들을 분석하고 현실의 환경 운동을 경험적으로 분석한 바탕 위에서 위기의 극복 방안을 찾아나가는 것이 바람직할 것이다. 결국 생태 마르크스주의는 환경 운동의 특성에 대해서 경험적 사실과 다른 설명을 제시하고 있다고 볼 수 있다.

환경 운동은 기존의 노동 운동과는 다른 주체, 다른 쟁점들을 중심으로 조직되었기 때문에 이것을 새로운 사회 운동이라는 개념으로 파악하고자 하는 연구가 국내외에서 많이 이루어져 왔다. 그러나 새로운 사회 운동이라는 용어를 사용하는 사람마다 그 의미가 다양할 뿐만 아니라 설명 방식도 매우 다르다. 새로운 사회 운동이라는 개념은 단일한 경험적 실체에 근거한 개념이라기보다는 이론적인 이념형에 가까운 개념이라고 볼 수 있다. 오늘날 서구의 환경 운동·여성 운동을 경험적으로 분석한 학자들은 경험적으로 신사회 운동은 하나로 환원할 수 없을 만큼 다양하며, 구사회 운동과의 단절보다는 연속적인 특성이 강하다고 주장하고 있다(Scott, 1990).

신사회 운동을 주창하는 사람들은 이러한 운동이 등장한 원인으로 생활 세계의 식민화(하버마스), 신중간 계급의 성장, 신조합주의의 위기(오페), 포스트 산업 사회의 도래(투렌), 탈물질주의(잉글하트) 등을 들고 있다. 다양한 이론적 차이에도 불구하고 신사회운동론은 새로운 갈등, 새로운 쟁점을 사회 문제로 만들고 그것을 해결하고자 하는 다양한 운동들이 기존의 제도화된 노동 운동과는 다른 특징을 갖고 있다는 사실에 주목한다. 이들은 마르크스가 보편적 계급으로 간주한 프롤레타리아 계급의 '보편적인 특성'을 의문시하는 새로운 사회 운동의 새로운 가치와 이념의 진보성을 높이 평가한다.

우리나라 환경 운동은 이전의 민족 민주 운동과 다른 새로운 쟁점, 이데올로기, 주체, 운동 방식, 그리고 이해 관심을 보여주고 있다. 쟁점, 이데올로기, 주체, 이해 관심의 측면에서 우리나라 환경 운동의 새로움은 서구 신사회 운동의 새로움과 유사한 면을 많이 갖고 있다. 그러나 새로운 운동 방식은 서유럽의 신사회 운동의 이념형과는 차이를 보인다. 우리나라의 새로운 운동 방식은 제도 정치에 저항하기보다는[3] 오히려 합법적이고 제도적인 수단을 이용하여 제도 정치의 안에서 압력을 조직하는 방법을 택하고 있다.

이러한 차이는 서구의 신사회 운동이 등장한 사회 구조적 배경과 우리나라 환경 운동의 그것이 다르기 때문에 나타나는 것으로 보인다. 서구에서 신사회 운동의 성장은 2차 대전 이후의 유례없는 경제 호황기를 지나면서 굳건히 확립된 신조합주의에 기반한 노자 계급 동맹에 불만을 느낀 여성·청년·학생 등이 새로운 욕구·새로운 저항·새로운 정체성을 지향하면서 일으키기 시작한 거대한 흐름이다. 이들은 기존 대의(代議) 정치의 한

---

3) 오페는 신사회 운동을 제도 정치에 저항하는 새로운 정치로 개념화한다
   (Offe, 1985).

계를 넘어서는 새로운 정치를 지향했다. 반면 한국의 경우, 급진적인 민족 민주 운동이 상대적으로 쇠퇴하면서, 보다 온건하고 현실주의적인 정치 세력이 영향력을 미치기 시작하던 정치적 상황 속에서, 환경 운동이 성장하게 되었다. 노동조합을 적극적으로 체제 안으로 끌어들이는 신조합주의가 확립되지도 않은 채 배제적인 노동 정책이 지속되는 정치적 공간 속에서 환경 운동은 발전해왔다. 민족 민주 운동의 부문 운동으로 출발한 환경 운동은 정치적 지형의 변화에 따라 새로운 시민 운동과 결합하게 된 것이다.

신사회운동론은 경험적 사실에 근거한 이론이라기보다는 이론적 구성물의 성격이 강하다. 따라서 우리나라의 환경 운동을 '서구의' 신사회운동론으로 직접 설명하는 것보다는 우리나라의 구사회 운동과의 비교 연구를 통해 적합한 이론을 모색하는 것이 바람직하다. 그리고 제 3 세계 국가 및 서구·미국·일본 등의 환경 운동에 대한 경험적인 비교 연구를 통해 풍부한 이론을 만들 수 있을 것이다.

지금까지의 분석을 통해 우리는 우리나라 환경 운동이 이전의 사회 운동과 다른 새로운 특성을 갖고 있다는 사실을 경험적으로 확인할 수 있었다. 그러면 이러한 새로운 특성이 나타나게 된 현상을 어떻게 해석할 수 있을까?

첫째, 국가의 일방적인 억압과 자본의 확장에 의해 자신의 영역을 갖지 못했던 시민사회가 점차 자발적인 영역을 확보해가고 있다고 볼 수 있다. 정치적 기회 구조의 상대적 개방은 급진적이고 저항적인 정치 세력을 중심으로 한 정치적 연대를 약화시켰고, 그 결과 현실주의적인 제도 안의 정치, 즉 자기 제한적 개혁주의를 지향하는 시민 운동이 발전하게 되는 결과를 낳았다.

둘째, 환경 위기의 심화와 이에 대한 광범한 인식의 확산은 패러다임의 전환을 말할 수 있을 만큼 새로운 가치관을 확산시키고 있다. 즉 환경 우선의 가치관이 경제 성장 우선의 가치관에 대항하는 새로운 가치관이 되고 있다.

결국 자기 제한적 개혁주의와 새로운 환경 패러다임의 확산
이라는 두 가지 경향이 결합하여 과거의 사회 운동과 구분되는
새로운 특성이 나타나고 있다고 결론지을 수 있다.

3. 새로운 환경 패러다임을 향하여

전통적 사회학은 인간 사회에 대한 물리적 환경의 영향력을
분석 대상에서 의도적으로 혹은 암묵적으로 제외했다. 그러나
환경 위기의 심화와 확산에 따라 환경 문제는 사회학의 핵심적
인 연구 주제로 등장하기 시작했다. 이 책은 물리적 환경과 인
간 사이의 상호 작용, 그리고 인간들 사이의 상호 작용을 함께
분석하고자 하였다. 지금까지의 연구를 통해 우리는 환경 문제
가 발생하여 사회 문제로 구성되고 이것을 둘러싼 갈등이 생기
고 그것을 해결하는 과정은 사회적 과정이므로 사회적 관계 속
에서 그것을 파악하는 것이 필요하다는 사실을 알게 되었다. 즉
환경 위기를 둘러싼 사회적 갈등이 국가·자본·시민사회를 둘
러싸고 진행되는 과정을 연구하는 것이 필요하다.

국가/자본과 시민사회의 관계 속에서 환경 운동을 바라볼
때, 환경 운동은 생산 영역을 넘어서서, 생활의 장을 둘러싸고
시민사회의 자율 결정권, 생활의 권리, 생명, 건강의 권리를 추
구하는 운동이라고 볼 수 있다. 국가와 자본은 갈수록 큰 권력
을 갖게 되고, 그 결과 시민사회의 영역을 침범한다. 국가는 주
민들과 아무런 상의 없이 온산면에 비철금속공단을 마련했고
주민들은 거기에 살았다는 이유만으로 온산병에 시달려야 했다.
이것은 국가와 자본이 시민사회의 생존과 생활을 침해한 전형
적인 사례이다. 환경 운동은 이러한 침해에 대해 저항하고, 쾌
적한 생활의 권리와 지속가능한 사회를 만들고자 하는 운동이

다. 시민사회의 자율성을 회복함으로써 국가와 자본의 생활 침해를 극복하고자 하는 것이다.

환경 위기가 심각해지기 전에는 많은 사람들이 사회주의와 노동자 계급의 저항을 극복할 수 있다면 자본주의적 발전은 지속가능할 것이라고 생각했다. 그러나 오늘날 이러한 믿음은 커다란 위협을 받고 있다. 인간과 인간 사이의 사회적 갈등뿐만 아니라 자연의 인간에 대한 공격이 사회의 지속가능성을 심각하게 위협하고 있는 것이다.

우리나라에서 1970년대까지는 정치적 자유와 평등 및 사회복지를 추구하는 좌파와 보다 많은 축적을 추구하는 우파 사이의 갈등이 주된 사회적 갈등이었다. 그러나 1980년대 들어 환경 위기가 보다 심화되고 확산되면서 경제 성장보다는 환경 보전을 더 중시하는 새로운 가치와 사회 운동이 등장하자 사회적 균열의 양상은 보다 복합적으로 변화했다. 생태주의를 중심으로 한 이러한 새로운 경향은 기존의 사회적 균열을 가로지르면서 바람직한 사회의 미래상에 대한 새로운 성찰을 촉구하게 되었다. 이렇게 볼 때 환경 운동은 단순히 환경 정책과 환경 산업에 대한 압력을 통해 피해자와 시민들의 권익을 보호하는 것을 넘어서서 새로운 가치관, 새로운 미래를 지향하는 역사적인 사회 운동이라고 할 수 있다.

우리나라의 환경 운동은 제 4 기에 이르러 새로운 환경 패러다임을 확립해가고 있다. 조사 연구 결과에 의하면, 새로운 환경 패러다임을 지지하는 사람들의 수도 점차로 늘어나고 있다. 국가는 물론 자본도 이제 비로소 담화적인 차원에서는 새로운 환경 패러다임에 접근하고 있다. 결국 담화와 이념의 측면에서는 새로운 환경 패러다임이 지배적인 위치를 차지하고 있다고 볼 수 있다. 그러나 국가와 자본의 실제 행위는 여전히 경제 성장 중심의 패러다임에 머물러 있다. 국가와 자본은 환경 문제가 크게 부각되었을 때, 환경주의 담화를 생산할 뿐, 얼마 후에는 다시 경제 성장 지상주의자로서 행동한다. 중요한 것은 우리 사회에서 환경 관리주의 담화가 주류를 형성한 채, 실제로는 경제 성장 중심주의가 현실을 지배하고 있다는 사실이다. 이는 담화 분석과 사례 연구를 통해서 명백히 확인할 수 있었다.

그러면 이러한 상황 속에서, 우리는 어떤 이데올로기와 미래상·전략을 가지고 어떤 주체와 함께 이러한 역사성의 변화를 추구할 수 있을지 논의해보자. 명백한 것은 지금의 국가간의 불평등과 사회 집단간의 불평등을 온존시키는 사회 체계와 인간 중심주의의 문화 체계를 온존시킨 채 과학과 기술에만 의존하여 환경 위기를 극복하고자 하는 환경 관리주의에 우리의 미래를 걸 수는 없다는 것이다. 우리 사회와 우리의 지구가 보다 평등하고, 지속가능한 사회가 되기 위해서는 담화와 행동 양 측면에서 환경 관리주의를 넘어서야 할 것이다. 좌파 환경주의와 생태주의에 대한 비판적 성찰을 통해서 우리는 정의롭고, 지속가능한 사회의 미래를 그릴 수 있을 것이다.

지금까지 우리는 과학 기술의 발전에 힘입어 보다 많은 에너지와 자원을 사용하면서 보다 많은 소비를 통해 생활의 '풍요'를 누리는 것을 발전으로 인식해왔다. 그러나 오늘날과 같은 환경 위기의 시대에 이러한 발전 전략을 통해서 지속가능한 사회를 건설하는 것은 거의 불가능하다. 에너지와 자원을 낭비하면서 대량 생산·대량 소비를 추구하는 것은 생산 조건의 한계 때문에 더 이상 가능하지 않을 뿐만 아니라 바람직하지도 않다. 이러한 사회적 상황 속에서 우리는 발전의 의미를 새롭게 정의해야 할 시점에 와 있다. 과학 기술적 합리성, 경제적 합리성으로부터 생태적 합리성을 포함한 보다 보편적인 합리성에 바탕을 둔 새로운 발전의 개념을 탐구하여야 할 것이다.

이러한 새로운 이념과 미래는 사회적 진공 상태가 아니라 현실의 사회 관계 속에서 실현시켜야 한다. 현실의 정치 지형을 볼 때, 1987년 6월 항쟁 이후 민족 민주 운동의 연대는 급격히 약화되었다. 세계적으로는 현실 사회주의의 몰락과 함께 사회주의의 유토피아는 그 빛을 잃어버렸다. 이러한 역사적 맥락 속에서 좌파 환경주의도 점차 쇠퇴해갔다. 그러나 이러한 변화는 시민사회가 국가나 자본으로부터 일방적으로 침해받고 억압받아왔다는 것을 의미하는 것은 아니다. 시민사회의 자율적이고 비판적인 잠재력은 변화된 형태로 발전해왔다. 즉 우리 사회에서는 현실주의와 자기 제한적 개혁주의가 사회 운동의 주류를 이루고 있다.

이러한 사회적 맥락 속에서 환경 운동은 어떤 전략을 통해 역사적인 변화를 이끌어나갈 수 있을 것인가? 오늘날 프랑스 혁명의 바리케이드 투쟁으로 상징되는 거대한 혁명의 담화는 많은 사람들의 관심으로부터 멀어져가고 있다. 이러한 맥락 속에서 우리는 단절적인 혁명 개념보다는 지속적인 과정으로서의 혁명, 지속적인 개혁을 통한 사회의 구조적인 변형을 깊이 성찰할 필요가 있다.[4] 역사적인 변형을 지향하는 지속적인 사회 운동을 통해 자본주의와 산업주의 사회 체계, 그리고 경제 성장 중심주의, 인간 중심주의 가치관이 지배하는 문화 체계, 그리고 이러한 가치관이 내면화된 퍼스낼리티 체계를 변형시켜나가는 것이 새로운 환경 운동의 전략이 되어야 할 것이다.

이러한 역사적인 변화는 피해자를 비롯한 직접적인 이해 당사자의 활동과 이것을 사회 제도의 변화로 발전시키는 사회 운동 조직의 노력을 통해서 점차로 이루어질 것이다. 결국 조직 이익, 제도적 개선, 역사성의 변화를 위해 피해자 조직과 환경, 시민 운동 조직이 유기적인 연대를 지속시켜갈 때, 환경 운동은 사회 전체의 변화를 이루어나갈 수 있을 것이다.

이러한 환경 운동을 전개하는 데 더 이상 좁은 의미의 경제적 '계급과 계급 이익'의 개념은 불필요하다. 이제 우리는 계급을 넘어서서 새로운 시민사회의 잠재력을 키워나가는 모델을 필요

---

4) 이것이 반드시 현실주의를 의미하는 것은 아니다.

로 한다. 자기 이익을 넘어서서 '우리 공동의 미래'를 추구할 수 있는 보편적인 운동의 주체는 경제적 위치에 의해 규정되는 소극적 존재가 아니라 환경 위기에 대한 성찰을 바탕으로 자기 이익과 보편적 이익을 결합시킬 수 있는 새로운 주체가 필요한 것이다. 이 새로운 주체는 인간들 사이의 평등뿐만 아니라 자연과 인간 사회의 형평을 추구한다. 자신들의 특수 이익을 위해 국가와 자본이 인류와 자연의 보편적 이익을 침해할 때, 이에 과감히 저항할 뿐만 아니라 정의롭고 지속가능한 사회를 만들어나가는 것이 바로 시민사회의 환경 운동이다.

이러한 운동은 국민국가 영역 안에서 국민국가의 이익에 얽매일 때 결코 보편적이고 지속가능한 사회를 만들 수 없다. 환경 운동이 역사성의 변화를 실현시키기 위해서는 전지구적인 환경 운동의 연대가 필수적이다. 오늘날의 전세계적인 환경 위기에 대한 진지한 인식을 바탕으로 발전하고 있는 환경 운동은 세계적으로 사회 구조적 맥락의 차이를 넘어서서 광범한 공감대와 연대의 틀을 만들어나가고 있다. 마르크스가 제창한 프롤레타리아 국제주의는 현실의 국민국가의 벽 앞에서 허물어지고 말았다. 그러나 이제 전지구적인 생존의 위기가 점차 닥쳐옴에 따라 전지구적 시민사회 *global civil society*의 필요성은 더욱 커지게 되었다.

1992년 리우에서는 지구 정상 회담과 별도로 전세계 비정부 민간 단체(Non Governmental Organization's: NGO's)가 글로벌 포럼을 개최했다. 이 모임을 통해 비정부 민간 단체들은 독자적으로 조약과 협정을 발표하기도 했다. 이러한 경향들은 지역의 문제를 풀기에는 너무 크고, 전세계의 문제를 풀기에는 너무 작은 국민국가를 넘어서서 인류 전체의 운명을 개척하려는 시민사회의 저력을 보여주고 있다. 전지구적 시민사회의 씨앗은 매우 연약하지만 우리는 이것을 통해 정의롭고 지속가능한 사회의 꿈을 키워갈 수 있을 것이다.

부록 1

사회경제적 배경별 환경 의식 분할표

〈부표 4-1〉 연령별 환경 오염의 심각성 평가도(%)

'매우 심각하다' 및 '심각하다'의 비율

	18~29세	30대	40대	50대	60대	전체 평균
1982	78.8	75.8	69.1	52.7	31.6	71.4
1990	77.9	77.1	77.1	75.2	–	77.2
1991	90.4*	92.2	90.6	81.0	–	89.6

* 20대 응답자의 응답 비율.

〈부표 4-2〉 학력별 심각성 평가도(%)

	무 학	국 졸	중 졸	고 졸	대 재	전문대졸	대졸 이상	평 균
1982	32.8	45.6	71.1	77.2	–	78.8	87.7	71.4
1990	70.6	68.8	77.2	79.3*	71.2	–	83.7	77.2
1991		84.5		91.1		92.2		89.6

* 고재 포함.

〈부표 4-3〉　연령별 정부의 공해 단속 활동에 대한 평가도(%)

'부족하다'의 응답 비율

	18~29세	30대	40대	50대	60대	전체 평균
1987	71.7	68.8	66.6	56.4	46.3	67.7
1990	51.9	52.5	48.4	36.1	…	49.3
1992A *	90.1 **	88.8	84.6	85.0	69.3	87.3

　* 1992A: '매우 못함'과 '못하는 편'의 합.
** 20대.

〈부표 4-4〉　학력별 정부의 지도 단속 활동에 대한 평가도(%)

'부족하다'

	무 학	국 졸	중 졸	고 졸	대 재	전문대졸	대졸 이상	평 균
1982	12.5	19.4	40.9	51.8	－	67.7	60.5	45.5
1987	33.3	43.3	51.4	67.7	－	76.5	81.6	67.7
1990	25.9	35.0	45.2	51.4 **	54.3	－	63.6	49.3
1992A *	77.3 ***	76.7	83.3	87.7	－	－	91.6	87.2

　* 1992년 조사에서는 '매우 못함'과 '못하는 편이다'의 합의 비율.
** 고재 포함.
*** 국졸 이하 포함.

〈부표 4-5〉　소득 수준별 정부의 공해 단속에 대한 평가도(%)

'부족하다'

	20만 원 미만	20~40 만 원	40~60 만 원	60~80 만 원	80~100 만 원	100만 원 이상	평 균
1982	36.3	44.5	57.0	52.4	57.4	63.6	45.5

<부표 4-6> 소득 수준별 정부의 지도 감독에 대한 평가도(%)

'매우 못함'과 '못하는 편'

	60만 원 이하	61~90만 원	91~120만 원	121만 원 이상	평 균
1992A	82.0	84.6	88.5	92.0	87.3

<부표 4-7> 연령별 환경 보전/경제 성장의 선호도(%)

	응답 범주	18~29세	30대	40대	50대	60대 이상	전 체
1982	조 화	75.9	72.2	64.7	59.1	60.5	69.9
1987	조 화	89.4	89.4	88.8	87.7	70.7	88.7
1992A	중 립	30.0	28.3	28.2	28.1	30.6	29.0
1992A	환경 우선	54.8	54.8	47.2	44.7	33.9	51.5

<부표 4-8> 학력별 환경 보전/경제 성장의 선호도(%)

	응답범주	무 학	국 졸	중 졸	고 졸	전문대졸	대졸 이상	평 균
1987	조 화	55.6	78.8	86.5	88.8	90.9	93.3	88.7
1992A	중 립	31.8*	27.6	30.1	28.4	–	27.8	29.0
1992A	환경 보호	42.4*	37.9	44.6	53.4	–	56.0	51.5

＊국졸 미만 포함.

<부표 4-9> 소득 수준별 환경 가치관(%)

'환경이 파괴되지 않는 범위내에서 경제 성장을 해야 한다'의 응답 비율

	20만 원 미만	20~40 만 원	40~60 만 원	60~80 만 원	80~100 만 원	100만 원 이상	평 균
1982	67.1	75.6	66.9	60.3	55.6	81.8	69.9

<부표 4-10>   소득 수준별 환경 보호 지지도(%)

'경제 성장보다 환경 보호를 더 강조해야 한다'의 응답 비율

	60만 원 미만	90만 원 미만	120만 원 미만	150만 원 미만	150만 원 이상	평 균
1992A	47.1	50.6	48.5	52.5	61.4	51.5

부록 2

환경 운동 단체 목록

가) 전문 환경 운동 단체 및 주민 운동 단체[1]

단체명	설립 시기	대 표	회원 수
(사)한국자연보존협회	1963. 12.	원병오 회장	1,060
(사)한국야생동물보호협회	1969. 9. 24.	한영채 회장	824
삼산평야공해대책위원회 *	1971.		
일사회(Seoul Eco Club)	1974.	권숙표 회장	31
한국환경보호협의회	1975. 7. 2.	김상현 회장	19,000
(사)낙동강보존회	1978. 5. 20.	구철회 회장	400
낙포리공해대책위원회 *	1978. 12.		
공해연구회 * 　(→환경과공해연구회)	1979.		10
한국환경교육협회	1981. 12.	권숙표 회장	265
한국공해문제연구소 　(→한국교회환경연구소)	1982. 5.	인명진 소장	800
온산면이주추진협의회 *	1982. 10. 23.	이석준 회장	
영산호보존회 * 　(→목포녹색연구회)	1983.	서한태	
전국순회자연보호협의회	1984. 11. 6.	이규홍 협회장	300
반공해운동협의회 * 　(→공청협)	1984.		

---

1) * 표는 해체되었거나 다른 단체로 통합된 단체.

단체명	설립일	대표	회원수
삼학도보전회 * (→목포녹색연구회)	1986. 9. 9.	서한태	
공해반대시민운동협의회 * (→공추련)	1986. 9.	서진옥	
전국자연보호봉사단중앙회	1987. 3. 1.	유명준 회장	8,500
공해추방운동청년협의회 * (→공추련)	1987. 10.		
유달산보전회 * (→목포녹색연구회)	1987. 7. 1.	차남윤	
녹색삶실천을위한시민의모임	1988. 3.	권태섭 회장	8,000
환경과사회연구회	1988. 3.	김종구 회장	10
목포녹색연구회 * (→목포환경운동연합)	1988. 8. 8.		
공해추방운동연합 *	1988. 9. 10.	최열, 서진옥	
아시노스 한국본부	1988. 12.	양현숙 회장	800
부산공해추방시민운동협의회 * (→부산환경운동연합)	1988. 12.	(구자상 사무국장)	1,552
녹색동아리준비위원회	1989. 2. 18.	장주선	10
광주환경공해연구회 * (→광주환경운동연합)	1989. 3.		
전국핵발전소추방운동본부 *	1989. 4. 15.		
환경과공해연구회	1989. 6. 17.	김상종	150
신안군환경보존회	1989. 7. 8.	김정봉 회장	528
울산공해추방운동연합 * (→ 울산환경운동연합)	1989. 7.	한기양 목사	200
고흥핵추방운동연합	1989. 9. 4.	김범태 의장	120
한살림모임	1989. 10. 29.	김영주 의장	250
자연과환경을위한공동회의	1989. 10.	박창근·이용운	100
대한녹색당(가칭) 창당준비위원회	1989. 12.	송순창 위원장	3,724

단체명	창립일	대표자	회원수
태화강보전회	1989. 12. 18.	김진수 회장	300
핵발전소설치반대보성군 　대책위원회	1990. 1. 4.	전종백 위원장	60
청년Y생활환경연구회	1990. 2. 8.	홍석창 회장	15
골프장반대경기도 　대책위원회	1990. 8. 28.	오홍산 위원장	1,000
온산공해대책협의회	1990. 9. 1.	황홍근	모름
자연의 친구들	1990. 4. 8.	차준엽	모름
푸른평화운동본부	1990. 4. 22.	정홍규 신부	800
반핵자료정보실	1990. 6.	김원식 주간	없음
서산공해추방운동협의회	1990. 11. 3.	홍성희 (사무 책임자)	모름
배달환경회의 　(→배달환경연합)	1991. 1. 5.	노융희 회장	3,800
반핵평화운동연합	1991. 3. 13.	김남주 공동의장	921
환경을살리는여성들	1991. 5. 3.	김경자 회장	100
환경정책연구소	1991. 5. 23.	신창현 소장	150
천주교반공해모임	1991. 5.	양승호 회장	6
푸른한반도되찾기시민의모임	1991. 6. 6.	김제남 대표	80
배달환경연구소	1991. 6. 15.	장원	모름
녹색평화시민운동연합	1991. 6.	문수정 의장	300
충북환경보전연구회	1991. 7. 18.	최병문 회장	215
핵발전소 건설 반대 및 환경보전운동 해남군 연합	1991. 9. 13.	한시석	24개 단체
대구공해추방운동협의회* 　(→대구환경운동연합)	1991. 9.	정학	400
남강을지키는시민의 모임* 　(→진주환경운동연합)	1991. 9.	강대승	310
남강보전을위한사회단체연합	1991. 10. 30.	이한우	모름
대한YMCA연맹 부설 국제환경정보교육센타	1991. 10.	강문규 소장	모름

전국핵발전소, 핵폐기장반대 　대책위원회	1991. 11. 5.	23개 단체	
군산·옥구 환경운동시민연합	1991. 11.	엄대우	150
마산·창원공해추방운동시민 　협의회* 　(→마산·창원환경운동연합)	1991. 12. 7.	양운진	500
환경보전대전시민연합	1991. 12. 10.	송병희 외 3인	8개 단체 (584)
낙동강살리기운동협의회	1991. 12. 15.	서석구 상임공동대표	49개 단체
자연사랑낙동강1300리회	1992. 2. 15.	오세창	1,550
공해추방운동불교인모임	1992. 2. 29.	송월주 회장	300
녹색문인회	1992. 3. 3.	정홍기 총무이사	120
핵과환경연구모임	1992. 3. 19.	없음	모름
(김포)수도권매립지대책위원회	1992. 4. 14.	최인석 회장	모름
푸른이어도의사람들 준비위원회	1992. 5.	현복자	20
전국교직원노동조합 　환경교육분과	1992. 6.	고은경	45
대자연환경보존회	1992. 7. 3.	윤록경	213
조선일보사자원재활용운동본부	1992. 7. 6.	방상훈	없음
김해환경보존회	1992. 7. 11.	이광희 회장	60
(사)한국환경사회정책연구소	1992. 7. 22.	변형윤 이사장 박영숙 소장	30
환경사회단체협의회	1992. 10. 30.	강문규 회장	7개 단체
한국환경보호연합회	1992. 10. 31.	허남훈 명예회장 변광순 회장	18,365
시민환경클럽	1992. 11. 1.	정재춘 회장	18
자원재활용시민운동협의회	1992. 11. 13.		54개 단체
(사)환경개발센터	1992. 11. 14.	권태준 대표	모름
환경을지키는시민의모임 　(여수·여천)	1992. 11. 28.	정한수 공동의장	83

단체명	설립 시기	대 표	회원 수
군산·옥구환경시민회의	1992. 12. 2.	이세현 회장	110
천안천살리기시민의모임	1993. 2. 13.	전재진 회장	75
(사)시민환경연구소	1993. 2. 18.	고철환 소장	75
녹색연대	1993. 3. 13.	홍창환 회장	35
한강살리기시민운동연합	1993. 3. 30.	이상회	모름
환경운동연합	1993. 4. 2.	서영훈 회장 박경리· 이세중·장을병	7,000

나) 생산자·소비자 협동조합

단체명	설립 시기	대 표	회원 수
정농회	1976.	오영환 회장	400
(사)한국 유기농업환경연구회	1978. 7. 27.	류달영 회장	12,738
소비자협동조합중앙회	1983. 10. 13.	한성찬 회장	100,000
한국자연농업중앙회	1986.	조한규 회장	3,000
광록회	1987. 5. 3.	이을호 회장	670
한살림공동체 소비자협동조합	1988. 4. 21.	박재일 전무이사	6,897 세대
경실련 정농생활협동조합	1990. 12.	오재길 이사장	1,300
우리밀살리기운동본부	1991. 11. 28.	김승오·박재일 외 3명	27,000
(사)한국유기성폐기물자원화협 의회	1992. 11. 13.	신항식 회장 100명 및 30개 기업	

다) 보건·의료 단체 및 과학 기술자 단체

단체명	설립 시기	대 표	회원 수
교회빈민의료협의회	1986. 9.	김명선 회장	130
과학기술자협의회	1987. 8.	박진동 회장	20

기독교청년의료인회	1987. 10. 10.	김철환 회장	150
인도주의실천의사협의회	1987. 11. 21.	김기락 외 3인	550
노동과건강연구회	1988. 3. 26.	이경우·김은희	104
건강사회를위한치과의사회	1989. 4. 26.	김광수 회장	1,000
건강사회를위한약사회	1990. 1. 21.	박남운 회장	600
참된의료실현을위한 청년한의사회	1990. 2. 18.	박징출 회장	200
한국과학기술청년회	1991. 10. 12.	박재용 회장	200

라) 일반 시민 운동 단체 및 종교 단체

단체명	설립 시기	대표	회원 수
(재) 대한YMCA연맹	1903.	강문규 사무총장 (1990. 4. 환경 운동 시작)	100,000
홍사단	1913. 5. 13.	안기영	
대한YWCA연합회	1922. 4. 20.	김숙희 회장 (1990. 5. 환경 운동 시작)	3,481,300
(재) 크리스찬아카데미	1965. 5.	강원용 원장 (1971년 8월 환경 관련 프로그램 시작)	
한국가톨릭농민회	1966. 10. 17.	장태원 회장 (1990년 '생명 공동체 운동' 시작)	
한국교회여성연합회	1967. 4.	박순금 회장	
한국천주교정의평화위원회	1975.	경갑룡 주교	
한국불교사회연구소	1988. 3. 5.	법륜 원장	150
기독교여성평화연구원	1989. 2. 27.	김윤옥 원장	

경제정의실천시민연합(경실련)	1989. 7. 8.	변형윤·송월주 (1991년 환경 운동 시작)	8,500
(사) 한국기독교총연합회	1989. 12. 28.	한경직 명예회장 (1991. 5. 환경보전특별위 원회 구성)	
한마음한몸운동본부	1989.	오태순 신부	
카톨릭정의평화연구소	1990.	윤공희 대주교	

마) 여성 단체

단체명	설립 시기	대 표	회원 수
(사) 한국여성단체협의회	1959. 12. 16.	김경오 회장	27개 회원 단체
(사) 한국부인회	1963. 10. 9.	임명순 회장	1,200,000
대한주부클럽연합회	1966. 7. 20.	김천규 회장	500,000
(사) 전국주부교실중앙회	1971. 12. 28.	이윤자 회장	300,000
한국여성단체연합	1987. 2. 18.	한명숙· 이영순·이미경	23개 단체
한국여성민우회	1987. 9. 12.	한명숙 회장	2,000

바) 소비자 단체

단체명	설립 시기	대 표	회원 수
한국소비자연맹	1970. 1. 20.	정광모 회장	12,000
(사) 소비자보호단체협의회	1976. 4. 16.	정광모 회장	
소비자문제를 생각하는 시민의 　모임	1983. 1. 20.	김순 회장 (1990년 환경 운동 시작)	

부록 3

환경 관련 사설 제목(동아일보·조선일보)

동 아 일 보		조 선 일 보	
날 짜	제 목	날 짜	제 목
1973. 5. 24	대법원의 첫 공해 배상 판결	1973. 5. 24	공해 피해자의 승소 —대법원의 판결을 지지·부연한다
8. 31	공해 산업 도입에 신중을		
1979. 5. 9	공해병에 속단은 금물이다	1979. 5. 4	시급한 공해 방지 대책 —울산, 사상공단의 집단 질환 발생을 보고
		6. 3	擬似 공해병의 규명을
1980. 3. 31	절실한 공해 자료의 공개	1980. 1. 17	환경청의 발족
7. 16	하천의 정화와 개발 정책	2. 28	강물의 정화 운동
10. 24	도시의 심각한 대기 오염	3. 13	공해 대책의 진전
		3. 20	환경 파괴에 대한 무감각
		3. 30	수질 오염을 넓게 보자
		4. 4	맑은 공기의 보장
		6. 5	세계 환경의 날에
		6. 18	대도시의 대기 오염
		6. 24	江流의 보전과 지방 행정
1981. 1. 29	올해 '환경 보전 대책'	1981. 7. 16	환경 문제의 정치적 차원
6. 4	한강을 되살리자	11. 17	환경 대책의 문제 의식
7. 3	대기업의 공해 행위		

1984.	1. 12	대기 오염 규제의 확대를	1984.	4. 5	울창한 산은 풍요의 상징
	1. 26	수은 전지 공해		4. 19	더러운 강, 허덕이는 생명
	2. 6	반월공단 근로자의 납 중독		6. 13	국립공원과 자연
	4. 19	서울 대전의 대기		10. 21	산은 수입할 수 없다
	4. 23	금호강의 불법 폐수		10. 30	독물로 찬 서울의 대기
	5. 14	맑은 대기와 하늘		12. 6	他山의 유독 가스
	6. 12	치악 월악의 국립공원			
	6. 14	공해 재판과 '개연성'			
	7. 11	중금속 오염과 그 대책			
	7. 28	인천 앞바다의 적조			
	9. 14	그린벨트의 활용과 규제			
	10. 8	북한산 개발 계획			
	10. 10	지하 상가의 환경 오염			
	10. 25	환경 오염 경고와 대책			
	11. 28	호수의 수자원			
	12. 5	인도의 대형 가스 사고			
	12. 7	산업 폐기물의 안전 처리			
1985.	3. 14	공해 질병 온산의 경우	1985.	3. 8	'북한산' 백지화하라
	3. 30	농약 중금속의 허용 기준			——건설부는 왜 이리 끈 질긴가
	6. 3	첫 '공해 사장' 구속		3. 14	온산병, 아파요 아파요
	7. 9	온산의 공해와 주민		4. 5	살아 있는 금수강산
	10. 5	산을 되살리기 위해서는		4. 26	온산 괴질과 독화살
				10. 27	'공해쯤이야'의 상식
				11. 28	한강물과 서울 인심
1986.	5. 30	'공해 업소'와 '행정 공해'		2. 12	먼지 마실 마라톤 코스
	6. 26	서울의 산성비		5. 10	자연도 살고 나도 살고
	7. 7	88 요트 경기장의 악취		7. 6	강물이 썩는다면
	7. 12	서울의 얼굴 고치기		7. 8	악취의 88 요트 경기장
	7. 30	깨끗한 환경의 비용		7. 12	획기적인 개선책을
	8. 18	대량 소비의 뒤처리			——지방 환경청의 신설 등

	독 발생의 충격			
1988. 5.31	공해 배출은 살인 행위	1988. 7.31	악취
6. 4	도심의 방사능 사고	8. 2	서울시가 잘 안 보인다
6. 9	괸물은 썩는다		——'공해 올림픽'의 오
6.30	석재 개발의 재검토		명 두려워
7. 9	직업병과 공해	8. 5	산재 왕국 탈피해야
	——예방 치료 보상 체계		——본격 대응 필요하다
	의 보완을 서두르자	11.20	'환경부'의 필요성
7.20	크롬 중독을 보며	12.14	고리의 방사능 쓰레기
8. 6	원전의 직업병 비리	12.30	'위기의 지구'
10.22	원전에 만전 장치를		
12. 1	공해 산업의 졸업		
12.15	원전의 쓰레기 처리		
12.16	공해 공장 인가 안 될 말		
1989. 1. 6	상수원의 오염	1989. 1.31	샴푸 사용의 경고
	——더 늦기 전에 종합	2.18	스파이크타이어는공해다
	대책 서둘러야 한다	3. 5	오존층 파괴의 공포
6. 5	환경, 그 소중한 자원	6.20	특권층의 그린벨트 훼손
8. 3	원전 오염 철저 조사를	6.22	산하가 더 썩기 전에
8. 9	마실 물이 없다면	8. 9	수돗물 비상
8.12	상수도 대책과 행정 체계		——오염 숨겨온 당국자
8.22	팔당 수원지와 골프장		문책을
11. 4	공업용 라면?	8.11	환경청을 강화하라
	——기업가 정신 감시 기	8.19	불신 부르는 환경 행정
	능의 실종을 개탄한다	10. 4	산하, 쓰레기장 돼서야
11. 9	우지 파동	10.10	오염장·골프장
	——정부는 경솔하지 말고	11. 7	부정 식품, 당국은뭘 했나
	조기 수습하라	11.12	라면과 검찰
11.17	우지 파동이 남긴 것	11.18	라면 파동, 책임 소재 가
			려야

1992.11. 1	산림의 보전 육성과 토초세	1992. 6. 27	신문지 재활용 운동
		7. 26	그린벨트도 포기할 건가
		9. 28	구멍 뚫린 하늘
		11. 12	'일본 플루토늄' 비상
		11. 13	외국 공해까지 마셔야 할 판
		12. 7	대기 오염 정부는 왜 말이 없나
		12. 31	'환경 정치' 시대가 왔다
1993. 1. 9	파랗게 맑은 하늘을 보고 싶다	1993. 2. 8	정부부터 오염 줄여야
2. 1	지역 협력을 통해 환경 보전을	2. 10	동물 학대국의 오명을 벗자
2. 11	수은 전지는 위험 물질이다	2. 12	동북아 환경 협력 시동
2. 18	골프장 규제 해제 석연치 않다	2. 17	이름뿐인 환경보전위
6. 1	공해 도시의 먼지 대책	2. 18	환경처의 환경 파괴책
6. 4	국제환경협약의 활용	3. 10	종교계 시민 운동을 주목한다
6. 12	중국 공해에 우리 산하 멍든다	3. 12	원칙 분명한 완화를
8. 31	그린벨트 안의 외지인들	6. 5	환경처 제 목소리 내기
9. 26	미국 자리공이 자라는 국토	6. 28	수돗물 건강도 공방
9. 28	그린벨트 완화와 사후 관리	7. 4	'한국을 깨끗이'
10. 4	속수무책의 기름띠 피해	8. 31	투기 온상 그린벨트
10. 20	동해 핵바다로 만들려는가	9. 7	온 나라가 '님비' 소동
10. 22	핵폐기 방지 공조 체제를	9. 9	사라지는 도시의 숲
10. 23	환경 지역 공조 시대의 출범	9. 28	더 이상 훼손 없어야
10. 27	겉과 속 다른 일본	10. 5	기름 유출 막을 수 없나
11. 23	폐지 재활용의 손익 계	10. 21	국민의 핵 불감증
		10. 27	일본은 해명해야

	산서	1993. 11. 16	이제라도 '환경 평가'를
1993. 12. 10	환경을 위한 소비자 운동	11. 20	지리산 '환경' 공방
12. 21	그린라운드에 대비하자	12. 9	쌀 다음에 닥칠 것들

부록 4

주요 사설 내용

가) 환경 운동의 전사의 시기(**1960**년대~**1979**)

공해 피해자의 승소
──대법원의 판결을 지지-부연한다

비록 근대화 등 국가 사회의 중요 기능의 일부를 맡아하고 있는 기업인들이라고 하더라도 그들의 방약무인적(傍若無人的)인 공해 물질의 발산 행위 그로써 하는 인근 주민들의 생명 건강 재산에 대한 침해 행위까지 면책하게 해줄 수는 없다는 말이다.

우리는 사람의 생명과 건강과 재산과 그 기본인 환경(맑은 공기와 깨끗한 물)을 해치지 않는 방법(공해 방지 시설)을 강구하면서 목적을 달성해가자는 것이다. 경제 발전과 사회 정의와 기본 인권을 잘 조화-양립시키자는 말이다. (조선일보, 1973. 5. 24)

공해 산업 도입에 신중을

드디어는 일본의 공해 산업이 우리나라에 상륙했다. 〔……〕 그러나 이미 공장이 완공 단계에 이르렀다니 되돌이킬 수도 없는 일이지만 그 대신 인근 주민이나 그 공장에서 일하는 종업원들에게 절대로 피해가 가지 않도록 만전을 기해야 할 것이다. 〔……〕 조상대대로 물려받은 이 강토를 남의 나라의 공해 처리장으로 만들어버려서야 되겠는가. 산업의 근대화도 물론 중요하지만 우리에겐 이 강토가 그 무엇보다도 더 소중한 것이다. (동아일보, 1975. 8. 31)

지난 10몇 년 동안 계속된 경제 효율 제일주의 시책으로 대도시와 공단 지역의 생활 환경은 계속 악화되어왔다. 〔……〕

그러나 이 운동은 아직도 초기 단계의 미흡을 감추지 못하고 있는 것도 사실이다. 도시 근처의 산야나 계곡에 여기저기 난잡하게 내버려져 있는 각종 포장지와 휴지·빈병·깡통 등 쓰레기에서 그것은 단적으로 나타나고 있다. 우리나라 사람들의 의식 속엔 아직도 자연을 존중하고 외경하는 생각보다 자연을 천대하고 경시하는 생각이 뿌리 깊이 잔존하고 있다. 〔……〕

가능한 한 빨리 문교부와 협의, ‘자연 보호’가 각급 학교의 교육 과정에 편입되어졌으면 한다. 〔……〕 둘째, 자연 보호 운동이 ‘운동’으로서의 한계를 극복하기 위해 ‘자연보호법’을 마련할 필요가 있지 않나 한다. (조선일보, 1979. 10. 4)

나) 반공해 운동의 시기(1980~1987)

야생 동식물의 위기
——서둘러야 할 전국적인 분포의 파악과 대책

(멸종 위기의) 원인이 도시의 팽창과 산업화로 인한 무분별한 개발, 독성이 강한 농약의 남용, 수질 오염, 남획 등 때문임은 말할 필요도 없다.

우선 자연 자원의 개발만 보더라도 생태계에 미칠 영향은 전혀 고려하지 않고 경제적인 측면만을 앞세운 나머지 엄청난 자연 파괴를 일삼아왔다. 〔……〕 개발을 위해 자연이 파괴되고 〔……〕 받게 되는 피해가 〔……〕 더 큰 손실이라면 그것은 개발을 하지 않은 것만 못한 것이다. 〔……〕 우리의 자연 자원은 현재 살고 있는 세대만이 혜택을 누리는 데 그쳐야 하는 것이 아니다.

그러므로 먼저 행정 당국이 서둘러야 할 것이 사계의 학자들로 하여금 조사단을 구성하는 일이다. (동아일보, 1982. 3. 5)

물고기 떼죽음의 공포

그 고장의 발전을 위해서는 "얼마간의 불편쯤 참고 견디라"로 되기 쉽다. 이것은 지난날 공업 발전 우선 정책에서 "얼마간의 공해쯤 참고 견디라" 했던 당국의 시각하고도 통한다.

〔……〕 기업은 물론 이윤을 추구한다. 그러나 물고기를 떼죽음에 이르게 하고 그리하여 사람들에게 충격을 주는 행위가 허용되는 것일까. 〔……〕 물고기 떼죽음은 인간을 대신하여 기업과 공장에 대해서 윤리와 책임을 묻고 있다. (동아일보, 1983. 7. 29)

철저한 원인 규명을
——고기 떼죽음…… '공해 양심'을 재촉하며

만약 이 분석에 당국이 늑장을 부렸거나 그 원인을 가려내는데 기동성이 결여되었다면 단연 책임을 지고 넘어갈 문제가 아닐 수 없다. 〔……〕

폐수를 내는 기업주들의 '공해 양심'을 재촉하는 바이다. 〔……〕 나돈 벌기 위해 불특정 다수의 생명체를 해칠 수 없다는 양심을 이번 계기로 자신에게 되물어주어야 하겠다. (조선일보, 1983. 7. 30)

북한산 개발 계획
——환경 영향 평가부터 하여 자연 훼손 막도록

문제는 어떻게 하면 우리 주변의 자연을 훼손함이 없이, 또는 최소한으로 훼손을 줄이면서 보다 많은 사람이 이 아름다운 자연을 즐길 수 있도록 하느냐에 달려 있다. 그러므로 북한산 국립공원의 경우도 개발을 너무 서두를 것이 아니라 이를 개발할 경우 발생하게 될 훼손과 이용도의 상관 관계를 면밀히 사전에 영향 평가를 내린 다음 최소한의 훼손으로 최대한의 이용을 할 수 있는 선을 찾아야 한다는 것이다. (동아일보, 1984. 10. 8)

공해 질병 온산의 경우

공해화(禍)를 막기 위해서는 행정적으로 기준치 이하인 몇 ppm

이라고 데이터 발표에만 안주할 것이 아니라 현지에 상주 전문 연구원을 파견, 더 철저하게 조사하여 근본적인 대책을 세워야 할 것이다. (동아일보, 1985. 3. 14)

온산병, 아파요 아파요
——철저한 조사와 원인 규명과 조처를

온산공단의 존재 이유는 경제 성장을 통해서 우리들이 잘살자는 것이다. 그러나 어린이들까지가 그 공장에 산다는 것만으로 원인도 모르고 되도 없는 팔다리와 허리를 앓아야 한다면, 잘사는 자는 누구고, 병들고 죽어가는 자는 누구냐는 준열한 질문을 하게 된다. 〔……〕 정부와 현지 공단 업체들은 그런 병의 뿌리를 철저하게 캐서 밝히고 제거해야 할 의무와 책임이 있다. (조선일보, 1985. 3. 14)

온산 괴질과 독화살
——더 종합적인 원인 규명과 대책을

환자를 위한 실질적인 대책을 세워나간다는 것은 일단은 수긍할 만한 일이다. 이미 너무 늦은 이주와 치료, 환경 개선 등의 실질적인 대책은 약속보다 서둘러 차곡차곡 실천해야 한다. 〔……〕 문제의 온산공단 지대 괴질의 원인 규명을 역학 조사로만 그칠 것인가. 아니다 독화살의 출처를 규명하듯이 공장 폐수, 굴뚝에서 솟는 연기, 대기와 바닷물, 해산물 오염도 등에 대한 정확한 조사와 규명이 당연히 있어야 할 것이다. (조선일보, 1985. 4. 26)

온산의 공해와 주민

공장의 진출은 공해의 발생을 유발하고 그 지역의 생활 여건을 악화시켜버렸다. 〔……〕 이 점이 바로 지역 개발과 공단 입지간의 중대 문제이며 그 해결은 역시 기업들이 공해 방지에 만전을 기해주는 것일 수밖에 없고 그 점 기업들은 '본'을 보여주어야 한다. 유감스럽게도 온산공단의 경우에선 오히려 '逆'으로 나아간 것이 12개 기업들의 실상이었다. 〔……〕

중앙에서의 어떤 개발 결정이 해당 지역 주민들에겐 생활에 직결된 문제로서 큰 위협이 된다는 것을 온산공단 지역은 예시했다. 〔……〕 온산공단의 경우를 거울삼아 정부는 좀더 효과적인 공해 대책을 추진해주도록 당부한다. (동아일보, 1985. 7. 9)

자원 개발과 자연 보존

자연의 보존과 개발 문제를 상충적인 시각으로만 볼 것이 아니라 개발의 실익과 보존의 한계를 조화시키는 선택도 있을 것이라 믿기 때문이다. 〔……〕

외화의 절약, 고용의 창출, 주어진 자원의 최대 활용이라는 관점에서 개발론은 그대로 타당성을 지닌다. 그러나 정책의 조화는 필요하다. 산림 경관 환경 자원의 중요성도 외면할 수 없는 일이기 때문이다. 조화에 눈길을 돌린다면 국내 개발을 촉진하되 환경 경관 등의 사전 평가를 거치는 보완적 처리가 가능한 일이라 여긴다. (동아일보, 1986. 11. 7).

다) 환경 운동의 모색기(1988~1991)

공해 예방에 전력을
──제 1 호 카드뮴 중독 발생의 충격

산업의 고도화에만 몰두해 있을 때가 아니다. 이제는 생명의 **값도** 같이 다룰 시기에 와 있다. 공해 물질을 다루는 업소의 안전 관리를 이대로 소홀히 할 수는 없다. 근로자들의 자위(自衛) 강화, 감독 기관의 철저한 점검은 물론 사용자측의 책임 의식이 요구되는 시점이다. (동아일보, 1988. 5. 27)

공해 배출은 살인 행위

환경을 오염시키는 행위는 반경제요 반사회적이요 반인간적인 행위로 규탄되어야 마땅하다. 아니 그 이전에 환경을 오염시키는 행위는

살인 행위이며 언젠가는 행위자 자신도 그 피해의 대상에서 빠질 수
없다는 이치에 눈을 떠야 할 상황에 우리는 와 있다. (동아일보,
1988. 5. 31)

크롬 중독을 보며
——직업병 공해산업의 체계 있는 전환 서둘자

이제는 근본 대책을 서둘러야 할 단계다. 〔……〕 첫째, 실태를 빠
짐없이 밝혀내고, 둘째, 철저하게 예방 관리 대책을 세우고, 셋째,
공해 산업의 정리와 산업 개편 문제를 단계적으로 체계 있게 추진할
필요가 절박해지고 있는 것이다. 〔……〕

〔……〕 우리의 산업 체제를 공해 산업을 없애며 국제 경쟁력 있는 건
강 체질로 바꾸어가는 일에 관심을 모아야 할 시점이 아닌가 한다. (동아
일보, 1988. 7. 20)

환경 선언 채택
——개발과의 조화 정책에서 우선 정책으로

개발 우선의 정책에서, 개발과 환경 보전의 조화 정책에서 과감하게 벗
어나 환경 보전 우선 정책으로 돌아서는 일이 시급해진 오늘이다.

그를 위해서는 첫째, 환경 보전을 위한 정부 투자를 늘려야 한다.
〔……〕 둘째, 환경 정책 부서의 기능을 우리의 필요에 걸맞게 확대
해야 한다. 〔……〕 셋째, 오염원에 대한 규제를 강화해야 한다.
〔……〕 환경 정책의 획기적인 전환을 서두르는 일이 시급하다. (동아
일보, 1990. 1. 12)

환경 오염, 처벌 가중하라

시민들이 생활 과정에서 불가피하게 만들어내는 폐기물을 최소화
하려는 노력이 중요한 것은 물론이지만, 특히 기업이 생산 공정을 통
해 산출하는 공해 물질을 최소화해야 한다는 것은 널리 주지되고 있다. 그
러나 불행하게도 우리 사회에서는 대규모 공해 산출의 책임이 있는
대기업들이 상응한 책임을 지지 않고 있다는 점 때문에 세인의 의혹

과 지탄의 대상이 되고 있다. 〔……〕

해당자의 도덕적 각성과 환경 보전에 대한 책임 의식을 환기지 않을 수 없다. 그러나 우리는 그들의 도덕적 각성과 더불어 이들을 규제할 제도적 장치가 강화되어야 할 시점에 왔다고 생각한다. 〔……〕 우리는 정부가 과태료와 부과금을 적어도 공해 방지 비용보다는 더 높게 책정할 필요가 있다고 생각한다. 〔……〕 아울러 오염 방지 시설 설치에 대한 정부의 자금 지원도 확충되어야겠다. (조선일보, 1990. 2. 14).

환경 보전 우리 모두의 책임

대량 소비를 지향하는 금세기 인류는 지금 이 순간에도 하릴없이 누워서 자기 얼굴에 침을 뱉고 있는 형국이다. 〔……〕 환경을 깨끗하게 보전할 책임은 '너'인 환경처에만 있지 않다. 그 책임은 환경과 관련된 모든 사업 부처에도 있으며 입법과 관련된 모든 조직에도 있다. 그 책임이 어찌 국가에만 있겠는가. 생산자에게는 물론 1차적 책임이 있다. 그러나 그들에게만 책임을 돌리는 것도 '우리'에서 '나'를 빼는 발상이다. 공해의 피해자라고만 생각하기 쉬운 소비자도 오염의 큰 발생원이다. 〔……〕 환경 보전 국민 생활 수칙을 지키는 것은 소비자 우리 모두의 책임이다. (동아일보, 1990. 6. 6)

'우리'들의 물 문제
——소비자 기업·정부·정치인 모두 공심(公心)으로 대책을

물질적 풍요와 민주적 인간관계만으로 우리는 행복해질 수 없다. 이제 우리에게 더욱 절실한 것은 건강이며 그에 필요한 쾌적한 환경, 맑은 물, 청정한 공기이다. 마실 물이 없고 숨쉴 공기가 없고 땅이 썩고서는 물질이 지천으로 흔해진들, 주택 문제가 해결되고 민주 사회가 완성된들 우리는 행복해질 수가 없다. 〔……〕

어디서부터 어떻게 해야 할 것인가. 그 첫째가 공심(公心)을 세우는 일이라는 생각이다. 우리는 흔히 자기는 공해의 피해자라고만 생각한다. 자기가 물을 더럽힌 것은 생각하지 못하고 물이 더럽다고만 한탄한다. 〔……〕

〔……〕 있는 그대로를 공개하고 대책을 세우는 행정 관행을 하루
빨리 정착시켜야 한다. 또한 궁극적으로 권력과 정치인들의 책임임
을 명심해야 한다. (동아일보, 1990. 7. 2)

69배의 아황산 가스

에너지의 소모량은 산업화의 정도와 소비의 양에 비례할 수밖에
없다. 산업화가 진전되면 진전될수록 에너지의 소모는 늘 수밖에 없
으며 대량 소비의 복지 사회가 우리가 지향하는 목표인 이상 그 목
표에 가까워지면 가까워질수록 〔……〕 에너지의 수요는 늘어날 수
밖에 없다. 〔……〕

그러나 산업화와 대량 소비를 포기할 수 없는 것이라면 그와 환경 오염
의 함수비를 어떻게 줄이느냐 하는 것이 산업화와 대량 소비 지향의 전제
적 과제가 될 수밖에 없다. 우리에게 환경의 문제는 단순히 살기 좋은
환경을 지킨다는 의미만이 아니라 산업화와 대량 소비를 실현하는
전제로서도 큰 의미를 가진다. 〔……〕

저유황유의 공급을 늘려야 한다. 〔……〕 그렇게 연료의 종류부터
바꾸되 〔……〕 연소기의 개량과 매연 배출의 단속을 철저하게 넓혀
가야 한다. (동아일보, 1990. 7. 12)

영남 상수도 오염의 충격
——두산전자 등 기업 책임을 묻는다

재벌급의 계열 기업들이 침보다 더한 유독 물질을 강물에 몰래 흘
려버렸다. 〔……〕

이만한 경제라면 이제 가치의 우선 순위는 깨끗하고 쾌적한 환경, 건강
하고 행복한 삶 쪽에 있다. 그렇게 변한 정도에 걸맞게 이제는 환경을
깨끗하게 지키는 데 비용을 들여야 할 차례다. 그리고 그 일은 1차
적으로 기업의 책임이며 큰 기업의 의무다. (동아일보, 1991. 3. 21)

대기업의 환경 보전 책임

두산전자의 페놀 방류 사건은 과실이 아닌 고의 범죄였다. 〔……〕

그렇게 죄의식이 마비되고 책임에 눈뜨지 못한 채 경영되는 기업은 더 이상 이 땅에 필요치 않다. (동아일보, 1991. 3. 22)

책임 공직자를 문책하고 두산 경영진을 처벌하라

책임의 첫 단계는 의문의 여지 없이 오염의 원인 제공자에게 돌아가야 한다. 〔……〕

사회 의식의 진화와 새로운 가치관의 정립에 매우 중요한 초석이 될 수 있으며, 그래야만 낡고 왜곡된 가치관에서 탈피할 수 있게 된다. 아직도 그런 가치관에 젖어 있는 대기업 그룹이나 경제 단체들이 걸핏하면 환경 보호와 산업 발전을 상호 대립적인 것처럼 오동하고 있는 현실에서는 더더욱 그것이 절실하다.

두번째 책임은 공직자들에게 돌아가야 한다. 〔……〕 셋째는 제도화 행정 체계의 혁신이다. 환경 보전은 이제 산업화와 선진화에 필수적인 전제 조건이라는 인식이 아직도 우리 정치권이나 관료 엘리트 사이에는 형성되어 있지 않다. (조선일보, 1991. 3. 22)

시민 운동 잘하는 일이다

이번 불매 운동을 시발로 기업의 환경 오염 행위를 적발하고 감시하며 응징하는 시민 환경 운동이 한때에 그치지 않고 상시화하기를 기대한다. 〔……〕

한, 시민은 그 소비 행위로 환경을 오염시키는 또 하나의 오염원이다. 〔……〕 공해 유발적인 소비 행태를 자제하는 운동이 함께 있어야 한다. 쓰레기 덜 버리기, 분리 수기 운동에의 적극 협조, 공해 유발 물질 덜 쓰기, 자동차 덜 타기 등 시민이 소비자로서 할 수 있는 일을 다하는 운동이 함께 일어나야 한다. (동아일보, 1991. 3. 29)

앞으로의 환경 운동

물론 폭력은 반대해야겠지만, 치열한 행동을 불사할 만큼 환경 문제에 대한 시민 감정이 고양되었음은 우리의 환경 운동의 앞날을 위해 퍽 고무적인 전기로 보아야 할 것이다. 〔……〕 환경 오염에 일차적 책임을 가진 정부만 질타할 것이 아니라, 시민들의 의식화, 유관 사회 기관의 환경 운동 참여 등 환경 운동 주체의 다원화야말로 환경 보존으로 가는 정상 궤도임이 분명하다. 〔……〕 수돗물 오염 때문에 시민 감정은 격앙되어 있다. 그러나 이번 감정은 삭여야 할 대상이 아니라 반드시 의식으로 승화되어야 할 계기이다. 때문에 시민들을 환경 의식으로 무장하려는 뜻있는 각계 사회 단체의 다발적 출현을 고대하는 바이다. (조선일보, 1991. 3. 31)

물보다 수출이 더 급한가

정부가 페놀 방류 사건의 책임을 물어 두산전자에 내린 조업 정지 처분을 앞당겨 해제한다는 것은 정부의 단견과 근시안적 행태를 여실히 드러낸 것이다 〔……〕 정부가 지금 걱정해야 할 일은 전자 제품의 수출이 아니라, 깨끗한 물과 맑은 공기를 되찾기 위한 지혜와 역량의 결집이다. 〔……〕 고의든 과실이든 페놀 방류의 모든 책임은 엄중히 물어져야 하며 바로 거기서부터 우리 사회의 새로운 환경 인식이 발아할 수 있다는 것이 우리의 변함없는 생각이다. (조선일보, 1991. 4. 5)

라) 환경 운동의 확산기(1992~   )

환경 지키는 기술이 필요하다

오는 6월 브라질에서 열릴 지구정상회담이 탄산 가스의 방출량 규제 조치를 마련하기에 이른 것은 이대로 지구 환경을 파괴하면서는 경제의 지속적인 성장과 그를 통한 소비의 증대가 불가능하다고 믿게 되었기 때문이다.

지구 환경 훼손의 1차적 책임은 물론 선진 공업국 쪽에 있다. 국민 1인당 연간 탄산 가스 방출량은 선진 공업국이 개발도상국의 3배, 미개발국의 6배에 이르고 있다. 따라서 그 복구와 보전 책임도 1차적으로 선진공업국 쪽에 있다.

그러나 지구는 하나다. 선진공업국의 책임을 촉구해야 마땅하나 그렇다고 우리도 그만큼 쓰게 될 때까지는 지구 환경에 책임을 질

수 없다고 버틸 입장이 아니다. 수출 의존, 선진 시장 의존형 경제 구조를 가지고 있는 우리 같은 개발중진국의 경우는 더더욱 환경 보전을 위한 세계 질서를 거부하기는 어렵다.

따라서 우리에게도 미래를 좌우하는 요인은 환경과 기술이다. 그 두 가지의 조화 없이는 산업의 확대 개발과 소비의 증대가 벽에 부닥칠 수밖에 없다. (동아일보, 1992. 5. 22)

참고 문헌

가) 논문과 책

구도완(1993), 「한국 환경 운동의 이데올로기 지형」, 문화와사회연
　　　구회 편, 『현대와 탈현대』, 사회문화연구소, pp. 259~306.

권태환, 김두섭(1990), 『인구의 이해』, 서울대 출판부.

김경동, 홍두승 편(1992), 『원자력과 지역 이해』, 서울대 출판부.

김동춘(1993), 「한국 노동자의 사회적 고립」, 서울대 사회학과 박
　　　사학위 논문.

김용창(1991), 「한국에서 새로운 사회 운동의 올바른 논의를 위하여」,
　　　『사상 문예 운동』, 1991 가을, 풀빛, pp. 98~117.

김정수(1980), 「환경청 발족의 정책 과정」, 연세대 정치학과 석사
　　　학위 논문.

김지하(1992), 『생명』, 솔.

김창엽(1991), 「환경 문제와 신문 사설」, 『환경 보도』, 한국언론
　　　연구원, pp. 171~231.

김환석(1993), 「환경 위기——자본주의의 위기인가, 포드주의의 위기
　　　인가」, 『경제와 사회』, 1992 겨울, 한울, pp. 104~15.

문순홍(1992), 『생태 위기와 녹색의 대안』, 나라사랑.

박상철(1991), 「환경 운동과 변혁 운동」, 『사상문예운동』, 1991 가
　　　을호, 풀빛, pp. 118~29.

박현옥(1986), 「한국의 공업 도시와 환경 운동——온산 공업 단지의
　　　경우」, 『사회학 연구』, Vol. 4, pp. 192~221.

배규한(1991), 「환경 보전에 관한 국민 의식의 변화」, 대통령 자문
　　　21세기위원회, 『국가 발전 모델(Ⅱ)』.

벡, 울리히(1991), 「공업화된 위험 사회로 가는 길목에서」, 최재현 편, 『현대 독일 사회학의 흐름』, 형성사, pp. 339~50.

서경석(1992), 「경실련 운동의 평가와 전망」, 경실련 출범 3주년 기념 세미나 발표문.

슈마허(1980), 『작은 것이 아름답다』, 전망사.

스프레트낙과 카프라(1990), 『녹색정치』, 정신세계사.

알트파터엘마(1991), 「정치경제학의 생태학적 비판 서론 11게테 제」, 쿠진스키·윌러스타인 외, 「전환기의 마르크스주의」, 공동체.

양종회(1992), 「우리나라 국민들의 환경 문제에 대한 의식의 변화 및 사회적 기반」, 『한국사회학 제26집』 겨울호, pp. 89~ 120.

유인호(1973), 「경제 성장과 환경 파괴」, 『창작과비평』, 1973년 가 을호, pp. 868~96.

______ (1980), 「70년대 경제 성장의 회고──반성과 전망」, 『창작 과비평』, 1980년 봄호, pp. 7~28.

이득연(1992), 「주민 환경 운동의 전개 과정과 의미 구성」, 연세대 사회학과 박사학위 논문.

이만갑·한완상·김경동(1979), 『사회조사방법론』, 학창사.

이시재(1992a), 「환경 문제, 환경 운동, 그리고 민주주의」, 『한국 공간 환경의 재인식』, 한울, pp. 323~45.

______ (1992b), 「90년대 사회 변동과 사회 운동의 과제와 방향」, 『한국의 국가와 시민사회』, 한울, pp. 441~66.

정근식(1991), 「주민 운동의 구조와 역학에 관한 비교 연구」, 서울 대 사회학과 박사학위 논문.

정준금(1992), 「환경 정책의 집행 과정에 관한 연구──환경 규제의 계기, 지침 결정 및 실현을 좌우하는 요인」, 서울대 행정학 과 박사학위 논문.

정태석(1994), 「환경 사상의 몇가지 쟁점」, 『동향과 전망』, 1994 가을호, 통권 23호, 녹두.

조홍섭(1993), 「몸으로 막은 국정 감사」, 과학기자모임 편, 『신한국

과학 기술을 위한 연합 보고서』, 희성출판사, pp. 246~71.
최경애(1993), 「한국 전문 환경 운동 단체의 가치 지향과 그 요인에 관한 연구」, 성균관대 사회학과 석사학위 논문.
최병두(1992), 「자본주의 사회와 환경 문제」, 한국공간환경연구회 편, 『한국 공간 환경의 재인식』, 한울, pp. 293~322.
_____ (1993a), 「자본주의의 위기이며 동시에 포드주의의 위기인 환경 위기」, 『경제와 사회』 1992년 겨울호, 한울, pp. 116~33.
_____ (1993b), 「환경 운동의 철학적 기초와 전망——마르크스주의와 신사회운동론의 재검토」, 『이론』, 1993년 가을호, pp. 235~56.
쿠진스키 외(1991), 『전환기의 마르크스주의』, 공동체
페퍼, 데이비드(1989), 『현대환경론』, 한길사.
한살림(1990), 『한살림』, 한살림
화이트, 윌리암 F.와 캐서린 K. 화이트(1992), 김성오 역, 『몬드라곤에서 배우자』, 나라사랑.
한완상(1984), 『민중사회학』, 종로서적.
황태연(1992), 『환경정치학과 현대 정치 사상』, 나남.

Beck, Ulrich(1992), *Risk Society——Towards a New Modernity*, London, Sage Publications.
Buttel, Frederick H.(1976), "Social Science and the Environment: Competing Theories," *Social Science Quarterly*, Vol. 57, pp. 307~23.
_____ (1978), "Environmental Sociology: A New Paradigm?" *The American Sociologist*, Vol. 13, pp. 252~56.
Capra, F.(1982), *The Turning Point*, 이성범·구윤서 역(1985), 『새로운 과학과 문명의 전환』, 범양사.
Carson, Rachel(1962), *Silent Spring*, 이길상 역(1990), 『침묵의 봄』, 탐구당.

Catton, William R. and Riley E. Dunlap(1978), "Environmental Sociology——A New Paradigm," *American Sociologist,* Vol. 13, pp.41~49.

______ (1980), "A New Ecological Paradigm for Post-Exuberant Sociology," American Behavioral Scientist, Vol. 24-1, pp.15~47.

Cohen, Jean L. and Andrew Arato(1992), *Civil Society and Political Theory*, Massachusetts, MIT Press.

Commoner, Barry(1971), *The Closing Circle*, 송상용 역 (1980), 『원은 닫혀야 한다』, 전파과학사.

Dobson, Andrew(1990), *Green Political Thought*, 정용화 역 (1993), 『녹색정치사상』, 민음사.

Downs, Anthony(1972), "Up and down with ecology—— The 'the Issue-Attention Cycle'," *Public Interest*, Vol. 28, pp.38~50.

Dunlap, Riley(1989), "Public Opinion and Environmental Policy," James P. Lester(ed), *Environmental Politics and Policy——Theories and Evidence*, Durham and London, Duke University Press, pp.87~134.

______ (1992), "Trends in Public Opinion Toward Environmental Issues: 1965~1990," Riley E. Dunlap and Angela Mertig(ed), *American Environment-alism*, Pullman, Philadelphia, Taylor & Francis, pp.89~116.

Dunlap, Riley E. and William R. Catton Jr.(1979a), "Environmental Sociology," *Annual Review of Sociology* Vol. 5, pp.243~73.

Dunlap, Riley E. and William R. Catton Jr.(1979b), "Environmental Sociology: A Framework for Analysis," Timothy O'Riordan and Ralph C d'Arge(ed), *Progress in Resource Management and Environmental Panning*, vol.1, England, John Wiley & Sons.

Dunlap, Riley E. and George H. Gallup, Jr. and Alec M. Gallup(1993), "The Health of the Planet Survey— A Preliminary Report," KSA International Conference Paper.

Eisinger, Peter K.(1973), "The Conditions of Protest Behavior in American Cities," *The American Political Science Review,* Vol. 67, pp. 11~28.

Giddens, Anthony(1990), *The Consequences of Modernity,* Cambridge, Polity Press.

Gorz, André(1980), *Ecology as Politics,* Boston, South End Press.

Habermas, Jürgen(1981), "New Social Movements," *Telos,* Vol. 49, pp. 33~37.

Humphrey, Craig R. and Frederick R. Buttel(1982), *Environment, Energy, and Society,* Belmont, Wadsworth Publishing Company.

Inglehart, Ronald(1977), *The Silent Revolution,* Princeton, Princeton University Press, 정성호 역(1983), 『조용한 혁명』, 종로서적.

______ (1981), "Post-Materialism in an Environment of Security," *The American Political Science Review,* Vol. 75, pp. 880~900.

Jenkins, J. Craig(1987), "Interpreting the stormy 1960s: Three Theories in Search of a Political Age," *Research in Political Sociology,* Vol. 3, JAI Press, pp. 269~303.

Kitschelt, Herbert P.(1986), "Political Opportunity Structures and Political Protest: Anti-Nuclear Movements in Four Democracies," *British Journal of Political Science,* Vol. 16, pp. 57~85.

______ (1990), "New Social Movements and the Decline of

Party Organization," R. J. Dalton and M. Kuechler, *Challenging the Political Order*, Cambridge, Polity Press.

Kwon, Tai-Hwan(1989), "Perception of the Quality of Life and Social Conflicts," Korean National Commission for UNESCO, *Korea Journal*, Vol. 29, No. 9, Sep.

Laclau, Ernesto and Chantal Mouffe(1985), *Hegemony and Socialist Strategy——Toward A Radical Democratic Politics*, London, Verso.

McAdam, Doug and John D. McCarthy and Mayer N. Zald (1988), "Social Movements," Neil Smelser(eds), *Handbook of Sociology*, Sage Publications, pp. 695~737.

McCarthy, John and Mayer N. Zald(1977), "Resource Mobilization and Social Movements——A Pratical Theory," *American Journal of Sociology*, Vol. 82-6, pp. 1212~41.

Meadows et al.(1972), *Limits to Growth*, 김승한 역(1972), 『인류의 위기』, 삼성미술문화재단.

Milbrath, Lester W.(1984), *Environmentalist——Vanguard for a New Society*, State University of New York Press, Albany.

Mitchell, Robert Cameron(1990), "Public Opinion and the Green Lobby——Poised for the 1990s?" Norman J. Vig and Michael E. Kraft(ed), *Environmental Policy in the 1990s——Toward a New Agenda*, Washington D. C., Congressional Quarterly Inc., pp. 81~99.

Morrison, Denton E. and Riley E. Dunlap(1986), "Environmentalism and Elitism: a Conceptual and Empirical Analysis," *Environmental Management*, Vol. 10 No. 5, pp. 581~89.

O'Connor, James(1988), "Capitalism, Nature, Socialism——

A Theoretical Introduction," *Capitalism Nature Socialism*, No. 1, Fall 1988.

______ (1991), "'External, Natural' Conditions of Production, The State, and Political Strategy for Ecology Movements," Conference Paper, CES/CNS Pamphlet 1, pp. 23~28.

Offe, Claus(1985), "New Social Movements——Challenging the Boundaries of Institutional Politics," *Social Research*, Vol. 52-1, pp. 817~68.

______ (1987), "Challenging the Boundaries of Institutional Politics——Social Movements since the 1960s," Charls S. Maier(eds), *Changing Boundaries of the Political*, Cambridge, Cambridge University Press.

Paehlke, Robert and Douglas Torgerson(1990), *Managing Leviathan——Environmental Politics and the Adminisrative State*, London, Belhaven Press.

Pêcheux, Michel(1982), Language, Semantics, and Ideology, New York, St. Martin's Press.

Reich, Michael R.(1984), "Mobilizing for Environmental Policy in Italy and Japan," Comparative Politics, Vol. 16-4, pp. 379~402.

Schumacher, E. F.(1973), *Small is Beautiful*, 배지현 역(1980), 『작은 것이 아름답다』, 전망사.

Schnaiberg, Allen(1975), "Social Synthesis of the Societal——Environmental Dialectic: The Role of Distributional Impacts," *Social Science Quarterly*, Vol. 56, pp. 5~20.

______ (1980), *The Environment——From Surplus to Scarcity*, Oxford, Oxford University Press.

Scott, Alan(1990), *Ideology and the new social movements*, London, Unwin Hyman Ltd.

Tarrow, Sidney(1989), *Struggles, Politics and Reform —— Collective Action, Social Movements, and Cycles of Protest*, Wester Societies Program Occasional Paper No. 21, Center for International Studies Cornell University.

Touraine, Allen(1977), *The Self—— Production of Society*, Chicago and London, University of Chicago Press.

White, Lynn Jr.(1967), "The historical Roots of Our Ecological Crisis," *Science*, Vol. 155, pp. 6~16.

Walsh, Edward J.(1981), "Resource Mobilization and Citizen Protest in Communities around Three Mile Island," *Social Problems*, Vol. 29-1, pp. 1~21.

나) 자료

경제정의실천시민연합(1991), 『경제정의』 제 7 호.

경제정의실천시민연합 환경개발센터, 조선일보사(1993), 『환경을 지키는 한국의 민간 단체』.

공해추방운동연합, 『생존과 평화』.

낙동강살리기운동협의회, 페놀피해임산부모임, 환경보존변호사모임 편(1992), 『페놀 사태 자료집』.

내무부(1980), 『자연보호백서』.

대륙연구소(1990a), 『환경 보전에 관한 국민 의식 조사』.

______ (1990b), 『환경 보전에 관한 국민 의식 조사』 결과 집계표.

동아연감(1983~1993).

미디어 리서치, 공해추방운동연합(1991), 『환경 보전에 관한 국민 의식 조사 결과 보고서』.

서울대 인구및발전문제연구소(1991), 『방사성 폐기물 처분에 관한 공개토론회』 자료집 (1991. 8. 29).

서울대 환경안전연구소(1987), 『환경 관계 사설집(1982~1986)』.

서울YMCA시민자구운동본부(1990), 『환경 문제 해결은 시민 모두의 힘으로——환경 위기의 실태와 대책』.

정호경·김지하 외(1985), 『삶이냐 죽음이냐』, 형성사.
한국공해문제연구소 편(1983), 『내 땅이 죽어간다——공해 문제의
        인식』, 일월서각.
______ 『공해연구』 제1호~제10호.
______ 『공해 신문 자료 모음』, 1982~1987.
______ (1986), 『한국의 공해 지도』, 일월서각.
한국기독교사회문제연구원 편(1981), 『한국의 산업화와 공해 문제』.
______ (1982), 『공해 문제의 인식』
______ (1986), 『우리 애들만은 살려 주이소——온산의 공해 실태와
        민중 운동』, 민중사.
한국반핵반공해평화연구소(1988~1990), 『핵과 공해 문제 신문 자료
        모음』.
한국교회환경연구소(1991), 『핵과 공해 문제 신문 자료 모음』.
______ (1992), 『평화와 환경 문제 신문 자료 모음』.
한국사회과학연구협의회(1992), 『방사성 폐기물 관리의 국민 이해
        제고 방안』, 한국원자력연구소 부설 원자력환경관리센터.
한국형사정책연구원(1993), 『한국의 환경 오염 및 환경 범죄의 실
        태와 대책』.
한살림모임(1990), 『한살림』, 한살림.
환경운동연합(1995), 『환경 운동, 1995. 4』
환경청(1982a), 『환경 보전에 관한 국민 의식 조사』
______ (1982b), 『환경보전』 1982.
______ (1984), 『환경보전』 1984.
______ (1986), 『환경보전』 1986.
______ (1987), 『환경보전에 관한 국민 의식 조사』
______ (1988), 『환경보전』 1988.
환경처(1991), 『환경 관계 사설집 (1980~1990)』(Ⅰ), (Ⅱ), (Ⅲ).
______ (1993), 『환경백서』 1992.
______ (1994), 『환경백서』 1994.
환경처 중앙환경분쟁조정위원회(1992), 『환경 오염 피해 분쟁 조정
        사례집』 제1집.

다) 일간 신문

경향신문
동아일보
민주일보
서울신문
조선일보
중앙경제신문
중앙일보
한겨레신문
한국일보

정의롭고 지속가능한 사회를 위한
환경 정책의 방향

1. 머리말

1992년 리우환경회의를 계기로 우리 사회에서 '지속가능한 발전'은 하나의 화두가 되었다. 이 회의는 회의의 이름부터 환경과 발전에 관한 유엔회의(United Nations Conference on Environment and Development: UNCED)였다. 1972년 『성장의 한계』(Meadows et al, 1972)가 인류에게 던져준 미래에 대한 암울하고 파국적인 이미지를 벗어던지고 성장과 환경이 행복하게 만나 인류가 영원히 지구에서 번영할 수 있다는 희망을 실현하기 위하여 수많은 지구촌 사람들이 리우에 모였다. 그 결과 '환경적으로 건전하고 지속가능한 발전(Environmentally Sound and Sustainable Development: ESSD)이라는 개념은 환경 운동과 환경 정책 등 모든 환경 담화의 지배적인 경향으로 자리잡게 되었다.

그러면 지속가능한 발전이란 과연 무엇이고 이것은 어떻게 가능한 것일까? 이러한 질문이 이 논문의 연구 문제이다. 저자는 먼저 『성장의 한계』의 의미를 검토한 후 이에 대한 새로운 대안으로 등장한 '지속가능한 발전'의 개념을 검토해보겠다. 지속가능한 발전은 논자에 따라서 다양한 의미로 규정될 수 있을 것이다. 그러나 오늘날 전지구적으로 가장 널리 받아들여지고 있는 개념은 세계환경발전위원회의 보고서『우리 공동의 미래』의 정의이다. 이 보고서에서는 지속가능한 발전의 의미를 "미래 세대의 욕구 충족을 저해하지 않는 범위내에서 현세대의 욕구를 충족시키는 발전"으로 정의하고 있다.

저자는『우리 공동의 미래』를 중심으로 지속가능한 발전 개념의 성과와 한계를 검토해보고자 한다. 이를 바탕으로 우리는 지속가능한 발전이라는 문턱을 넘어서서 '정의롭고 지속가능한 사회'라는 보다 근본적인 이상향을 설정할 수 있을 것이다. '지속가능한 발전'이 갖고 있는 강한 성장 중심주의, 그리고 기술 낙관론과 보수주의를 극복하고 사회적 형평과 정의, 그리고 생태계의 보호를 함께 추구할 수 있는 새로운 개념을 우리는 필요로 한다. 아울러 정의롭고 지속가능한 사회를 위해 어떤 사회 정책의 원칙을 세워야 할 것인가에 대해서 토론해보도록 하겠다.

2. 성장의 한계

구미에서 환경 문제를 사회적 의제로 확립시킨 가장 중요한 저작 가운데 하나는 로마클럽 보고서『성장의 한계』일 것이다. 이 저작은 인류 역사상 최초로 컴퓨터 프로그램을 사용하여 인류와 지구의 암울한 미래를 전망했다. 이 보고서는 첫머리에 인간의 시야를 그래프로 보여준다. 가로축은 시간, 세로축은 공간을 표시한다. 시간적으로 우리는 '다음 주, 앞으로 몇 년 후, 일생, 아이들의 일생'과 같이 먼 미래로 갈수록 적은 관심을 갖게 된다. 공간적으로는 '가족, 이웃동네·직장·도시, 인종·국가, 세계'로 넓어질수록 관심을 덜 갖게 된다. 거의 모든 사람들의 관심은 그래프의 왼쪽 아래 부분에 집중되어 있다. 인류의 대부분은 자기와 가족의 생계를 이어나가기 위해 농사를 짓거나 회사에 나가 일하느라고 먼 미래의 지구의 문제에 대해 생각할 여유가 없다(Meadows et al, 1972: 17~19).

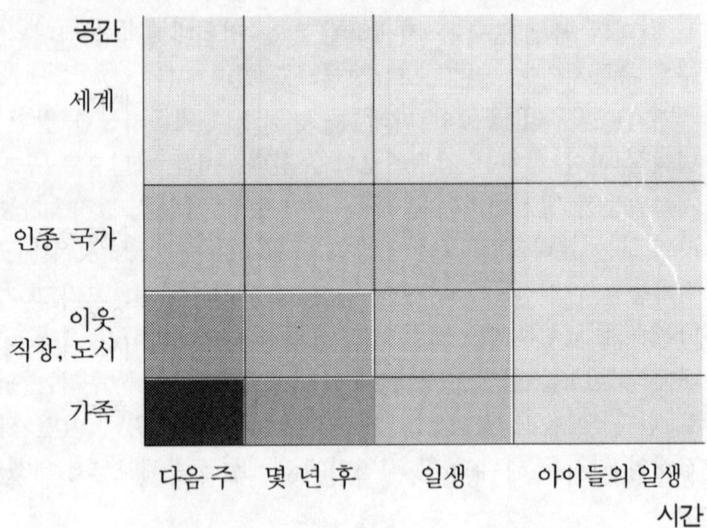

『성장의 한계』는 이와 같이 대부분의 사람들이 생각하지 않거나 생각할 수 없는 미래의 지구의 지속가능성의 문제, 즉 그래프의 오른쪽 위에 걸쳐 있는 문제를 탐구한다. 이 책은 경제 성장 속도가 지속되거나 늦추어진다고 가정할 때 미래에 닥칠 변화를 컴퓨터 모델을 통해 예측했다. 그 결과는 다음과 같은 세 가지 명제로 정리된다.

1) 세계 인구, 산업화, 오염, 식량 생산, 자원 고갈의 성장 추세가 현재대로 계속된다면, 앞으로 백년 내에 지구상에서 성장의 한계가 도래하게 될 것이다. 가장 있을 만한 결과는 인구와 산업 능력의 다소 갑작스럽고 통제할 수 없는 감소일 것이다.
2) 이러한 성장 경향을 변경시키고 먼 미래까지 지속가능한 생태학적이고 경제적인 안정성을 확립하는 것은 가능하다. 지구상의

398

모든 사람들의 기본적인 물질적 욕구가 충족되고, 모든 사람이 자신의 개인적인 인간적 잠재력을 실현할 수 있는 평등한 기회를 갖도록 전지구적 균형 상태를 설계하는 것은 가능하다.

3) 전세계 사람들이 첫번째 결과가 아니라 두번째 결과를 위해 노력하기로 결심한다면 그들이 그것을 달성하기 위한 행동을 더 빨리 시작하면 할수록 그들이 성공할 가능성은 더 커질 것이다. (Meadows et al, 1972: 23~24).

『성장의 한계』는 있을 수 있는 낙관적인 변화도 프로그램에 넣어보았다. 즉 경제적으로 이용 가능한 자원의 양을 두 배로 가정해보았다. 이 경우에는 산업화가 무절제하게 진행되어 오염의 양이 너무 많아져서 성장은 한계에 부닥치게 된다. 다음으로 자원의 양이 두 배이고 오염 수준을 1970년의 1/4로 낮춘 것으로 가정해보았다. 이 경우에는 도시화와 산업화로 인해 줄어든 경작지 부족 때문에 성장의 한계에 도달하게 된다. 이러한 형태로 가능한 기술적 해결책들을 '최대한' 낙관적으로 전망하여 예측해도 결과는 역시 2100년 이전에 성장이 한계에 다다른다는 것이었다. 결국 기술적 해결책만을 적용하는 것은 인구와 산업의 성장 기간을 연장시킬 수는 있지만 성장의 궁극적인 한계는 제거하지 못한다(Meadows et al, 1972: 141).

이러한 시뮬레이션 결과를 바탕으로『성장의 한계』는 성장으로부터 균형으로 나아가야 한다고 주장한다. 전지구적 균형 상태란 "인구와 자본을 늘이고 줄이는 힘이 주의깊게 통제된 균형 속에서, 인구와 자본이 본질적으로 안정되어 있는 상태"를 말한다(Meadows et al: 171). 다시 말해서 출생률과 사망률이 같고, 자본의 증가율과 소모율이 같은 정상 상태의 경제 *steady-state economy*만이 전지구적인 균형을 이룰 수 있는 길인 것이다.

이 책은 인류의 미래에 대한 많은 논란을 불러일으켰다. 이 책은 저자들 스스로도 불완전하고 지나치게 단순화되었고, 미완성이라고 말할 정도로 많은 문제들을 갖고 있다. 이들이 정리한 정보는 제한되어 있었고, 수학적 가정도 많은 비판을 받았다. 예를 들어 천연 자원의 고갈에 대한 그 보고서의 예측은 거의 잘못된 것으로 판명되었다(돕슨, 1993: 100).

그러나 보다 중요한 비판은 이들의 수학적인 가정의 오류보다도 예측의 불가능성 때문에 분석에서 제외시킨 사회 제도, 가치관 변화와 같은 변수들을 이 모델이 설명할 수 없다는 것이다. 많은 사람들은 한편으로 인간의 가치관이 변할 수 있다는 데 희망을 걸었고, 다른 한편으로는 기술의 발달을 통해서 문제를 해결할 수 있다고 보았다.

험프리와 버틀Humphrey and Buttel은 『성장의 한계』에 대한 비판들을 인간 예외주의 패러다임과 새로운 생태학적 패러다임으로 나누어서 설명했다(험프리와 버틀, 1995: 160~66). 먼저 인간 예외주의 패러다임의 비판을 살펴보자.

전통적 우파들은 성장이 가져다주는 혜택을 강조하면서 기술의 무한한 발전을 통해 생태계의 한계를 극복할 수 있다고 주장했다. 경제 성장을 통해서만 불평등과 빈곤을 극복할 수 있으며 그것은 가능하다고 보았다.

반면 전통적 좌파 지식인들은 『성장의 한계』에 드리워져 있는 맬서스주의를 경계했다.[1] 이들은 다국적 기업의 지원을 받는 로마클럽이 '우주선 지구호'의 한정된 승선 인원만을 강조하면

---

1) 맬서스의 충실한 제자, 개릿 하딘Garret Hardin은 환경 위기의 근본 원인을 인구 증가라고 보고 다음과 같은 인종주의적인 발언을 서슴지 않았다: 날마다 우리(미국인)는 더 작은 소수가 되어간다. 우리는 1년에 겨우 1% 늘어가는데 나머지 세계는 2배 빨리 늘어난다. 2000년까지는 24명 가운데 한 사람이 미국인일 것이고 100년 있으면 46명에 하나가 될 것이다. 〔……〕 세계가 모든 식량이 똑같이 공유되는 큰 방목하는 목장이라면 우리는 잃어버린 아이가 될 것이다. 더 빨리 번식하는 사람들이 나머지를 대치할 것이다. 〔……〕 번식의 조절이 없을 때 '한 입에 한끼' 정책은 끝내 온통 비참한 세계를 만든다. 완전하지 못한 세계에서 파멸을 가져올 번식 경쟁을 피하려면 영토에 바탕을 둔 배당의 권리는 지켜져야 한다. 문명과 품위가 어디서든지 살아남을

400

서 제3세계의 민중들의 생존권을 박탈하고 그들의 책임을 인류 전체의 책임 혹은 생태계의 책임으로 돌려버린다고 비판했다.

이 두 입장은 모두 성장의 자연적 한계를 애써 부인하려 한다. 그러나 새로운 생태학적 패러다임을 받아들이는 사람들은 『성장의 한계』가 말하는 지구 생태계의 자연적 한계, 즉 수용력의 한계에 대한 이 보고서의 주장을 받아들인다. 그러나 한정된 지구 안에서 어떻게 인류의 위기를 극복하는가 하는 문제에 대한 해결책은 정치적 입장에 따라 다르다.

정치적 보수주의자들은 가치관의 점진적인 변화나 가격 정책을 통해 문제를 해결할 수 있다고 본다. 반면 자유주의자들은 MIT팀이 성장의 원인 특히 성장으로부터 이익을 얻는 정치경제적 이익 집단을 제대로 보지 못했다고 비판한다. 즉 MIT팀은 성장의 사회적·정치적 동학을 이해하지 못했기 때문에 현실적인 정책을 제시할 수 없다는 것이다. 급진주의적 이론가들은 자원 부족과 오염의 원인은 자본주의라고 보고 대안적 형태의 경제 조직 아래에서는 세계의 빈곤층의 생활 수준을 생물물리학적 한계를 초과하지 않고 현저히 개선할 수 있다고 본다.

그러나 『성장의 한계』가 비판만 받은 것은 결코 아니다. 이 책은 (심층) 생태주의자들의 적극적인 지지를 받았다. 심층생태론 *deep ecology* 을 새롭게 정치화하려는 생태정치학자 돕슨 Dobson 은 『성장의 한계』를 매우 높이 평가한다. 그는 기술 발전만으로는 현대의 위기를 극복할 수 없는 이상 완전히 새로운 가치관, 새로운 사회 체제가 필요하다고 주장한다. 즉 새로운 금욕주의를 바탕으로 절제된 소비와 생활 양식으로 변혁해야 한다고 주장한다.

것 같지는 않다. 그러나 살아남는 곳이 없는 것보다는 몇 군데라도 있는 것이 낫다. 운 좋은 소수는 정보에 어두운 선한 의도에 의해 위협받는 문명의 관리인으로 행동해야 한다(카머너, 1980에서 재인용: 294~95).

미국의 소비 수준을, 늘어나는 나머지 세계의 사람들에게 확산시키는 것은 1979년의 세계 생산량의 130배 이상을 필요로 할 것이기 때문에, 증가하는 성장과 소비에 대한 열망은 항상 충족될 수 없다. (돕슨, 1993: 100)

이러한 판단을 바탕으로 돕슨은 정치 생태주의자로서 지속가능한 사회에 대해 두 가지 점을 강조한다.

첫번째는 선진 산업 국가에서 개인들에 의한 물질적 재화의 소비는 줄어들어야 한다는 것이고 두번째는 오늘날 우리가 이해하고 있는 지속적인 경제 성장으로는 인간의 욕구가 극대로 만족되지 않는다는 것이다. (돕슨, 1993 : 29~30)

『성장의 한계』는 많은 비판을 받았다. 그러나 사회주의와 자본주의 모두를 비판하는 새로운 무정부주의·공동체주의를 주장하는 생태주의자로부터 열렬히 환영을 받고 있다. 이러한 극단적 평가 속에서 우리는 이 책의 성과와 한계를 함께 보아야 할 것이다. 『성장의 한계』는 지구 전체의 미래를 수학적으로 예측하고 지구의 물리적 한계를 인식시켜주었다는 점에서 생산력 중심주의의 오만한 자신감을 공격한 기념비적 저작이다. 이 책 때문에 자본가나 공산주의자 모두 생산력주의 혹은 프로메테우스주의의 한계를 인식하게 되었다. 이것은 이 책이 지구 전체의 자원, 오염 정도, 인구, 식량 생산, 산업화 정도를 평균으로 계산했기 때문에 명확하게 가시화되었다.

그러나 이러한 평균 계산은 논리적 명쾌함과 동시에 정치적 모호성과 현실적 부적합성을 동시에 갖고 있었다. 현실적으로 세계에서는 불균등 발전이 구조화되어 있다. 제1세계가 지속적으로 성장하고 신흥 공업국들이 급속하게 성장해온 반면, 제3세계의 저개발국들은 식량 생산, 공업 생산 등 모든 면에서 정

체와 퇴보를 거듭하고 있다. 지구의 한편에서는 잉여 농산물로
골머리를 썩이는 반면 다른 한편에서는 영양 결핍으로 수많은
사람들이 죽어가고 있다. 오늘날 미국의 어린이 1명은 사하라
이남 아프리카 어린이들 50명이 쓰는 에너지를 사용하고 있다.
선진국은 지구의 에너지와 자원을 독점적으로 사용하고 있으며
엄청난 이산화탄소를 방출하고 있다. 이러한 불평등한 자원의
분배 구조에 대한 분석 없이 전지구의 평균치에만 바탕을 둔 미
래의 전망은 무의미하다.

『성장의 한계』는 인류 공동의 미래에 대한 도덕적 논술일 수
도 있지만 선진국 자본의 책임 회피를 위한 서곡일 수도 있다.
이 책은 지구의 생태계의 한계가 왜, 누구에 의해 생겼으며 그
것을 극복하기 위해서는 누가, 어떻게 해야 할 것인가에 대해
아무것도 말하지 않는다. 문제는 지구 위기의 '물리적' 원인이
아니라 '사회적' 원인을 규명하고 그것의 책임을 누구에게 어떻
게 지울 것인가 하는 문제이다. 이 문제에 대해『성장의 한계』
는 침묵하고 있다.

3.『우리 공동의 미래』: 지속가능한 발전

지속가능한 발전이라는 개념은 '자연과 자연 자원의 보전을
위한 국제연맹(International Union for Conservation of
Nature and Natural Resources: IUCN)이 발간한『세계 보전
전략 *World Conservation Strategy*』에서 깊이 논의되었다. 그
러나 이 저작은 명확하고 실제적이라기보다는 이론적인 수준에
머물러 있었고 전지구적인 문제보다는 지역의 발전 문제에 관
심을 기울였다는 비판을 받았다(Adams, 1990: 57).

지속가능한 발전 개념을 현대의 새로운 발전을 위한 핵심적인
의제로 만든 저작은 세계환경발전위원회(The World Commission

on Environment and Development: WCED)[2]가 펴낸 『우리 공동의 미래 *Our Common Future* 』이다. 세계환경발전위원회는 UN의 미약한 하위 기구인 UNEP(United Nations Environment Programme)와는 별도로 유엔총회의 결의에 따라 1983년에 만들어졌다. 이 위원회는 다음과 같은 세 가지 목표를 달성하도록 명령받았다.

   1) 중요한 환경 문제와 발전 문제를 재검토하고, 그 문제들을 처리할 수 있는 현실적인 제안을 정식화할 것.
   2) 필요한 방향으로 정책과 여러 사태에 영향을 미칠 수 있도록 이 문제들을 다룰 수 있는 국제 협력의 새로운 형식을 제안할 것.
   3) 개인, 자발적 조직, 기업, 연구소, 정부의 행동에 대한 이해와 참여의 수준을 높일 것. (세계환경발전위원회, 1994: 31; WCED, 1987: 3~4)

이러한 목표를 달성하기 위해 이 위원회는 3년 간의 공동 작업을 끝내고 만장일치로 합의하여 1987년에 『우리 공동의 미래』를 출판했다. 이 책은 "인류가 보다 번영하고 보다 정의롭고, 보다 안전한 미래를 건설할 수 있다"고 보고 "환경 자원의 토대를 지탱하고 확장하는 정책에 기초해야만 하는 경제 성장의 새로운 시대의 가능성"을 전망한다. 이러한 경제 성장은 개발도상국의 심각한 빈곤 문제를 해결하기 위해서도 절대적으로 필요하다고 주장한다(세계환경발전위원회: 29~30; WCED: 1).
『우리 공동의 미래』는 환경 위기와 빈곤 문제를 뗄 수 없는 유기적인 위기로 파악했다. "빈곤은 지구 환경 문제의 주된 원인이자 결과이다." 환경 위기, 발전 위기, 에너지 위기 등 현대의 지구적 위기들은 서로 분리되어 있지 않고 연결되어 있는 하

---

  2) 이 위원회는 노르웨이의 수상을 지낸 부른트란트 Brundtland 의 이름을 따서 부른트란트위원회라는 별명을 갖고 있다. 『우리 공동의 미래』는 일명 부른트란트보고서라고 불린다.

나의 문제라는 사실을 이 보고서는 명백히 인식하고 있다. 도시
와 농촌 사이의 불평등, 선진국과 개발도상국 사이의 불평등이
환경 위기, 발전 위기의 근본 원인이다.

개발도상국은 선진 공업국과의 자원 격차가 계속 확대되고 선진
공업국이 몇몇 핵심적인 국제 기구의 의사 결정을 지배하며 선진
공업국이 지구의 생태학적 자원의 대부분을 이미 사용해버린 세계
속에서 살아가야만 한다. 이러한 불평등이 이 지구의 주된 '환경'
문제이다. 이것은 또한 주된 '발전' 문제이기도 하다. (세계환경
발전위원회: 34; WCED: 5∼6)

이러한 지구적 불평등을 해소하기 위한 대안은 바로 '지속가
능한 발전'이다. 지속가능한 발전이란 "미래 세대의 욕구를 충
족시킬 수 있는 능력을 손상하지 않고 현세대의 욕구를 충족시
키는 발전"을 말한다(세계환경발전위원회: 36; 71; WCED: 8∼
9; 40; 43). 여기에는 두 가지 핵심적인 개념이 포함되어 있다.

1) '욕구 *needs*'의 개념, 특히 일차적인 우선권이 부여되어야
할 세계의 가난한 사람들의 필수적인 욕구.
2) 한계의 개념, 즉 기술과 사회 조직의 상태가 현재와 미래의
욕구를 충족시킬 수 있는 환경의 능력에 미치는 한계. (세계환경
발전위원회: 75; WCED: 43)

인간의 기본적이고 필수적인 욕구는 사회·문화적으로 결정된
다. 사하라 이남 아프리카인들에게는 깨끗한 식수가 필수적인
욕구로 인식되는 반면, 미국인들에게는 에어컨이 필수적인 욕구
로 간주된다. 이러한 불평등의 체계 속에서 『우리 공동의 미
래』는 환경의 한계를 넘지 않는 소비 수준을 지키도록 권장할
수 있는 가치 체계를 확산시킬 것을 권고한다. 즉 "성장의 내용
이 지속가능성과 타자에 대한 비착취라는 폭넓은 원리를 반영

해야만 지속가능한 발전은 경제 성장과 양립할 수 있다"(세계
환경발전위원회: 76). 이러한 원칙 속에서 지속가능한 발전을
위한 환경과 발전 정책의 주요 목표는 다음과 같이 설정된다.

1) 성장을 소생시킬 것.
2) 성장의 질을 변화시킬 것.
3) 직업, 식료품, 에너지, 물, 위생 설비에 대한 기본 욕구를 충
족시킬 것.
4) 지속가능한 인구 수준을 유지할 것.
5) 자원 기반을 보존하고 사용 효율을 높일 것.
6) 기술과 위험 관리의 방향을 재설정할 것
7) 의사 결정 과정에서 환경과 경제를 종합적으로 고려할 것.
(세계환경발전위원회: 82; WCED: 49)

이러한 목표를 달성하기 위해 인류는 다음과 같은 체제를 만
들 필요가 있다.

1) 정책 결정에 시민들이 효과적으로 참여할 수 있도록 보장해
주는 정치 체제.
2) 자립적이며 지속적인 기반 위에서 잉여 생산물과 기술적 지
식을 생산할 수 있는 경제 체제.
3) 부조화스런 발전에서 발생하는 긴장을 해결할 수 있는 사회
체제.
4) 발전을 위한 생태적 토대를 보존해야 할 의무를 존중하는
생산 체제.
5) 끊임없이 새로운 해결책을 찾을 수 있는 기술 체제.
6) 지속가능한 유형의 무역과 재정 흐름을 촉진시키는 국제 체제.
7) 유연하고 자기 교정 능력을 갖고 있는 행정 체제. (세계환
경발전위원회: 98~99; WCED: 65)

우리는 『우리 공동의 미래』가 제시하는 미래상에서 강한 낙

관론을 읽을 수 있다. 『성장의 한계』가 보여주는 파국적인 이미지와 달리 경제 성장과 환경 보전은 행복하게 만나서 현세대와 미래 세대의 기본적인 욕구를 충족시켜줄 것으로 예상된다.

『우리 공동의 미래』가 갖는 강점은 환경 위기를 다른 사회적 위기와 연결된 총체적 위기의 한 형태로 정확히 인식하고 있다는 점이다. 오늘날 제3세계의 환경 위기는 그들의 자립적인 생산 방식이 제국주의적 자원 착취와 산업주의에 의해 야기되었다. 자생적이고 생태적인 생산 방식은 과도한 토지 이용, 인구 압박, 자원의 급속한 수출로 인하여 파괴되었다. 선진 산업국에 외채를 통해 종속된 제3세계 국가들은 다시 외채를 갚기 위해 환금성 작물을 심고, 열대 우림을 벌목하고, 오염 산업을 유치해야만 했다. 이러한 자원의 불평등한 분배는 제3세계의 빈곤을 악화시켰고, 인구 압박을 심화시켰다. 빈곤은 제3세계의 환경 파괴를 가속화시키고 있다.

이러한 현실을 『우리 공동의 미래』는 잘 파악하고 있다. 따라서 지속가능한 발전은 첫째로 가난한 사람들의 기본적인 욕구를 충족시키는 것을 목표로 하고 있다. 그러나 가난한 사람들의 기본적인 욕구를 충족시키기 위한 수단은 『성장의 한계』와 생태주의자들이 반대하는 '지속적인 경제 성장'이다. 지속가능한 발전은 지구 생태계의 수용력의 한계를 인식하기 때문에 미래 세대의 욕구도 고려한다.

그러나 한계라는 관념은 어느새 사라지고 경제 성장, 산업주의의 필연성이 강조된다. 자본의 확대 재생산은 세계의 빈곤을 해결할 수 있는 유일한 수단이고, 산업화(공업화)는 인간의 핵심적인 욕구를 충족시키기 위한 필수적인 길로 인식된다.[3] 제3세계의 빈곤을 해결하기 위해서는 그들의 물건을 팔 수 있는 선

---

3) "인간의 많은 핵심적 욕구는 산업이 제공하는 재화와 용역을 통해서만 충족될 수 있다. 식량을 생산하려면 점점 더 많은 양의 농화학 물질과 기계가 필요하다"(세계환경발전위원회: 257).

진국의 경제가 성장을 지속해야 한다. 여기서 우리는 오래 전의 근대화 이론의 변형된 모습을 볼 수 있다. 경제 성장은 이제 민주주의를 가져올 뿐만 아니라 빈곤 위기와 환경 위기를 극복할 수 있는 것으로 인식된다.

발전도상 세계의 거대한 지역이 경제적·사회적·환경적 재앙을 피할 수 있으려면, 지구적 차원에서 경제 성장이 부활되어야 한다. 구체적으로 말하면, 선진 공업국과 개발도상국 모두에서 경제 성장이 더 급속히 이루어져야 하며, 개발도상국의 생산물이 더 자유롭게 시장에 접근할 수 있어야 하고, 이자율은 낮아지고, 기술 이전은 확장되고, 대부 자본이나 상업 자본의 흐름이 크게 증가되어야 한다. 〔……〕 전체적으로 본 위원회는 국제 경제가 환경적 제약 요인을 함께 고려하면서 세계 경제의 성장 속도를 가속화시켜야 한다고 평가한다. (세계환경발전위원회: 124~25; WCED: 89)

가속화된 경제 성장은 한계에 이른 지구 생태계의 위기의 임계점을 넘어가도록 할 수 있다. 이러한 위험을 『우리 공동의 미래』는 매우 낮게 평가하고 있다. 지구의 재생 불가능한 자원의 대부분을 사용하는 선진 공업국의 경제 성장 역시 개발도상국의 경제 성장을 위해 정당화된다. 결국 우리가 만나는 것은 경제 성장 중심주의의 화려한 부활이다.

선진국은 개발도상국의 자원을 수입할 뿐만 아니라, 거기에서 생산된 오염 산업의 생산물을 수입함으로써 그 지역의 깨끗한 환경 자원까지 덤으로 수입하고 있다. 이러한 사실을 『우리 공동의 미래』는 진단만 할 뿐 확실하고 근본적인 처방을 제시하지 못하고 '지속적인 경제 성장'이라는 오래 사용했지만 약효가 심히 의심스러운 약을 처방으로 제시하고 있다.

20세기 중반 이래 세계 경제 생산은 5배로 팽창했다. 이 과정에서 세계적인 빈부의 격차는 눈에 띄게 심해졌다. 1960년 세계에서 가장 부유한 20%의 사람들이 세계 전체 소득의 70%를 차지했다. 그러나 1989년에는 이들 부유한 집단이 차지하는 비율이 거의 83%에 이르렀다. 한편 같은 기간 동안에 가장 가난한 20%의 인구가 세계 소득에서 차지하는 비율은 2.3%에서 1.4%로 하락했다. 결국 가장 부유한 20%와 가장 가난한 20%의 소득 차지비는 1960년의 30 대 1에서 1989년에는 59 대 1로 벌어졌다(포스텔, 1994: 23~24). 경제 체계를 근본적으로 변형시키지 않는다면 경제 성장이 이러한 극단적인 불평등을 해소하고 극빈층의 기본적 욕구를 충족시키는 효과를 발휘하기는 매우 어려울 것이다.

『우리 공동의 미래』는 불평등한 자원 분배의 문제, 개발도상국의 외채 문제 등에 대해 세계가 보다 적극적으로 대처함으로써 성장의 질을 변화시켜야 한다고 주장한다. 그러나 선진국의 환경 오염과 자원 남용에 대한 책임에 대해 『우리 공동의 미래』는 명백한 주장을 제시하지 않고 있다. 정의롭고 지속가능한 사회를 위해서는 기존의 불평등을 유지한 채 개발도상국의 욕구 자제를 요구할 것이 아니라 불평등의 원인과 책임을 갖고 있는 선진국의 보다 적극적인 노력을 촉구해야 할 것이다.

필요한 것은 산업주의와 자본주의의 전지구적인 확산이 아니라 각국, 각 지역의 자립적이고 다양한 경제 체제와 사회 체제의 재건이다. 『우리 공동의 미래』는 근대화 이론이 가정하는 경제 성장의 가치를 여전히 고수하고 있다. 여기에서 개발도상국 민중들의 자생적인 경제 체제가 들어설 곳은 매우 좁다. 결국 『우리 공동의 미래』는 문제 제기의 정당성에도 불구하고 해결책은 생산력 중심주의에 깊이 얽매여 있어서 새로운 세계 체제의 근본적인 변형을 위한 처방을 적극적으로 제시하지 못하고 있다.

4. 정의롭고 지속가능한 사회

로마클럽 보고서는 그들의 의도와 관계없이 신맬서스주의의 혐의로부터 자유롭지 못하다. 이에 비하여 부른트란트보고서는 빈곤과 환경 위기의 긴밀한 연관을 적절히 해명함으로써 중요한 성과를 이루었다. 그러나 그것은 케인스주의 경제학의 모델을 다시 부활시키고 있다. '지속가능한 발전'은 그들의 의도와 관계없이 '지속적인 경제 성장'으로 번역되고 있다. '경제 성장과 환경 보호의 조화'라는 담화 속에서 생태계의 한계를 넘어서서 생태계 파괴가 진행되고 있다.

따라서 저자는 '성장의 한계'와 '지속가능한 발전' 모두를 넘어서는 보다 근본적인 대안 사회의 유토피아를 새로운 언어로 설정할 필요가 있다고 본다. 여기서 『성장의 한계』의 수용력 '한계'의 개념과 '지속가능한 발전'의 '기본적 욕구' 개념을 함께 포괄할 수 있는 사회적 조건으로서 '정의' 개념이 필수적인 개념으로 등장한다. 전지구적 지속가능성은 바로 '전지구적인 정의'를 통해서만 이룰 수 있다. 따라서 저자는 '정의롭고 지속가능한 사회'를 향해 전지구인이 협력하는 모델을 제시하고자 한다. 이 개념은 다음의 세 가지 기본적인 요소를 포함한다.

1) 인류의 기본적인 욕구의 충족
2) 생태계의 수용 능력의 한계
3) 국가간·집단간·세대간의 정의로운 분배

앞에서 본 하딘은 '문명과 품위'를 지구상에 온존시키기 위해서는 현재의 불평등한 세계 체제를 유지시키면서 '운 좋은 소수가 지구의 관리인'으로 나서야 한다고 주장한다. 그러나 '정의롭고 지속가능한 사회' 모델은 그와 같은 불평등 체계 아래에서는 결코 지속가능한 발전이 가능하지 않다고 본다. 기본적인 욕구 충족과 생태계의 한계내에서의 발전은 정의로운 분배 없이는 결코 이루어질 수 없다.

그러면 환경 위기의 원인을 분석함으로써 이 문제를 설명해 보자. 환경에 미치는 영향 *impact*은 인구 *population*, 풍요 *affluence*, 기술 *technology*에 의해 결정된다. 카머너는 이것을 다음과 같은 식으로 표시했다(카머너, 1980: 176).[4]

$$\text{환경 파괴 지수} = \text{인구} \times \frac{\text{상품 생산량}}{\text{인구}} \times \frac{\text{오염 물질 배출량}}{\text{상품 생산량}}$$

저자는 이 식을 바탕으로 정의롭고 지속가능한 사회에 대해 설명하고자 한다. 인구의 지속적인 증가는 환경 파괴의 중요한 요인임에 틀림없다. 남아시아·아프리카의 빈곤은 인구 증가에 의해 심화되고 있다. 그러나 이러한 인구 증가와 인구 압박의 주된 원인은 선진국에 수출되는 저개발국의 자원 무역과 외채 경제이다.

두번째 변수인 인구 1인당 상품 생산량은 1인당 국민 소득, 즉 물질적 풍요를 나타내는 지표가 된다. 앞에서 보았듯이 세계 경제는 2차 대전 후 5배로 성장했다. 그럼에도 불구하고 전지구적인 불평등은 심화되어왔다. 풍요 자체가 나쁜 것이 아니라 불평등한 풍요가 지구 생태계의 한계를 넘어서고 있다는 것이 나쁜 것이다.

세번째 변수는 생산 소비 유통 과정에서 배출되는 오염의 양을 말한다. 동유럽에서는 풍요한 소비를 할 만큼 상품 생산량이 많지 않음에도 불구하고 환경 오염은 심각하다. 그것은 환경에

---

4) 카머너는 전후 미국의 경우 인구 성장 속도나 국민들의 생활 수준 향상 속도에 비해 환경이 파괴되는 속도가 더 빨랐다고 본다. 그 원인은 전후 미국의 주요 산업 전반에 걸쳐 환경 파괴적인 생산 기술이 환경을 비교적 덜 파괴하는 기술을 지속적으로 대체해왔다는 것이다.

영향을 많이 미치는 생산 기술과 산업 형태 때문이다. 이러한 점 때문에 성장옹호론자들은 기술 개발을 통해 환경 위기를 해결할 수 있다고 낙관한다. 그러나 기술은 의도하지 않은 결과를 낳아 환경 위기를 심화시킬 가능성을 갖고 있다. 결과를 알 수 없는 기술 발전에 인류와 지구의 미래를 걸 수는 없다.

정의롭고 지속가능한 사회는 이 세 가지 변수를 함께 통제하는 전략을 갖는다. 먼저 **생태계에 적합한 기술** *appropriate technology*을 개발하는 데 노력을 기울인다. 적정 기술은 우리가 한계에 도달하는 시간을 벌 수 있게 해주는 유용한 수단임에 틀림없다.

그러나 기술에 의존하기에는 현재의 지구 인구는 너무 많고 너무 빠르게 증가하고 있다. 따라서 인구를 안정시키기 위한 적극적인 노력을 지금 당장 기울여야 한다. 1950년대 후반을 제외하고는 지난 40년 동안에 연간 인구 증가 수가 지속적인 감소 추세를 보인 시기는 오직 1970년대뿐이었다. 1970년대에는 세계 대부분의 지역에 걸친 생활 수준의 향상과 가족 계획 사업 도입으로 인해 많은 국가에서 출생률이 떨어졌다. 그러나 1980년대 중반에는 인구가 다시 급격히 증가했다. 미국이 가족 계획 원조의 주요 제공원인 유엔인구기금(UNPF)과 국제가족계획연맹(IPPF)에 대한 재정 지원을 철회한 것이 이러한 상황의 부분적인 원인이 되었다(월드워치연구소, 1992: 120～23). 따라서 여성이 원하지 않는 임신을 하지 않도록 돕기 위해서 가족 계획에 대한 국제적 지원은 물론 출산에 대한 여성의 권리를 확보하도록 하는 것이 필요하다. 인구 안정 상태에서만 정의롭고 **지속가능한 사회를 유지할 수 있다.**

기술 개발과 인구 안정과 함께 가장 중요한 것은 확장 경제 체계로부터 지속가능한 경제 체계로 전환하는 것이다. 부른트란트보고서에 의하면 "2025년까지 개발도상국의 에너지 사용을 선진 공업국 수준으로 끌어올리려면, 현재의 지구의 에너지 사용량을 5배로 늘려야 한다. 그러나 이 행성의 생태계는 그것을 버텨낼 수 없을 것"이라고 전망한다(세계환경발전위원회: 43).

그러면 선진국과 개도국 사이에서 자원과 에너지의 사용 비율을 어떻게 설정하는 것이 합리적이고 정의로운가? 선진국의 일부에서 주장하듯이 만약 1990년 수준으로 사용량을 줄여나간 다면 어떤 효과를 낳을까? 현재 지구의 자원과 에너지의 대부분을 사용하고 있는 선진국에는 기존의 사용 권한을 유지시켜 주는 반면 1인당 자원/에너지 사용량이 선진국보다 현저하게 작고 따라서 보다 많은 자원/에너지를 필요로 하는 개발도상국에는 상대적인 불이익을 주는 효과를 낳는다. **정의롭고 지속가능한 사회는 1인당 자원/에너지 사용량이 전세계적으로 공평하게 분배되는 사회를 지향한다.** 그 지역의 자연의 수용 능력과 그 지역 주민의 기본적인 욕구를 충족시켜줄 수 있는 만큼의 에너지를 사용할 권리가 보장되는 사회가 되어야 한다. 이렇게 본다면 선진국은 생활 양식을 변화시키고 에너지 효율 기술과 재생 가능 에너지 기술을 개발하여 1인당 자원/에너지 사용량을 줄이는 데 보다 많은 노력을 기울여야 한다.[5]

이렇게 볼 때 우리는 경제 성장이냐 제로 성장이냐 하는 논쟁보다 중요한 것은 성장의 특성이라는 사실을 알 수 있다. 정의롭고 지속가능한 사회는 선진국의 자본과 기술을 급속하게 개도국의 자립 경제를 위해 사용하는 것을 통해서만 가능하다. 개발도상국이 외채를 갚기 위해 지구의 재생 불가능한 자원을 헐값에 팔아야 하는 불평등한 체계를 바꾸는 것이 그 시작이 되어야 한다.

이것은 선진국의 지속가능성을 위해서도 필수적인 일이다. 오늘날, 빈곤과 환경 위기는 환경 난민을 수천만 명씩 낳고 있다. 이들에게 국경은 생존을 위협하는 감옥이다. 환경 난민이 더 많

---

5) 이러한 논의는 존 번(John Byrne) 등의 연구 성과에 바탕을 둔 것이다 (Byrne et al., 1994).

이 더 급속하게 늘어날 때 선진국과 세계 체제의 안전은 더 이
상 기대할 수 없다. 군사 안보의 시대에서 환경 안보의 시대가
도래하고 있는 것이다.

5. 새로운 도덕

정의롭고 지속가능한 사회는 환경 관리주의 정책을 부분적으
로 개선하는 것으로는 이루어질 수 없다. 현재의 지배적 패러다
임에 대한 근본적 변형을 필요로 한다. 여기에는 새로운 가치
체계 즉 새로운 도덕이 필수적이다.

먼저 우리는 인간 중심주의의 문제를 살펴볼 필요가 있다.
『우리 공동의 미래』의 미래세대욕구론은 인간이 지구의 중심이
며 자연은 인간의 필요를 위한 수단이며 자원의 창고라는 **강한
인간 중심주의**[6]에 바탕을 두고 있다. 자연은 인간에게 유용하
기 때문에 보호될 가치가 있을 뿐이다. 이러한 강한 인간 중심
주의는 궁극적으로 생태계의 유지에 나쁜 영향을 미칠 것이다.
왜냐하면 인간의 이익과 다른 생물의 이익이 충돌할 경우 비용-
편익 분석의 결과, 당장의 인간의 이익을 위한 모든 행동이 정
당화될 것이기 때문이다. 우리는 환경 영향 평가가 얼마나 많은
지탱 불가능한 개발의 면죄부가 되어왔는지 수없이 보아왔다.
수많은 간척 공사는 인간의 기본적 욕구를 충족하기 위한 것이
라는 명분 아래 생태계를 파괴했고 결국 미래 세대의 기본적 욕
구를 침해하고 있다.

따라서 저자는 다른 생물종의 권리를 지켜주는 것이 결국 인
간의 생존의 필수 조건이라고 주장하는 **약한 인간 중심주의**를
지지한다. 약한 인간 중심주의는 인식과 실천의 주체가 인간이
라는 사실을 인정하지만 도구로서 자연을 인식하지 않으면서

---

6) 자연을 인간을 위한 수단으로 파악하는 입장을 말한다.

인간과 자연의 엄격한 분리를 극복하고자 한다(돕슨, 1993). 인간의 욕구를 위해 자연을 조작하는 것이 정당화되는 데 기여한 기계론적 자연관을 극복하고 인간과 자연의 전체적 *wholistic* 특성을 회복하고자 한다.

미래세대론은 현세대의 욕구뿐만 아니라 미래 세대의 욕구까지 인식 대상에 포함시킴으로써 강한 인간 중심주의의 발전된 모습을 보여준다. 그러나 여전히 자연은 인간의 욕구를 충족하기 위한 수단일 뿐이다. 인간의 기본적 욕구(예를 들면 식량)를 충족시키기 위해 행해지는 수많은 생명공학들은 그 위험에 관계없이 정당화될 수 있게 된다. 이것은 장기적으로 의도하지 않은 결과를 낳아 생태계의 위험을 증대시킬지도 모른다. 정의롭고 지속가능한 사회를 만들기 위해서는 도구로서 자연을 파악하는 강한 인간 중심주의를 극복하는 새로운(그러나 근대의 인간중심주의보다 더 오래된) 도덕을 필요로 한다.

둘째로 우리는 상호 의존이 증대되는 지구화의 시대에 **전세계적인 민주주의**를 위한 도덕을 만들어나가야 한다. 그것은 반(反)인종주의·반(反)제국주의·반(反)국수주의로 표현된다. 전세계가 정의롭고 지속가능한 사회를 만들기 위해서는 지금과 같이 민족국가·인종·종교 중심으로 분열된 상태를 극복해야만 한다. 하딘과 같이 운 좋은 소수의 문명을 위해 운 나쁜 다수를 희생해도 좋다고 생각하는 한 세계는 지탱될 수 없다. 이를 위해 '우리는 모두 똑같은 인간'이라는 연대 의식의 문화를 만들어나가야 한다. 이를 위한 조건은 제국주의적 불평등을 근절하고 이와 함께 배타적 국수주의를 극복해야 할 것이다.

이러한 가치관의 변화는 단지 윤리학이나 종교적 결단으로부터 나오는 것은 아니다. 현실의 환경 위기와 그에 대한 인식틀이 우리에게 이러한 지혜를 요구하고 있다. 울리히 벡은 계급 사회로부터 위험 사회로 전환하고 있다고 주장했다. 이제 고도 위험의 기술이 지배하는 현대 사회에서 모든 계급, 모든 인류는

공통의 위험에 직면해 있다. 체르노빌 화재, 지구 온난화, 오존
층 파괴와 같은 현상은 우리에게 새로운 도덕을 요구하고 있다.
위험이 일반화되고 상호 의존성이 증대됨에 따라 위기에 대한
인류의 학습 능력도 발전하고 있다. 지구 환경 위기에 대한 과
학의 발달은 국제 정치에 직접적인 영향력을 미치고 있다.

이러한 상황에서 무기를 갖고 국지적인 혹은 지구 전체의 환
경 위기를 해결하는 것은 불가능할 뿐만 아니라 부분적으로 가
능하다 하더라도 그것은 자살 행위일 뿐이다. 여기에서 세계적
인 정의에 바탕을 둔 협상과 타협의 필요성이 대두된다. 더 이
상 군사 안보 체제에 인류의 자원을 낭비할 것이 아니라 **지구
환경 안보 체제**를 만드는 것이 시급하다.

6. 정의롭고 지속가능한 사회를 향한
환경 정책의 원칙

정의롭고 지속가능한 사회는 국가와 어떤 관련을 갖는가? 그
러한 사회는 국가 없는 공동체에 바탕을 둔 사회인가? 아니면
보다 강력한 중앙 집권적 국가 아래에서만 가능한 것인가? 이
러한 어려운 질문들에 대해 논하기에 이 글은 적합하지 않다.
이 글에서는 다만 자본과 환경 위기가 '세계화'되고 있는 오늘
날, 국가는 어떤 환경 정책을 지향해야 할 것인가 하는 문제에
대해 토론해보겠다.

세계화의 시대에 이제 자본은 국민국가의 영역을 넘어 자유
무역이라는 세계적인 원칙을 바탕으로 확산되고 있다. 이와 함
께 국민국가의 자본에 대한 통제력은 점차 약화되는 경향을 보
인다. 그러나 세계를 지배하는 선진 자본주의 국가의 초국적 자
본과 선진 자본주의 국가는 궁극적으로 동일한 이해 관심을 바
탕으로 협력을 지속시킨다. 이러한 상황 속에서 현대의 국민국

가 체제가 무너지고 새로운 체제가 생길 가능성은 크지 않다. 냉전이 끝난 오늘도 국민국가들 사이의 경제적·군사적 경쟁과 전쟁은 끊이지 않고 있다. 따라서 우리는 국민국가에 바탕을 둔 세계 체제 속에서 어떻게 전세계적인 협력과 경쟁을 통해 정의와 지속가능성을 함께 추구할 수 있는지 성찰해보고자 한다.

오늘날 지구 환경 문제는 한 나라의 노력만으로 해결될 수 없다. 기후 변화, 오존층 파괴 문제, 산성비 문제와 같은 전지구적인 환경 위기를 극복하기 위해서는 무임 승차자 없이 전지구적인 협조와 연대가 이루어져야만 한다. 이를 위해서는 다음과 같은 원칙이 필요하다.

첫째, 자원과 에너지에 대한 전세계에 걸친 정의로운 분배를 위한 계획과 실천을 조직해야 한다. 선진국은 환경 보호를 위한 자국의 희생 없이 개발도상국의 희생을 강요해서는 안 된다. 선진국은 지구의 자원을 보호하는 개발도상국들에게 외채를 탕감함으로써 자원 보호에 대한 대가를 지불해야 하고, 자원과 에너지의 효율성을 획기적으로 높일 수 있는 기술을 개도국에 보급해야 한다.[7] 또한 가족 계획에 대한 지원을 지속해야 할 것이다. 이러한 지원 아래 인구 안정 상태를 이루는 것은 선진국의 안전을 위해서도 필수적인 일이다.

둘째로, 군비를 축소하고 군사 안보 체제로부터 환경 안보 체제로 전환하는 것이다. 인류는 원시 시대에 비해 엄청나게 파괴적인 기술을 갖고 있으나 그것을 통제할 수 있는 지혜는 조금도 발달하지 않았다. 전쟁은 직접적으로 환경을 파괴할 뿐만 아니라 무기 제조 및 실험 과정에서도 엄청난 환경 오염을 일으키고 있다. 핵무기는 사용되든 안 되든 간에 그 자체로 엄청난 방사능을 배출하고 핵실험은 생태계를 파괴하고 있다. 이러한 모든

---

7) 독일 연방의회가 1990년 제출한 이산화탄소 삭감 계획은 이러한 원칙과 부합한다. 이 보고서는 독일의 이산화탄소 배출량을 2000년까지 1990년 수준의 30%를 삭감하도록 제안하고 개발도상국의 배출량은 50% 증가 상태에서 억제시키는 계획을 포함하고 있다(요네모토, 1995: 84~86).

무기들은 궁극적으로 자살 무기인 셈이다. 군비를 단지 몇 퍼센트만 줄이고 환경 보호 기금으로 사용하여도 가시적인 성과를 금방 얻을 수 있다.[8]

세계는 지금 한편으로는 자유 무역의 원칙이, 다른 한편으로는 지속가능한 발전의 원칙이 지배하고 있다. 이러한 세계 질서 속에서 한국 정부는 어떤 원칙을 바탕으로 국제적 환경 협력을 이루어나가야 할 것인가?

첫째, 정부는 정의와 지속가능성이라는 원칙을 바탕으로 국제 협상에 참여해야 한다. 한국은 선발 개발도상국으로 선진국과 개발도상국 사이의 중간 입장에 서 있다. 이것은 단점인 동시에 장점으로 작용할 수도 있다. 한국은 선진국의 에너지 사용 절감과 지구 환경 보호의 책임을 강조하면서 개발도상국의 지구 자원에 대한 권리를 옹호하는 중재자의 역할을 맡아야 한다. 그러나 개발도상국에 대한 예외 조치를 인정받으면서 에너지 낭비적이고 환경 오염적인 산업에 우리의 미래를 걸 수는 없다. 자동차 매연 배출 허용 기준을 높임으로써 세계적인 경쟁력을 얻게 된 일본 자동차 산업으로부터 우리는 교훈을 얻어야 할 것이다. 이것은 자연과 미래 세대를 위한 선의의 경쟁인 것이다.

둘째로, 동북아환경협약과 같은 지역 환경 안보 체제를 발전시켜나가야 한다. 전지구적 환경 위기뿐만 아니라 월경 환경 오염은 직접적으로 우리의 생태계를 위협하고 있다. 환경 위기에 의한 총체적 위험 사회에서 운명 공동체로서 동북아 국가, 국민들 사이의 연대 의식을 바탕으로 환경 안보 체제를 만드는 것이

---

8) 세계는 1985년 군사적 목적에 9천억 달러가 넘는 액수를 지출했는데 이는 하루에 25억 달러를 지출한 셈이다. 이러한 비용으로 할 수 있는 다른 일을 보면 다음과 같다. 'UN의 사막화 방지를 위한 행동 계획'을 실천하려면 이틀간의 군비 지출이면 가능하다. UN의 '식수와 위생 시설 10년 계획'을 수행하는 데는 10일간의 군비 지출액만 있으면 된다. 모든 여성에게 피임 기구를 제공하는 데 소요되는 추가 비용은 군비 지출을 10시간만 멈추면 충당할 수 있다(세계환경발전위원회: 365).

필요하다. 중국과의 관계에서 한국은 적극적인 재정적·기술
적 지원을 통해 동북아 환경 안보 체제의 주도자가 되어야 할
것이다.

셋째, 우리나라가 이웃 나라를 오염시켜서도 안 되고 오염 안
식처가 되어서도 안 된다. 한국은 지금까지 일본을 비롯한 선진
산업국의 오염 안식처가 되어왔다. 일본에서 추방당한 오염 산
업들이 울산과 온산에서 중금속과 독가스를 강과 바다, 그리고
하늘로 내보내고 있다. 마산수출자유공단은 마산만을 죽음의 바
다로 만들었다. 그러나 이제 한국은 스스로 오염 안식처이면서
동시에 이웃 나라를 오염의 도피처로 삼고 있다. 한국 정부와
기업은 수많은 사망자를 만들어낸 원진레이온의 생산 설비를
중국에 수출했다. 이러한 오염 도피처로의 오염 수출은 '정의와
지속가능성'과 배치된다.

정의와 지속가능성의 원칙에 바탕을 둘 때 국내 환경 정책도
근본적으로 개선될 수 있다. 이를 위해서는 우선 생태계의 수용
력 안에서의 통합적이고 전체적인 환경 정책으로 바뀌어야 한
다. 우리나라 국민들은 이제 경제 성장 그 자체보다는 안전하고
쾌적한 삶을 추구한다. 이것은 우리 사회에도 탈물질주의 가치
가 점차 확고하게 자리잡아가고 있다는 조사 연구 결과들로 뒷
받침된다(구도완, 1995: 제 4 장). 이러한 국민들의 욕구를 해결
하기 위해서는 경제 정책·군사 정책·환경 정책이 '지속가능성'
을 최우선의 목표로 통합적으로 입안되고 실행되어야 한다.[9]

이를 위해서는 경제의 질을 바꾸어야 한다. 우리나라는 연평
균 70% 내외의 고도 성장을 30년 이상 해왔다. 그만큼 자원이
착취되고 자연의 자정 능력은 손상되었다. 그러나 우리나라의

---

9) 국방 예산의 일부를 환경 예산으로 전용하는 것은 군사 안보 체제로부터 환
　경 안보 체제로의 전환을 위한 중요한 첫걸음이다. 이를 위해서는 소모적인
　군사적 적대를 넘어서서 상호 의존과 협력의 체제를 만드는 일이 시급하다.
　환경 위기는 그저 환경 위기가 아니라 발전 위기·군사적 위기·경제 위기이
　기 때문이다.

경제 성장은 국민들에게 가져다준 재화보다도 더 많은 오염을
선사했다는 데 더 큰 문제가 있다.[10] 자연을 파괴하면서 삶의
질을 떨어뜨리는 GNP 성장이 아니라 국민들의 안전과 삶의
질을 높이는 실질적인 발전을 이루어야 한다. 자원과 에너지를
많이 사용하여 물질 소비를 촉진시키는 경제 성장으로부터 여
가와 서비스를 증대시키는 경제 체제로 전환해야 한다.

둘째, 환경 정의 *environmental justice*, 환경 민주주의가 확
립되어야 한다. 환경 질의 불평등 문제는 우리나라에서 여전히
심각하다. 환경재가 경제재로 별할수록 저소득층의 삶의 질은
더욱 악화된다. 하층 계급은 소득만 불평등하게 배분받을 뿐만
아니라 환경 오염도 불평등하게 배분받는다. 반면 환경 개선의
효과를 평등하게 혹은 보다 많이 받는다는 증거는 없다. 하층
계급에게 대기 오염, 수질 오염, 쓰레기 매립장과 같은 형태로
다가온다. 상층 계급은 공기 정화기나 생수를 사고, 아니면 아
예 이사를 가서 문제를 어느 정도 해결할 수 있지만 하층 계급
은 그러한 자원을 갖고 있지 못하다. 따라서 정부는 환경의 질
을 전반적으로 개선하는 정책을 펴야 한다. 국가가 자본의 집행
위원회가 아니라 공익의 담지자라면, 이러한 정책을 통해서 자
본주의를 변형시켜나가야 한다.

7. 맺음말

우리는 지금까지 '정의롭고 지속가능한 사회'를 만들기 위해
어떤 원칙을 바탕으로 환경 정책을 실천해야 하는가 하는 문제
를 탐구해보았다. 이 문제를 풀기 위해 『성장의 한계』와 『우리

---

10) 이정전에 의하면 1980~86년 사이에 GNP는 64% 정도 증가했는데, 특정
    산업 폐기물의 배출량은 약 100%, 일반 산업 폐기물 배출량은 90% 정도,
    생화학적 산소 요구량(BOD)은 70% 정도, 일산화탄소의 배출량은 75%쯤
    증가한 것으로 추정된다(이정전, 1994: 322).

공동의 미래』가 인류에게 던져준 각성과 희망의 메시지를 검토해보았다. 『성장의 한계』는 프로메테우스주의가 지배하는 현대 자본주의 사회에 경제 성장의 자연적/물리적 한계를 각성시켜 주었다. 그러나 그것은 '한계'의 물리적 원인을 잘 제시했음에도 불구하고 사회적 원인과 해결책을 제시하지 못함으로써 맬서스주의라는 비난을 받아야만 했다. 『성장의 한계』는 지구 자원의 불평등한 분배와 이로 인한 극단적인 빈곤과 극단적인 풍요의 두 극단이 환경 위기의 근본 원인이라는 사실을 회피하고 있다.

1980년대의 시작과 함께 등장하기 시작한 '지속가능한 발전'의 개념은 『우리 공동의 미래』에서 깊이 논의되었다. 『우리 공동의 미래』는 환경 위기를 진단하는 데 있어서 『성장의 한계』보다 훨씬 탁월한 능력을 발휘한다. 『우리 공동의 미래』는 새로운 형평을 위해 새로운 다자주의 *multilateralism*를 주장하면서 환경과 빈곤의 관계, 그리고 국가간·세대간·세대내의 불평등 문제를 환경 위기와 유기적으로 고려한 기념비적인 저작임에 틀림없다.

그러나 이 저작은 경제 성장을 지나치게 중시한 나머지 생태계의 한계에 대해 면밀히 고찰하지 못했을 뿐만 아니라 현재의 국가간·세대내의 불평등 문제를 해결하기 위한 구조 변형의 필요성에 눈을 감아버렸다. 인류의 유토피아에 대한 상상력이 현실 국제 정치에서 파괴되는 모습을 우리는 여기서 볼 수 있다.

역사적인 두 저작에 대한 비평을 바탕으로 저자는 '한계'와 '불평등'의 문제를 함께 극복하는 '정의롭고 지속가능한 사회'라는 유토피아를 제시했다. 이 개념은 인류의 기본적인 욕구 충족, 생태계의 수용 능력의 한계, 국가간·집단간·세대간의 정의로운 분배라는 세 가지 요소를 포함한다.

정의롭고 지속가능한 사회는 환경에 영향을 미치는 인구·기술·풍요를 모두 함께 통제하는 전략을 갖는다. 첫째, 이 사회는 생태계에 적합한 기술을 통해 한계에 이르는 시간을 연장한다. 둘째, 여성의 권리 신장과 가족 계획 사업을 적극 지원하여 인구 안정 상태를 지향한다. 셋째, 확장 경제 체제로부터 지속가능한 경제 체제로 전환한다. 이것을 위해서 급속한 경제 성장이 반드시 필요한 것은 아니다. 경제 성장이 수용력의 한계를 위협하는 한, 그것은 통제되어야 한다. 정의롭고 지속가능한 사회는 1인당 자원/에너지의 사용량이 공평하게 분배되는 사회이다.

정의롭고 지속가능한 사회는 물질적 욕구는 최소화되고 도덕은 최대로 요구되는 사회이다. 이 사회의 첫번째 도덕률은 인간을 위한 도구로 자연을 바라보는 강한 인간 중심주의를 극복하는 것이다. 생태주의 윤리가 널리 받아들여지고 다른 생물종과 인간 사이의 상호 의존을 깊이 인식하는 약한 인간 중심주의가 보편화된다. 미래 세대의 욕구 충족 능력을 중시하는 『우리 공동의 미래』는 자연의 도구적 가치에만 관심을 기울이기 때문에 명백한 한계를 갖는다.

두번째 도덕률은 전세계적인 민주주의이다. 그것은 반인종주의·반제국주의·반국수주의로 표현된다. 이러한 도덕은 단지 종교적 결단에 바탕을 둔 것이 아니라 위험과 상호 의존성이 증대됨에 따라 인류에게 필수적으로 요구되는 지혜이다. 울리히 벡이 얘기하듯이 현대는 계급 사회로부터 위험 사회로 전환되고 있다. 총체적인 전지구적인 환경 위기를 극복하고 안전을 얻기 위해서는 전지구인이 보편적 이익을 위해 단결하지 않을 수 없다. 따라서 (핵)무기를 바탕으로 안전을 추구하는 군사 안보 체제를 넘어서 총체적 위험을 새로운 합리성으로 해결할 수 있는 지구 환경 안보 체제를 만드는 일이 시급하다.

정의롭고 지속가능한 사회를 만들기 위해서는 국가·자본·시민사회 모두 적극적인 노력을 기울여야 한다. 이 가운데에서 국가는 자본과 시민사회에 강한 영향력을 미치는 핵심적인 영역이다. 따라서 우리는 정의와 지속가능성을 위한 환경 정책의 원칙을 확립해야 할 것이다. 한국 정부는 국제적 환경 협력을 이루어나가는 데 있어서 첫째로 정의와 지속가능성이라는 원칙을 바탕으로 적극적으로 지구 환경 문제 해결에 기여해야 할 것이다. 이를 위해 동북아환경협약과 같은 지역 환경 안보 체제를 확고히하고 인접국에 대한 지원과 협력을 아끼지 말아야 한다. 물론 인접국을 오염 도피처로 삼아서도, 우리나라가 오염 안식처가 되어서도 안 된다. 정의와 지속가능성의 원칙에 바탕을 둘 때 국내의 환경 정책도 크게 개선될 수 있다. 우선 생태계의 수용 능력을 고려하는 통합적인 환경 정책으로 전환해야 하고, 이를 위해서는 경제의 질을 바꾸어야 한다. 자원과 에너지를 낭비하는 파괴적인 경제 성장으로부터 여가와 서비스 삶의 질을 개선하는 경제 체계로 전환해야 한다. 둘째로 환경 정의와 환경 민주주의를 확립해야 한다. 정의로운 환경 정책은 환경 질의 평등을 보장한다. 환경재가 경제재로 변할수록 하층 계급의 삶의 질은 악화되므로, 환경 위기로부터 모든 국민의 안전을 보장해 주는 일이 국가의 최고 정책 목표가 되어야 한다. 한국 국민들이 바라는 가치는 바로 그런 것들이다.

정의롭고 지속가능한 사회는 환경부의 환경 관리 정책으로 만들 수 있는 것이 아니다. 이것은 총체적 위험 사회로부터 안전하면서 살 만한 사회로 만드는 일이다. 이 거대한 계획을 실현하는 데 국민국가는 너무 크고 또한 너무 작다. 따라서 우리는 환경/시민 운동 조직과 전지구적 비정부 민간 단체(Non Governmental Organizations: NGOs)의 푸른 싹에 물과 퇴비를 주어야 한다. 경제적 상호 의존과 위험의 상호 의존이 갈수록 심화되는 '세계화'의 시대에 사회 운동 조직들 사이의 연대의 중요성은 점점 더 커지고 있다. 전세계적 민주주의를 실천할 수 있도록 여론을 형성하고 각국 정부에 압력을 조직하는 사회 운동 조직의 힘은 결코 작은 것이 아니다. 환경 위기에 대한 과

학적 연구와 그것의 여론화, 그리고 토착민의 권리에 대한 옹호
와 같은 사회 운동 조직의 활동은 정의롭고 지속가능한 사회를
위한 원천적인 힘이다. 전세계 NGOs의 힘과 결집력이 점점 커
지고, 그것이 국제 기구나 국민국가들과 상호 소통될 때 거대한
시장 체제는 조금씩 수정될 수 있을 것이다. 우리는 지금 인류
역사상 유례없는 위험 사회와 정의롭고 지속가능한 사회의 갈
림길에 서 있다.

참고 문헌

구도완(1994), 「한국 환경 운동의 역사와 특성」, 서울대 사회학과
　　　박사학위 논문.
김지하(1992), 『생명』, 솔.
돕슨, 앤드루(1993), 정용화 역, 『녹색 정치 사상』, 민음사.
세계환경발전위원회(1994), 조형준/홍성태 역, 『우리 공동의 미
　　　래』, 새물결, WCED(1987), *Our Common Future*, Ox-
　　　ford and New York, Oxford University Press.
양종회(1995), 「지속 가능한 사회를 위한 환경과 발전」, 이정전 편,
　　　『지속 가능한 사회와 환경』, 박영사.
요네모토 쇼우헤이(米本昌平)(1995), 박혜숙·박종관 역, 『지구 환
　　　경 문제란 무엇인가』, 다님.
월드워치연구소(1992), 『지구 환경과 세계 경제 1』, 도서출판 따님.
이정전(1994), 『녹색경제학』, 한길사.
정수복(1994), 「환경 정책의 근본적 전환을 위한 모색」, 한국사회
　　　학회 편, 『한국 사회 개혁의 과제와 전망』, 새길.
최병두(1992), 「자본주의 사회와 환경 문제」, 한국공간환경연구회,
　　　『한국 공간 환경의 재인식』, 한울.
카머너, 배리(1980), 송상용 역, 『원은 닫혀야 한다』, 전파과학사.

포스텔, 산드라(1994), 「수용 능력, 지구의 최대 한계선」, 월드워치
    연구소, 김범철/이승환 역, 『지구 환경 보고서 1994』, 도서
    출판 따님
황태연(1992), 『환경정치학과 현대 정치 사상』, 나남.

Adams, W. M.(1990), *Green Development——Environment and
    Sustainability in the Third World*, London and New
    York, Routledge.
Byrne, John, Constantine hadjilambrinos and Subodh Wagle
    (1994), "Distributing Costs of Global Climate Change,"
    IEEE Technology and Society Magazine, Spring 1994.
Meadows, Donella H. et al.(1972), *The Limits to Growth*,
    New York, Universe Books.